이것이
홍국기문
이다
2. 직업찾기

저자 정혜승(鄭惠丞)

• 1966년 서울 출생.
• 원광대학교에서 「『홍연진결』의 기문둔갑 이론에 관한 연구」로 2016년 문학박사를 받았고, 현재(2021년) 원광대학교 동양학 대학원 교수이다.
• 학봉 강영석 선생님께 다년간 師事하였고, 동국대학교 사회교육원 명리 최고 지도자 과정을 수료하였다.
• MBC 문화센터 홍국기문 강사(2007~현재), 2011년 수원대학교 사회교육원 홍국기문 강사 역임, 2015년 웅지세무대학교 겸임교수 역임, 2016년 네이버 경제M 주식정보 운세를 기고하였다.
• 2010년 홍국기문 연구소 개원, 네이버 블로그 '홍국기문을 사랑하는 사람들' 운영 중이다.

이것이 홍국기문이다 2. 직업 찾기

- 초판 발행 2022년 2월 5일
- 저자 정혜승
- 편집 이연실 위세웅
- 교정 교열 강라경 강수연 박영일 윤순식 임선희 임현진 최수지
- 발행인 윤상철 · 발행처 대유학당 since1993
- 출판 등록 1993년 8월 2일 제 1-1561호
- 주소 서울 성동구 아차산로17길 48 SK V1 센터 814호
- 전화 (02) 2249-5630 · 유튜브 대유학당 TV
- 블로그 http://blog.naver.com/daeyoudang
- ISBN 978-89-6369-137-4 03180
- 정가 30,000원

이것이
홍국기문
이다
2. 직업찾기

들어가는 글

나는 지금부터 행복해지려 합니다

상담을 십 수 년 하면서 항상 나 자신과 내방자에게 묻는 질문이다. 천승의 제후는 천 개의 걱정이 있고, 만승의 황제는 만 가지의 근심이 있다고 한다. 매일매일 확신이 없는 불안감은 나에 대한 확신이 없어서이다. 나는 무엇이고 누구인가를 알면 소크라테스를 인용할 필요도 없을 테지만….

"나는 행복한가?"라는 질문이 생기면 이미 늦은 것이다. 불혹(不惑), 지천명(知天命), 이순(耳順)을 거쳐 달관의 경지가 되었다는 공자님과 달리, 나이를 더 먹을수록 고칠 수 없는 고질이 자신 속에 웅크리고 있음을 알게 된다. 이걸 몰라서 더 고쳐 보려 하고 새로운 상황을 만드려고 애를 쓴다. 삶의 방향이나 질은 노력에 따라 변화가 오지만 성향은 바뀌지 않는다. 즉 타고난 기질과 성향은 고치기 어렵다.

그래서 MBTI[1]나 칼 융의 심리유형론을 통해서 타고난 성향을 분석하여 삶의 질 향상과 성과의 극대화를 꾀하도록 노력하는 것이다. 기질에 맞는 전공과 직업을 선택하면 스트레스가 적고 성과도 높다. 한때는 유행처럼 많은 대기업에서 MBTI를 활용해 업무배치를 하였다. 같은 공대 기계과를 나와도 ESTJ처럼 활동적인 기질은 기술영업직을 주어 많은 사람을 만나면서 외부활동을 하도록 하고, INFP처럼 내성적이고 비활동적인 사람은 연구실에서 연구하는 업무를 주는 것이다. 우선 적성에 맞아 즐겁고, 먹고 살기 위해서 일한다는 생각이 줄어드니 행복감이 높아졌다고 한다.

하지만 위와 같이 이미 결정된 상황에서 조금 숨통을 터주는 성향검사로는 한계가 있다. 국민 전체의 비중으로 보면 아주 미미하므로 적극적으로 학업을 시작하는 청소년기부터 타고난 기질과 성향을 빨리 파악하는 것이 중요하다. 현재 이러한 심리성향검사는 얼마든지 있다. 정밀정확도의 문제이지만 말이다.

그래서 이것을 보다 정확하게, 누구든지 쉽게 찾아볼 수 있

1] 1. 에너지는 외부로 향하는가(E), 내면으로 향하는가?(I)
2. 인식을 자신의 경험에 의해 하는가(S), 직관적으로 하는가?(N)
3. 판단을 논리에 의해 하는가(T), 감정에 의해 하는가?(F)
4. 정보가 있을 때 정의를 내리는가(J), 받아들이는가?(P)

도록 한 것이 이 책이다. 이미 세계는 코로나 19 이전부터 대면 수업의 한계와 문제점이 대두되어 언택트 수업의 수준을 놓고 고민 중이었다. 일부 인문학은 온라인 강의가 중심이 된 지 오래고, 공학도 일반적인 내용은 인터넷에서 쉽게 찾을 수 있다. 먼저 자료를 읽는 사람이 선각자인 셈이다. 관심 분야를 제한 없이 보고 연구할 수 있는 세계가 다가와 있는데, 아직도 우리는 동네학원과 씨름을 하고 있다.

연간 사교육비가 치솟아서 걱정이라고 하지만, 그 걱정은 우리 부모들의 갇힌 생각에서 나온 말일 것이다. 왜 글로벌 언택트 시대에 동네 학원에 수입의 30프로 이상을 투자하는가? 이제는 멀리 넓게 눈을 돌려야 할 때다. 내 자녀의 기질과 체질을 정확히 알아 거기에 맞는 체험을 위주로 리드해 줘야 한다. 내 자녀가 '인생은 즐겁고 재미있다'라는 생각을 갖도록 해주는 것이다. 또한 나도 행복해야 한다. 내가 힘든 것은 주위의 환경이 받쳐 주지 못해서라고 대부분 생각한다. 하지만 그렇지 않은 경우가 더 많다. 나를 알아보자. 나를 알아야 행복해질 수 있는 대책을 세울 수 있지 않은가!

홍국기문은 예언서이면서 상담학이다. 또한 문제를 해결할 수 있는 대책을 알려주는 선길학(選吉學)이다. 이 책을 통해서 행복을 나눠주고, 자신도 행복해지는 시간이 되길 바란다.

일러두기

❶ 이 책은 『이것이 홍국기문이다 1』을 이어 기문명리의 오행을 가지고 쉽게 직업을 찾을 수 있도록 만들었습니다. 이론이 들어 있는 1권과 함께 보시면 도움이 됩니다.

❷ 이 책의 1부에는 나를 찾아서라는 제목으로, 일지와 홍국수, 통기도, 용신 등에 대한 다루었습니다. 여러 번 읽고 적용하시면 됩니다. 기문 명반은 www.webhard.co.kr(아이디 daeyoudang 비밀번호 9966699)에서 다운 받거나, 어플을 활용하면 쉽게 포국할 수 있습니다.

❸ 2부에는 통기도를 이용하여 간단하게 직업을 찾도록 하였습니다. 일지와 용신으로 찾는 법과 일지를 중심으로 보는 방법에 대해 자세히 설명하였습니다. 직업분류는 기문을 배우지 않은 분들도 찾아서 활용할 수 있습니다.

❹ 3부에서는 학운과 직업의 실례 28개를 실었습니다. 직업별로 2~6의 명반을 예로 들어 같은 직업군을 가진 명례를 비

교하도록 하였습니다.

❺ 부록에 실린 직업찾기는 앞에서 나왔던 직업을 가나다 순으로 정리하여, 자신이 하고 싶은 일이 자신의 명과 맞는지 찾아보도록 하였습니다.

❻ 일지는 세(世), 연지는 세지(歲支), 유년은 기문의 대운에 해당되며, 유년소운이 1년운이다. 관은 편관의 경우에는 귀(鬼)로, 정관은 관(官)으로 표시하였습니다.

목 차

1부. 나를 찾아서

1장. 나는 누구인가?

일지오행의 특성

이 장의 제목은 "나는 누구인가?"이다. 기문에서 '나'로 표현하는 일지에 대해 알아보는 것이다. 명리(자평명리)를 배운 적이 있다면 일간(干)과 일지(支)에 대해 알고 있을 것이다. 명리가 일간을 기준으로 본다면, 기문은 일지를 기준으로 본다. 일지가 어떤 오행이며 어떤 특징을 가지고 있는가를 통해 선천적 기질과 성향을 파악하는 것이다.

사람들이 저마다 다르게 생긴 것처럼 성격도 천차만별이다. 그런데 누구보다 가장 잘 알 것 같은 자기 자신에 대해서 정작 모르는 것이 너무 많다. 내가 왜 그랬지? 내가 이런 성격이었나? 하고 반문하곤 한다. 그래서 소크라테스는 '너 자신을 알라'고 했나보다.

학창시절 성격유형 테스트를 해 본 경험이 있을 것이다. 테스트 결과를 읽으면서 의아심도 들었을 테고 공감도 했을 것이다. 그래도 이런 검사라도 해보고 내가 누군지 어렴풋이 느낀 사람은 축복받은 것이다. 전에는 적성이 어디 있고, 성격의

호불호好不好가 어디 있었겠는가! 그저 팔자려니 하며 하기 싫은 일, 적성에 맞지도 않은 일을 하며 꾸역꾸역 살아 내기에 급급했다.

자신에 대해서 모르는 사람들이 의외로 많다. 나를 알아가고, 나를 인정하고, 나의 색깔대로 살아가고 싶지만, 방법을 모르는 경우가 대부분이다. 그래서 팔자 탓을 하거나 무속적 안내를 받아서 무리한 행동을 하기도 한다.

왜 '아이고, 내 팔자야'라고 말할까? 자신이 누군지도 잘 모르면서…. 어찌할 수 없는 것이 팔자라고 생각했던 것은 아닐까? '사주팔자'는 이미 이 세상에 태어날 때 정해진 것이지만, 핵심은 '음양오행이 어떻게 배합되어 있는가'이다. 이것을 알아야 어떻게 살아갈지 알 수 있다.

소심한지, 대범한지, 감성이 풍부한지, 냉정한지, 노래를 잘하는지, 못하는지, 국어와 역사를 좋아하는지, 수학과 과학을 좋아하는지 등등 성향에 관한 모든 것들을 나열할 수는 없다. 하지만 적성검사나 MBTI, 명리, 홍국기문 등 다양한 방법을 통해 성격, 기호, 직업, 직무 등을 그 사람에 맞게 분류해 볼 수 있다.

홍국기문을 활용하면, 어떤 유형의 사람인지, 어떤 성격인지, 어떤 체질인지, 재능이 있는지, 인연이 있는지, 강한 사람인지, 약한 사람인지 등 수많은 정보를 알 수 있다.

그 중 이 책에서 특별히 다루고 싶은 부분은 '밥벌이'에 관한 것이다. 이것이 바로 사람이 사람답게 살 수 있는 기본이기 때문이다. '어떤 일을 할 수 있는가'는 직업으로 연결될 것이고, 그 직업을 통해 자신의 꿈을 이루는 과정을 살피는 것이 이 책의 목적이다.

물론 그것만으로 성공에 다가가기는 쉽지 않다. 성격이나 기질이 인생의 전부는 아니기 때문이다. 내성적인 성격은 목표를 대통령이나 연예인으로 정할 수 없다는 말이 아니다. 대통령이나 연예인은 반드시 외향적인 사람만 한다는 원칙이 있는 것도 아니다. '밥벌이' 파트는 자신이 가장 잘 할 수 있는 부분을 극대화 하고, 꿈꾸는 목표에 더 빨리 갈 수 있는 방법을 제시해 줄 것이다.

기문에서 자신에 대한 정보를 알려면, 생년, 월, 일, 시가 필요하다. 생년, 월, 일, 시를 사주(네 개의 기둥)라고 부르는데, 이 기둥을 기문둔갑의 방법으로 국을 짜는 것이다. 이 내용은 『이것이 홍국기문이다 1』의 23~38쪽에 순서대로 나와 있다. 이 책을 참고하여 직접 뽑아 보는 방법도 있고, 각종 무료 어플을 이용하여 홍국기문을 포국할 수도 있다.

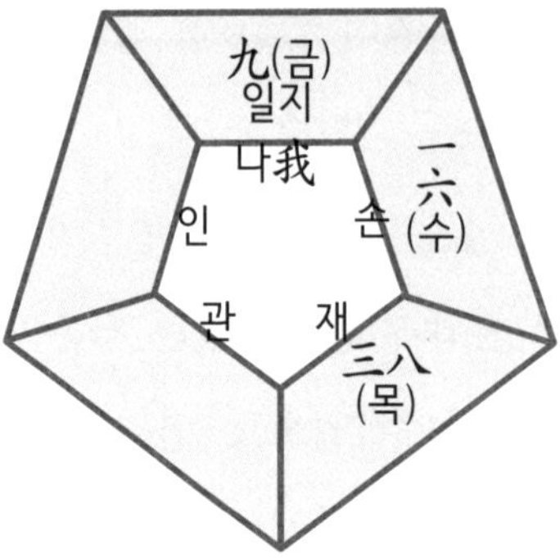
九(금)
일지
나我
인
손
一六(수)
관
재
三八(목)

어떤 어플에서든 일지(日支)나 세(世)라고 표시된 것이 나(我)이다. 혹 아래 그림처럼 통기도가 없는 경우라도 '일지', '세'라고 되어 있는 곳을 찾아 숫자를 읽으면 된다. 이 숫자를 홍국수라고 한다.

월지 四 XXX 鬼 七 OXO 36~42	년지 시지 九 XXX 官 二 OXO 19~20	六 OXX 父 五 XXX 25~29
五 XXX 孫 六 XXX 30~35	八 XOO 전국 財 三 XOO 43~45	一 OXX 父 十 XXX 10~17
十 XXX 孫 一 XXX 18~18	七 XXO 兄 四 XXX 21~24	二 XXO 일지 世 九 XXX 1~9

숫자는 1-10까지 나올 수 있다. 아래의 표는 숫자를 다섯 가지 오행과 음수(짝수), 양수(홀수)로 분류한 것이다.

선천수 후천수

양(陽)	음(陰)	
1	6	수(水)
3	8	목(木)
5	10	토(土)
7	2	화(火)
9	4	금(金)

일지가 1이라면 양에 해당하며 오행으로는 수(水)가 된다. 양수라고도 부르고, '1수(水)'라고도 할 것이다.

일지가 9라면 양에 해당하며 오행으로는 금(金)이 된다. 양금이라고 부르고, '9금(金)'이라고 할 것이다.

앞의 구궁도 그림은 일지가 9금인 사람이다. 다음에 나오는 일지 9의 성향을 찾아 읽어 보면 된다.

1. 일지 1 · 6(水)

수오행은 물과 같은 사람이다. 담는 그릇에 따라 모양이 달라지고, 용도가 다르기 때문에 변형이 가능하다. 밤과 관련이 있어 야행성이 될 가능성이 높고, 감성적인 부분이 발달되어 시인의 기질이 있다. 분위기에 따라 감정의 기복이 많고 때에 따라서는 감수성이 폭발할 수도 있다.

감성이 풍부하고 마음이 갈대 같은 사람이다. 감정에 영향을 많이 받는 사람이라 싫은 일은 하지 못한다. 좋아하는 일만 하려고 해서 자칫 베짱이처럼 보일 수도 있다. 사람에 약하고, 정에 약해 끌려 다니기 쉬운 사람일 수도 있다. 하지만 현명함을 발휘하는 지혜롭고 똑똑한 면도 있다.

남성보다는 여성에게 유리한 오행이다. 남성으로 치면 스윗가이, 샤이가이 이다. 키가 크고 팔다리가 길며, 유연성이 뛰어나 다소 흐느적거리는 모습을 보이기도 한다. 특히 금의 영향을 많이 받으면(金生水를 받으면) 더욱 두드러진다. 패션모델을 하기에 적당하다. 볼륨 있는 몸매를 보이고, 양각의 두상보다는 음각일 경우가 많아 여성에게 유리하다.

1수의 특징	지혜와 재주가 뛰어나고 슬기로우며 글재주가 특출하여 큰 뜻을 품고 큰 계획을 세운다. 추진력이 강하며 일의 처리가 능수능란하다. 천성이 순박하고 담백하여 남에게 피해를 주지 않으며, 주변 사람들을 배려하는 배려심이 있다. 신왕하면 약자를 돌보며 지혜롭게 깊이 생각하지만, 신약하면 정력(精力)을 소비하는 경향이 있다.
6수의 특징	융통성과 판단력이 좋다. 주변 사람들과 잘 어울리며 친구가 많고 영리하며 판단력이 정확하다. 속마음을 드러내지 않으니 어떤 사람인지 추측하기가 어렵다. 외유내강하므로 일을 처리할 때 중용을 지킬 수 있다. 신왕하면 우울증 혹은 조울증이 생길 수 있고, 신약하면 자신의 의도와는 다르게 모략이나 모함에 빠질 수 있다. 다른 사람을 불쌍히 여기는 마음을 가지므로 공익에 헌신하기도 한다.
1·6수 직업	① 상담업, 비서직, 또는 요가 등 레포츠 ② 작사 · 작곡 등 음악 관련 ③ 사회사업(사회복지 · 요양사 · 유치원교사) ④ 환경분야, 영양사, 식품조리사 ⑤ 수의학분야, 약학, 바이오, 동물 관련 ⑥ 유흥업소, 마사지샵

2. 일지 2 · 7(火)

화오행의 대표적인 성향은 밝음이다. 흔히 태양과 달에 비교한다. 남 앞에 나서는 것을 좋아한다. 말을 잘 하고 예의를 중요시하며 싹싹한 편으로 서비스계통의 일에 잘 맞는다. 말로 인해 실수가 생길 수 있으므로 말을 할 때 주의를 요한다.

박자감과 라임(rhyme)에 강하고 속도, 스피드와 관련이 많다. 빠르고 급한 성질이 될 수도 있어 늘 바쁜 마음을 가지게 된다. 5G 시대를 사는 현대에는 유리한 조건이 많다. 걸음걸이도 빠르며, 마른 체형일 가능성이 높다.

화오행은 2화와 7화의 차이가 많다.

2화의 특징	겉으로는 잘 드러나지 않으나 내심 무척 급하다. 억제심이 강하고 타인에게 호소할 줄 모르는 성격을 가지고 있다. 노력은 많이 하나 노력한 만큼의 대가를 얻지 못한다. 생각이 깊고 말솜씨가 능숙하고 위트가 있다. 신왕하면 거짓과 허세가 심하고, 심리적으로 불안해하며 말을 더듬거나 틱 현상이 나타나기도 한다.
7화의 특징	총명하고 예의가 바르지만, 이해가 빨라 오히려 깊은 것을 헤아리는데 방해가 되기도 한다. 인기를 중요시하고 남에게 비춰지는 자신을 의식하며 반응 속도가 빠르다. 성질이 급하고 말도 급히 하다가 더듬으며, ADHD나 행동발달장애가 생기기도 한다. 너무 많은

	것을 계획하고 실행에 옮기려고 하므로 집중도 · 완성도가 떨어진다. 7화는 구설과 투쟁으로 주변이 시끄럽다. 7화가 왕하다면 말로 인해 생기는 구설수로 친구 · 형제 · 동료 사이가 나빠질 수 있으므로, SNS 등을 하지 않는 것이 낫다. 과감하고 민첩하며 식견이 넓고 수완이 좋아서 속도가 붙는 일을 하는데 유리하고, 서비스직종도 잘 맞는다. 그러나 지구력이 부족한 것이 단점이다.
2·7 화 직업	① 아나운서, 리포터, 홈쇼핑 해설자 ② 언론인(기자 · 피디 · 작가), 카피라이터 ③ 촬영(사진 또는 영상), 카메라맨 ④ 영화인(제작자 포함), 애니메이터 ⑤ 광고(직업화 함), 전기, 전자공학, 반도체 ⑥ 통신, 택배 ⑦ 디자인 - 의류 산업 등 ⑧ 호텔경영 - 유흥, 레저 ⑨ 서비스업종의 판매사원, 해설사 문과 쪽으로는 ①언어, 어학, ②사회학, 언론정보, 신문방송, ③방송작가(예능)의 길로 나아가게 된다. 이과 쪽으로는 ①전기, 전자, 컴퓨터, ②화학, 화공, ③컴퓨터 그래픽, 캐드, 회계, 전산도 좋다. 예체능 쪽으로는 ①미술, 디자인, 인테리어, 의상, 의류학, ②모양 내는 요리인으로 케익, 떡, 빵, 후식, 스파게티 등을 만든다. ③스냅 사진, 예쁜 사진 등과 맞는다.

3. 일지 3 · 8(木)

목오행은 강함과 부드러움을 동시에 가지고 있으며, 점잖은 느낌이 든다. 잘 드러나지 않는 섞임이 가능한 중용적인 사람이다. 들뜨지 않고 단정, 단아하여 매우 FM적인 성격일 가능성이 많으며, 시간이 흐를수록 정이 쌓이는 감정을 갖는다.

노력형이며 인내심이 강하다. 이런 이유로 목적형 인간으로 보일 수 있다. 수오행으로부터 생을 받으면 인자함과 자애, 생동감을 가지게 된다. 하지만 금오행으로부터 공격을 받는 일지 목이라면, 금오행인 줄 착각을 일으켜서 금오행처럼 강하고 단호한 면을 갖는 경우가 많다.

3목의 특징	인자하고 주위 사람과 잘 어울리며 관용도 베풀 줄 안다. 겉으로는 온화하고 조용하다. 생각이 깊고 치밀하며, 화려한 면도 있다. 실력이 좋으며 이지적이고 어떤 일을 추진할 때 철저한 계획 하에 확고한 기초를 다지는 성격이다. 어려운 일이 있더라도 꾸준히 해결해 나간다. 다정다감하여 대인관계가 무난하지만 질투가 심한 것이 단점이다.
8목의 특징	침착하고 온화하며 어떤 어려움에 처하더라도 동요되지 않고 해결해 나간다. 참을성이 많고 수동적인 편이다. 부하직원이나 아래 사람을 잘 다스리며, 고집이 강하여 어떤 일이든 한 번 생각하면 흔들리지 않고 꾸준히 추진해 나간다. 그러나 한 번 감정이 폭발하면 참지 못한다. 이성에 대한 감정이 깊고 금전에 대한 집착성도 강하다. 삶에 대한 의지가 매우 강하며 인내심이 있다. 성격이 한쪽으로 치우치고 고집이 세며 질투심이 강하다.
3·8목 직업	① 일반사무직, 공무원 ② 가구 · 건축물의 디자인 또는 제작 ③ 종교 산업 ④ 교육 관련, 인터넷 방송, 인터넷 블로그 관련 ⑤ 행정, 법률, 역사, 상담, 철학 분야, 인사 관련 ⑥ 디자이너, 소비자 상담 응대 ⑦ 언론, 작가(소설가 · 수필), 편집, 통계, 문학 관련 서비스 분야

4. 일지 4 · 9(金)

금오행은 의(義)에 대해 생각해 보지 않을 수 없다. 옳은 것, 바른 것, 강한 것이라고 말할 수 있지만, 그 반대의 불의(不義)도 함께 생각해야 한다. 금오행은 살(殺)이라는 부분을 빼놓고 생각하기 어렵기 때문이다. 기(氣)가 세기 때문에 직관력·판단력이 좋다.

금오행은 자신에게 부여하는 기본점수 자체가 높다. 이 말은 자신이 무엇이든 옳다고 생각하는 경향이 있어, 가르치거나 지적하고 끌고 가려고 한다는 뜻이다. 정의감과 힘으로 무장하거나, 혹은 불의나 비굴한 방법으로라도 타인을 지배하려는 성향이 있다. 권력욕을 가지고 있다.

또 다른 금오행의 속성은 변화와 뒤바뀜이다. 정의에서 불의, 의연함에서 비굴함, 혹은 성(性)의 전환(동성애), 국적의 변환 등 강력한 변화의 중심이 될 수 있다. 살(殺)은 곧 권력을 의미하기 때문에, 지배욕과 승부욕이 강한 권력형 인간이 될 수 있다. 일지 금오행이야말로 자신을 어떻게 컨트롤 하냐에 따라 많이 달라질 수 있다.

일간에 4나 9금이 있다면, 몸에 살기가 있는 것이므로 남과 부딪치는 과격한 운동을 삼가야 한다. 스키나 보드, 오토바이를 타는 것도 조심해야 한다. 약간 밀친 정도인데도 자신이나 상대방이 크게 다칠 수 있다.

4금의 특징	쌀쌀하고 매몰찬 성격이며, 말재주가 없고 단호하다. 성질이 강직하고 굳세며 지구력이 있다. 용기와 견고한 의지로 조용히 뜻을 관철한다. 사치나 허영에 관심 없고 오직 살아가는 데만 정신을 쏟으며, 자신에게 이익이 되지 못하는 일에는 눈을 돌리지 않는다. 주변 사람과 융합이 잘 안되고 사교에 원만하지 못한 단점이 있다. 특히 여성은 남성을 싫어하고 남성은 여성을 싫어하는 경향이 강하다. 따라서 양성애자나 동성애자인 경우가 있다. 결벽증, 편집증이 있어 딱딱 정리해 놓는 성격이며 9금보다 더 단호하다.
9금의 특징	성격이 굳고 맑으며 의리를 존중하고, 남루한 꼴을 보기 싫어한다. 희생 · 봉사 정신이 강하다. 남자다운 성정에 모든 일처리가 신속하며 능숙하다. 과감하고 결단과 기백이 대단하다. 융통성이 부족하며, 욕심이 많고 허영심 · 과대망상 · 자만 · 초조 등의 성향도 있다. 여성이 9금이라면 동성에게 인기가 많지만 남성은 여성 9금을 두려워한다. 금이 너무 많으면 형벌이나 재앙을 면하기 어렵고 병에 걸리기 쉽다. 대표적 질병이 두통이다.
4·9금 직업	① 행정 공무원, 변호사, 금융업, 기업가 ② 의사, 약사, 한의사, 수의사, 교사, 교수, 보건행정 ③ 방송인, 언론인, 비평가, 저널리스트, 작가 ④ 학자, 세무사, 투자 분석가, 물류유통 관리 종사자 ⑤ 공익 단체, 사회단체, 여론조사기관, 손해 사정인 ⑥ 건설 회사, 건축 설계사, 전산 감리사, 시스템 엔지니어, 웹 마스터, 개발자 등

5. 일지가 5 · 10(土)

토오행을 대표하는 뜻은 신용이다. 신(信)은 믿음이고 성실함이다. 흙이며 땅이며 전통이며 변하지 않는 것이라는 속성도 내포되어 있다. 세상은 시간에 따라, 공간에 따라 변해 간다. 그렇다면 변하는 것이 좋은가? 변하지 않는 것이 좋은가?

토오행은 바로 이런 고민과 선택을 늘 마음속에서 하게 된다. 짜장과 짬뽕을 고르는 고민과 비슷하다. 이러한 속성으로 인해 말이 없고 과묵하고 신실해 보이는 장점이 있는 반면, 누구의 편도 들지 않아 오해를 불러일으킨다. 신약하면 양편에 모두 불신으로 남을 수 있다.

결정 장애가 있어 보일 때가 있고, 비밀이 많은 것처럼 보이기도 한다. 실질적으로 자신의 움직임이 드러나는 것을 싫어하는 경우도 많다. 옛것에 대한 관심이 많은 편이고 건강보조제나 보약, 비타민 등 몸에 좋은 것을 선호하는 성향도 있다.

미각이 뛰어난 편이고, 먹는 것을 좋아하며 맛을 평가하는 일에 뛰어날 수 있다. 살집이 있고 상체가 발달한 뚱뚱한 체형이 되기 쉽다. 그러나 화오행의 영향을 많이 받고 있다면 뚱뚱하지 않고 오히려 마른 체형이 많다. 이런 사람은 성인병 중 마른 당뇨에 주의해야 한다.

5토 의 특징	신용과 의리가 있으며 검소하게 살아간다. 그러나 너무 토가 많으면 매사에 느리고 둔해서 신용이 없다. 일지가 왕하면 주변 사람과 서로 잘 어울리며, 손윗사람에게 신뢰받고 손아랫사람에게 존경받는 사람이 된다. 단, 쉽게 친해지고 쉽게 멀어지는 경향이 있다. 마음이 강직하여 반발심이 생기기도 한다. 질투와 시기가 있고 이성에 대한 애정이 농후하고 명예심이 있다.
10토 의 특징	저축을 잘하고, 일에 중용을 지키는 등 성격이 무난하다. 겉으로는 온화하고 침착하고 중후해 보이나, 내면은 그렇지 못하여 강직하고 보수적인 경향이 짙다. 시대의 흐름에 둔감하여 유행을 타기 어렵다. 시기와 질투가 강하고 본심을 드러내지 않는 성격이다. 이랬다저랬다 변화가 심하지만 마음먹은 것은 묵묵히 실행에 옮긴다.
5·10 토 직업	① 전기, 전자, 컴퓨터, 화학, 화공 - 원자재 관련 ② 항공운항과, 각종 레저학과, 관광, 호텔 - 운수업 ③ 디자인, 인테리어 ④ 농업, 축산, 원예 - 도매 관련 ⑤ 건설, 토목, 부동산 ⑥ 체육 관련

6. 일지의 속성과 자신의 성향이 맞지 않는 이유

일지를 중심으로 각 오행이 가진 속성에 대한 성향과 성질에 대해 살펴보았다. 혹자는 자신의 일지하고 성격이 맞지 않는다고 생각할 수 있는데, 일지의 강약을 헤아리지 않았기 때문이다.

일지에는 오행 숫자의 강약이 있고 음양이 있다. 예를 들어 일지가 4금인데, xxx로 매우 태약하다면, 금의 속성을 유지하거나 드러낼 수 없다. 그리고 이렇게 태약한 음금(4)을 바로 옆에서 토가 계속 생해 준다면 어떻게 보아야 할까? 이 4금은 토의 생을 받는 금이라 토처럼 보일 가능성이 높다.

또 다른 예로 일지가 양금(9)이라고 가정하고, 일지 9의 강약이 oox로 신왕하다면 정의, 강함, 지배욕, 권력 등의 기질이 강하다고 보는 것이 일반적이다. 하지만 금생수하면서 수오행을 계속해서 생하며 돕고 있다면, 일지 9의 강함은 부드러움을 동반하게 된다. 그래서 희생과 봉사로써 양금의 성향이 완화된 성격으로 표현될 것이다.

자신의 일지 성향을 유지할 수 있는지 여부와, 일지의 강약을 측정하는 방법은 3장에서 살펴보면 된다. 일지는 생을 받거나 생을 해주는 역할을 하는데, 그 오행의 유무에 따라 영향을 주고받게 된다.

2장. 금수저일까 흙수저일까?

나에게 있는 것과 없는 것

1. 기문에서 말하는 금수저, 흙수저

요즘 흙수저니 금수저니 하는 말이 유행이다. 금수저로 태어나면 삶이 편안하고, 흙수저로 태어나면 상처받고 좌절할 일이 많은 것도 사실이다. 이는 결국 부모를 두고 하는 말이다. 그렇다면 그런 차이는 어디서 오는 것일까? 금수저와 흙수저를 가르는 부모복은 기문에서는 정인이나 편인에 해당한다. 정인과 편인을 가지고 있고, 왕하다면 당연히 금수저에 가까울 것이다.

누구나 금수저로 태어나지는 않는다. 각기 가지고 태어나는 것이 다른데, 세상을 살아가는데 필요한 기본적인 요소들을 얼마나 갖추고 있는지, 혹은 어떻게 구성되어 있는지가 매우 중요하다. 그래야 자신이 가는 길을 설계하기가 쉬워지기 때문이다. 그래서 그 배경이라는 것에 대해 알아보려고 한다. 배경의 요소들은 음양과 오행에서부터 나온다.

음과 양은 원초적으로 남자와 여자가 새로운 생명의 탄생을 가능하게 하는 것으로부터 시작된다. 여기에 해와 달 그리고 물, 불, 나무, 흙, 돌로 세상이 이루어져 있는 모습을 상징화한 것이다. 어렵다면 월요일, 화요일, 수요일, 목요일, 금요일, 토요일, 일요일로 이해하면 빠를 수 있다. 木, 火, 土, 金, 水가 서로 돌고 돌면서 물이 나무를 기르고, 나무가 타서 흙이 되고, 흙이 뭉쳐 돌이 되는 사이클이 1분 1초도 쉬지 않고 유기적으로 움직인다. 한 개인의 몸과 인생살이도 이렇게 필요한 요소들을 가지고 태어나 그것이 나를 둘러싼 배경이 되는 것이다.

따라서 무엇이 있고, 무엇이 없는지를 알면 인생의 진로에 한 발 다가서게 될 것이다. 요즘 젊은 세대들도 사주 상담을 받으면서 이런 말을 들은 적이 있을 것이다. "넌 나무야, 큰 나무. 근데 물이 없어……."

이제 이 상징성의 말을 풀어야 한다. 그래야 그저 나무가 아닌 나를 알게 될 것이다.

앞서 일지를 설명하면서 목은 3·8 / 화는 2·7 / 토는 5·10 / 금은 4·9 / 수는 1 · 6이며, 일지가 이런 음양과 오행일 때 갖는 성격과 특징을 설명하였다. 이 숫자는 홍국기문에서 매우 중요한 부호로 꼭 기억하시기 바란다.

2. 홍국수가 차진한 자리와 특징

음양오행의 숫자도 어디엔가 자리를 잡고 있어야 사용할 수 있다. 아래 그림은 오행이 자리 잡을 수 있도록 오각형으로 그림을 그리고, 일지를 맨 윗자리에 배치한 것이다.

육신 통기도

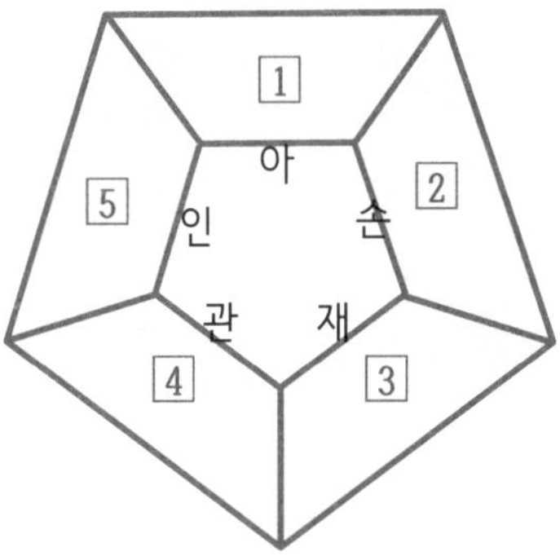
1
아
2
손
3
재
4
관
5
인

1번은 나와 형제 자리 → 아(我), 형(兄)

2번은 자식과 나의 생산품 그리고 나의 생각의 자리 → 손(孫)

3번은 누구나 좋아하는 현금·돈·재능의 자리 → 재(財)

4번은 누구나 꿈꾸는 높은 사람이 되는 명예·자존심·직함·신분의 자리 → 관(官)

5번은 부모, 조상, 스승, 상사, 혹은 정보의 자리 → 인(印)

이렇게 1에서 5까지 고정불변으로 자리가 정해져 있다.

그리고 이것을 자세히 설명하면 다음과 같다.

①번 : 일지와 형효(형제나 친구 동료)의 자리이다.

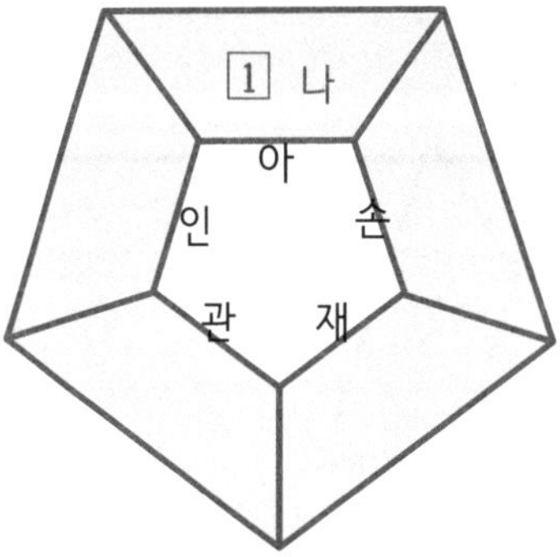

1 나
아
인
손
관
재

일지인 내가 시계방향으로 나아가는 자리이다.

여기에는 나와 같은 오행만 들어올 수 있다. 오행 중 음양이 같은 경우를 '비견', 다른 경우를 '겁재'라고 부른다. 그래서 전체적으로 '형제', 혹은 '친구'로 볼 수 있다. 그러므로 형제, 즉 형효의 자리가 되는 것이다.

형효가 작용하면 형제간의 우애가 좋거나 의지하는 사람들이 생길 수 있다. 그러나 그만큼 빵 한 개도 나눠 먹어야 할 것이고, 그건 결국 재산 싸움으로 번지게 될 경우가 많다.

형제의 장애나 자살 등으로 정신적 고통을 가지게 될 수도 있고, 나보다 잘난 형제들에 치이는 상황이 될 수도 있다. 그러나 좋은 작용을 할 때도 있다. 친구가 같은 직장에 지원하자고 해서 했는데 결과적으로 나만 붙게 되는 경우나, 혼자 힘으로는 할 수 없는 사업이나 프로젝트를 같이 해서 성공하는 경우가 그것이다.

일지가 혼자인 경우도 있지만, 형효가 1개 이상 있다면 일지와 형효가 있는 것이다. 이런 경우를 무리를 이루었다고 하여 군겁(群劫)이라 하고 군겁일 경우에는 다음과 같은 현상들이 생겨난다.

나와 음양이 같은 형효를 비견, 나와 음양이 다른 형효를 겁재라고 부른다.

① 형제, 자매, 타인, 경쟁상대가 있으며 지기 싫어한다.
② 분관, 분재, 동업이 문제가 된다.
③ 지겨워도 함께 간다. 승진 때도 문제가 된다.
④ 끝까지 외롭지 않으며 함께 벌어먹고 산다.
⑤ 정치 · 종교 분야에서 두각을 나타낸다.
⑥ 헤드헌터나 인력사무소 등에 근무할 수 있다. 아는 사람이 많아 연락할 곳이 있다.
⑦ 좀 눈을 낮추면 비서나 보좌관으로 역할을 수행할 수 있다.
⑧ 친구 같은 남편, 도반, 형제, 일가친척이 함께 있다.
⑨ 왕따나 학교폭력에 휩쓸릴 가능성이 있다.

②번 : 손효의 자리이다.

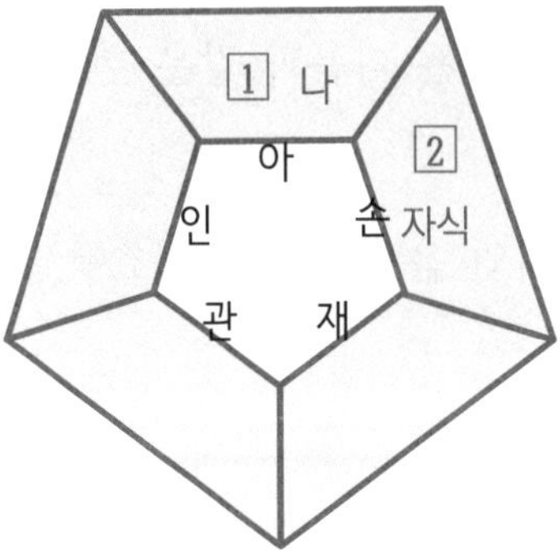
1 나
아
2
인
손 자식
관
재

손효(식상)는 자식을 말하며, 넓게는 후배나 식솔(食率)로 부하나 직원, 제자 등을 뜻한다. 손효는 자신의 생산품이므로 자신이 만드는 모든 것을 포함한다.

더불어 자신의 생각이기도 하다. 생각은 기획일 수도 있고 창의나 창작이 될 수도 있지만, 걱정과 근심 그리고 고집이 되기도 한다.

또, 손효야말로 진정한 일복이라 할 수 있다. '일하지 않는 자 먹지도 말라'와 닿아 있다. 하지만 손효의 일은 육체를 사용하는 노동이므로, 돈을 벌어서 기쁘기는 하지만 늘 분주하고 힘들다. 중궁의 손효는 창의적인 일을 좋아하고, 새로운 것을 만들고, 기획하고 가꾼다. 성격은 솔직하며 배려심이 있다.

손효가 있다는 것은 기획이나 추진력, 연습량이 많아 아이디어와 새로움을 추구하는 성향이 크다는 뜻이다. 또한 성실하고 부지런하며 일에 대한 욕심이 많기도 하다.

나와 음양이 같은 손효를 '식신', 나와 음양이 다른 손효를 '상관'이라 부른다.

① 식상은 부하, 기술력 또는 수많은 물건(생산품, 창작품)에 해당된다.
② 관인상생은 돈을 지키는 쪽이며, 식신생재는 돈을 벌다가 죽는 형인데, 일지상수가 손이라면 무언가를 만들어내는 것을 즐긴다.
③ 일복이 많고 몸을 써서 하는 노동을 한다. 하지만 창의성이 높아 시키는 일만 하지는 않는다.
④ 모든 걸 자신이 주관하고 싶어 하므로 피곤한 인생을 살게 된다.
⑤ 옷을 원하는 대로 직접 만들어 입기도 한다.

3번 : 재효의 자리이다.

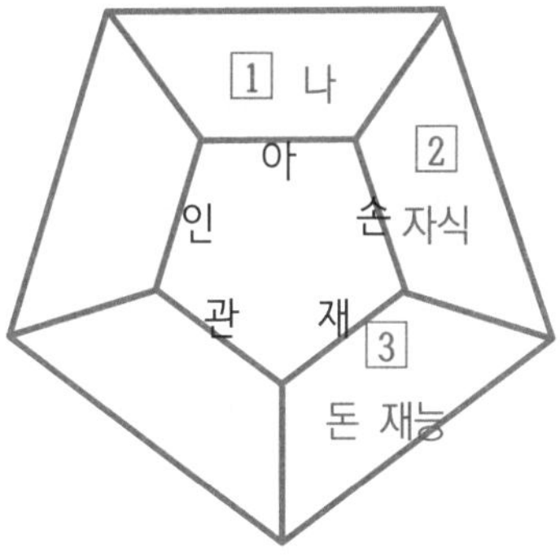
1 나
아
2
인
손 자식
관
재
3
돈 재능

재효는 돈과 재능, 트렌드 이렇게 3가지로 요약된다.

재효는 돈이다. 하지만 여기서 말하는 '돈'은 '많다, 적다. 부자다, 가난하다'의 의미보다는 자신이 쓸 수 있는 현금의 양이라고 할 수 있다. 그렇기 때문에 재효만 가지고 재산이 얼마나 있는지를 판단하지 않는다. 하지만 재효가 없는 사람보다는 있는 사람이 재물을 만드는데 훨씬 유리하다. 그리고 재효의 양이 좋다면 돈이 많다고도 볼 수 있다. 하지만 돈이 내게로 올 때까지는 과정이 필요하다. 상생과 상생을 거듭해야만 내게로 오는 것이다. 일단은 재효를 가지고 있는 것도 복이다.

재효가 의미하는 두 번째 의미는 재능이다. 이 재능은 노력으로 만들어낸 것이 아니라 날 때부터 가지고 있는 '천부적 소질'에 해당된다. 흔히 '끼'가 있다고도 하는데, '끼'는 노력의 산물이 아니다. '끼' '재주'를 가진 사람은 예체능 방면으로 두각을 나타내게 된다.

재효의 세 번째 의미는 트렌드다. 트렌드는 '그 시대의 유행'이다. 유행을 잘 알면 세상이 어떻게 돌아가는지, 어느 길목을 지키고 있어야 돈이 되는지를 잘 알 수 있다. 그러므로 재효는 돈을 만드는 재주 · 부가가치 · 유행·흐름 등의 의미를 가진다. 그러므로 돈이 되는 일을 하며, 부가가치 창출 능력이 있다. 돈에 대한 감각이 있으니, 일을 할 때도 돈이 목표가 된다.

그 외에 재는 먹고 마시고 놀고 즐기는 흥을 뜻하기도 한다. 재미도 추구한다. 자신이 좋아하는 것과 좋아하지 않는 것에 대해 구분이 확실하다. 그리고 재가 있으면 유흥과도 관련이 많아진다. 하지만 지나치면 도박이나 음주, 마약 등에 중독성을 갖는 부작용도 생긴다.

손효가 있으면서 재효가 있다면, 열심히 일해서 돈을 만들고 부가가치를 올리는 일을 한다. 남들보다 돈을 잘 알고 이해하는데 소질이 있다는 것이다.

남자 입장에서 재효는 부인이다. 재효가 있다면 부인과의 인연이 깊다고 할 수 있다. 또한 재효의 상황을 가지고 부인의 역할과 직업, 생김새까지 추정해 볼 수 있다.

나와 음양이 같은 재효를 '편재', 나와 음양이 다른 재효를 '정재'라고 부른다.

① 예 · 체능적인 재능과 끼가 있다. 체육을 하려면 일지가 토금(土金)이고, 재를 극하거나 충하는 것이 좋다.
② 실질적으로 쓸 수 있는 돈에 해당하며, 유통시키는 돈의 크기이기도 하다. 재운이 오면 돈을 더 벌기 위해 투자한다.
③ 부가가치가 높은 일, 마케팅, 금융권과 관계된 일을 한다.
④ 중독성 있는 일, 투기, 투자에 관심이 많다. 일지 홍국수와 재의 크기가 맞으면서 왕해야 투자에 성공한다.
⑤ 인기관리를 한다. 남자라면 좀 더 나은 여자를 찾아 나선다.
⑥ 유흥, 여행, 레저에 관심이 많다.
⑦ 유행(trend)을 잘 알고 한 발 앞선 세련된 패션을 추구한다. 디자인 감각이 있다.

4번 : 관효의 자리이다.

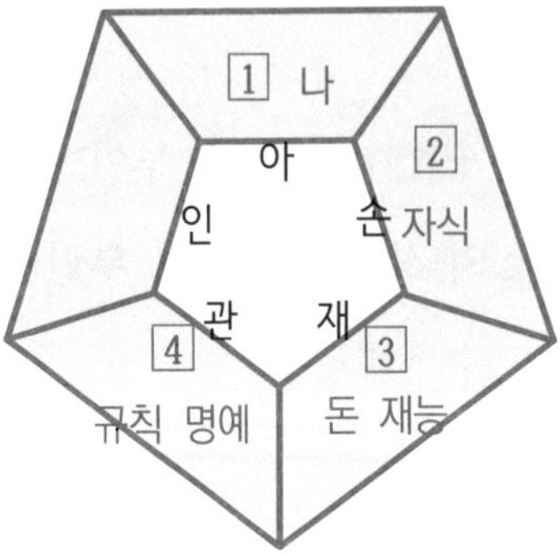
1 나
2
아
인
손 자식
관
재
4
3
규칙 명예
돈 재능

나와 음양이 같은 관효를 편관(鬼), 나와 음양이 다른 관효를 정관이라 부른다.

편관과 정관에 따라 다르겠지만, 보편적으로 관효는 질서 · 체계 · 규칙·사회성을 뜻한다. 지도자가 되고 싶어 하고, 직함 · 명예 · 위신 · 위세를 갖는 것을 목표로 삼는다. 딱딱하고 경직되어 있으며 빈틈이 없다. 남의 눈을 의식한다. 타인의 기준에 신경을 쓴다.

관효가 있으면 사회성과 적응력이 좋다. 규칙과 법규에 능하여 시험 성적을 내는 방법을 잘 알며, 크고 좋은 학교나 직장에 들어갈 수 있다. 또한 평판을 고려하여 참을성을 기르고, 사회적 시스템을 이해하는데 능숙할 수 있다.

만약 중궁에 편관(鬼)이라면, 수단과 방법을 가리지 않고 목표를 향해 나아가기 때문에 편법과 불법 사이를 오간다. 그만큼 위험도가 높지만 성취도 크다. 인연으로 보자면 관효는 조상의 자리이다. 조상은 귀신이나 질병이 될 수 있고, 종교나 신병이라 불리는 무속과도 관련이 있다.

만약 인수효가 없거나 관효가 일지를 진극하는 배치라면 사회성에 문제가 발생할 수 있다. 관효는 마음속에 문제를 일으켜 고집을 부리거나 내가 위대하다는 망상을 갖게 하고, 헛것이나 귀신을 본다고 할 수도 있다. 사실 관효는 조상의 자리로, 이는 관과 鬼의 자리이다. 조상 덕을 본다는 말은 이 자리의 귀가 나에게 도움을 줄 수 있을 때이다.

언제부터인가 '왕따'라 불리는 집단 따돌림이 사회적 문제인데, 이것 역시 사회성의 문제이며, 이는 관이나 鬼의 영향일 수 있다. 따라서 왕따를 당하는 사람과, 왕따를 가하는 사람 양쪽 모두 정관(官)과 편관(鬼)의 문제일 가능성이 높다.

여성의 입장에서는 관효는 남편으로 본다.

① 기준을 타인에게 둔다. 뽐내기 위해서다.
② 숨기는 게 많다. 견디는 힘이 강하다.
③ 명예, 자존심을 지키기 위해 산다.
④ 정신적으로 문제가 많다. 건강을 조심하라.
⑤ 편관이 나를 계속 극하면, 살기(殺氣) · 직관력이 높아진다.
⑥ 집중력이 높으므로 잘 맞는 직업을 택해야 한다.
⑦ 여성의 경우 남편감(官)이 9인 경우는 연상, 연하, 외국인과 결혼하면 좋다.
⑧ 가정보다 직장 일에 충실한다.
⑨ 실력이 있다. 노력과 참을성이 있다.
⑩ 대중화된 유명브랜드 옷을 입는다.

5번 : 인수의 자리이다.

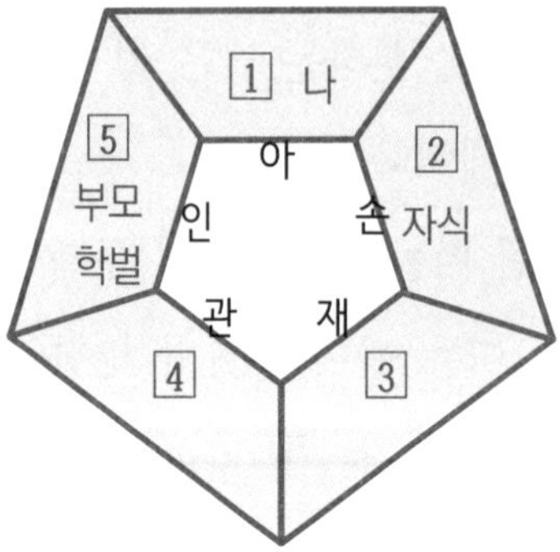
1 나
아
2
자식
손
5
부모
학벌
인
관
재
4
3

인수는 사람의 인연으로는 부모, 스승, 상사, 지인, 조력자, 선배 등이 될 수 있다. 물질적으로는 재산, 정보, 전통, 허가권, 자격과 권리, 문서, 특허권, 독점권 등이 될 수 있다.

'특별함'에 집중하며 '남과 다르다'는 의식 때문에 물질적인 것보다 정신적 욕구를 추구한다. 그래서 1차 목표로 학벌에 신경을 쓰고, 어떤 경우에도 이것을 놓치지 않으려고 한다. 또한 물질에 있어서도 특별한 것을 소유해야 하므로 명품을 선호한다.

학벌이 아니라면 재산의 규모, 혹은 물려받은 재산으로 본다. 전통적으로 승계 받은 재산이나 권리로 볼 수도 있고, 그만큼 사랑과 관심을 받는다는 의미일 수 있다.

나와 음양이 같은 인수효를 '편인', 나와 음양이 다른 인수효를 '정인'이라고 부른다.

① 돌아갈 친정이 있는 것과 같아서 일지가 약한 것을 보충해준다.

② 치유가 가능하다. 인덕이 있다.
③ 인수가 왕하면 관이 없어도 출세 가능하며, 인수가 없으면 담당자가 인정해 주지 않는다.
④ 인수에서 버는 돈은 부동산, 움직이지 않는 자산과 관련이 있다. 유산의 상속으로 재산이 불어나는 경우가 많다. 하지만 겉으로 부자임을 잘 드러내지 않기 때문에 알아채기 어렵다.
⑤ 인수는 공부이므로, 끊임없이 배우려고 한다. 정신적인 욕구를 충족하기 위해서이다.
⑥ 매우 비싸고 유명한 브랜드이지만, 상표가 겉으로 잘 보이지 않는 브랜드를 선호한다.

각각의 자리를 살펴보았는데, 이 자리에는 사람이 들어간다. 이것을 우리는 '육친(六親)'이라고 부른다. 부모, 형제, 배우자, 자녀를 이르는 말로 [1]번은 나와 형제, [2]번은 자식, [3]번은 남자에게 부인, [4]번은 여자에게 남편, [5]번은 부모가 된다.

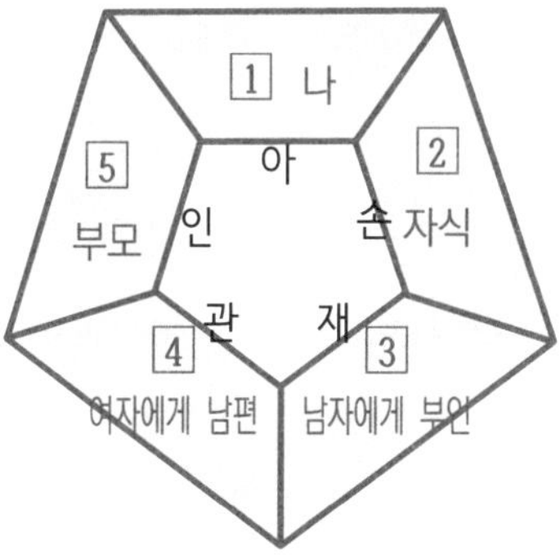
[1] 나
[2] 자식
[3] 남자에게 부인
[4] 여자에게 남편
[5] 부모
아
손
재
관
인

3. 육신과 육친

사주명리에서 비견, 겁재, 식신, 상관, 정재, 편재, 정관, 편관, 정인, 편인이라는 말을 쓰는데, 홍국기문에서도 똑같이 쓴다. 이것을 육신(六神)이라고 부른다. 단 가족관계를 이를 때는 육친(六親)이라는 용어를 쓴다. 육친은 아버지, 어머니, 형, 제, 배우자, 자녀를 말한다.

육친은 세간, 월간, 일간, 시간 즉 구궁도의 천간(天干)을 찾아도 가족관계를 알 수 있다.

(1) 나(아我)를 기준으로 보는 육신(六神)

→ 생아자(生我者)는 부모(父母)로 가생은 편인, 진생은 정인이다.

→ 아생자(我生者)는 자손(子孫)으로 가생은 식신, 진생은 상관이다.

→ 아극자(我剋者)는 재(財)로 가극은 정재, 진극은 편재이다.

→ 극아자(剋我者)는 관귀(官鬼)로 가극은 정관, 진극은 편관이다.

→ 비화자(比和者)는 형제(兄弟)로 나와 음양이 같으면 비견, 음양이 다르면 겁재이다.

일지를 중심으로 하기 때문에 육신의 자리는 변동이 없다.

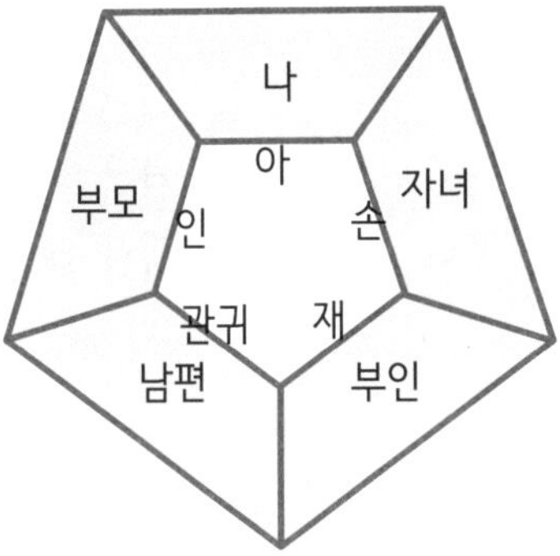
나
아
자녀
부모
인
손
관귀
재
남편
부인

육신 통기도

일지를 중심으로 하기 때문에
육신의 자리는 변동이 없고, 음양만
달라질 뿐이다.

일지는 사람마다 다르고 같은 오행이라 해도 음양이 다르다. 하지만 육신 즉, 인수가 나를 낳고 내가 자식을 낳는 구조는 변하지 않는다.

예를 들어 일지 세효(世爻)가 3목이라면 생아자 즉 부모는 1·6수이고, 아생자 즉 자손은 2·7화이다. 극아자 즉 관귀는 4·9금이고, 아극자 즉 처재·재능은 5·10토이다. 비화자 즉 형제는 8목이다. 여기에 3목 기신(己神)을 포함시키면 육신이 된다. 이를 도표로 만들면 아래와 같다.

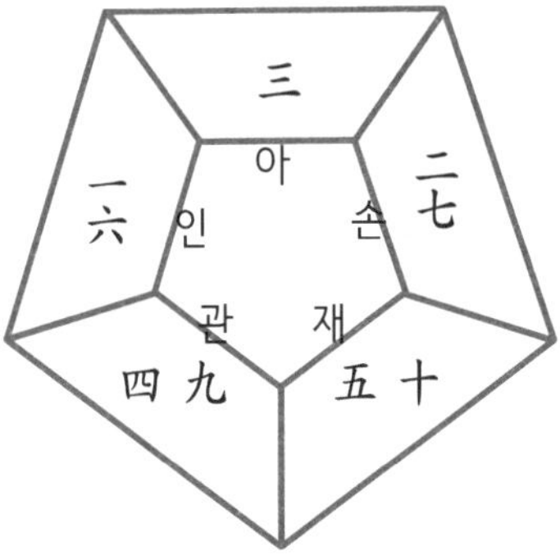
三
아
一
六
인
손
二
七
관
재
四 九
五 十

일지가 3목일 경우,
형의 자리는 8
손의 자리에는 2·7이,
재의 자리에는 5·10이,
관의 자리에는 4·9가,
인수의 자리에는 1·6이 오게 된다.

(2) 육신통변도표

표1. 육신통변도표

10간	갑	을	병	정	무	기	경	신	임	계
12지	인	묘	오	사	진술	축미	신	유	자	해
수리	三	八	七	二	五	十	九	四	一	六
음양 / 육신	양목	음목	양화	음화	양토	음토	양금	음금	양수	음수
비견	3	8	7	2	5	10	9	4	1	6
겁재	8	3	2	7	10	5	4	9	6	1
식신	7	2	5	10	9	4	1	6	3	8
상관	2	7	10	5	4	9	6	1	8	3
편재	5	10	9	4	1	6	3	8	7	2
정재	10	5	4	9	6	1	8	3	2	7
편관(귀)	9	4	1	6	3	8	7	2	5	10
정관	4	9	6	1	8	3	2	7	10	5
편인	1	6	3	8	7	2	5	10	9	4
정인	6	1	8	3	2	7	10	5	4	9

일지궁 지효(지반수)의 오행을 세효로 잡고 생극제화로써 육신을 정한다.

(3) 육신의 의미

육신의 종류	유형, 무형	인간 관계	함축 의미
인수 (정인, 편인)	문서, 재산, 정보, 토지, 학벌, 허가권, 상표권, 자격증, 제사, 유산, 임명장	부모, 조상, 스승, 귀인, 상사, 지인, 선배	복(福), 의식, 인정, 허락, 통과, 여유, 시대부흥, 승진 관리자
손 (식신, 상관)	생산품, 기획, 창작, 저작물, 노동, 영업, 여행	자식, 식솔, 후배, 부하직원	생각, 아이디어, 추진력, 선도, 도전, 개발자
재 (정재, 편재)	현금, 부가가치, 이자, 복권, 유행, 여흥, 재능, 재주, 도박	건명-여자, 부인, 곤명-시댁. 돈으로 얽힌 지인, 재미를 나누는 사이	유행, 돈의 흐름, 고부가가치, 중독
관 (정관, 편관)	실력, 시험, 테스트, 세금, 직장, 학교, 법률, 규칙, 직관력, 종교, 명예, 자존심, 자존감	조부모, 직장동료, 귀신	고집, 인내, 꿈(수면중), 허황, 지배, 복종
비겁 (비견, 겁재)	치정, 같은 생각, 자신감(자존감)	친구, 형제, 동료, 경쟁자, 빼앗는 자, 나를 이기려는 자, 인 정을 받으려는 자	경쟁심, 시기심, 우정, 배신, 함정

4. 통기도 활용법

자리에 대해 알아보았는데, 다음은 통기도를 가지고 예를 들어 보겠다. 앞서 보았듯이 대유학당의 프로그램이나 무료 어플을 이용해서 통기도를 그려본다.

통기도는 사람마다 달라질 것이고 그 구성 요소도 다르게 펼쳐질 것이다.

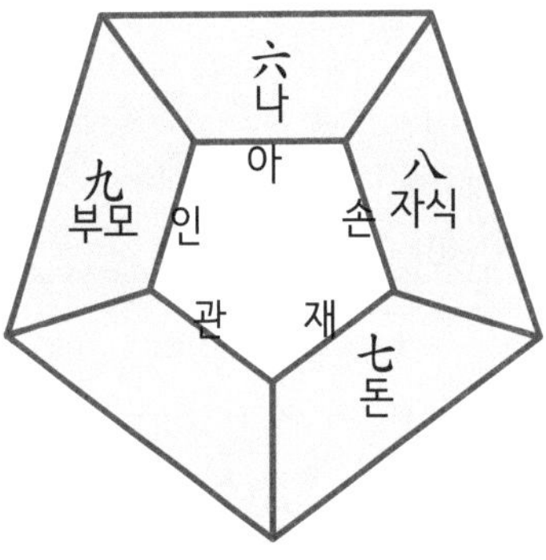
六
나
아
八
자식
손
九
부모
인
관
재
七
돈

일지가 6수이며
손의 자리에는 8목
재의 자리에는 7화
관의 자리는 비었으며
인수의 자리에는 9금이 있다.

위의 그림은 일지가 6수이고, 정인 9금과 식신인 8목, 그리고 정재인 7화가 있는 것이다. 관귀의 자리는 비어 있다.

다른 예를 보자.

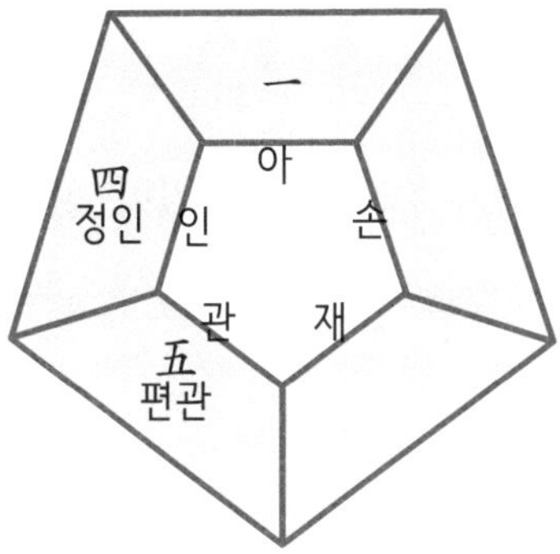
一
아
四
정인
인
손
관
재
五
편관

일지가 1수이며
손의 자리는 비었고
재의 자리도 비었으며
관의 자리에는 5토가
인수의 자리에는 4금이 있다.

위의 그림은 일지가 1수인데 5토와 4금만 보인다.

5토는 정관과 편관(귀)의 관의 자리이고, 4금은 정인과 편인의 인수의 자리이다.

그 중 위 일지 1수는 5토(편관)과 4금(정인)을 가지고 있고 식신과 상관, 정재와 편재는 없는 것이다.

오행으로 보면, 일지는 수오행이며, 인수는 금오행, 관효는 토오행이다. 손효인 목오행과 재효인 화오행은 없는 모형이다.

일지는 오행의 속성에 따라 성격이 형성된다. 일지의 강약에 따라 신약할 경우는 인수효의 영향을 많이 받는다. 신왕한 경우는 인수의 영향을 덜 받는다. 인수가 있다고 해도 고분고분 말을 듣지 않기 때문이다.

위의 통기도는 일단 4금(인수)이 있는 명이다. 인수가 있다는 것은, 즉 부모 자리가 있고 문서의 운도 있으며 귀인이라

말할 수 있는 사람들도 만날 기회가 많다. 거기에 좋은 상사나 선생님을 만나고, 학벌을 갖출 수 있는 기회도 생긴다. 부모님의 능력을 크기로 책정할 수 있으니 금수저가 될 확률도 있다.

관효를 보자. 관효인 5토가 편관으로 자리 잡고 있어 실력을 가지고 정식으로 직업의 신분을 갖출 가능성도 많아 보인다.

이렇게 "나"라는 사람을 둘러싼 배경이 있고, 이 속에 내가 있는 것이다. 인수라는 효수를 가지고 태어났다면 그만큼 나에게 유리하며, 금수저가 될 확률이 높다. 하지만 인수가 없다고 해서 행복하지 않은 것도 살아갈 수 없는 것도 아니다. 왜냐하면 이것이 반드시 행복과 직결되지는 않기 때문이다.

나를 둘러싼 배경을 알아보고자 하는 이유는 내가 어떤 전략으로 나의 행복과 진로를 만들어 갈 것인지를 알기 위함이지 실망하기 위한 것이 아니다. 운명(運命)은 고정된 것이 아니다. 운명은 변하는 것이다. 오늘이 지나면 내일(새로운 날)이 오고, 봄이 지나면 여름이 온다. 이렇게 시간과 계절이 바뀌듯 우리는 살아가면서 새로운 사람을 만나게 되고 새로운 시대를 맞이하고 지역을 달리 살아가게도 된다. 그렇게 변하는 날들과 변하는 시대를 맞이하며 사는 것이다.

일지는 곧 자기 자신이다. 일지에 따라 자신이 중심이 되어 돌아갈 것이다. 일지는 다섯 가지의 오행 중 한 가지가 된다. 일지 외에 형효가 있을 수 있다.

일지가 3이나 8인 사람은 출발점이 목이 된다.
목(3·8) → 화(2·7) → 토(5·10) → 금(4·9) → 수(1·6)

일지가 2나 7인 사람은 출발점이 화가 된다.
화(2·7) → 토(5·10) → 금(4·9) → 수(1·6) → 목(3·8)

일지가 5 · 10인 사람의 출발점은 토가 된다.
토(5·10) → 금(4·9) → 수(1·6) → 목(3·8) → 화(2·7)

일지가 4 · 9인 사람의 출발점은 금이 된다.
금(4·9) → 수(1·6) → 목(3·8) → 화(2·7) → 토(5·10)

일지가 1 · 6인 사람의 출발점은 수가 된다.
수(1·6) → 목(3·8) → 화(2·7) → 토(5·10) → 금(4·9)

다음 그림은 오행의 통관을 보여주는 모형도이다. 이것을 통기도(通氣圖)라 부른다. 통기도는 동처를 간략한 그림으로 표시하여 쉽게 파악하도록 만든 것이다. 이렇게 해 두면 동처의 오행과 십신의 생극제화를 한 눈에 볼 수 있다. 중궁과 4지지(년지, 월지, 일지, 시지)를 동처(動處)라 한다. 동처의 '동'은 '움직일 동動' 자로 항상 나와 함께 하는 것, 나의 사주 안에서 함께 움직여 주는 것이며, '비동처'는 유년으로 들어올 때만 움직여 작동한다.[2]

통기도는 오행의 생극제화를 표시한 것으로, 지반 천반을 포개 놓았다고 생각해도 된다. 즉 기운이 순환하는 모습을 도표로 나타낸 것으로, 오행과 육신을 한 눈에 알 수 있고, 유년운로에 따라 생극제화가 달라지는 것도 알 수 있다.

앞의 통기도는 3목을 중심으로 본 그림이다. 이 형태는 항상 일정하므로 비견부터 시작해서 시계방향으로 돌면서 모두 생하도록 되어 있다. 물론 한 칸을 건너면 극을 하게 된다.

2] 『이것이 홍국기문이다 1』 32쪽 참조.

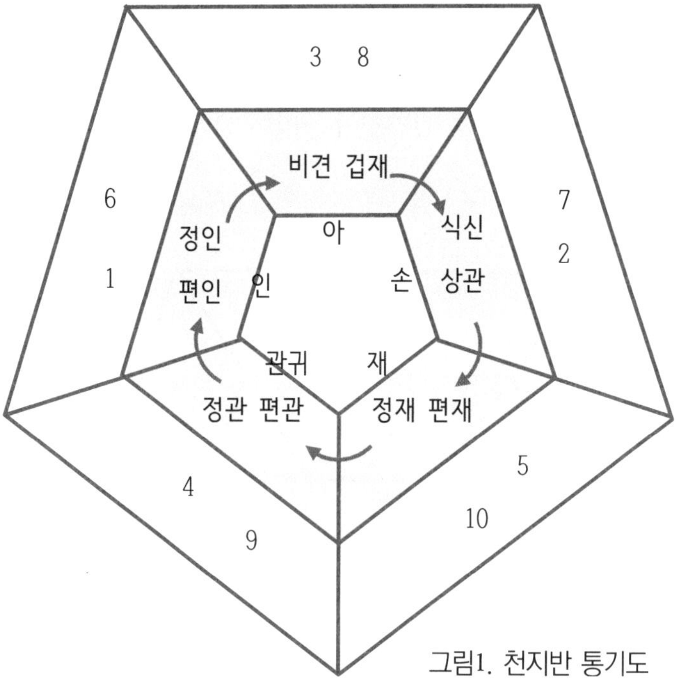
3 8
비견 겁재
6
7
정인
아
식신
2
1
편인 인
손 상관
관귀 재
정관 편관
정재 편재
5
4
10
9

그림1. 천지반 통기도

(1) 통기도와 천반수 지반수

① 색칠한 작은 오각형이 지반수 구역(1-45세)이다. 비견·겁재가 적힌 곳에 일지(日支) 지반수를 넣는다.

다섯 동처(중궁, 년지, 월지, 일지, 시지)의 홍국수중 지반수를 넣는다.

② 바깥쪽의 오각형은 천반수 구역(46-90세)으로 다섯 동처(중궁, 년지, 월지, 일지, 시지)의 홍국수 중 천반수를 넣는 자리이

다.

③ 넣는 방법은 일지 지반수의 오행을 기준으로 상생 또는 상극의 자리에 해당 천반수나 지반수를 표기하면 된다.

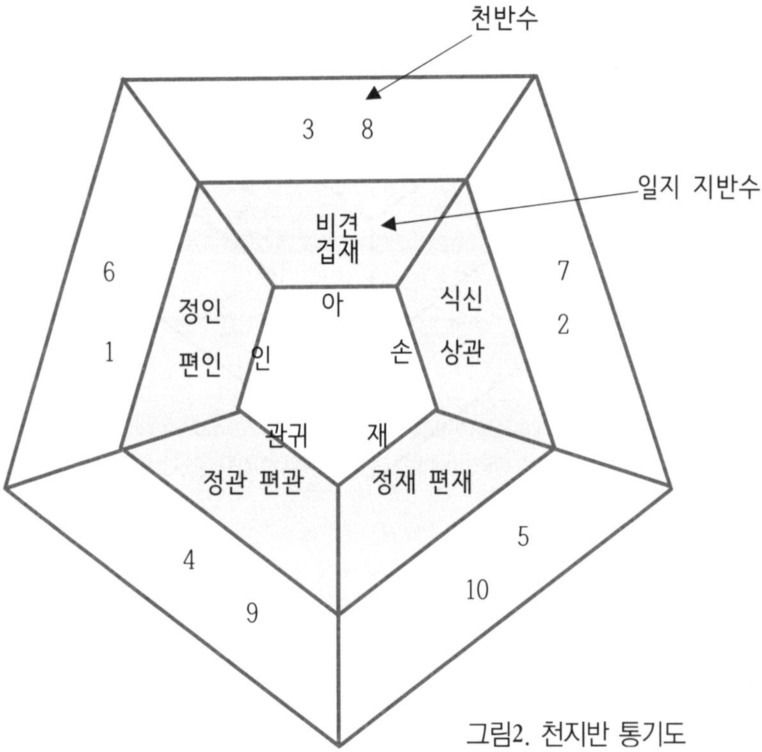
천반수
3 8
일지 지반수
비견
겁재
6
1
정인
편인
인
아
손
식신
상관
7
2
관귀
재
정관 편관
정재 편재
4
9
5
10

그림2. 천지반 통기도

(2) 홍국수를 통기도에 옮기는 방법

아래와 같은 명국이 있다고 가정하고, 통기도에 옮겨 보겠다. 색칠한 부분이 동처이다.

4 10	9 5 월지	6 8 연지
5 9	8(3) 6(1) 중궁	1 3
10 4 시지	7 7	2 2 일지(지반)

첫째, 일지부터 넣는다. 일지 2를 지반 일지자리에 적는다.

일지가 화이므로 손은 토, 재는 금, 관귀는 수, 인수는 목이 된다. 각기 천반과 지반을 나누어 맞는 자리에 써 넣는다.

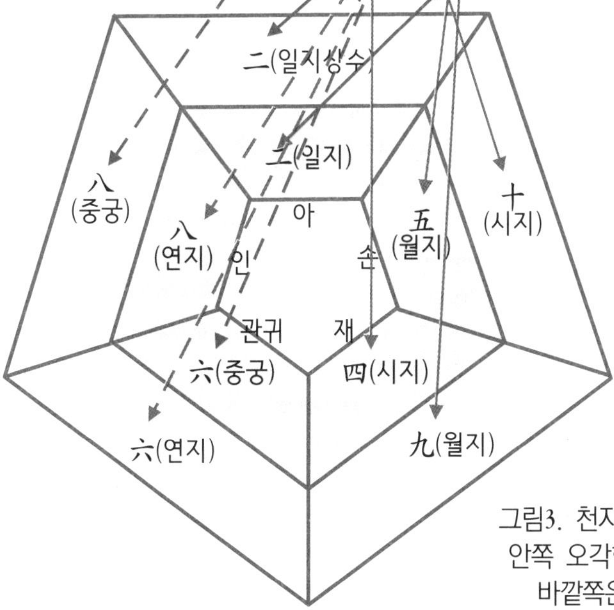
二(일지상수)
二(일지)
八
(중궁)
八
(연지)
아
인
손
五
(월지)
十
(시지)
관귀
재
六(중궁)
四(시지)
六(연지)
九(월지)

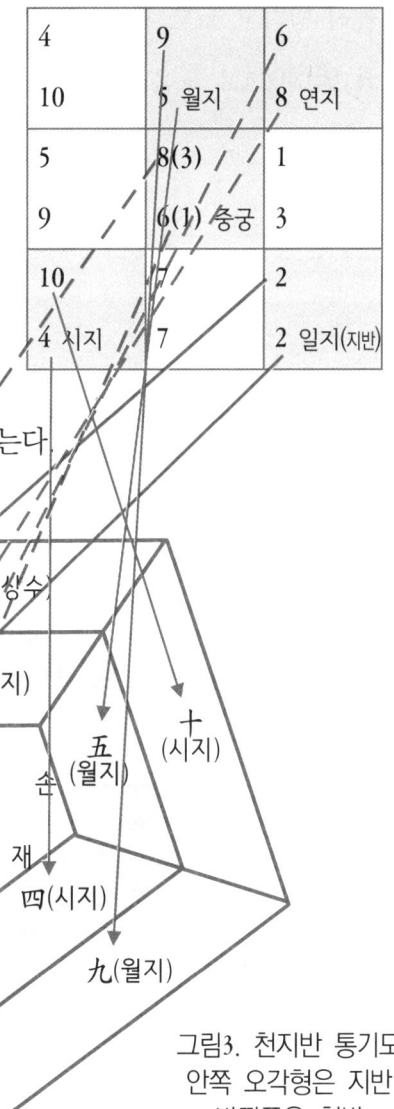

그림3. 천지반 통기도
안쪽 오각형은 지반
바깥쪽은 천반

(3) 암관 암인방

암(暗)은 겉으로 보이지는 않지만, 12지 바탕오행이 구궁에 깔려 있다고 보고 판단하는 것이다. 복삼형·복삼살을 찾을 때와 암(暗)으로 도움이 되는 자리에 있는지를 볼 때 필요하다.

표2. 구궁의 지지 오행

火 2	火 7	金 9
木 8	土 5	金 4
木 3	水 1	水 6

만약 일지가 3이라면 아래와 같이 암방이 정해진다(3은 오행으로 목이다). 학운을 따질 때 암인수방(수생목)에 있다면 도움을 받을 것이고, 암비겁방에 있다면 경쟁자가 많아 불리할 것이다. '암'은 1순위상 보이지 않기 때문에 환경, 제도, 비공식적인 것에 해당하므로 효과가 더디다.

표3. 구궁 지지오행과 육신(일지가 목일 경우)

火 2 암식상	火 7 암식상	金 9 암官
木 8 암비겁	土 5 암財	金 4 암官
木 3 암비겁	水 1 암인	水 6 암인

3장. 내 인생의 목표와 꿈

중궁론과 일지상수론

1. 삶의 목표는 어디에?

누구나 삶의 목표가 있을 것이다. 또한 무엇인가를 꿈꾸며 산다. 그럼 목표와 꿈은 어떤 차이점이 있을까? 목표는 현실적이며 성공과 부합하는 것이라 할 수 있고, 꿈은 남들이 말하는 기준에서 벗어난 주관적인 무언가라 할 수 있다. 그것은 '무엇이 되고 싶다. 하고 싶다. 가지고 싶다. 어떻게 살고 싶다.'로 나타나며, 이는 개인마다 다 다르다.

그렇다면 이런 목표나 꿈은 어떻게 정해지는 것일까? 물론 부모의 영향, 집안의 가풍, 성장 시기에 받는 영향 등이 존재하지만, 자신이 태어난 운명과도 관계가 있다. 운명이 가진 목표와 꿈이 잘 이뤄지면 우린 행복하고 만족스러운 삶을 살 수 있다. 하지만 자신의 운명 안에 꿈틀대는 꿈과 목표를 제대로 알고 실현하는 사람이 몇이나 될까?

부모님의 반대 때문에 재능이나 꿈을 선택하지 못하여 불행한 경우를 많이 보아 왔다. 원하지 않는 공부에 매달려 잘 할 수 없는 일을 하거나, 문과적 성향을 가지고 이공계 엔지니어로 살기도 한다. 그러다보면 성공과는 거리가 멀어지고 그저 하루하루를 보내는 의미 없는 삶을 살게 되는 것이다.

이것을 알아보는 방법은 홍국기문에서는 비교적 간단하다. 중궁의 지반수가 무엇인가를 보면 그 사람의 삶의 목표를 알 수 있고 일지의 상수, 즉 일지의 천반수를 보면 꿈을 알 수 있다. 즉 이것이 일지(자기 자신)가 하고 싶은 것이다. 중궁수를 목표라 하는 것은 무엇이 되어서 무엇을 하는지를 세상에 보여 주겠다는 것이고 현실에 기반을 둔다.

일지상수의 꿈은 자신이 꿈꾸는 이상세계에 해당한다.

만약 이 두 가지가 다 이뤄진다면 젊은 시절 목표를 이루고 나이 들면서 자신의 이상를 실현하는 그야말로 행복하고 만족한 삶이 될 것이다.

먼저 일지가 6수인데 중궁수가 8목인 경우를 보겠다. 일지 6수는 중궁수 8목을 수생목으로 해주는 관계로, 8목은 손효에 해당한다. 1차 삶의 목표는 중궁수를 보고 판단한다. 중궁이 손효이면 열심히 일하고 많은 경험을 하며 자신의 생각을 기획할 것이다. 또한 부지런 하며 모든 일에 적극적으로 임하고, 뛰어난 아이디어로 기술적인 상품을 만드는 것을 목표로 할 것이다.

일지의 꿈은 일지상수로 판단한다. 일지 6수의 일지상수가 9금이라면 어떻게 될까? 일지상수 9금은 일지 6수를 금생수 해 주는 관계로 인수효가 된다. 일지상수가 인수이므로, 목표를 완성하기 위해 공부하고 연구하며, 많은 사람들에게 알려지고 인정받는 꿈을 가질 것이다.

결론적으로 말하면 "당장에 돈이 되거나, 큰 직함을 가지는 것보다는 열심히 일하여 언젠가 세상에 선한 영향력을 행사하는 사람이 되고 싶다는 꿈을 가질 것이다."라고 해석을 할 수 있다.

물론 이 외에도 훨씬 많은 뜻이 숨어 있다. 아래 중궁지수와 일지상수에 관한 설명을 읽어 보면 자신의 목표와 꿈을 이해할 수 있을 것이다.

2. 45세까지의 목표 - 중궁(중궁지반수)

중궁의 지반수(지반홍국수)는 자신이 설정하는 목표점이다. 그 목표를 이룰지, 이루지 못 할지는 알 수 없지만 본인이 가장 중요하게 생각하고, 하고 싶어 하는 일이다.

중궁홍국수

八(목)
五(토)

손(孫) - 일지가 2·7화라면 5토는 손이 된다.
자신의 목표(1~45세)

중궁 육신에 따른 성향

인(印)	'특별함'에 집중한다. '남과 다르다'는 의식 때문에, 물질적인 것 보다 정신적 욕구를 추구한다. 그래서 1차의 목표점인 학벌에 신경을 쓰고, 어떤 경우에도 이것을 놓치지 않으려고 한다. 또한 물질에 있어서도 특별한 것을 소유해야 하므로 명품을 선호한다.
손(孫)	손효야말로 진정한 일복이라 할 수 있다. '일하지 않는 자 먹지도 말라'와 닿아있다. 하지만 손효의 일은 육체를 사용하는 노동이므로, 돈을 벌어서 기쁘기는 하지만 늘 분주하고 바쁘고 힘들다. 중궁의 손효는 창의적인 일을 좋아하고, 새로운 것을 만들고, 기획하고 가꾼다. 성격은 솔직하며 배려심이 있다.

재(財)	재성은 돈과 재능으로 정의된다. 이 돈은 '많다, 적다, 부자다, 가난하다'의 의미가 아니다. 돈의 흐름을 잘 알 수 있고, 돈을 벌 수 있는 부가가치 창출능력이 있음을 뜻한다. 또한 모든 일에 있어 돈이 목표가 된다. 재능적인 측면으로는 다재다능한 감각이 있다. 노력으로 만들어진 것이 아닌 타고난 감각으로 평가받게 될 남다른 그 무엇, 즉 '천부적 소질'을 갖고 있는 것이다.
관(官)	편관과 정관에 따라 다르겠지만, 보편적으로 관효는 질서 · 체계 · 규칙을 뜻한다. 때문에 사회에서 지도자가 되고 싶어 하고, 직함 · 명예 · 위신 · 위세를 갖는 것을 목표로 삼는다. 딱딱하고 경직되어 있으며 빈틈이 없다. 만약 중궁에 편관이라면, 수단과 방법을 가리지 않고 목표를 향해 나아가기 때문에 편법과 불법 사이를 오간다. 그래서 위험도가 높지만 성취도 크다.

3. 나의 꿈 - 일지상수

일지상수는 일지와 늘 함께하는 홍국수로, 자신이 꿈꿔온 이상세계에 해당한다. 그러므로 일지상수가 무엇인지에 따라 그 사람이 가지고 있는 생각을 파악할 수 있다.

중궁 지반홍국수로 1~45세까지의 인생의 목표를 파악했다면, 46세부터는 일지상수 유년(대운)이 오게 되므로 일지상수로 46세 이후의 꿈을 파악할 수 있다. 중궁 지반홍국수(목표)와 일지상수(꿈)가 다른 경우가 대부분이지만, 만약 중궁지반 홍국수와 일지상수가 똑같이 재효(財爻)라면 일생 재를 추구하며 산다고 보는 것이다.

비견 겁재	① 형제, 자매, 타인, 경쟁상대가 있으며, 지기 싫어한다. ② 분관 분재, 동업이 문제가 된다. ③ 지겨워도 함께 간다. 승진 때도 문제가 된다. ④ 끝까지 외롭지 않으며 함께 벌어먹고 산다. ⑤ 정치 · 종교 분야에서 두각을 나타낸다. ⑥ 헤드헌터나 인력사무소 등에 근무할 수 있다. 아는 사람이 많아 연락할 곳이 있다. ⑦ 눈을 낮추면 비서나 보좌관으로 역할을 수행한다. ⑧ 친구 같은 남편, 도반, 형제, 친척이 함께 있다.

손 (孫)	① 식상은 부하, 기술력, 수많은 물건에 해당된다. ② 관인상생은 돈을 지키는 쪽이며, 식신생재는 돈을 벌다가 죽는 형인데, 일지상수가 손이라면 무언가를 만들어내는 것을 즐긴다. ③ 일복이 많고 몸을 쓰는 노동을 한다. 창의성이 높아 시키는 일만 하지는 않는다. ④ 모든 걸 자신이 주관하고 싶어 하므로 피곤한 인생을 살게 된다. ⑤ 옷을 원하는 대로 직접 만들어 입는다.
재 (財)	재는 단순히 재물로 볼 것이 아니라, 재능 · 부가가치 · 유행 등으로 확장시켜 보아야 한다. 돈을 다루는 재주가 있다. ① 예 · 체능적인 재능과 끼가 있다. 체육을 하려면 일지가 토금(土金)이고, 재를 극하거나 충하는 것이 좋다. ② 실질적으로 쓸 수 있는 돈에 해당하며, 유통시키는 돈의 크기이기도 하다. 재운이 오면 돈을 조금 더 벌려고 투자한다. ③ 부가가치가 높은 일, 마케팅, 금융권과 관계된 일을 한다. ④ 중독성 있는 일, 투기, 투자에 관심이 많다. 일지홍국수와 재의 크기가 맞으면서 왕해야 투자에 성공한다. ⑤ 인기관리를 한다. 남자라면 좀 더 나은 여자를 찾아 나선다. ⑥ 유흥, 여행, 레저에 관심이 많다. ⑦ 유행(trend)을 잘 알고 한 발 앞선 세련된 패션을 추구한다. 디자인 감각이 있다.

관 (官)	① 기준을 타인에게 둔다. 뽐내기 위해서다. ② 숨기는 게 많다. 견디는 힘이 강하다. ③ 명예, 자존심을 지키기 위해 산다. ④ 정신적으로 문제가 많다. 건강에 유의해야 한다. ⑤ 편관이 나를 계속 극하면, 살기 · 직관력이 높아진다. 그래서 위험도가 높지만 성취도 크다. ⑥ 집중력이 높으므로 잘 맞는 직업을 택해야 한다. ⑦ 남편감(官)이 9인 경우는 연상, 연하, 외국인과 결혼하면 좋다. ⑧ 가정 일보다 직장 일에 충실하다. ⑨ 실력이 있다. ⑩ 대중화된 유명브랜드 옷을 입는다.
인 (印)	① 돌아갈 친정이 있는 것과 같아서 일지가 약한 것을 보충해준다. ② 치유가 가능하다. 인덕이 있다. ③ 인수가 왕하면 관이 없어도 출세 가능하며, 인수가 없으면 담당자가 인정해 주지 않는다. ④ 인수에서 버는 돈은 부동산, 움직이지 않는 자산과 관련이 있다. 유산의 상속으로 재산이 불어나는 경우가 많다. 겉으로 부자임을 잘 드러내지 않기 때문에 땅부자인지 알아채기 어렵다. ⑤ 인수는 공부이므로, 끊임없이 배우려고 한다. 정신적인 욕구를 충족하기 위해서이다. ⑥ 매우 비싸고 유명한 브랜드이지만, 상표가 겉으로 잘 보이지 않는 브랜드를 선호한다.

4장. 나의 정신력의 한계는?

일지의 신왕과 신약

1. 내 의지를 끝까지 관철할 것인가?

기문명리를 공부하다 보면 일지가 신왕 하다거나 신약 하다는 말을 많이 듣게 된다. 이것에 의해 해석이 달라지기도 하는데, 그럼 일지의 신약과 신왕은 무엇을 말하는 것일까?

차이점은 무게가 다르다는 것이다. 몸무게도 아니고 무슨 무게를 말하는 것일까? 일지(日支)의 무게는 정신력의 강약을 말하는 것이다.

결국 홍국수 하나하나의 무게를 재는 것이며, 그 중 일지가 나(我)이기 때문에 나의 무게를 재보는 것이다. 일지의 신왕과 신약이란 정신적인 무게를 말한다. 신왕인지 신약인지에 따라 그 사람의 정신력, 세상의 압박을 견딜 수 있는 스트레스 대항력, 삶을 살아가는 여유, 목표나 꿈을 이루기 위한 인내력, 그리고 사람과 사람의 인간관계를 이어가는 사회성이 달라진다. 신왕하다면 견디는 능력이 클 것이고, 신약이라면 오래 버티기 어려울 것이다.

이런 일지의 강약에 따라 인생을 살아가는데 상황이 많이 달라질 수 있다. 어떤 사람은 마음이 약하여 작은 외부의 자극에도 반응하고 무엇을 해도 자신이 없으며 자꾸 움츠러들기도 하지만, 어떤 사람은 무던하고 침착하며 매사 자신감이 넘치고 새로운 환경과 관계에 적극적이기도 하다. 이렇듯 사람마다 다른 이유는 '일지'가 가진 정신적 대응력의 차이인 것이다.

누구든 자신 있게 살고 싶지만, 선천적으로 정신력도 어떤 무게를 가지고 태어난다. 일지가 신왕하면 좋다든가 신약하면 나쁘다든가 정해진 것은 없다. 장단점이 있을 뿐이다.

일지의 신왕과 신약은 잘 할 수 있는 일을 고르는 기초가 된다. 자신의 목표점(중궁지수)에 갈 수 있는 방법을 고를 때 결정적 역할을 하게 된다. 목표점(중궁지수)에 갈 수 있는 방법을 용신(用神)이라 부를 것이다. 용신은 말 그대로 작용 할 수 있는 정신력이라고 생각하면 좋을 것이다. 용신을 찾는 것은 7장에서 자세히 다룰 것이므로, 여기서는 자신의 일지가 신왕한지 신약한지를 찾으면 된다.

2. 신왕의 장점과 단점

신왕의 장점은 두려움이 많지 않고 환경에 적응력이 뛰어나다는 것이다. 또한 차분하여 당황하거나 허둥대지 않고 어려움이 닥치더라도 그것을 이겨낼 수 있는 자신감이 있다. 새로운 것을 두려워하지 않고 기존의 방법이나 틀에 얽매이지 않고 틀을 깨는 창의적인 방법이나 새로운 물건을 만들어 내기도 하고 웬만한 육체적 단련을 두려움 없이 반복할 수 있다.

신왕의 단점은 규칙과 법으로부터의 제재를 무서워하지 않는 것이다. 이것은 때때로 결과적 범법이 될 수도 있다. 자신이 최고라는 생각에 무례하거나 뻔뻔하게 안하무인이 될 경향이 있으며, 배포가 큰 탓에 무리한 투자나 방만한 자금의 관리로 이어지기도 하고 사람을 무서워하지 않게 된다.

3. 신약의 장점과 단점

신약의 장점은 확인되지 않은 길은 잘 가지 않는다는 것이다. 보통 이것은 어렸을 때 부모님이나 선생님의 말씀을 잘 따르는 성향으로 나타난다. 흔히 말하는 반듯한 모범생처럼 보일 것이다. 그러니 자연스럽게 위험한 일로부터 벗어나 있을 수 있다. 신중하여 돌다리도 두드려 보면서 가는 안전성을 택하고, 예의 바르며 규칙과 법규를 잘 지키는 성향을 보인다.

신약의 단점은 자신감의 결여나 자존감이 낮아 보일 수도 있다는 것이다. 이런 자존감의 결여로 인한 자신만의 약점을 갖게 될 수 있다. 마음의 여유가 없고 급해지거나 쫓기는 듯한 마음을 가지게 된다. 처음 하는 일, 몸을 쓰는 일을 두려워하므로 경험을 쌓는 시간을 참지 못하고 그만두게 된다.

4. 일지의 신왕과 신약을 찾는 방법

신왕한지 신약한지는 3가지 방법으로 측정할 것이다. 물론 첫 번째가 가장 큰 역할을 한다.

① 거(居) : 홍국수가 위치한 궁(宮)의 지지오행과의 왕상휴수[3]

② 수(受) : 홍국수의 천반, 지반수의 왕상휴수

③ 월령(月) : 일지 홍국수의 월령과 일지오행과의 왕상휴수

『이것이 홍국기문이다 1』의 43~49쪽에 자세한 설명이 나와 있다. 여기서는 간략하게만 설명한다.

① 거(居) : 홍국수가 위치한 궁(宮)의 지지오행과의 왕상휴수

다음의 그림은 지지오행으로 원래 구궁 안에 들어 있는 오행이라고 할 수 있다. 왕상한 경우만 좋다고 했으니 ○와 ×로 세기를 표시해 보겠다.

3] ① 왕(旺) : 오행이 같을 때로 힘을 최대로 발휘하는 상태다.
② 상(相) : 생을 받는 입장으로 기가 서로 상통하는 경우다.
③ 휴(休) : 상대를 생해서 설기되는 입장으로 힘이 빠지는 상태다.
④ 수(囚) : 극(剋)을 받는 입장으로 힘을 잃는 경우이다.
⑤ 사(死) : 극을 하는 입장으로 사멸하는 경우이다.
왕(旺)과 상(相)을 제외한 휴, 수, 사는 모두 힘의 세기가 약(弱)이 된다.

3목이 일지라면

숫자 3과 8이 쓰여 있는 목방에 가면 같은 오행이니 ○

1과 6이 쓰여 있는 수방에 가면 생을 받으니 ○

2와 7일 쓰여 있는 화방은 기운을 빼앗기니 ×

4와 9가 쓰여 있는 금방은 극을 당하니 ×

구궁의 지지 오행

火 2	火 7	金 9
木 8	土 5	金 4
木 3	水 1	水 6

그러므로 3목은 색칠한 궁에서만 신왕하다.

5토가 일지라면

숫자 3과 8이 쓰여 있는 목방에 가면 극을 당하니 ×

1과 6이 쓰여 있는 수방에 가면 토가 수를 극하니 ×

2와 7일 쓰여 있는 화방에 가면 생을 받으니 ○

4와 9가 쓰여 있는 금방에 가면 기운을 빼앗기니 ×

구궁의 지지 오행

火 2	火 7	金 9
木 8	土 5	金 4
木 3	水 1	水 6

그러므로 5토는 색칠한 궁에서만 신왕하다. 하지만 중궁은 일지가 될 수 없으므로, 화방에 있는 것이 가장 좋다.

② 수(受) : 홍국수의 천반, 지반수의 왕상휴수

수(受)는 천지반의 상하 관계를 말하는 것이다. 천반수가 지반수를 생조하면, 지반수는 생을 받는 것이고 천반수는 설기하여 힘을 잃는 것이다. 또한 천반수가 지반수의 관귀라면, 지반수가 천반수 때문에 힘을 잃게 되는 것이다.

결국 천지반의 오행의 관계에서 서로 같은 오행일 경우와 생을 받을 경우만 힘이 세지는 것으로 왕(旺)이라 보고, 이 경우를 제외하면 모두 힘이 빠진 약(弱)의 상태가 된다. 천지반이 같은 오행이라면 겸왕이라 한다. 겸왕은 천지반의 음양오행이 같은 것이 원칙이고 혹 음양이 서로 다를 수 있다.

- 왕한 경우 - 생, 겸왕

六(수)
三(목)
生 천반이 지반을 생함
三(목)
三(목)
천지반
오행이
같음(겸왕)

- 약한 경우 - 극, 충

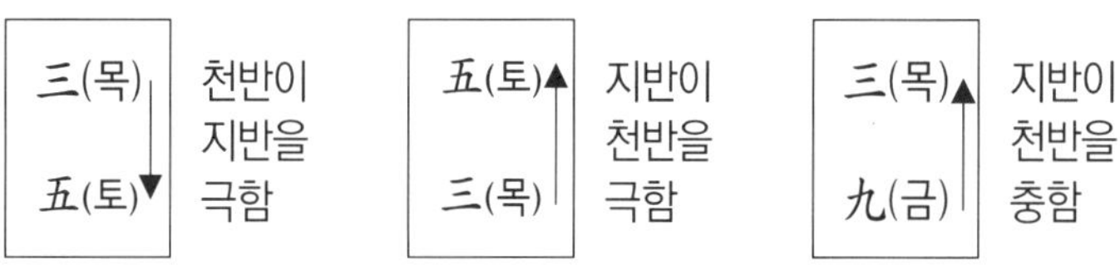
三(목)
五(토)
천반이
지반을
극함
五(토)
三(목)
지반이
천반을
극함
三(목)
九(금)
지반이
천반을
충함

③ 월령(月) : 일지 홍국수의 월령과 일지오행과의 왕상휴수

그 다음은 월령인데, 일지 홍국수오행과 생극을 비교한다.

인묘진월은 목월령이고, 사오미월은 화월령이며, 신유술월은 금월령이고, 해자축월은 수월령이다. 이 중에서 진미술축월의 끝부분의 18일 정도는 토월령이 된다.

양력으로는 대략 입춘, 입하, 입추, 입동 절기부터 시작해서 73일까지는 그 계절의 월령을 쓰고, 이후 18일 6시간은 토월령이 된다.

기문명리에서 월령을 절기를 기준으로 하기 때문에, 4월 17일 경에 태어난 사람이라면 목월령인지 토월령인지 잘 따져보아야 한다.(표4 참조) 대략적인 날짜라고 한 이유는 절기가 들어오는 시각이 해마다 조금 다르기 때문이다.

만약 일지가 2·7의 화오행이라면

인묘진 목월령에 태어났거나, 사오미 화월령에 태어나야 홍국수가 힘을 받게 될 것이다.

신유술 금월령은 극을 하므로 약해지고, 해자축 수월령에 태어났다면 극을 당하므로 힘이 약화될 것이다. 또 간절기인 토월령에 태어났다면 일지가 생을 해 주어야 하므로, 설기되어 힘이 약화될 것이다.

표4. 1년 12달의 오행월령

	음력월	절기	양력 입절일		대략적인 날짜
봄	1寅	입춘	2월 4일	목월령	
		우수	2월 18일		
	2卯	경칩	3월 5일		
		춘분	3월 20일		
	3辰	청명	4월 4일		
		곡우	4월 20일	토월령	4/17 ~ 5/4
여름	4巳	입하	5월 5일	화월령	
		소만	5월 21일		
	5午	망종	6월 5일		
		하지	6월 21일		
	6未	소서	7월 7일		
		대서	7월 23일	토월령	7/20 ~ 8/6
가을	7申	입추	8월 7일	금월령	
		처서	8월 23일		
	8酉	백로	9월 7일		
		추분	9월 23일		
	9戌	한로	10월 8일		
		상강	10월 23일	토월령	10/20 ~ 11/6
겨울	10亥	입동	11월 7일	수월령	
		소설	11월 22일		
	11子	대설	12월 7일		
		동지	12월 22일		
	12丑	소한	1월 5일		
		대한	1월 20일	토월령	1/17 ~ 2/3

5. 홍국수 왕쇠

이상의 3가지 조건으로 홍국수의 강약(신왕과 신약)을 측정할 수 있다. 홍국수는 일지뿐만 아니라 모든 궁에서 모든 홍국수를 다 측정을 한다.

이 세 가지 조건을 적용하면 아래와 같이 8가지로 분류할 수 있다. 왕한 계통이 5가지이며, 쇠로 보는 것이 3가지이다.

표5. 홍국수의 왕쇠표

순서	왕쇠	1.居	2.受	3.月令	조건
1	태왕	○	○	○	세 개 모두 얻었을 때
2	왕	○	○	×	'거'를 얻으면 왕하다고 하고, '거'를 얻지 못하면 2개가 있어야 조건에 부합
3	왕	○	×	×	
4	왕	×	○	○	
5	왕	○	×	○	
6	약	×	○	×	하나만 얻었을 때
7	약	×	×	○	
8	태약	×	×	×	모두 얻지 못했을 때

홍국수의 힘은 궁의 영향력(지지오행의 영향력)이 가장 크다. 이렇게 모든 홍국수의 강약을 측정하면, 일지를 비롯한 손, 재, 관, 인수의 힘을 알 수 있고, 나아가 육신의 강약도 알 수 있으므로 정확한 해단에 도움이 된다.

가령 재효의 왕쇠가 세 가지 조건상 ○○○으로 태왕이라면,

‘재효가 태왕하다’라고 표현 하는 것이고, 일지의 왕쇠가 세 가지 조건상 xxx로 태약하다면 일지가 태약하다고 말하는 것이다.

5장. 하고 싶은 것과 잘 하는 것

오행의 편중과 구성 요소

1. 인연 알아보기

통기도는 기문 명국 중에서 동처를 옮겨 놓은 것이다. 동처는 나와 평생 인연이 있는 궁이다. 이 인연은 나를 둘러싼 배경이라고 할 수 있다. 이 배경이 어떤가에 따라 내가 하고 싶은 것과 잘할 수 있는 것을 찾아 볼 수 있다.

통기도를 보면 다섯 군데 중 내가 가진 것이 적을 수도 있고, 없을 수도 있고, 어느 한쪽으로 몰려 있을 수도 있다. 이 말은 오행(목화토금수)이 결여 되었거나 한쪽으로 편중되었다는 말이다. 만약 노래를 좋아해서 가수가 되고 싶은데 재효가 없다면 가수로서의 재능과 끼가 없다는 뜻일 수 있다. 이렇게 되면 마음과 달리 가수라는 직업을 잘 할 수 없을 것이다.

흙수저와 금수저도 마찬가지이다. 인수효가 왕해서 물려받을 것도 많고, 부모님도 좋은 직업을 가진 분이라면 금수저로 보일 것이다. 하지만 원하지 않는 과잉된 사랑을 받았거나, 강요와 억압으로 부모님이 원하는 대로 살아야만 했다면 그 자신은 행복하기만 했을까? 남들이 보기에는 금수저를 물고 태어난 것이 부럽기도 하겠지만 당사자는 불행하다고 느꼈을 수 있다.

통기도를 보면 나와 인연이 있는 육신(인수, 손, 관, 재, 비겁)을 알 수 있다. 만약 어느 육신이 없다면 인연이 박한 것이다. 이는 다른 육신이 편중되었다는 뜻도 된다. 즉 어떤 오행이 결여되었다는 것은 다른 오행이 편중 되었다는 뜻도 된다. 이 육신의 왕쇠를 모두 측정해보면 어떠한 육신이 가장 왕한지도 알 수 있다.

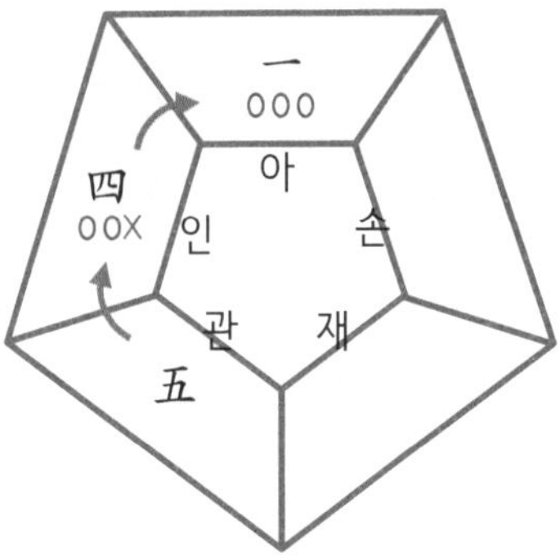
一
ooo
아
四
ooX
인
손
관
재
五

A

이 사람은 토금수만 있는 경우다.
목화가 없는 경우이다.
즉 관귀와 인수 육신만 있고 손재가 없다.
일지의 양은 ooo로 태왕이다.
금오행인 인수도 ooX로 왕하다.

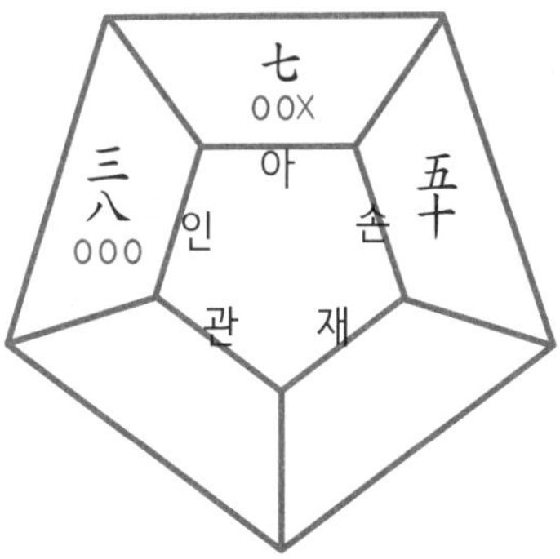
七
ooX
아
三八
ooo
五十
인
손
관
재

B

이 사람은 목화토로 있는 경우다. 금수가 없는 즉 재와 관효가 없다.
일지 화오행은 ooX로 신왕하고
인수 목오행도 ooo로 태왕하다.

위 2개의 통기도를 비교해보자.

A는 목과 화오행이 없는 통기도이고, B는 금과 수오행이 없는 통기도이다. 오행이 통관하려면 목화의 오행과 금수의 오행이 서로 가까워져야 한다. 목화의 오행은 '목생화'이고, 금수의 오행은 '금생수'로 가까이에서 서로 친근하다. 친근한 두 오행이 서로 짝을 이루고 반대의 편으로 바라보게 되면, 剋이라는 상태로 서로를 공격하고 반대되는 상태가 된다.

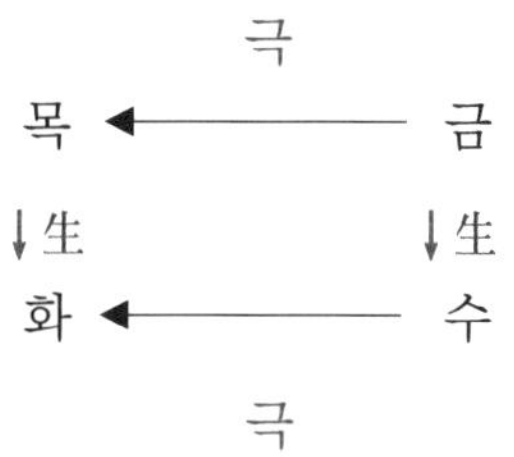
극
목
금
生
生
화
수
극

목화와 금수는 서로 성향이 다르다.

목화는 봄에서 여름으로 가는 기운이다. 시간상 오전의 기운이다.

금수는 가을에서 겨울로 가는 기운이다. 시간상 오후의 기운이다.

목화는 생동감과 시작을 알리며 밝은 기운이고,

금수는 성숙함과 수렴을 알리며 어두운 기운이다.

학과로 보면 목화는 문과에 가깝고, 언어와 인문계열, 교육,

인문 사회학, 역사, 미술, 디자인 계통 등에 가깝다.

금수는 과학 계열(과정), 인류·의학계열, 천문지리, 환경, 바이오, 생명과학, 경제, 금융, 수학 등 이과에 가깝다.

목화 라인에서 금수로 넘어오거나 금수 라인이 목화와 통할 수 있으려면 오행이 모두 통관 되어야 하고, '토'라는 오행이 있어야만 연결이 가능하다는 걸 알 수 있다.

자신의 통기도를 보면 하고 싶은 것과 잘하는 것의 차이가 왜 생겨나는지 조금은 이해하기가 쉬울 것이다. 오행이 많은 육신이 있는 쪽으로는 연습 없이도 빠르고 쉽게 이해하고 습득할 수 있기 때문이다.

학생들 사이에는 '수포자'라는 말이 있다. 이는 '수학 포기자'라는 말을 줄인 것이다. 왜 수포자가 되는 것일까? 논리성을 가지고 원리를 파악하는 인자가 많이 부족하다는 것인데, 그건 오행 중 금이 부족하다는 말일 수 있다.

그렇다면 금수 라인보다는 목화 라인일 가능성이 높다. 논리적인 사고보다는 읽고, 보고, 빠르게 암기할 수 있는 능력이 더 많을 수 있다.

지금 이 해석은 두 가지 라인을 나누었다는 가정 하에 설정한 것인데, 여기에 토오행이 섞여 있다면 논리와 원리 그리고 문장력과 암기력을 두루 겸비할 수 있다. 오행이 모두 있고 상생한다면 문·이과를 넘나들 수 있으니 수포자가 될 리도 없고 어느 한쪽으로 쏠리는 현상도 적을 것이다.

하지만 오행, 즉 다섯 가지 목화토금수가 다 있다고 해도 모든 원소가 각각 똑같은 비중으로 존재하는 것은 아니다. 그래서 각 오행의 무게를 측정하는 것이다. 이것은 일지의 신약과 신왕을 측정하는 파트(4장. 홍국수의 왕쇠)에서 다뤘다.

같은 방법으로 ① 오행과 궁의 상생과 상극으로, ② 각 오행의 천반과 지반수의 상생과 상극으로, ③ 각 오행과 태어난 월(月)과의 상생과 상극으로 무게를 측정해 보는 것이다. 이 작업을 하면 목화토금수의 무게를 알 수 있다.

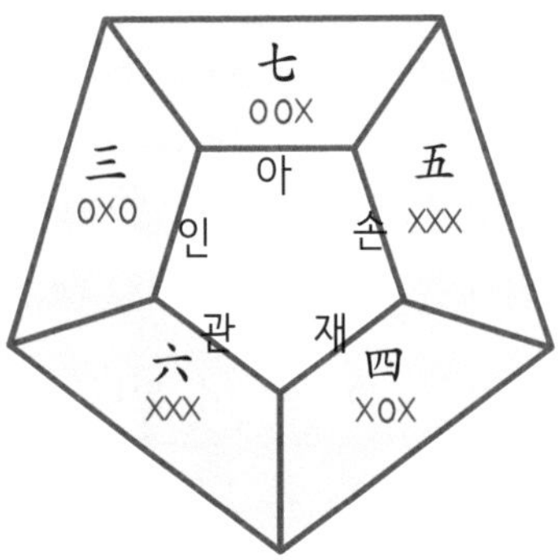
七
OOX
三
OXO
五
XXX
六
XXX
四
XOX
아
인
손
관
재

이 통기도는
목오행과 화오행은 강하고
금과 수오행은 약하다.

그렇다면 논리성과 원리에는
약하지만, 암기와 문장력과 이해력은
풍부하다고 볼 수 있다.

이것을 토대로 잘하는 것과 하고 싶은 것에 차이가 있음을 알 수 있다. 그럼 어떻게 하면 나에게 맞는 직업을 찾을 수 있을까? 목화가 강한 사람이 금수의 영역을 극복하겠다며 수학과 과학 공부에 치중한다고 그것이 채워지기는 어렵다.

그 대신 목화 라인이 할 수 있는 쪽의 일들을 개발한다면 내가 잘 하는 것을 알고, 더 잘할 수 있게 된다. 그리고 그것을 무기 삼아 쉽게 자신의 길을 찾을 수 있을 것이다.

또한 오행의 무게는 육신의 비중도 말해 주고 있다.

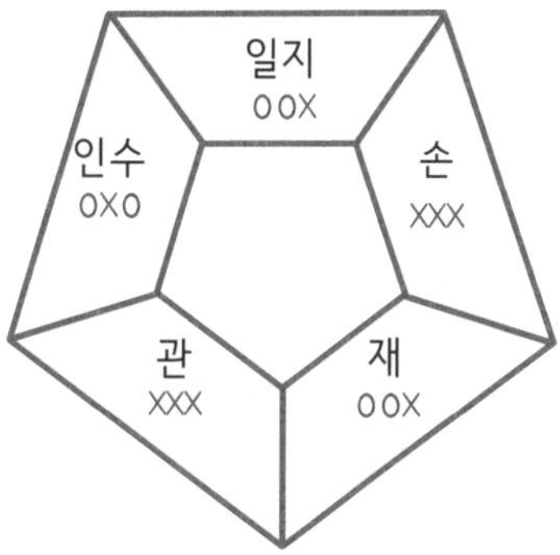
일지
OOX
인수
OXO
손
XXX
관
XXX
재
OOX

이 통기도는 인수는 왕하고,
일지도 왕하다.
손효는 태약하고
재효가 왕하고
관효는 태약하다.

오행의 편중과 구성 요소는 그저 단순한 편중이나 구성이 아니라 육신의 구성 요소가 되는 것이고, 각각의 육신(인수, 일지와 비겁, 손, 재, 관)의 비중을 알려주는 것이다.

위의 통기도를 육신으로 말하자면 인수는 왕하고 재효도 왕하고 일지 자체가 신왕하다. 그러나 관효는 태약하고 손효도 태약하다는 걸 알 수 있다.

6장. 오래도록 할 수 있는 일은?

신왕과 신약으로 용신(방향) 찾기

1. 오래도록 잘하려면 용신에 맞는 직업 찾기

흔히 잘하는 일과 좋아하는 일이 다를 수 있다고 한다. 두 가지가 일치하면 좋으련만 그렇지 않은 경우도 많다. 기문명리에서는 잘하는 일이라는 항목을 용신이라는 개념을 써서 설명한다.

오행의 무게와 나의 무게를 알았다면, 이제 정말 내가 잘할 수 있는 것을 찾아보기로 하자. 직업을 찾는다는 것은 어떤 의미일까? 물론 여러 목적이 있겠지만, 첫 번째는 먹고사는 것이 목적이며, 두 번째는 이 직업으로 행복하고 만족할 수 있는지일 것이다.

먹고 살기 위해서 현대 사회에서 가장 필요한 것이 '돈'이다. 돈을 많이 벌고 싶다. 그래서 잘 먹고 잘 살고 싶다고 누구나 생각한다. 그런데 또 그것이 그렇게 쉬운 일이 아니다. 또한 먹고 사는 것이 해결된다고 해도 다른 것들도 복잡하게 얽혀 있다. 먹고 살 만해도 하는 일이 마음에 들지 않을 수 있고, 돈은 많이 벌지만 사람들이 존경하지 않는 직업일 수도 있기 때문이다.

돈이 되기는 하지만 오래 하고 싶지 않은 일도 존재하는데, 발전적이지 않기 때문이다. 따라서 훗날을 기약하기 어려워진다. 나이가 들면서 불안하거나 직업에 회의가 든다면 가지고 있는 직업이 잘 맞는지를 의심해 봐야 한다. 그럼 자신에게 맞는 직업은 어떻게 찾으면 되는지 방법을 알아보자.

앞에서 자신이 가지고 있는 오행의 유무로 육신의 요소들을 파악하고, 나(我)라는 일지의 무게도 측정해 보았다. 일지의 오행과 무게로 기본적 성향이나 성격을 파악해 보았을 것이다. 그 후에는 나에게 영향을 줄 수 있는 양쪽 날개를 살펴보면 된다.

이때 양쪽이 모두 있을 수도 있고, 하나만 있는 경우도 있고, 아예 없을 수도 있다. 일지의 왼쪽은 인수의 자리, 일지의 오른쪽은 손효의 자리이다.

[1]

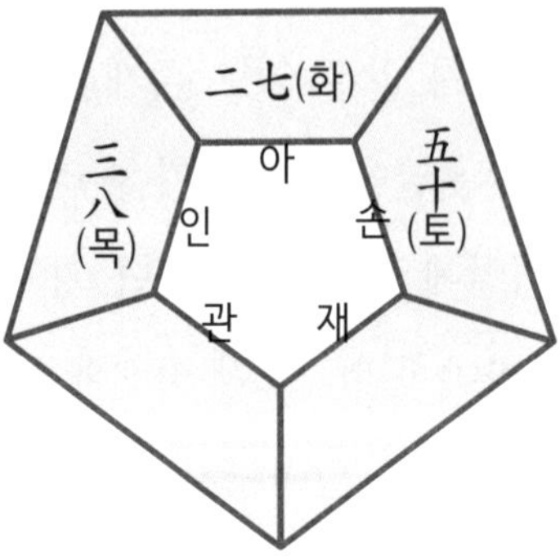
二七(화)
三八(목)
五十(토)
아
인
손
관
재

[2]

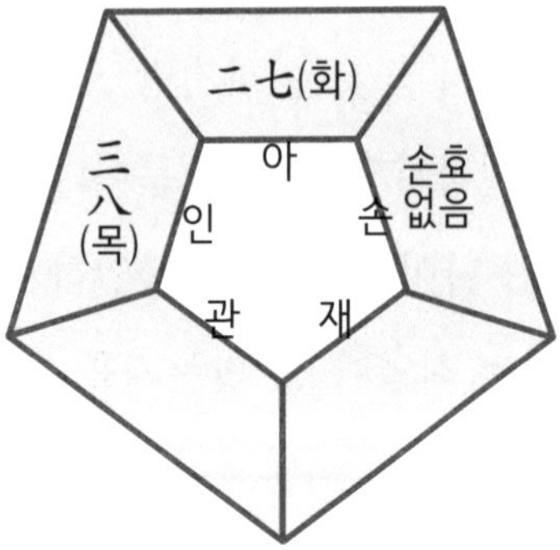
二七(화)
三八(목)
손효 없음
아
인
손
관
재

[1] 일지는 화오행이고, 인수효와 손효가 모두 있다.

[2] 일지는 화오행이고, 인수효만 있고, 손효는 없다.

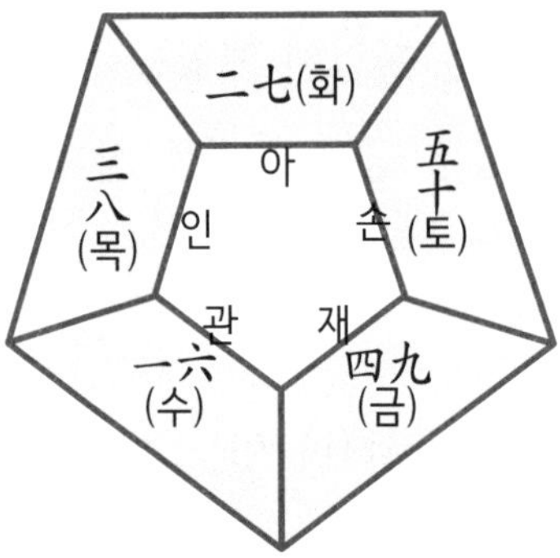
二七(화)
三八(목)
五十(토)
一六(수)
四九(금)
아
인
손
관
재

위 그림은 일지가 2나 7이라고 가정한 것이다. 일지를 중심으로 왼쪽은 인수, 오른쪽은 손효이다. 부모를 선택할 수는 없으니 일지를 중심으로 오른쪽으로 상생을 시작한다.

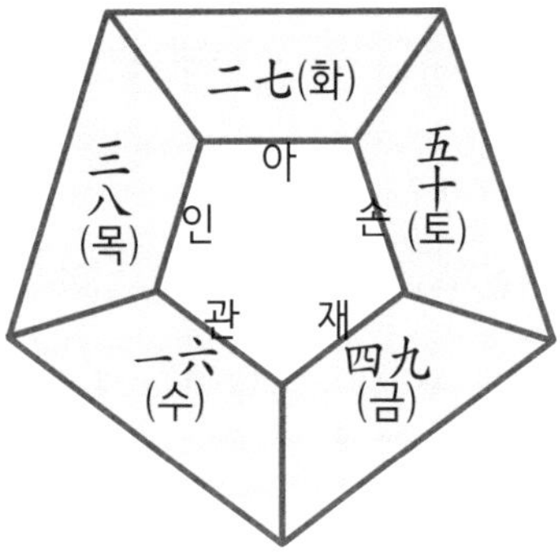
二七(화)
三八(목)
五十(토)
一六(수)
四九(금)
아
인
손
관
재

일지 生 손
손 生 재
재 生 관
관 生 인수
인수 生 일지

이러한 구조로 상생을 하게 된다.

이것을 오행을 대입해서 보면 일지가 화이므로 화생토, 토생금, 금생수, 수생목, 목생화 이렇게 돌고 도는 것이다. 그럼 상생이 되면 좋을까? 당연히 그렇다. 일단 오행이 모두 있다는 자체만으로 부족한 요소가 없으니 당연히 좋고 상생을 할 준비가 되어있는 것이다. 상생으로 시너지가 생겨나고 부족한 힘을 보충하는 것이다.

그중에서도 일지인 나와 가까이 있는 것, 즉 붙어 있는 것이 더욱 친하다고 본다. 부모가 나를 낳아 내가 있고, 내가 또 자식을 낳을 수 있으므로 이 관계가 그렇다. 이 경우 인수(부모)가 일지(나)를 생하고, 내가 손(자식)을 생하는 구조가 되는 것이다.

관과 재는 한 스텝을 더 생해야 도달할 수 있는 자리에 있다. 역시 돈과 명예는 쉽게 오는 것이 아니다. 어쩌면 나(일지)와는 먼 곳에 있는 것이다.

관과 재는 밥을 먹어야 살 수 있는 생존의 문제만큼 중요한 것은 아니다. 이런 질문을 하실 수도 있겠다. 관효는 명예나 자존심, 법규나 규칙이니 적당히 어길 수도 있지만, 재는 돈인데 어떻게 생존이 아니냐고 반문할 것이다.

'나의 타고난 배경' 편에서, 재에 대해 설명할 때 '재'는 "돈의 흐름, 유행, 트렌드, 현시대에 통화되는 현금"이라고 말했다. 당장 굶어 죽을지도 모르는 사람에게 수십억 부동산이 무슨 소용인가? 이것은 재가 아니다. 일반적으로 '재'가 왕하면 부자라거나 돈을 많이 번다고 생각하는데, 그렇게 볼 수는 없다. 재와 관은 먼 곳에 있으니 내가 직접 통제할 수 있는 것이 아니기 때문이다.

용신으로 잡을 수 있는 것은 나(일지)와 가까운 곳에 있어야 한다. 가깝다는 것은 상생이 된다는 것이고 상생이 되어야 쉽게 사용하고 오래도록 쓸 수 있기 때문이다.

이것이 곧 인수나 손효를 용신으로 보는 이유이다.

2. 일지가 신왕 하다면 손효가 필요하다.

가장 기초가 되는 방법으로 신왕한 사람이라면 마땅히 설기를 목적으로 하는 것이 우선이다. 손효(식신이나 상관)로 용신을 삼는 것이다. 손효는 일반적으로 몸을 쓰는 직업, 즉 근로록(勤勞祿)으로 밥을 벌어먹는 일이나, 자신이 직접 움직여야만 하는 일로 받아들이면 된다. 손효의 근로는 농경 사회의 가장 큰 록을 구하는 일이었고, 현대로 와서는 공산품을 만드는 단순노동부터 전문적인 기술력까지 다양하다.

먹거리를 만들거나 아무도 생각해낼 수 없는 자신만의 생각으로 창작하여 발명품을 만들 수 있고, 무형의 창작품을 만들어 낼 수 있기도 하며, 세밀하고 정교한 행정적 전문가가 될 수 있다. 행동하는 리더가 될 수도 있고, 악법이나 오래된 낡은 관습을 바꿀 수 있는 계몽가나 선구자적인 역할도 가능하다.

손효의 고유 기능 중 최우선은 재(財)를 생하는 기능이다. 재효란 손효의 생조로 더욱 풍부해진다. 그래서 재효의 원신(原神)은 손효가 되는 것이다. 손효로 밥을 먹고 사는 것을 해결하고, 이것이 재효로 내려가면 몸을 써서 일하는 것 이상의 부가가치가 생겨나고, 현금이나 동산의 자산가치가 높아지게 되는 원리이다.

이때 일지 오행이 무엇인가에 따라 손효는 다양하게 바뀐다. 일지가 1수이면 음양이 같은 3목은 식신이 되고, 일지와 음양이 같은 8목은 상관이 된다. (46쪽의 육신통변도표 참조)

일지가 신왕하다면 아래의 표에서 손효(식신과 상관)로 용신을 사용하면 된다.

오행	일지	식신(일지와 오행이 같은 것) 홀수-홀수 짝수-짝수	상관(일지와 오행이 다른 것) 홀수-짝수 짝수-홀수
수	一(수)	三(목)	八(목)
	六	八	三
화	二	十	五
	七	五	十
목	三	七	二
	八	二	七
금	四	六	一
	九	一	六
토	五	九	四
	十	四	九

3. 일지가 신약 하다면 인수가 필요하다.

일지가 신약하다면 용신으로 인수를 사용해야 한다. 일지가 신약하다는 것은 정신력이 약하다는 것인데, 이때에는 몸을 직접 쓰는 근로록이 아니라 부록(富祿)이라 불리는 인수를 선택하는 것이 유리하다. 부록(富祿)은 부모복이 있다는 것으로 물려받는 재산이 있을 수 있다. 또 학벌을 구축할 수 있으며, 지식이나 정보를 소유하기가 쉽고 앎에 대한 갈망이 높아 정신적인 욕구충족의 기대가 크고 특별해지고자 하는 기대 역시 크다.

자격이나 허가, 특허권 그리고 독점권 내지는 대대로 이어오는 조상의 가업이나 스승, 귀인의 인연 등이 있다고 볼 수 있다. 일지가 신약하면 우선 윗사람의 말을 수용하는 편이고 귀인과 스승의 조언이나 지식의 영향을 받기 쉬워진다. 어려서부터 부모나 스승의 영향을 받아 말을 잘 듣는 아이로 성장할 수 있다. 또한 지식과 정보의 영향으로 공부를 하는 것에 거부감이 없으며 이때 관효가 있다면 더욱 규칙적 학습과 관습적 관례에 잘 따르므로 성적이 높아질 수 있다.

행정적이고 관료적인 일보다는 사무관리직에 가깝다. 각종 자격증을 따는 직업을 선호하고, 독점에 가까운 자격증을 취득하기가 쉽다. 학벌을 쌓는 것이 유리하므로 실용적인 학과를 선택하기보다 학연이나 지연을 위해 동문을 따라 학교를 선택할 확률이 높으며, 그것을 이용하는 활용성도 높아진다. 또 조상이나 부모로부터 물려받은 재산과 자산이 이자나 복리로 불어나는 효과가 있다.

이때에는 관의 유무에 따라 생을 받아 커진다. 관은 관록(官祿)으로써 급여가 책정되는 직책을 가질 수 있다. 관이 있는 사람과 관이 없는 사람은 다를 수 있다. 관이 있는 경우, 인수를 용신으로 사용하면 일단 보탬이 된다고 본다. 물론 인수의 강약은 사람마다 다르다. 인수의 양이 적을 때에는 관의 영향으로 용신인 인수가 커질 수 있고, 관인상생으로 법과 규칙을 준수하게 된다.

또 관이 있으면 사회성을 습득하는 것에 유리하고 인내심을 기를 수 있으며, 자존심과 명예에 대한 욕구가 높은 편으로 어려서부터 학교생활에 적응할 수 있다. 학습능력과 사회성, 공공성이 강하여 직장생활 내 보직과 명예에 대한 욕구를 실현하기 위해 노력하고 삶의 목표로 정하는 경우도 많다.

이렇게 관의 장점은 흔히 말하는 출세의 목표점일 경우가 많은데, 이것을 용신으로 사용할 수 없는 이유는 일지와 관이 안타깝게도 상극의 자리에 놓여 있기 때문이다. 재를 용신으로 사용할 수 없는 이유와 같다. 재도 일지와 상극의 자리에 놓여 있다. 관이나 재만으로는 용신의 역할을 장담할 수 없기 때문이다.

관도 정관과 편관으로, 홀수와 짝수로 나뉘어져 있다. 이 말은 음양의 조화가 잘 이루어져야 하는 문제가 남아 있다는 뜻이다. 그래서 용신으로 선택할 수 있는 것은 일지와 가까이 상생할 수 있는 자리의 인수와 식상 두 가지가 된다. 이 두 가지 중 일지가 약하면 보생(補生)의 원리로 인수가 용신이 되는 것이고, 일지가 왕하면 식상이 용신이 되는 것이다.

일지가 신약하면 아래의 표에서 정인과 편인으로 용신을 사용하면 된다.

만약 일지가 1수이면 일지와 음양이 다른 4금은 정인이 되고, 일지와 음양이 같은 9금은 편인이 된다.

오행	일지	편인(일지와 오행이 같은 것) 홀수-홀수 짝수-짝수	정인(일지와 오행이 다른 것) 홀수-짝수 짝수-홀수
수	一(수)	九	四
	六	四	九
화	二	八	三
	七	三	八
목	三	一	六
	八	六	一
금	四	十	五
	九	五	十
토	五	七	二
	十	二	七

7장. 블루칼라워커? 화이트칼라워커?

직업군으로 나누어지는 행동방식의 차이

1. 나는 무슨 칼라인가? 나의 직업군은?

보통 직업군을 나눌 때 블루칼라와 화이트칼라라는 말을 한다. 블루칼라와 화이트칼라는 옷깃(Collar)의 색이 파란색인지, 하얀색인지에 따라 직업을 나누는 것을 말한다. 블루칼라는 육체노동을 하는 사람들로 청색 작업복을 입은 데서 붙여진 이름이다. 블루칼라와 반대에 있는 개념이 바로 화이트칼라이다. 육체노동을 하지 않는 직업군이기 때문에 흰색 셔츠를 입고서 일을 한다고 해서 붙여진 이름이다.

블루칼라는 직접 생산하는 노동자들, 즉 육체노동을 기반으로 일하는 현장직, 생산직인 육체노동자 직업군이다. 반면 화이트칼라는 높은 학력과 배경을 가지고 정신적, 사무적 일을 하는 지식노동자 직업군을 말한다. 화이트와 블루를 보면서 알 수 있는 것이 학력의 차이이다. 그것으로 인하여 임금의 차이가 나는 것이다.

그러나 2021년 현재의 사회는 이렇게 단순하지 않다. 핑크칼라, 그레이칼라, 골드칼라, 블랙칼라, 뉴칼라라는 직종이나 직업군으로 확대되었다.

핑크칼라는 육체노동이지만 사무실에서 하는 직종이며, 주로 서비스에 관한 일들이다. 고객센터, 전화응대, 세일즈맨 등 이러한 직종은 아주 높은 학력을 요구하기보다는 주로 감정적 노동이다.

그레이칼라는 학력과 배경이 주류인 화이트칼라에 진입하지 못하여 주로 정규직 교사가 아닌 학원 강사, 방과 후 교사, 정규직이 아닌 비정규직 사원 등에 해당 된다. 임금의 수준이 화이트칼라보다 낮은 경우이다. 우리의 현실에도 많이 볼 수 있는데, 학벌이나 배경으로 화이트칼라로 진입을 못하는 경우, 그레이칼라로 편입되는 경우가 많다.

팬데믹으로 어수선한 2021년, 우리는 뉴칼라에 주목하게 된다. 뉴칼라는 4차 산업혁명과 IT 시대와 함께 등장한다. 이는 숙련된 기술과 육체노동의 결합으로, 테크놀로지와 관련된 직업이라 볼 수 있으며, 학력보다는 숙련된 기술을 우선시한다.

여기에 골드칼라(창의 노동자)라는 신직업군이 합세를 한다. 골드칼라는 이러한 테크놀로지에 아이디어가 합쳐지며 어마어마한 부가가치를 창출한다. 아마도 카카오톡, 배달의 민족 등

실체는 없지만 누구나 사용하게 되면서 부를 이루는 계통이 아니겠는가?

그렇다면 이러한 것들을 과연 사주 안에서 알 수 있고 설명도 가능할까? 결론적으로 보면 가능하다. 홍국기문으로 직업을 추단하는 방식으로 해석한다면 화이트칼라는 관인상생이라 부를 수 있고, 블루칼라는 식상생재(식신상관생재)라고 부를 수 있을 것이다.

관인상생은 대대로 이어져 오는 관료적 직업을 뜻하는데 가장 쉽게 공무원을 꼽을 수 있다. 교육공무원, 사무직, 행정직 9급 등 이러한 직업군은 일반회사의 사무관리직이라는 이름으로 알 수 있을 것이다.

직장이 원하는 채용방식은 '조건에 부합하는가'이다. 사무실에서는 그 회사나 조직이 원하는 규칙으로 움직인다. 보통 급수대로, 혹은 직함에 따라 절차나 결재 도장을 받는다. 하급의 직원이 결정할 수 있는 일이 없다고 보면 된다. 임금도 월급이라는 형태로 받게 되는데 고전을 인용하자면 나라의 녹봉이라 할 수 있을 것이다. 월급의 금액도 결국은 직급에 따라 정해지므로 세월과 시간으로 계단식 상승을 한다. 장점은 안정적이고, 노후까지 보장되는 연금 혹은 퇴직금이 존재한다는 것이다.

블루칼라는 식상생재, 즉 손효가 재성을 생한다는 말이다. 손(孫)은 식신이 대표적이며, 식신은 말 그대로 밥 식(食), 먹을 거리 식(食)으로 논을 갈든 밭을 갈든 육체노동으로 내가 먹을 것은 내가 만든다는 뜻이다. 자식이 많아 다복(多福)하다는 표현도 농사 위주인 시대에서 논과 밭을 갈아줄 사람이 많아졌으니 돈이 생길 거라는 말이었을 것이다. 식신은 이러한 이유로 육체노동으로 움직이면서 돈을 벌 수 있다는 뜻으로 통한다.

농경시대에서 산업혁명을 통해 대량생산이 가능해지면서 직업군이 상품을 생산하는 현장 근로자로 변한 것을 볼 수 있다. 이 경우는 많이 일하면 많이 생산할 수 있다. 즉 야간근무, 초과생산 등으로 돈을 벌 수 있는 양이 늘어났다는 것이다.

80~90년대만 해도 우리의 교육열은 화이트칼라에 집중돼 있었고, 공부를 하지 못하면 공장이나 건설현장 등에서 몸을 주로 쓰는 노동을 할 수 밖에 없었다.(블루칼라) 그러나 지금의 시대에는 여기에 더해져 뉴칼라와 골드칼라를 지향한다. 화이트칼라가 보수적, 관료적이라면 블루칼라는 창조와 혁신이 주된 모멘텀이 되었다.

새로운 아이디어로 논과 밭이 아닌 발명과 기술적 발전, 새로운 상품으로 육체노동을 줄였고, 그러한 상품으로 돈을 벌고 있다. 여기에서도 식상이 크면 상품이나 아이디어 하나 만으로 발전이 가능하고, 재성이 더 크다면 부가가치가 높은 기술력을 가지는 쪽으로의 발전이 가능하다는 것이다.

앞으로는 더욱 다양한 분야를 통합함으로써 새로운 것을 창조해 내는 융합노동자 일명 '블랙칼라워커'의 시대가 온다.

블랙칼라(융합형) 워커는 블루, 화이트, 핑크, 골드 등 모든 색을 합치면 블랙컬러가 된다는 뜻이다. 블랙컬러는 융합형 창조노동자로 모든 분야에서의 경계가 없어서 어찌 보면 다 잘해야 한다는 뜻일 수도 있지만, 자기 자신에게 맞는 것을 잘하면 경계 없이 융합할 수 있다는 뜻일 수도 있다.

동, 서양을 막론하고 직업은 두 가지 측면으로 나눌 수 있다. 하나는 정신적인 방향, 또 하나는 육체로의 방향이다. 정신적 방향은 화이트칼라를 말하며, 무형의 지적인 것, 권력의 유지, 전통을 이어나가는 것으로 관인상생 라인이다. 육체적 방향은 블루칼라를 말하며, 생산과 발명의 창의력과 한 세대를 끌어가는 유행을 만드는 식상생재 라인이다.

2020년 통계를 보면 직업의 종류는 약 1만 2천개를 넘었다고 한다. 시대가 변화하면서 새로운 종류의 직업이 생기고, 예전에는 잘 나갔지만 없어진 직업도 있다. 다양한 직업이 생기는 만큼 내가 가지고 있는 배경이 어떤 일과 잘 맞는지 기문명리적 분석이 필요하다.

기문명리적 분석을 하려면 우선 관인상생의 조건과 식상생재의 조건과 구성을 먼저 이해해야 한다.

2. 화이트칼라 – 관인상생(행권직)

(1) 관리자의 길

행권직은 '권한을 행한다'는 뜻으로 관리자가 되며, 조직의 큰 틀 안에서 움직이는 사람이다. 이 권한은 틀을 움직일 수 있는 규제·규칙이며, 법의 테두리 안에서 행동하고 그것을 만드는 것이다. 사주로 보면, '관생인 → 인생아'로 관인상생이 되는 것을 말한다. 관인상생이 된다는 뜻은 관도 있고 인수도 있다는 것이다.

이렇게 관인상생으로 사주가 구성된 사람은 직장생활에 유리하고, 인수권자와 친하며, 실력(관)과 학벌(인)이 있고, 끈기도 있으며, 규칙을 준수한다. 시험 혹은 공채의 최종 면접을 통과한 것으로도 볼 수 있다. 윗사람의 말에 잘 따르는 사람이며, 조상복·부모복·스승복이 있다고 볼 수 있다.

이것도 일지의 왕쇠를 가지고 두 가지로 나눌 수 있다. 일지의 강약은 아래 도표를 참조한다.

<table>
<tr><th>순서</th><th>왕쇠</th><th>1.居</th><th>2.受</th><th>3.月令</th><th></th></tr>
<tr><td>1</td><td>태왕</td><td>O</td><td>O</td><td>O</td><td>세 개 모두 얻었을 때</td></tr>
<tr><td>2</td><td>왕</td><td>O</td><td>O</td><td>X</td><td rowspan="4">'거'만 얻어도 왕하다고 하고, '거'를 얻지 못하면 '수'와 '월령'을 모두 얻어야 조건에 부합</td></tr>
<tr><td>3</td><td>왕</td><td>O</td><td>X</td><td>X</td></tr>
<tr><td>4</td><td>왕</td><td>X</td><td>O</td><td>O</td></tr>
<tr><td>5</td><td>왕</td><td>O</td><td>X</td><td>O</td></tr>
</table>

6	약	X	O	X	하나만 얻었을 때
7	약	X	X	O	
8	태약	X	X	X	모두 얻지 못했을 때

(2) 일지가 약한 것이 낫다

일지가 신왕하면 관인상생으로 갖추어졌더라도 그림의 떡이 될 확률이 높다. 실력을 쌓거나 시험에 도전하는 일은 좀처럼 하지 않기 때문이다.

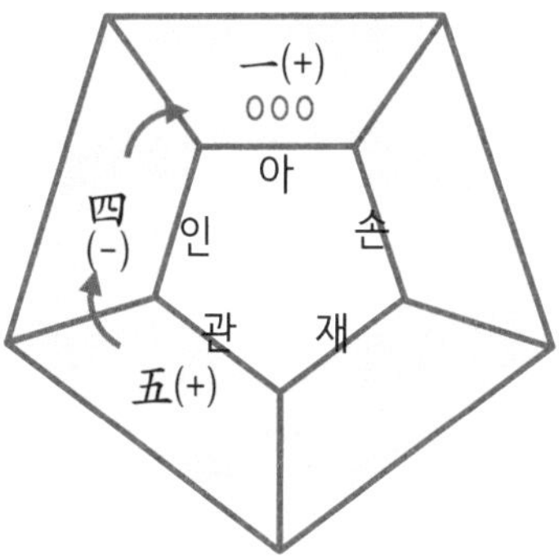
一(+)
OOO
아
인
손
관
재
四
(-)
五(+)

예시 명국은 관인상생의 형태를 띠고 있다. 하지만 일지가 태왕하므로 인수를 그대로 받지 않고, 자기 생각대로 행동하려고 한다.

신왕하면 느긋해지고, 인수를 받지 않아도 된다고 여기며, 아생손으로 자기 마음대로 하고 싶어 한다. 그러나 신약하고 관효가 있다면 '관생인 → 인생아'로 직장을 가지게 된다. 특히 관효가 중궁지반수나 년지(年支)라면 더욱 그렇다. 이때 관이 편관인지 정관인지 구분하고, 그 다음 인수가 있는지 없는지를 체크한다. 정관 · 편관이 인수를 생하면 그 자리에 올라가서 지킬 수 있게 된다.

<table>
<tr><th colspan="2">일지왕쇠</th><th>관</th><th>정/편</th><th>인</th><th>정/편</th></tr>
<tr><td rowspan="4">태약</td><td rowspan="4">인수에
의지</td><td rowspan="2">정관</td><td rowspan="8">정관은
단계를
밟아서

편관은
빠름을
추구</td><td>정인</td><td rowspan="8">정인은
순수학문

편인은
실용학문</td></tr>
<tr><td>편인</td></tr>
<tr><td rowspan="2">편관</td><td>정인</td></tr>
<tr><td>편인</td></tr>
<tr><td rowspan="4">태왕</td><td rowspan="4">인수 배척</td><td rowspan="2">정관</td><td>정인</td></tr>
<tr><td>편인</td></tr>
<tr><td rowspan="2">편관</td><td>정인</td></tr>
<tr><td>편인</td></tr>
</table>

정관이라면 단계를 밟아 올라간다. 정기 인사로 승진되는 경우가 많고, 직급의 경우 한계성이 있다. 명예에 대한 포부가 적은데, 무엇보다 중요시 여기는 것이 안전성이다.

편관이라면 지위에 대한 갈망이 있으며 지배욕도 강하다. 편법을 통해서라도 빠르게 올라가려고 하니, 위험성 있는 모험을 감행한다. 허풍이 많고, 맹신에 가까운 복종심을 원한다. 남의 시선을 의식해서 좋지 않게 보이는 것을 가장 두려워한다.

그다음 인수가 정인인지 편인인지를 구분한다. 정 · 편인에 따라 학과구분을 할 때, 순수학문과 실용성이 가미된 학과로 구분하면 된다.

학교명은 관(官)의 상태로 판단한다. 중궁지반수 혹은 년지를 타고 있다면 국·공립학교라 예상한다. 특히 4 · 9금이거나 5토라면 공립일 가능성이 더 높다. 수도권의 유명대학이라면 관의 왕쇠가 일단 ○○○이거나 ○○X 정도로 왕해야 가능성이 높다. 이 정도의 왕이라면 직장으로 보아도 공공기관 등의 공적인 기관이 될 가능성이 많고, 사기업이라면 이름 있는 유명 기업일 가능성이 높다.

(3) 신약한 경우 오행에 따른 직업 구분

위의 설명은 육신이 가지고 있는 속성들을 말한 것이다. 이러한 속성은 구조로 알 수 있고, 여기에 일지를 중심으로 한 오행의 속성이 붙으면서 직업의 종류를 구분하는데, 이 오행들의 양(量)과 균형으로 판단하는 것이다. 4·9금의 살성이 기(氣)의 균형을 주도하므로 함께 보아야 한다.

① 일지가 1수인 경우(금·수)

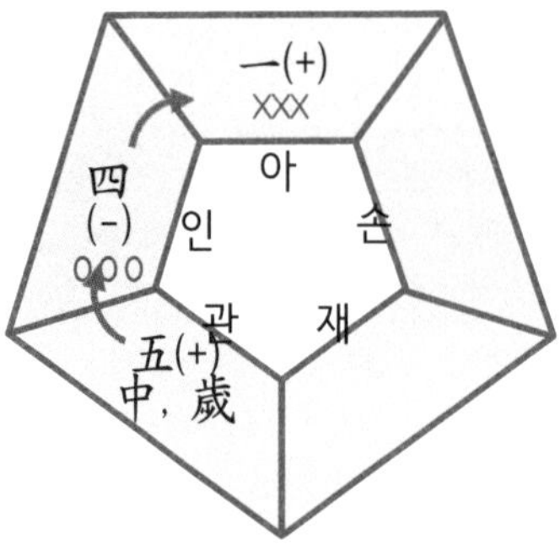

一(+)
XXX
아
四
(-)
OOO
인
손
관
재
五(+)
中, 歲

일지가 태약, 약
용신 정인 4금
경영이나 경제, 회계, 재무관련, 환경, 영양사, 도시공학, 금속공학, 신소재공학, 무기공학, 약학, 바이오, 비서 관련, 수의학분야, 신문방송학
중궁이나 년지가 편관이 되었을 경우는 정부기관, 공공기관으로 유추.

② 일지가 7화인 경우(목·화)

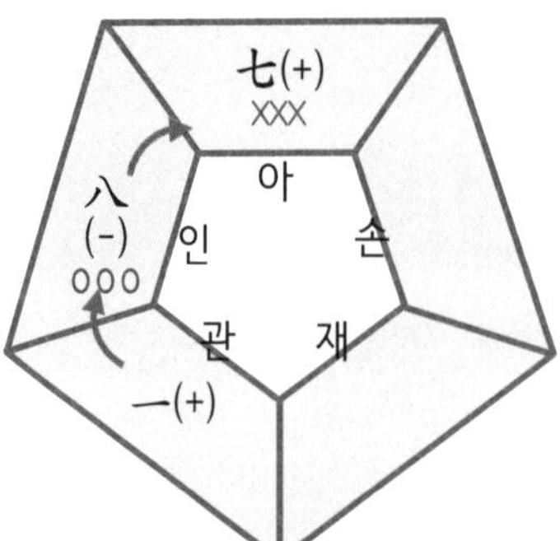

七(+)
XXX
아
八
(-)
OOO
인
손
관
재
一(+)

일지가 태약, 약
용신 정인 8목
언론, 편집, 문학관련 서비스 분야, 항공사 분야, 프렌차이즈점 관련, 정보산업 관련.
편관 1수가 중궁이나 년지가 된 것이라면 사기업에 해당한다.

③ 일지가 3목인 경우(수 · 목)

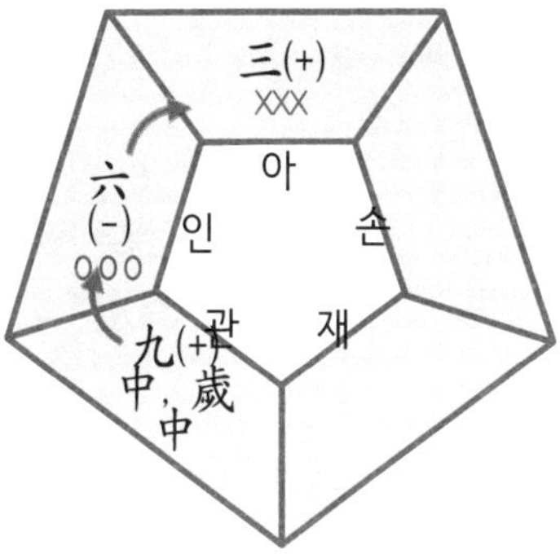
三(+)
XXX
아
六
(-)
인
손
000
관
재
九(+)
中, 歲
中

일지가 태약, 약
용신 정인 6수
행정, 법률, 경찰행정, 소방, 역사, 상담, 종교, 철학분야, 인사 관련, 비서학
편관 9금이 중궁이나 년지가 된 것이라면, 고시 도전 확률이 높다. 공무원, 공공기관 근무, 유명 사기업

④ 일지가 9금인 경우(토 · 금)

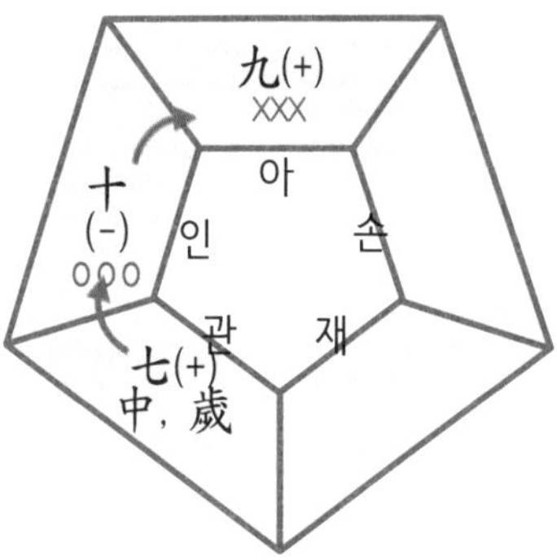
九(+)
XXX
아
十
(-)
인
손
000
관
재
七(+)
中, 歲

일지가 태약, 약
용신 정인 10토
토목, 건설, 측량, 부동산관련, 산림원, 농학 관련, 축산 관련분야, 건설부자재 관련, 식품 관련, 한의학, 대체의학, 자산관리가, 감정평가사.
편관이 중궁이나 년지가 된 경우
정부기관, 공공기관, 유명 사기업

⑤ 일지가 5토인 경우(화 · 토)

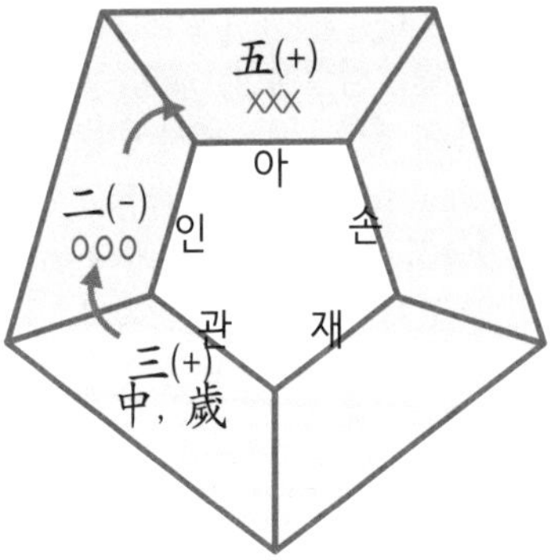
五(+)
XXX
아
二(-)
OOO
인
손
관
재
三(+)
中, 歲

일지가 태약, 약
용신 정인 2화
언어학, 광고, 서비스업, 이동통신, 전기, 전자, 컴퓨터, 화학, 화공, 화장품 관련, 디자인, 조명, 컴퓨터그래픽, 유통, 마케팅, 방송작가, 프로그래밍, 스튜어디스, 엔터테인먼트 관련. 중궁이나 년지로 편관을 이루었을 경우는 유명 사기업 공공기관.

위의 내용은 일지가 약(xox, xxo)하거나 태약(xxx)한 경우로, 용신을 왕한 인수로 한정하여 직업의 종류를 서술하였고, 직장 생활이나 직장명, 근무환경 등은 고려하지 않았다. 직장명과 근무환경의 세밀한 내용은 홍국수의 양(量)에 따라 달라지며, 팔문 팔괘와 육의삼기의 격국, 그리고 구성과 팔장에 의하여 질적 구분을 한다. 기문을 처음 공부하는 분들은, 홍국수의 진가원칙(생극제화)과 육신의 속성을 명확히 구분해 나가는 학습을 우선시 하여야 한다.

3. 블루칼라 - 식신생재(용살직)

(1) 직접 일하는 길

다음으로는 '아생손 → 손생재'의 경우로, 관인상생과는 반대 방향으로 흐르는 명국이다. 이 경우는 용살직이 적합하다. 용살직은 일지가 손(孫)을 써서 재를 낳는 경우로, 이때 손을 '식록'이라고도 말하는데, '일하면 밥은 먹는다'는 의미이다. 여기서 일을 한다는 의미는 노동의 대가로 얻어지는 돈이라는 것이다.

이 노동은 가장 단순한 막노동으로 볼 수도 있고, 자신의 생각을 담은 물품이 될 수도 있으며, 자신의 기획으로 탄생되는 프로젝트, 자신이 직접 만든 요리, 자신의 기술적 노하우, 또는 이런 것들이 특색 있게 되는 그 어떤 것일 수도 있다.

육친으로 보면 자신이 낳은 자식이다. 그래서 손이 왕하고 시지나 시간(時干)을 타고 길문괘를 탄 경우, 아이돌 스타처럼 자식이 일찍 성공하여 돈을 가져다 주기도 한다. 혹은 부모님이 음식점으로 성공해서 아무에게도 가르쳐주지 않는 비법을 전수받아 가지게 되고, 자식과 함께 사업을 이어가는 것에 해당한다.

식신생재도 다음 3가지 경우가 생긴다.

① 아(+) → 식신(+) → 정재(-) : 몸을 써서 힘들게 벌고 돈은 못쓴다.

② 아(+) → 상관(-) → 정재(-) : 위의 경우보다는 조금 쉬워진다.

③ 아(+) → 식신(+) → 편재(+) : 부가가치가 높아진다.

(2) 일지가 힘이 없는 경우

'아생손 → 손생재'에도 일지가 힘이 없는 경우가 있다. 일지의 강약이 xxx거나 xox, xxo 으로 힘이 약할 때에는, 아무리 손이 좋고 힘의 세기가 좋아도 그것을 소화해내기 어렵다. 이를테면 먹성이 좋은 아기로, 아무리 먹어도 엄마 젖이 모자라는 것과 같은 현상이 생긴다.

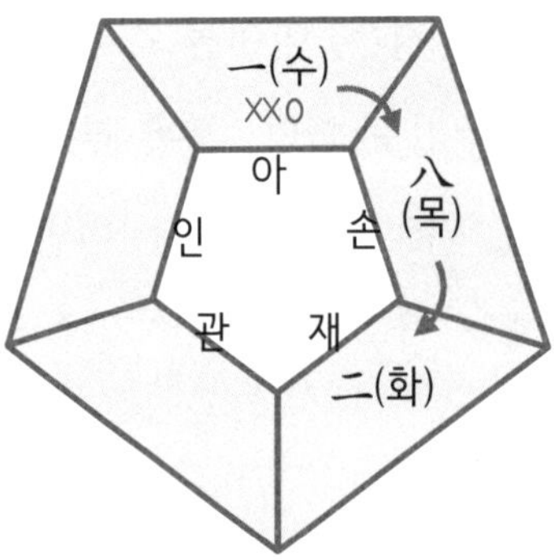

一(수)
xxo
八
(목)
二(화)
아
손
재
관
인

예시 명국은 식상생재의 형태를 띠지만 일지가 약하므로, 몸을 써서 일하기는 어렵다.
이럴 경우 보충이 필요하다.

이때에는 일지를 보충할 용신이 필요하다.

첫 번째 용신은 당연히 인수가 될 것이다. 일지가 약하고 손이 왕할 때, 기술자격증이나 공대를 나온 학벌이 있으면 자동차 공장 생산라인의 관리자가 될 수 있을 것이다. 즉 기술자격증이나 공대를 나온 학벌이 인수의 역할을 하는 것이다.

두 번째 용신은 비견 혹은 겁재가 된다. 이들이 무리를 지어 손을 생해주는 것이다. 즉 단체 혹은 형제나 후배의 도움으로 동업 또는 협업을 하게 된다. 또 같은 일에 종사하는 동종협회도 비견 혹은 겁재가 되므로, 이들과 무리지어 활동하는 것이 바람직하다.

(3) 신왕할 경우 오행에 따른 직업 구분

① 일지가 1수인 경우(수 · 목)

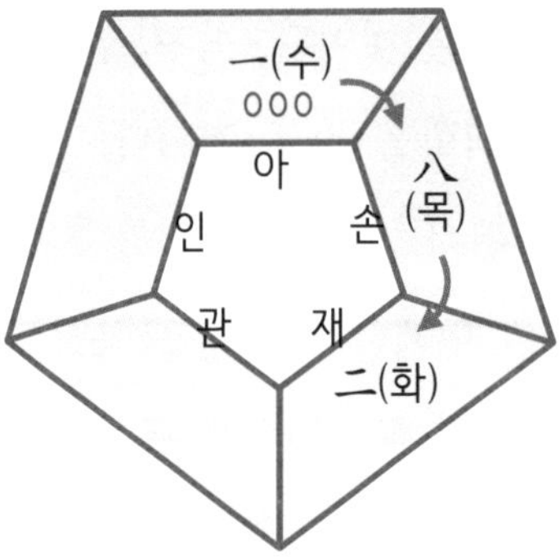

一(수)
OOO
아
八
(목)
인
손
관
재
二(화)

용신 손 8목
용살직(用殺職)직업으로
유치원교사, 요양보호사, 인문사회계열 강사, 간호조무사, 식품조리사, 상담사, 플라워 디자이너, 비서, 수공예품, 문구아트 관련업.

② 일지가 7화인 경우(화 · 토)

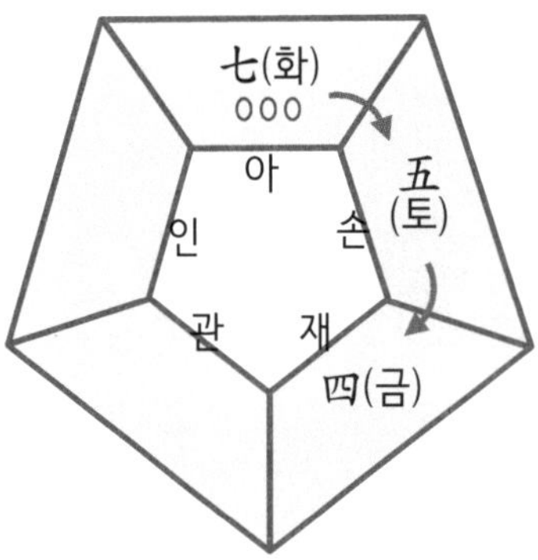

七(화)
OOO
아
五
(토)
인
손
관
재
四(금)

용신 손 5토
농 · 축 · 임 · 수산업, 약재재료 도매상, 된장이나 간장 등의 장류생산자, 인테리어 부자재상,
제과제빵사, 부동산 분양, 주택건축업, 인테리어 시행업, 전기전자 기술자, 의류, 악세사리 디자인, 광고 관련, 컴퓨터 관련, 용역 관련, 운전관련업, 택배사, 창고업 관련.

③ 일지가 3목인 경우(목 · 화)

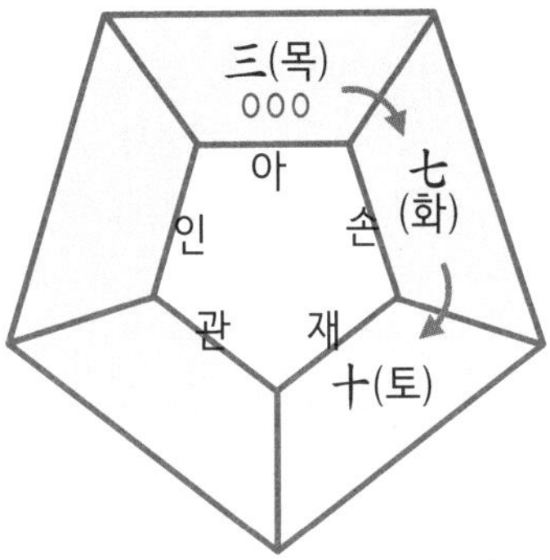
三(목)
ooo
아
七
(화)
인
손
관
재
十(토)

용신 손 7화
의류, 주얼리 디자이너, 쉐프, 핸드폰 관련, 분장사, 헤어 디자이너, 편의점관련, 여행사업, 운전 관련, 디저트 분야, 소비자 상담응대, 인터넷 방송, 인터넷 블로그 관련, 애니메이션 관련, 화장품 관련, 카피라이터.

④ 일지가 9금인 경우(금 · 수)

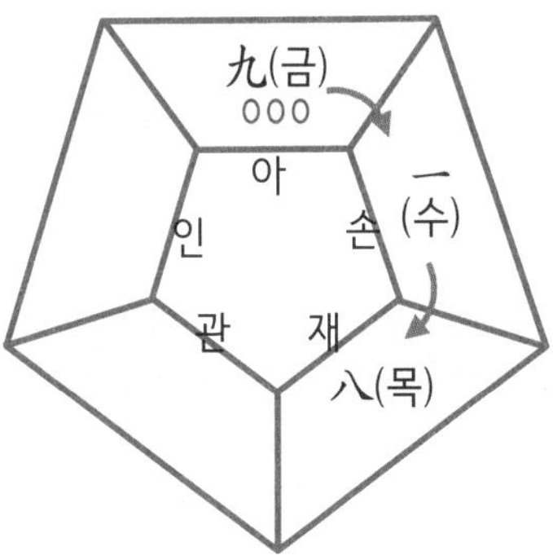
九(금)
ooo
아
一
(수)
인
손
관
재
八(목)

용신 손 1수
사회복지사, 애완견, 동물병원 의사, 복지상담사, 요양원, 세탁업, 음악관련, 행정, 작사 · 작곡가, 분식, 한식 조리사, 프로듀서, 펀드매니저, 커피 관련, 출판 관련, 사설 경호업체, 환경 관련 용역업체, 영상, 영화 관련.

⑤ 일지가 5토인 경우(토 · 금)

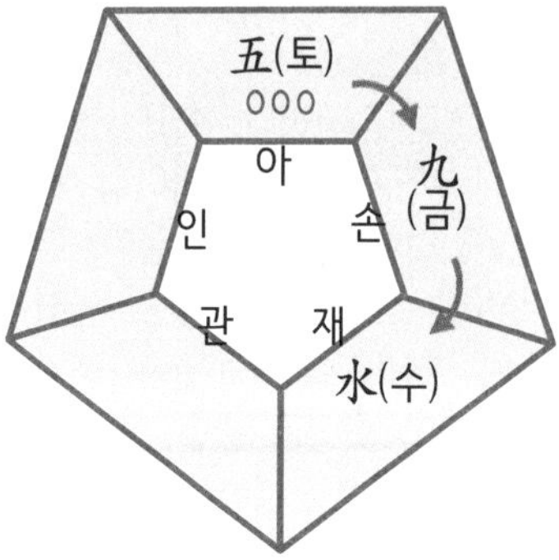
五(토)
ooo
아
九
(금)
인
손
관
재
水(수)

용신 손 9금
학원 강사, 변호사, 수술 의사, 정치인, 시민운동가, 건설, 건축사, 사회복지사, 유치원 교사, 간호사, 보험설계사, 전문 요리사, 농 · 수산 · 임업 입찰, 자동차 생산 기술자, 철강, 선박, 항공조종사, 마사지 관련(피부, 경락)

위의 도표는 일지가 태왕(ooo)하거나 왕(oox, oxo, oxx, xoo) 하다고 가정하고 용신을 손으로 한정하여 직업을 분류한 것이다.

손의 질(質)과 양(量)은 사람마다 다른데, 손을 둘러싼 질적 구성(팔괘, 육의삼기의 격국, 구성, 팔장)에 따라 변화가 있다. 또한 같은 업종에 종사한다 하더라도 돈을 잘 버는가는 또 다른 문제이다. 이것은 재의 유무와 재의 강약 그리고 재 자체의 질에 의해 상당부분이 결정된다. 하지만 직업의 분류에서 우선시 생각해야 하는 부분은 재의 원신인 손이다. 손까지만 간다면 밥을 굶을 걱정은 없는 것이다.

8장. 무슨 일이든 타이밍이다.

1. 운로란 무엇인가?

누구라도 공부를 잘 하고 싶지, 잘하고 싶지 않은 사람은 없다. 누구라도 돈을 잘 벌고 싶지, 그렇지 않은 사람 역시 없다. 용신으로 직업을 찾고 적성을 찾았다고 해도 때[時]가 맞아야 모든 것이 순조로워진다. 이러한 때[時]라는 것을 운로(運路)라고 한다. 운이 가는 길이다.

'지금 운이 좋은가 나쁜가? 앞으로 운이 좋은가 나쁜가?'라는 부분은, 시기(時期)를 떼어놓고 생각할 수 없을 것이다. 몇 살에 어떤 운을 만나느냐에 따라 인생이 쉽게 풀릴 수도 있고, 어려워지기도 하기 때문이다.

보통 10대부터는 학교생활과 성적, 공부 등과 자신의 진로에 대해 집중할 시기인데, 만약 이런 나이에 재운이나 비견과 겁재운이 온다면 어떻게 될까? 놀고 싶고 경쟁에 휘말리고 친구들과 어울려 다니기에 바쁠 것이다. 또한 식상운이라면 공부보다는 딴 생각을 하거나 알바를 하는 쪽에 더 신경을 쓰게 된다. 그래서 이러한 운을 중·고등학교 나이에 만나게 되면 학마운(學魔運)이라고 해서 '배움에 방해가 들어왔다'고 표현을 한다.

만약 운로에 이런 시기가 들어오면, 용신이 인수이고 일지가 신약하다고 해도 공부에 집중이 안 된다. 주위가 산만해지고 다른 쪽의 관심들로 인해, 저절로 공부에 관심이 없어지고 스승이나 부모의 조언으로부터 멀어지게 된다. 좋은 용신이 들어와도 학생이 변하지 않는 것은 그 나이 때의 운로가 학운과 맞지 않기 때문이다.

인수의 영향을 빠르게 받지 못하고, 먼 길을 돌아오는 경우가 발생하는 것이다. 또한 일지가 신왕한 사람이 인수의 영향을 받는 시기가 왔다 하더라도 별 소용이 없다는 것을 느낄 수 있다. 어른들의 조언이나 학습에 전념하게 되지 않는다. 자신만의 생각으로 빨리 일터로 나가는 실용성에 중점을 두고 싶어 한다. 그런 이유로 상업학교나 전문적 실용위주의 학습과 자신이 관심 있거나 재미있어 하는 극히 개인적인 자기본위의 생각으로 빠져들게 되는 경향이 있다.

또, 기존의 틀에 박힌 규칙이나 법규를 무시하거나 반항하는 성향이 있게 된다. 그 나이의 시기[運路]가 손운(孫運)에 봉착한 경우라면 신약하더라도 이러한 성향을 나타낸다. 학습이나 자격이나 상급학교의 중요성에 대해 망각하기 쉬워져서 자신의 용신을 쓸 수 없게 되는 경우가 많다. 이 하나만 보더라도 사람의 일이 자기 맘대로 되지는 않는다는 생각이 든다.

누구나 어떤 방향으로든 노력을 한다. 자기의 길일지 아닐지 확실하지 않지만 많은 위인들의 발자취와 출세의 기준을 잣대로 나름 이런 저런 노력을 한다. 그러나 사람에게는 각자의 성향이 있고, 거기에 각자의 목표가 다르다. 게다가 그 시기마다 각자 다른 운(運)이라는 것이 작용한다는 것을 모르고 있다. 그래서 공부할 시기를 놓치게 되거나 적성에 맞지 않아 답답하고 우울한 학창시절을 보내기도 하는 것이다. 요즘 문제가 되는 학폭이나 왕따의 문제에 말려들어 갈 수도 있게 되는 일도 생길 수 있는 것이 바로 이 시기[運路]라는 것이다.

운로가 맞지 않는다고 그대로 주저앉을 수는 없다. 나를 나답게 나만의 목표를 성공시켜 줄 열쇠 중 기초가 되는 것이 바로 '용신'이다. 만약 학창시절에 찾지 못했다 하더라도 혹은 맞지 않는 직업이나 길 위에서 고민 하고 있더라도 결국 자신의 몸에 꼭 맞는 직업을 찾도록 해야 한다. 성공에 가까워지려면 기본적으로 내가 잘할 수 있는 방향에서 노력하고 찾는 것이 바람직 할 것이다.

운로를 잃으면 용신에 맞는 방향을 찾으면 된다.

운로(運路)라는 것은 계절이 봄이 가면 여름이 오고, 여름 다음에 가을, 겨울이 오듯이 계절처럼 시간에 따라 흘러가는데 사람마다 회전의 시점이 다르다. 각자 시간이 다르게 흘러가는 것을 '운로(運路)'라고 부른다. 누구는 봄부터 올 것이고, 무구는 겨울부터 시작하는 것이다. 결국 이 흐름이 어떤 운명을 가지고 태어났는가 보다도 더 중요한 작용을 하기도 한다.

보통 자동차와 길로 표현하는 경우가 많은데, 배기량도 크고 성능도 좋은 자동차가 자갈밭 길을 만나고 조금 지나 갯벌을 만나고 겨우 빠져 나와 보니 이번엔 장애물이 가득 쌓여 있다고 해 보자. 좋은 자동차는 그 기능과 성능을 발휘하기 힘들 것이고 빨리 달려 나가는 속도감을 맛볼 수 없을 것이다.

이 경우와 반대로 소형차로 아스팔트길을 운행하다가 다음 운로에 8차선 고속도로가 나와 좀 더 속도를 낼 수 있는 경우가 있다. 같은 목표점을 향해 달려간다고 볼 때, 승부는 어느 쪽이 쉬울지 예상이 될 것이다. 그래서 직업이란 부분을 가지고 생각해 볼 때 좀 더 치밀하고 먼 미래로의 비전을 가져야 한다. 또한 내가 가장 빛날 수 있고 잘할 수 있는 쪽으로 고려해야 한다.

2. 운로(유년) 찾는 법

홍국기문의 대운은 '유년'이라고 부르는데, 이 때 '유(遊)'자는 '놀 유, 돌아다닐 유' 자를 쓴다. 일지가 지반 9궁을 1~45세까지, 천반 9궁을 46~90세까지 순회하며 다니는 것을 말한다. 사주명리의 대운처럼 10년마다 바뀌는 것이 아니라, 홍국수 숫자에 따라 3이면 3년을, 6이면 6년간 그 자리에 머무는 것이다.

천반 지반의 81변국 가운데, 오로지 움직여서 돌아다니는 것은 일지 하나뿐이다. 나머지는 모두 자기 본자리에 있고, 일지가 식솔을 데리고 다니므로 유(遊)라고 말한다.

우리의 전통기문인 홍국기문의 유년계산법은 추명학과는 다르다. 홍국수 연포법[4]에 의해 구궁을 순행 또는 역행하며 포국된 천반수 또는 지반수만큼 더해서 산출하면 된다. 이렇게 하면 천반·지반의 합이 90으로 끝나게 된다. 즉 지반은 1~45세를 순행하며 유년하게 되고, 천반은 46~90세를 역행하며 유년하게 된다.

4] 지반수는 순행하고 천반수는 역행하는 방식

3. 지반 유년 배치

일지 세효궁에서 지반수를 기준으로 초운을 시작하며, 지반을 구궁 순서대로 진행하면서 매 궁마다 지반 홍국수를 가산해 나가면 지반의 끝 궁에서 45세가 된다.

아래 예에서 일지가 건궁⑥에 있으므로 건궁이 세효궁이다. 건궁부터 1세를 시작한다.

지반홍국수가 2이므로 2년 동안 살고(1~2살),

그 다음 궁인 태궁⑦의 지반홍국수가 3이므로 3년을 산다(3~5살).

또 그 다음 궁인 간궁⑧의 지반홍국수가 4이므로 4년을 산다(6~9살).

그 다음 궁인 리궁⑨은 5년(10~14살),

감궁①은 7년(15~21살),

곤궁②(22~29살)은 8년,

진궁③(30~38살)은 9년,

손궁④(39~39살)은 1년(지반홍국수 10은 중궁지반수의 은복수 1을 쓴다),

중궁⑤(40~45살) 6년을 마치면 45세에 지반의 유년을 마치게 된다.

표6. 지반에 나이를 배당함

4 10 ④39~39	9 5 ⑨10~14	6 8 ②22~29
5 9 ③30~38	8 (3) 6 (1) ⑤40~45	1 3 ⑦3~5
10 4 ⑧6~9	7 7 ①15~21	2 2(世) ⑥1~2 시작

한 가지 유념해야 할 것은 10수는 10으로 계산하지 않는다는 것이다. 구궁 안에는 9가 종극수가 되고, 10수는 중궁의 은복수이므로, 지반 10수는 중궁 지반수의 은복수를 끌어다 쓰기 때문이다.

위의 예에서 중궁의 지반 은복수가 1이므로 지반수 10을 배당받은 손궁에서 1년을 머무르게 된다. 또 지반 은복수가 2라면 2년을 머물게 되고, 3이라면 3년을 머물게 되는 것이다. 중궁의 은복수를 요약하면 다음의 표와 같다.

표20. 중궁의 은복수

중궁수	1	2	3	4	5	6	7	8	9
은복수	6	7	8	9	·	1	2	3	4

4. 천반 유년 배치

천반수의 산출은 일지 세효궁의 천반수로 초운을 시작한다. 지반을 45세로 마쳤으므로 46세부터 시작하여 구궁을 역행하여 천반 홍국수를 더해나가면 마지막 궁에서 90세로 끝난다. 이때 천반의 10수도 역시 중궁 천반수의 은복수를 써서 마치는데, 앞의 예에서 중궁의 천반 은복수가 3이므로 3년을 계산한다.

앞의 예에서 일지가 건궁에 있으므로 건궁부터 46세를 시작한다.

천반홍국수가 2이므로 2년 동안 살고(46~47살),

그 다음 궁인 중궁의 천반홍국수가 8이므로 8년을 산다(48~55살).

또 그 다음 궁인 손궁의 천반홍국수가 4이므로 4년을 산다(56~59살).

진궁은 5년(60~64살),

곤궁은 6년(65~70살),

감궁은 7년(71~77살),

리궁은 9년(78~86살),

간궁은 3년(87~89살), 천반 홍국수 10은 중궁 천반수의 은복수 3을 쓴다)

태궁은 1년(90~90살)을 마치면 90세에 천반의 유년을 마치게 된다.

표7. 천반에 나이를 배당함

四	56~59	九	78~86	六	65~70
十	39~39	五	10~14	八	22~29
五	60~64	八(三)	48~55	一	90~90
九	30~38	六(一)	40~45	三	3~5
十	87~89	七	71~77	二	46~47 시작
四	6~9	七	15~21	二(世)	1~2

장황하게 설명했지만, 이 또한 외울 필요는 없다. 프로그램이나 앱을 이용하면 그대로 나오기 때문이다. 다만 지반이라면 순행하니 나이 순서대로 가면 된다. 물론 중궁을 지날 때는 유의해야 한다. 그리고 천반의 경우는 궁의 방향은 역행하지만 대운은 나이 순서대로 간다는 것을 기억하면 된다.

9장. 어디에도 해당이 안 된다면

기(氣)와 살(殺)의 작용

1. 살(殺)이 뭘까?

인생이 나를 속인다. 아니 인생에 내가 속는 것이다. 왜일까? 이유는 바로 사람마다 기(氣)와 살(殺)이 다르기 때문이다.

위의 많은 통기도를 봤음에도 불구하고 나에게 해당하는 부분이 없거나, 일지의 강약으로 용신을 찾았는데도 전혀 자신의 관심사와 다른 경우가 있다. 자신이 목표한 바와 맞지 않는 경우, 이상과 현실이 안 맞는 경우, 이 직업 저 직업을 바꿔봐도 잘 맞지 않는 경우, 사람들과 잘 어울리지 못하는 경우 등이 생기기도 한다.

앞서 자신의 삶과 통기도가 맞지 않는 가장 큰 이유를 '살(殺)'이라는 것에 두고 있다. 사주라는 것을 한번이라도 본적이 있다면 살(殺)이라는 얘기를 들어본 적이 있을 것이다. 역마살, 도화살, 홍염살, 백호살, 장성살, 겁살, 천살, 지살, 망신살, 화개살 등등 이 외에도 살의 이름은 무수히 많다.

그 중 최고로 강한 살이 '삼형살'이라는 것이다. 삼형살은 지지의 寅巳申이 모여 생긴 살이다. 인사신 삼형의 경우 표면적으로는 인목이 사화를 생하고 있다. 그러므로 인과 사가 목생화의 관계로 생을 하고 있음에도 불구하고, 화합의 시너지를 주는 것이 아니라 인사형(寅巳刑)으로 형벌이 생기는 것이다. 여기에서 인(寅)목이 사(巳)화를 생하는 목생화는 불순한 의도가 있다고 보는 것이다. 사화(2)는 인목의 생을 받았음에도, 신금(9)이 노리는 인목(3)이 나타났음을 알려주어 인목을 충하거나 극하게 하여, 실제로는 3목을 해치는 것이다. 이것을 홍국기문의 숫자로 본다면 '三 二 九'이며 '三 二 九 삼형살'이라고 부른다.5]

三 二 九 삼형 = 인(寅) 사(巳) 신(申) 삼형 = 3 2 9 삼형
七 五 九 삼살 = 오(午) 술(戌) 신(申) 삼살 = 7 5 9 삼살

또 한 가지는 '七 五 九 삼살'이라는 것인데 이것은 화생토

5] 10간 12지의 홍국수 도표이다. 삼형과 삼살을 12지에서 찾아보면 쉽게 이해 될 것이다.

오행	목		화		토		금		수	
천간	갑	을	병	정	무	기	경	신	임	계
12지	인	묘	오	사	진술	축미	신	유	자	해
수	3	8	7	2	5	10	9	4	1	6

토생금으로 상생라인으로 구금에게 힘을 몰아주고 있는 구조이다. 하지만 구금의 목적은 3목을 충극하여 망쳐 놓아야만 직성이 풀린다고나 할까?

이렇듯 구금의 목적은 양금으로 가장 크고 무시무시한 위력을 갖고 있다. 구금의 양금 하나만으로도 위력을 과시할 수 있고 이 자체가 살의 힘을 보여 준다.

목화토금수 오행이 골고루 섞이고 서로 상생만 하면 좋겠지만 반드시 그렇게 되지는 않는다.

음양의 차이로, 그리고 오행의 부재로 인해 개인마다 오행이 서로 극하기도 하고 충을 하기도 하면서 싸우기도 하고 다시금 사이좋게 협력하기도 한다. 그런데 그 오행 중 가장 무섭고 잘났다고 하는 놈이 하나 있다. 그것이 바로 금오행이다. 금오행중 당연히 양(陽)인 9금이 대장 노릇을 하면서 오행들을 휘젓고 다닌다. 내 마음대로 조정도 안 되고 어떤 때는 이 양금인 9금에게 끌려 다니기만 하게 될 때도 있다. 이것이 바로 살(殺)이라고 부르는 것이며, 기(氣)가 가장 센 오행인 것이다.

2. 살을 찾는 방법과 의미

살(殺)을 찾는 방법은 간단하다.

나의 사주를 홍국기문으로 숫자로 변환하여 통기도 위에 첫 번째는 九금이 있는가 하는 것을 보면 되고, 또 앞서 말한 삼이구(三二九)가 있는가를 보면 되고, 아니라면 칠오구(七五九)가 있는가를 보면 될 것이다. 『이것이 홍국기문이다 1』의 2장 7번 삼형과 삼살편 참조.

만약 이 숫자들을 가지고 있다면 살(殺)이 있는 명국인 것이다. 그럼 살(殺)이 있다는 것은 무엇을 뜻하는 것일까?

양금인 九금의 속성으로 일단 대장이 되고 싶다. 막연히 잘난 것 같고 고집이 세다. 누군가에게 지시하고 싶고, 전투적이다. 매사 시시하게 느낀다. 사회나 국가에 대해 비판적이거나 냉소적 일 수 있다. 다소 폭력적이거나 적극적이다. 무서울 게 없다. 초월적인 존재에 관심이 많다. 정의를 위한 정의를 외칠 수 있다. 외골수가 되기 쉽다. 삶과 죽음을 두려워하지 않는다. 나라와 세상을 휘어잡고 싶다.

대략 구금의 특징을 나열한 것인데, 대부분 살을 가진 사람들의 특성이 되며, 이것은 또한 금의 속성이라고 할 수 있다. 金오행은 정의(正義)와 양심(良心)이라는 속성과 공명과 명분이라는 속성을 가지고 있다. 또한 죽음[死]과 상해(傷害)의 속성도 가지고 있다. 이와 같이 서로 반대되는 속성이 같이 공존하므로, 좋지 않을 때는 양심을 지키지 못하고 정의보다는 불의에 가까워지게 되고 타인을 속이거나, 나쁘게, 희생시키거나 무력을 행사하는 살상을 서슴지 않는 행동을 하기도 한다.

이렇게 해서라도 가지고 싶은 것은 무엇일까? 바로 권력(權力)이다. 권력이 곧 살(殺)인 것이다. 그 권력을 가지고 무엇을 할 것인가는 9금이 어느 육신에 자리하고 있는가에 따라 조금씩 달라진다. 결국 이 살은 기(氣)인 것인데 이 숫자가 포진되어 있다면 기가 센 사람이고 뭔가 특이하다거나 우월하다거나 남과 다르다거나 하는 의식을 가진다. 그러므로 기존의 용신이라고 부르는 인수나 손(孫)에서 용신을 찾지 않는다. 그리고 기의 영향을 받아 자기자신을 컨트롤 하기가 어려워지며 주위의 사람들도 이러한 기를 맞추기가 쉽지 않다. 그래서 일반적·보편적인 것보다는 좀 다른 쪽으로 포커스를 맞춰야 하는 경우가 있다.

3. 살을 어떻게 써야 할까?

그럼 이러한 '살'이라는 이름의 기를 잘 활용할 수 있는 방법이 있을까? 있다. 직업적으로 쓰는 것이다. 꼭 직업뿐만 아니라 필요로 하는 상황이 있다.

시대마다 위기에 맞선 사람들이 있었다. 일제시대에는 독립투사가, 6·25 전란에는 군인들이, 독재 정권 치하에는 민주투사들이 있었다. 그리고 지금의 코로나 시대에는 현장을 지키는 수많은 의료인들이 있다. 이렇듯 '살'이라는 기는 어디로 튈지 모르는 텐션을 가지고 있는데, 큰 위기를 맞을 때 위력을 갖는 수가 많다.

그런 의미로 '살'이 쓰일 수 있는 직업군을 정리해보면 다음과 같다. 우선 무식과 무지를 일깨우는 계몽 운동가 혹은 선각자들이 될 수 있고, 병균을 잡는 의사나 간호사, 적군을 물리치는 군인, 범인을 잡는 경찰과 검찰, 영혼을 구원하는 종교인 그리고 사회를 개혁하는 정치가 등을 생각해 볼 수 있다.

이것으로부터 파생되는 직업은 엄청 많다. 의사, 장례사, 호스피스, 간병인, 묘지관리사, 수의사 등을 포함하며, 법을 제정하고 개정하는 등의 정치가, 나라를 개혁하는 혁명가, 대통령, 변호사, 법무사, 검찰, 경찰, 소방관, 인권 변호사, 인권 운동가, 모든 종교인, 무속인, 활인업을 하는 명리가, 타로연구가, 환경운동가, 노조위원장, 노동운동가, 철학자, 논설가, 계몽가 등이 있다.

공익과는 반대로 자신의 사적인 이익을 위해 움직이는 경우도 있다. 조폭, 마피아, 사채업자, 금융 사기업, 도박사이트 운영, 음란사이트 운영 등 속임수가 있거나 중독성과 관련된 쪽으로, 한탕이나 한방을 꿈꾸는 류의 직업으로 살의 위력을 과시하려는 성향의 직업을 생각해 볼 수 있다.

상생을 한다는 것은 쌓아가는 것이고 시간을 기다리는 것이라면, 이 살은 무시무시한 기(氣)로 파괴력을 가지며 빨리 가려고 무리수를 두는 특징을 가진다. 그러다 보니 작은 일에 관심이 없고 밑도 끝도 없이 목표가 커지게 될 수 있다. 앞의 직업들을 보았듯이 '모 아니면 도' '합법과 불법의 사이'가 될 만큼 편차가 너무 크다.

그렇다면 이러한 특징의 살을 가졌다면, 되도록 공익과 공명, 그리고 양심의 도량을 키우고 꿈을 키우는 방향으로 권해야 한다.

4. 살이 입히는 피해

만약 이러한 살을 쓸 수 없게 되고, 살을 쓰는 직업을 가지지 못하고 혹은 그런 직업을 가지려고 노력하는 중일지라도 살은 그 자신에게 엄청난 고통과 해(害)를 주게 된다. 그러한 고통과 해(害)를 분류해 보면 우선 첫 번째 육체적 고통이다. 육체적, 신체적으로 고통을 주는데 질병과 장애, 사고, 사망(단명), 수술 등을 주기도 하고, 옥살이 등으로 신체적 자유를 억압하기도 한다.

두 번째는 정신적 고통이다. 관재구설, 소송, 이혼, 육친간의 절연, 중상모략, 모함 등에 휩쓸리게 된다.

세 번째는 금전적 고통이다. 돈이 없어서 혹은 돈을 가지기 위해서 위의 일들이 일어나기도 하고 위의 일들을 하게 되기도 하는 등의 일을 말하는 것이다.

그도 그럴 것이 '칠살'이라 하는 편관이 제일 좋아하는 것이 재(財)다. 재는 자연스럽게 관을 생하는데, 재생살(財生殺)로 돈이 많아지면 그 다음 스텝으로 자연스럽게 더 큰 칠살 즉 편관으로 권력의 힘을 바라는 것일테니 말이다.

10장. 행복한 직업을, 위대한 직업을 찾아보자

직업 찾기 예제

아래는 구체적인 예를 들어 직업을 찾는 방법을 소개한 것이다.

1. 곤명 / 음력 2002년 2월 30일 오시 / 목월령

9	7	1	9		8	八
임	경	갑	임	9+7+1+9=26	나머지수	→ 중궁수
오	술	진	오	7+11+5+7=30		
7	11	5	7	합한 수를 9로 나눔	3	三

월지 四 XXX 鬼 七 OXO 36~42	년지 시지 九 XXX 官 二 OXO 19~20	六 OXX 父 五 XXX 25~29
五 XXX 孫 六 XXX 30~35	八 XOO 전국 財 三 XOO 43~35	一 OXX 父 十 XXX 10~17
十 XXX 孫 一 XXX 18~18	七 XXO 兄 四 XXX 21~24	二 XXO 일지 일간 九 XXX 1~9

이 명을 처음 간명한 시기는 2008년쯤이다. 약 13년 전으로 이 명이 8살 때였으며, 어머니가 상담을 의뢰 한 것이다. 이 아이는 두 살 위의 오빠가 한 명 있고, 아버지는 치과의사였다. 그 집안은 여자아이가 아주 귀한 집안이라 예쁜 딸로 사랑받았다. 부모님은 아이를 여성스럽게 키우고 싶어 했으며, 별 어려움이 없이 자라온 듯하다. 진로나 전공 등에 대한 문의를 해 왔다.

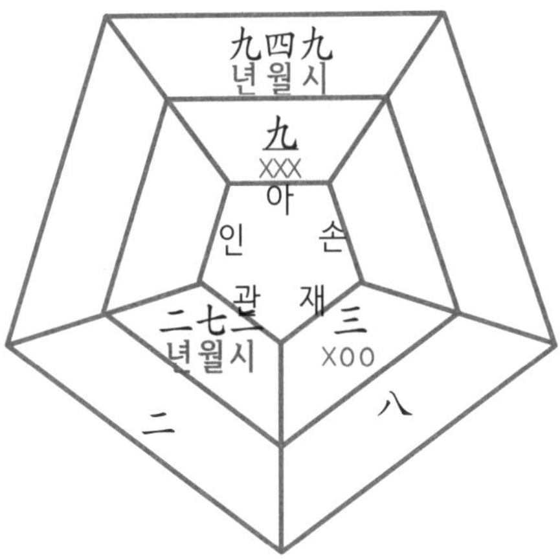
九四九
년월시
九
XXX
아
인
손
관
재
二七二
년월시
三
XOO
二
八

왼쪽은 통기도라고 부르는데, 동처(년, 월, 일, 시, 중궁)에 있는 숫자들을 옮겨놓은 것이다.
이 명은 지반(안쪽 오각형)에서 완전삼형(3·2·9)을 이루고 있다.

이 명을 가지고 기문명리학으로 어떻게 간명하는지 방법을 천천히 소개 하겠다.

① 우선 이 명국은 전국으로 홍국수가 궁마다 극을 하는 국이다. 이 국의 특징은 대단히 현실적이고 그렇게 큰 고집을 세우거나 집념이 있지는 않고, 적당히 타협할 줄 알고 포기가 빠

르기도 하다. 그래서 현실을 살기에 편할 수도 있고 삶의 변화에 적응이 빠른 편이라 좀 다른 선택지를 많이 가지고 있다고 봐도 좋은 국이다.6]

② 일지의 왕쇠가 xxx로 신약한 9금이다. 9금의 특징은 그대로 가지고 있을 것이다. 아래 내용은 1장의 '나는 누구인가'의 일지 오행의 특징을 그대로 옮겨 놓은 것이다.

금오행을 말하자면 의(義)에 대해 생각해 보지 않을 수 없다. 옳은 것, 바른 것, 강한 것이라고 말할 수 있지만, 그 반대의 불의(不義)도 함께 생각해 봐야 한다. 금오행은 역시 살(殺)이라는 부분을 빼놓고 생각하기 어렵기 때문이다. 성격이 곧고 맑으며 의리를 존중하고 남루한 꼴을 보기 싫어하며 희생·봉사 정신이 강하다. 남자다운 성정에 모든 일처리가 신속

6] 기문 81국 중에서 전국은 총 24개이다. 중궁 천반수와 중궁 지반수를 합한 끝자리 수가 1, 3, 6이 된다.

二화 一수	五토 一수	一수 二화	四금 二화	九금 二화	三목 三목
八목 三목	二화 四금	七화 四금	九금 四금	一수 五토	三목 五토
六수 五토	五토 六수	七화 六수	四금 七화	六수 七화	九금 七화
三목 八목	五토 八목	八목 八목	二화 九금	四금 九금	七화 九금

하며 능숙하다. 과감하고 결단과 기백이 대단하다. 융통성이 부족하며, 욕심이 많고 허영심 · 과대망상 · 자만 · 초조 등의 성향도 있다. 여성이 9금이라면 동성에게 인기가 많지만 남성에게는 두려움의 존재이다.

금이 너무 많으면 형벌이나 재앙을 면하기 어렵고 병에 걸리기 쉽다. 대표적 질병이 두통이다.

이것을 기반으로 풀이하면 된다. 그런데 아직 8살이라면 자신의 특징이 많이 나오지 않을 수도 있다.

여기에 특징 중 9금이 '살(殺)'이라 질병과 무관 하지 않다는 대목이 있다. 특히 이 명국은 통기도의 1순위 상(지반의 통기도) 지반 완전 규칙 삼형이 보이고, 지반 불완전 규칙 삼살이 보이므로, 살(殺)이 많은 명국이다. 일지가 9금으로 유년 1~9살 까지가 9금운으로 삼형이 활발히 활동하므로 어떠한 일이 생길지를 반드시 생각해 보아야 한다. 질병이라면 일단은 9금의 왕쇠가 xxx로 태약하므로 질병 자체가 무겁게 오지는 않을 거라고 예상했다. 하지만 반드시 사고도 주의하여야 한다.

이 말을 했을 때 태어나자마자 심장에 천공이 있어 생후 3개월에 심장에 아주 미세한 구멍을 발견하여, 그 천공을 막는 수술을 하였다고 한다.

왜 질병이 생겼을까 하는 질문에는 일지 9금이 일간을 같이 타고 있었기 때문이다. 일간까지 9금이므로 신체적인 질병을 먼저 생각해 볼 수 있다.

③ 우리가 이 책에서 알고자 하는 진로와 학과에 대하여 생각해 보자. 우선적으로 태약한 일지에게 필요한 용신을 구하는 것이다. 용신은 일지가 태약하므로 인수일 것이다.

1순위 상 인수가 없다. 그렇다 하더라도 용신은 인수가 된다. 그렇다면 어떻게든 학벌, 윗사람, 정보, 지식, 문서, 자격 등을 갖고자 노력해야 한다. 그리고 그 인수의 시기, 즉 유년이 어디에 있는가를 보는 것이다. 10~17세까지 인수가 오는데, 학생으로서 공부해야 하는 시기와 맞아 들어가므로 아주 행운이 아닐 수 없다. 게다가 그 인수가 '천을(天乙)' 귀인을 타고 있으니, 이 시기의 조언들과 지원은 매우 유익하다. 이 인수는 10토로 정인이 되니, 정말 귀한 인수를 만났으므로, 이 시기는 모든 것이 순조롭고 공부도 잘 될 것이다.

그런데 이 인수운이 17살에 끝이 난다. 17살은 고등학교 1학년으로 대입과는 조금 시차가 있으므로 일단 염두해 두기로 한다. 그 다음은 이제 어떤 공부를 하는 것이 좋을지, 어떤 것을 목표로 두고 전공하는 것이 좋을까 생각해 보는 것이다.

중궁의 지수가 편재로 겸왕인 3목이다. 왕쇠는 ×oo으로 신왕한 쌍재를 가지고 있다. 앞서 공부한 내용으로 자신의 목표를 재능에 둘 수 있다. 그리고 꿈은 일지 상수인 정관일 것이다. 그런데 이것 자체가 329 삼형인 것이다.

일지 9금이 살을 많이 가지게 된 케이스이다. 이 경우 용신은 인수이고, 일지 9금은 재를 목표 삼아 달릴 수밖에 없는 상황이 된 것이다. 재와 관을 이룰 수 있는 방법은 재능을 쓰는 수밖에 없으니 예·체능 쪽으로 가는 것이 바람직하다는 결론이 나온다. 수오행의 부재로 음악이나 악기 쪽은 아니고 체육을 권하는데 운동선수는 아니다. 없는 토오행을 일시적으로 받은 것이므로, 선천적으로 신체적 조건이 우월하지 않다. 이렇게 판단하여 체육을 전공하는 것이 좋다고 하였을 때, 이 학생의 어머니는 무슨 말도 안 되는 소리냐는 듯 바라보았다.

한 번도 고려하지 않은 얼토당토한 말이라는 듯한 반응이었다. 이후 5학년 12살쯤 다시 만났을 때에 뜻밖의 얘기를 전했다. 초등학교 교내 달리기대회가 있었는데 이 학생이 1등을 하고, 구대표로 나가게 되고, 그걸 넘어 도시 대표가 되었다는 것이다. 체육을 가르쳐 본 적도 없고 특별한 운동을 한 적도 없는데 단거리 부문 도시 대표가 되었다는 것이다. 성적이 좋으면 전국 체전에도 나갈 수 있다고 했고, 달리기 선수로 스카우트 제의도 받은 상태라고 했다. 이런 이유로 다시 상담을 요청한 것이다.

기문명리학적 분석으로 운동에 재능이 있을 것이라는 것은 이미 예상한 바 있다. 하지만 그것이 선수로서의 진로를 말하는 것은 아니다. 용신이 인수이고 일지가 태약하므로 운동선수로써는 조건이 성립되지 않는다.

운동선수는 일단 일지가 왕해야 하고 손효가 재성을 생할 때가 가장 이상적인 경우라고 할 수 있다.

단체운동이라면 비겁이 있는 것도 좋고, 손효는 바로 성실한 연습량이 되므로 재효가 있는 상태에서 시간이 지날수록 손생재로 재능이 탁월해지기 때문이다. 그래서 운동선수로의 전향은 부적당하며, 17살까지는 공부를 잘 할 것이므로 성적을 잘 유지해야 한다고 말을 해 주었다. 물론 이 학생의 부모님도 같은 생각이었고, 체육을 전공하는 것은 고려하지 않은 상태였다. 이후 고등학교는 외국어 고등학교에 진학하였다고 한다. '그럴 수도 있지만 그럴 필요가 없을 텐데'하고 혼자 생각을 하였다.

고등학교 2학년말 다시 상담을 할 때는 대입진학문제로 오셨다. 예상대로 성적이 떨어졌고 갈 만한 대학도 없는 상태라, 무슨 전공을 해야 할지 모르겠다고 하셨다. 기문명리적 분석을 하자면 이 명국은 정·편관이 다 있는 명국이다. 관의 왕쇠도 ○×○으로 왕하고, 금방의 제자리에 있는 개문(開門)을 타고 있다. 학교는 서울대, 연대, 고대 소위 SKY를 생각해 보아도 된다. 거기에 또 한 가지, 일지가 유리해지려면 재성이 왕하므로 실기점수가 높은 곳을 선택하여야 한다. 다른 한 가지 방법은 비견을 불러 모아야 한다. 이 학생이 여자니까 여자학교라면 더 유리해 질 수 있다. 이 방법은 사관학교나 경찰대학을 선택하거나 직업 선택 시에도 쓸 수 있다.

2020年度 身數局 , 春分 上元 陽 三局

月干 己四 己十 父 死天勾招禍杜 門輔陳搖害門 2 11 20 26 35 44 53 62 71 生歲 養華	時支 丁九 丁五辰父 驚天朱天絶景 門英雀乙命門 7 16 31 40 49 58 67 76 91 獨 浴火	行年 乙六 乙八 財 開天九攝絶休 門芮地提體門 9 18 33 42 51 60 69 78 93 冠天 帶火
月支 戊五 戊九 兄 景天六軒天開 門沖合轅宜門 1 10 19 25 34 43 52 61 70 日日天 胎馬年馬	年干 八和局 庚六 孫 天 符 3 12 21 27 36 45 54 63 72 總　日歲天 空　劫亡乙	壬一 壬三 財 休天九咸生傷 門柱天池氣門 5 14 23 29 38 47 56 65 74 歲歲 旺馬年
癸十 癸四 世 杜天太太福生 門任陰陰德門 6 15 24 30 39 48 57 66 75 絶天 墓乙	年支　日干 丙七 丙七 官 傷天螣太遊死 門蓬蛇乙魂門 8 17 32 41 50 59 68 77 92 死	時干 辛二 辛二 鬼 生天直靑歸驚 門心符龍魂門 4 13 22 28 37 46 55 64 73 病◎歲日日建 衰　劫華亡

19~20살 정관 유년이긴 한데 이 정관 2화가 삼형을 만들고 있어 유리하지 않다. 정관 2화가 편관 오화(午火)방에 위치하므로 암편관을 자연스럽게 타서 정·편관이 모두 있다. 2020년 경자(庚子)년의 소운은 7편관으로 OXO다. 편관의 양으로 보아 명성 있는 대

표8. 구궁의 지지 오행

진 사	오	미 신
묘		유
인 축	자	해 술

학을 예상한다. 대학 지원도 그 정도에 맞춰 볼 수 있다.

그런데 동처에 인수가 부재 이므로 년국을 확인하여 20년을 대표하는 그 해의 '년지'를 확인하고 월별로 '운'을 검토 하여야 한다.

2020년을 대표하는 년지는 비견이다. 20년의 유년은 경쟁자가 많은 것이니 좀 더 어려운 상황이 될 수 있다. 년국상 동처에 인수가 있고 통기도상 759삼살로 관인상생이 되고 있고, 중궁이 손효 6수로 해살(解殺)이 되고 있으니, 어려운 시험관문일 수는 있지만 승부수를 띄워 볼 만 하다.

월별로는 음력 3, 4, 5월 인수월에 성적을 올리는 것으로 전략을 짜고, 인수효가 왕하므로 실력있는 스승이나 전술을 이용하여야 한다. 다만 삼살의 기운이 있는 경우는 전화위복 혹은 극도의 안 좋은 일도 생기므로 좌절이나 부상을 염두해 두어야 한다.

음력 6, 7, 8월이 절지(絶地)의 3목과 8목이 드는 달로 체육실기 시험 준비를 한다면 부상과 사고를 조심해야 하고 슬럼프를 겪게 될 수도 있다. 이 달은 분명 조심해야 한다. 이 시기에 약간의 부상과 슬럼프를 겪는다. 그러나 알고 있으면 마인드 컨트롤의 도움이 될 것이므로 그런대로 힘들게 지내면서도 무사히 넘길 수 있다.

음력 9, 10, 11월 수능과 원서접수 등을 하는 시기였고 다시금 관효가 들어왔고 관인상생으로 759삼살을 해 주는 시기와 맞물린다. 분명 예상보다 수능성적이 좋게 나올 것이며, 명국상의 관의 크기로 SKY를 고려해 볼 수 있다. 성적은 잘 나왔지만 최상위권은 아니어서 다소 안정권 위주로 추천을 받는 모양이었다. 그렇지만 기문명리상의 추천은 다르다. 명성 있는 대학 중 체육실기 비중이 높은 곳, 서울 안에서도 방향은 크게 고려하지 않아도 시내 중심부, 비견을 모으는 여자대학교, 학과명이 순수학에 가까운 학교, 외국대학과의 교류가 활발한 곳, 이런 순위로 학교를 추천 하는 것이 옳다.

풀이의 근거는 재효를 반드시 많이 써야 하고, 비동처 인수효가 천마를 타고 있고, 5·10토로 중앙을 선택하는 게 유리하고, 일지가 신약하므로 비견을 모으는 것이 유리한 것에 근거를 두고 있다.

이 학생은 20년 이화여자 대학교 글로벌 체육학과에 입학하였다. 이 명국을 예시로 잡은 이유는, 이 명이 1순위 완전 삼형에 유년 19살이 삼형의 2화 정관운이므로 삼형으로 인해 모든 게 불발로 볼 수 있기 때문이다. 물론 유년의 소운과 20년(경자년) 년국까지 運의 도움을 받은 것이 사실이다.

그래도 이런 선택을 할 수 있는 홍국기문은 정말 대단한 학문이라고 생각한다. 선(善)함을 인도하는 최고의 길학(吉學)이라 홍국기문을 선길학(善吉學)으로 분류함을 인정하고 자부심을 가져도 좋겠다.

2부. 통기도를 통하여 직업 찾기

1장. 일지와 용신으로 직업 찾기

이 장은 학생이라면 전공할 과목을 찾는 내용이며, 취업이라고 한다면 자신에게 맞는 직업을 찾는 내용이다. 홍국기문에서는 용신을 인수나 손효로 한정하는데, 그 용신에 따라 간단하게 찾을 수 있도록 도표로 만들었다.

1. 목화라인 (일지와 용신이 목·화오행일 때)

목화라인은 아래 2가지 있다.

① 일지가 목이면서, 손효가 화오행인 경우

② 인수가 목이면서, 일지가 화오행인 경우

직업과 계열, 전공을 가나다 순으로 정리한 것이다.

직업	계열, 전공
LED연구 및 개발자	전기, 전자공학
MIS전문가	컴퓨터, 전자, 정보통신
RFID시스템개발자	컴퓨터, 전자, 정보통신
가구제조 및 수리원	공예, 디자인
가구조립 및 검사원	공예, 디자인
가상현실전문가	컴퓨터, 전자, 정보통신
가전제품설치 및 수리원	전자, 전자공학
컴퓨터시스템감리전문가	컴퓨터, 전자, 정보통신
게임기획자	

게임시나리오작가	방송관련
게임프로그래머	컴퓨터, 전자, 정보통신
결혼상담원(커플매니저)	뷰티아트
고객상담원	—
공연기획자	신문방송, 언론정보, 미디어학
공연제작관리자	신문방송, 언론정보, 미디어학
관광통역안내원	관광경영
광고CF감독	영상학
광고기획자	경영, 광고, 미디어, 홍보, 정보
광고디자이너	시각, 광고, 산업디자인
광고 및 홍보사무원	신문방송, 언론정보, 미디어학
교재 및 교구개발자	교육학
국어교사	국어교육, 국문
기술지원전문가	전기공학, 정보통신공학
기획, 광고관리자	경영, 광고, 미디어, 홍보, 콘텐츠
네일아티스트	뷰티아트
네트워크관리자	정보통신, 전기, 전자공학
네트워크엔지니어	컴퓨터, 전자, 정보통신
네트워크프로그래머	컴퓨터, 전자, 정보통신
놀이시설종사원	관광경영
도로운송사무원	—
디스크자키(DJ)	방송관련
디스플레이어	시각디자인
디지털영상처리전문가	
레스토랑지배인	관광, 호텔경영
로봇공학기술자	기계공학, 메카트로닉스
리포터	방송관련
마술사	—
메이크업아티스트	뷰티아트

면세상품판매원	—
모바일콘텐츠개발자	컴퓨터, 전자, 정보통신
목재가공관련조작원	—
무대 및 세트디자이너	시각, 광고, 산업디자인
무대의상관리원	의상학
무역사무원	무역학
물류관리전문가	유통경영, 유통물류
발전설비기술자	전기공학, 전자공학
발전장치수리원	전자, 전자공학
방송연출가	언론정보
방송제작관리자	신문방송, 언론정보, 미디어학
보조교사	교육학, 유아교육
북디자이너	시각, 광고, 산업디자인
분장사	뷰티아트
불꽃놀이전문가	화학
비디오자키(VJ)	방송관련
사무기기설치 및 수리원	전자, 전자공학
사무보조원	—
사회교사	인문사회, 사회교육
상점판매원	—
선박객실승무원	관광경영, 항공서비스
선박교통관제사(컴사용)	해양대학자격증
선박운항관리사	해양대학자격증
섬유관련 등급원 및 검사원	의류, 섬유
섬유제조기계조작원	재료공학, 의류공학, 신소재
세탁관련기계조작원	재료공학, 의류공학, 신소재
소믈리에	요리
소품관리원	방송관련
속기사	속기

송배전설비기술자	전기공학, 전자공학
쇼핑호스트	신문방송, 언론정보, 미디어학
수상운송사무원	—
숙박시설서비스원	관광경영, 항공서비스
스마트폰 앱개발자	컴퓨터, 전자, 정보통신
시각디자이너	시각, 광고, 산업디자인
시설 및 견학안내원	—
시스템소프트웨어개발자	컴퓨터, 전자, 정보통신
신발제조기조작원 및 조립원	제화패션
신용분석가	경제, 경영
안내 및 접수사무원	—
애니메이션 기획자	
애니메이터	애니메이션
여행관련관리자	관광, 호텔경영
여행사무원	관광, 호텔경영
여행상품개발자	경영, 광고, 미디어, 홍보, 정보
여행안내원	관광경영
연극연출가	연극영화
연예인매니저	매니저학
연예프로그램진행자	연극영화, 방송연예
열차객실승무원	관광경영, 항공서비스
영사기사	방송관련
영화감독	영화관련
영화제작자(錢主)	영화관련, 영상미디어
예체능계열교수	예체능
외교관	어문계열, 정치, 외교, 행정
외국어교사	어문계열, 교육대
외국어학원강사	외국어
우편사무원	경영, 행정, 경제

운송관련관리자	유통경영, 유통물류
웨딩플래너	관광경영
웨이터 및 웨이트리스	호텔, 관광경영
웹기획자	
웹마스터	정보통신, 전기, 전자공학
웹엔지니어	
웹프로그래머	
응용소프트웨어개발자	컴퓨터, 전자, 정보통신
이러닝 교습 설계자	교육, 교육공학
이미지 컨설턴트	시각, 광고, 산업디자인
인공위성개발원	컴퓨터, 전자, 정보통신
인터넷판매원	—
일러스트레이터	시각, 광고, 산업디자인
자연환경안내원	관광경영
잡지기자	국문학, 문예창작
전기계측제어기술자	전기공학, 전자공학
전기 및 전자설비조작원	전자, 전자공학
전기부품 및 제품제조기계조작원	전자, 전자공학
전기안전기술자	전기공학, 전자공학
전기제품개발기술자	전기공학, 전자공학
전자의료기기개발기술자	전기공학, 전자공학
전자전자제품, 부품조립 및 검사원	전자, 전자공학
전화교환 및 번호안내원	—
정보통신컨설턴트	컴퓨터, 전자, 정보통신
제품생산관련관리자	유통경영, 유통물류
제화원	제화패션
조명기사	방송관련

2부 목화 라인

조사자료처리원	통계
종이제품생산기조작원	기계공학
주택관리사	경영, 부동산
직업능력개발훈련교사	전공
직조기 및 편직기조작원	재료공학, 의류공학, 신소재
철도교통관제사	철도관련자격증
철도 및 전동차기관사	철도관련자격증
철도운송사무원	철도대학
초등학교 교사	교육대학
촬영기자(사진-金水)	사진, 영상, 기계공학
캐릭터디자이너	애니메이션
컬러리스트	시각, 광고, 산업디자인
컴퓨터강사	정보통신, 전기, 전자공학
컴퓨터보안전문가	컴퓨터, 전자, 정보통신
컴퓨터설치 및 수리원	전자, 전자공학
컴퓨터시스템설계분석가	컴퓨터, 전자, 정보통신
컴퓨터프로그래머	컴퓨터, 전자, 정보통신
컴퓨터하드웨어기술자	전기, 전자공학, 정보통신
태양광발전연구 및 개발자	전기, 전자공학
태양열연구 및 개발자	전기, 전자공학
텔레마케터(전화통신판매원)	—
통계 및 설문조사원	경제, 통계
통계사무원	경제, 통계
통신공학기술자	정보통신, 전기, 전자공학
통신기기기술자	전기, 전자공학, 정보통신
통신망운영기술자	정보통신, 전기, 전자공학
통신 및 관련장비설치 및 수리원	정보통신, 전기, 전자공학
통신방송 및 인터넷케이블설치	정보통신, 전기, 전자공학

및 수리원	
통신서비스판매원	—
통신장비기술자	정보통신, 전기, 전자공학
투자분석(애널리스트)	경제, 경영
파티플래너	레크레이션
패션코디네이터	의상학, 의류학
패턴사	의류, 섬유
펄프 및 종이제조장치조작원	기계공학
편의점슈퍼바이저	경영
포장디자이너	시각, 광고, 산업디자인
표백 및 염색관련조작원	재료공학, 의류공학, 신소재
플로리스트	시각, 광고, 산업디자인
항공교통관제사(컴사용)	항공운항자격증
항공기객실승무원	관광경영, 항공서비스
항공운송사무원	항공학
항공운항관리사	항공운항자격증
호텔관리자	관광, 호텔경영
호텔 및 콘도접객원	관광경영, 항공서비스
혼례종사원	관광경영
홍보전문가	경영, 광고, 미디어, 홍보, 정보
화랑 및 박물관안내원	미술관련
환경, 청소 및 경비관련관리자	—

2. 화토라인 (일지와 용신이 화·토오행일 때)

화토라인은 아래 2가지 있다.

① 일지가 화이면서, 손효가 토오행인 경우

② 인수가 화이면서, 일지가 토오행인 경우

직업과 계열, 전공을 가나다 순으로 정리한 것이다.

직업	계열, 전공
KTX정비원(火=운송)	자격증
가구디자이너	산업, 목공, 시각, 공예디자인
가방디자이너	산업, 목공, 시각, 공예디자인
간판제작 및 설치원(金은견고)	공예, 디자인,
간호조무사	간호조무자격증
감정평가사	부동산학
개그맨, 코미디언	연극영화
건물도장공	자격증취득, 건축설비
건설자재시험원	도시공학, 건축설비
건축감리기술자	건축, 건축공학, 설비
건축공학기술자	건축, 건축공학, 설비
건축구조기술자	건축, 건축공학, 설비
건축 및 토목캐드원	컴퓨터, 건축
건축설계기술자	건축, 건축공학, 설비
건축안전기술자	건축, 건축공학, 설비
게임그래픽디자이너	디자인, 컴퓨터
고무, 플라스틱공학기술자	재료, 신소재, 화학,
고무, 플라스틱제품조립원	재료, 신소재, 화학, 금속화학
교통안전연구원	도시공학

교통영향평가원	도시공학, 토목공학
국악연주가	국악
기후변화전문가	환경공학, 대기화학
단열보온공	자격증취득, 건축설비
대형트럭운전원	자격증취득
도료, 농약품 화학공학기술자	재료, 신소재, 화학,
도배공	자격증취득, 건축설비
떡제조	요리, 제과제빵
물리치료사	물리치료
미술관장	미술, 예술대학
미술교사	미술, 교육
미장공	자격증취득, 건축설비
바닥, 마루, 타일 시공원	자격증취득, 건축설비
반도체공학기술자	전자, 전자공학, 컴퓨터공학
반도체장비기술자	전자, 전자공학, 컴퓨터공학
버스운전원	자격증취득
번역가	어문계열
병원행정사무원	병원행정
보석디자이너	산업, 목공, 시각, 공예디자인
보육교사, 보육사	교육, 유아교육
보험계리사	수학, 통계, 회계
복지시설지도원	사회복지
부동산 및 임대업관리자	부동산학
부동산중개인	부동산학
부동산컨설턴트	부동산학
부동산펀드매니저	부동산학
비누, 화장품화학공학기술자	재료, 신소재, 화학,
비파괴검사원	환경공학, 물리
사회단체활동가	사회복지

산업안전원	환경공학, 기계
석유, 가스제조관련제어장치조작원	재료, 신소재, 화학, 금속화학
선박기관사	해양대학, 수산대학자격증
선박기관원	해양대학, 수산대학자격증
섬유화학공학기술자	재료, 신소재, 화학
성형외과의사	의대
소형트럭운전자	자격증취득
속옷디자이너	패션디자인, 의류, 섬유공예
수술실간호사	간호학
시장 및 여론조사관리자	경영, 통계
신발디자이너	산업, 목공, 시각, 공예디자인
신호원 및 수송원	자격증취득
심리치료사	사회복지, 심리
안경사	안경학
에너지공학기술자	환경공학, 대기화학
에너지시험원	환경공학, 기계
에너지진단전문가	환경공학, 기계
연료전지개발 및 기술자	전기, 전자공학
영상그래픽디자이너	디자인, 컴퓨터
영화배우, 탤런트(火-코믹, 金-한)	연극영화
예능강사	레크레이션
오토바이정비원(火=운송)	자격증
외과의사(孫이金이면세다)	의대
웃음치료사	심리, 자격증취득
원자력공학기술자	환경공학, 대기화학
웹디자이너	디자인, 컴퓨터
웹방송전문가	방송관련

위험관리원	환경공학, 기계
유리부착원	자격증취득, 건축설비
유치원교사	유아교육
유치원원장	교육, 유아교육
음식료품화학공학기술자	재료, 신소재, 화학
의료관광코디네이터	보건행정, 의료, 간호
의료코디네이터	보건행정학
의약품화학공학기술자	재료, 신소재, 화학
인테리어디자이너(집은土있어야)	공예, 디자인
일식조리사	요리
임상연구코디네이터	임상병리
자가용운전원	자격증취득
자동차경주선수	체육학과
자동차디자이너(金이있어야함)	산업, 목공, 시각, 공예디자인
자동차운전강사	—
자동차정비원(火=운송)	자격증
작업치료사	작업치료
전기감리기술자	전자, 전자공학
전자계측제어기술자	전자, 전자공학, 컴퓨터공학
전자제품개발기술자	전자, 전자공학, 컴퓨터공학
전자, 전자시험원	전자, 전자공학
정보통신관련관리자	컴퓨터
제빵 및 제과원	요리, 제과제빵
제품디자이너	산업, 목공, 시각, 공예디자인
조각가(土있어야 함)	조각
조명디자이너	산업, 목공, 시각, 공예디자인
조향사	재료, 신소재, 화학
중식조리사	요리

지게차운전원	자격증취득
직업상담사	심리, 사회복지
취업알선원	사회복지
취업지원관	경영
치과위생사	치위생학
캐드원	컴퓨터, 건축
커리어코치	심리, 경영
크레인, 호이스트운전원	자격증
타이어, 고무제품 생산기조작원	재료, 신소재, 화학, 금속화학
택시운전원	자격증취득
텍스타일디자이너	패션지다인, 의류, 섬유공예
토목감리기술자	토목공학, 건축설비
토목공학기술자	토목공학, 건축설비
토목구조설계기술자	토목공학, 건축설비
토목시공기술자	토목공학, 건축설비
토목안전환경기술자	토목공학, 건축설비
통신기술개발자	전기, 전자공학, 통신
통역사	어문계열
특수차운전원	자격증취득
특용작물재배자	농업
패션디자이너	산업, 목공, 시각, 공예, 의류디자인
팬시 및 완구디자이너	산업, 목공, 시각, 공예디자인
풍력발전연구 및 개발자	전기, 전자공학
프로경마선수	체육학과
플라스틱제품생산기조작원	재료, 신소재, 화학, 금속화학
피부과의사	의대
피부관리사	피부미용, 뷰티
학예사(큐레이터)	미술관련, 역사
한과제조	요리, 제과제빵

항공기조종사	항공운항
향기치료사(아로마테라피)	미술, 심리, 재활
화학공학시험원	재료, 신소재, 화학
화학물가공장치조작원	재료, 신소재, 화학, 금속화학
화학연구원	화학
화학제품생산기조작원	재료, 신소재, 화학, 금속화학
휴대폰디자이너	산업, 목공, 시각, 공예디자인

3. 토금라인 (일지와 용신이 토·금오행일 때)

토금라인은 아래 2가지 있다.

① 일지가 토이면서, 손효가 금오행인 경우

② 인수가 토이면서, 일지가 금오행인 경우

직업과 계열, 전공을 가나다 순으로 정리한 것이다.

직업	계열, 전공
가사도우미	—
가축사육종사자	축산업
간병인	자격증
건물시설관리원	—
건설견적원(적산원)	건축, 설비
건설 및 광업관련관리자	건축
건설 및 광업단순종사원	—
건설 및 채굴기계운전원	—
건축설비기술자	건축, 설비
건축시공기술자	건축학
건축자재영업원	건축
검표원	—
경비원	—
경호원	체육, 경찰, 경호
계기검침원	—
계산원 및 매표원	—
곡물가공기계조작원	기계공학, 금속공학, 재료공학
곡식작물재배자	농업
공구제조원(치공구포함)	기계공학, 금속공학, 재료공학

공군부사관	공군부사관
공업기계설치 및 정비원	기계, 전자
공조기설치 및 정비원	기계, 전자
공학계열교수	공학계열
과수작물재배자	농업,
과실, 채소관련기계조작원	기계공학, 금속공학, 재료공학
광석제품가공기조작원	기계공학, 금속공학, 재료공학
광업기계설치 및 정비원	기계공학, 금속공학, 재료공학
광원, 채석원 및 석재절단원	—
교도관	교정, 법학
구두미화원	—
국악인	국악
금속가공관련검사원	기계공학, 금속공학, 재료공학
금속가공관련조작원	기계공학, 금속공학, 재료공학
금속가공제어장치조작원	기계공학, 금속공학, 재료공학
금속공작기계조작원	기계공학, 금속공학, 재료공학
금속공학기술자	기계공학, 금속공학
금속재료공학시험원	기계공학, 금속공학, 재료공학
금융관련사무원	경영, 경제, 통계, 금융, 회계, 법학
금융관리자	경영, 경제, 통계, 금융, 회계, 법학
금융자산운용가(印-土)	경영, 경제, 통계, 금융, 회계, 법학
금형원	기계공학, 금속공학, 재료공학
기계공학기술자	기계공학
기업고위CEO	경영, 경제, 통계, 금융, 회계, 법학
나노공학기술자	생명공학, 물리학
낙농업관련종사자	농업
내과의사	의대

2부 토금 라인

냉난방관련설비조작원	기계공학, 금속공학, 재료공학
노점 및 이동판매원	—
농기계장비기술영업원	기계, 전자
농림어업관련단순종사원	—
농림어업관련시험원	농경제학, 해양대학
농업기계정비원	기계공학, 금속공학, 재료공학
농업기술자	농업
다이어트프로그래머	이미용, 뷰티
단조원	—
도금 및 금속분무기조작원	기계공학, 금속공학, 재료공학
도로포장원	—
도서관장	도서관, 역사
도선사	해양대, 해운, 해군사관
도장기조작원	기계공학, 금속공학, 재료공학
리스크매니저(수가분석)	경영, 경제, 통계, 금융, 회계, 법학
마케팅전문가	경영, 경제, 통계, 금융, 회계, 법학
매장정리원	—
매표원 및 복권판매원	—
머시닝센터조작원	기계공학, 금속공학, 재료공학
모피, 가죽의복수선원	의류
모피, 가죽의복제조원	의류
바리스타(원두--土)	요리
박물관장	역사
방문판매원	—
방사선과의사	의대
베이비시터	—
보석감정사	보석감정, 가공
보일러설치 및 정비원	기계, 전자

보험설계사	—
보험인수심사원	경영, 경제, 통계, 금융, 회계, 법학
비금속관련제어장치조작원	기계공학, 금속공학, 재료공학
비금속관련조작원	기계공학, 금속공학, 재료공학
비뇨기과의사	의대
사회복지사	사회복지
산업공학기술자	산업공학, 제어계측공학
산업기계장비기술영업원	전자, 전자, 기계
산업용로봇조작원	기계공학, 금속공학, 재료공학
상담전문가	심리, 상담
상품대여원	—
상하수도처리장치조작원	기계공학, 금속공학, 재료공학
샷시원	—
선물거래중개인	경영, 경제, 통계, 금융, 회계, 법학
선박갑판원	항해, 자격증
선박정비원	기계공학, 금속공학, 재료공학
선박조립원	기계공학, 금속공학, 재료공학
선장 및 항해사	해양대, 해운, 해군사관
세신사	—
세탁원	—
소아과의사	의대
손해사정인	경영, 경제, 통계, 금융, 회계, 법학
수금원	—
수의사(水있어야함)	의대
스포츠마사지사	재활학, 물리치료
시멘트 및 광물제조기조작원	기계공학, 금속공학, 재료공학
식품영업원	식품영양

신용추심원(원진국)	경영, 경제, 법학
심부름센터	원진국
안명구조원	자격증
약사	의대
양식조리사	요리
양장, 양복제조원	의류
어부 및 해녀	—
엘리베이터, 에스컬레이터	기계, 전자
연극, 영화, 방송기술감독	연극영화, 방송연예
영업관리사무원	경영, 유통, 물류
영업 및 판매관리자	경영, 유통, 물류
외환딜러	경영, 경제, 통계, 금융, 회계, 법학
용접원	—
우편물집배원	—
위생사	보건환경, 환경관리,
유리제조 및 가공기조작원	기계공학, 금속공학, 재료공학
육가공기계조작원	기계공학, 금속공학, 재료공학
육군부사관	육군부사관
육묘, 화훼작물재배자	조경, 농업
음료제조기계조작원	기계공학, 금속공학, 재료공학
음식배달원	—
응급구조사	자격증
의료장비기술영업원	의료기구
의무기록사	보건행정, 전산학
의복제품검사원	의류
의약품영업원	보건행정, 약학
의학, 약학계열교수	의, 약학계열
이동장비설치 및 정비원	기계, 전자
이미용강사	이미용, 뷰티

이미용사(火-감각)	이미용, 뷰티
인쇄 및 광고영업원	광고, 홍보
일반기계조립원	기계공학, 금속공학, 재료공학
임업기술자	임업
임학연구원	산림과학
자동차공학기술자	기계공학, 자동차공학
자동차부품기술영업원	기계, 전자
자동차부품조립원	기계공학, 금속공학, 재료공학
자동차영업원	딜러
자동차조립원	기계공학, 금속공학, 재료공학
자연계열교수	자연계열
잠수 및 수중기능원	—
재단사	의류
재료공학기술자	기계공학
재봉사	의류
재활용, 소각로조작원	기계공학, 금속공학, 재료공학
재활용품수거원	—
전자통신장비기술영업원	전기, 전자, 기계
전통예능인	국악
점토공예가(土있어야함)	공예
점토제품생산기조작원	기계공학, 금속공학, 재료공학
점화, 발파 및 화약관리원	화학, 화약
정육원, 도축원(일지金-旺)	요리
제관원	기계공학, 금속공학, 재료공학
제분도정기계조작원	기계공학, 금속공학, 재료공학
조경사, 원예사	조경, 원예, 산림
조림, 영림 및 벌목원	농업, 산림
조선공학기술자	해양공학, 기계공학
주방보조원	—

주유원	—
주조원	—
주차관리 및 안내원	—
증권중개인	경영, 경제, 통계, 금융, 회계, 법학
지휘자	음대
채소작물재배자	농업
철도기관차 및 전동차정비원	기계공학, 금속공학, 재료공학
철도차량조립원	기계공학, 금속공학, 재료공학
철로설치 및 보수원	—
청소년지도사	심리, 상담
청소원	—
청원경찰	체육, 경찰, 경호
체육교사	체육학
체인점모집 및 관리영업원	경영
친환경 건축 컨설턴트	건축, 설비
택배원	자격증
토양(환경)공학기술자	환경공학
특수학교교사	특수교육
판금원	기계공학, 금속공학, 재료공학
풍력발전시스템운영관리자	전자, 전자공학
프로농구선수	체육
프로배구선수	체육
프로야구선수	체육
프로축구선수	체육
하역 및 적재단순종사원	—
학습지 및 방문교사	—
한복제조원	의류
한약사	한의대
한의사	한의대

항공공학기술자	항공학, 기계공학
항공기정비원	기계공학, 금속공학, 재료공학
해군부사관	해군부사관
해양공학기술자	해양학
해양수산기술자	해양학
해외영업원	경영, 어문
해충방제전문가	환경공학, 농축산임학
헬리콥터정비원	기계공학, 금속공학, 재료공학
헬리콥터조종사	항공운학
홍보도우미 및 판촉원	—

4. 금수라인 (일지와 용신이 금·수오행일 때)

금수라인은 아래 2가지가 있다.

① 일지가 금이면서, 손효가 수오행인 경우

② 인수가 금이면서, 일지가 수오행인 경우

직업과 계열, 전공을 가나다 순으로 정리한 것이다.

직업	계열, 전공
M&A전문가	경제.경영
가수	대중가요, 성악, 음대, 예대
가정의학과의사	의대
간호사	간호학
감사사무원	법학
건강보험심사원	약학, 화학, 생물
검사	법학
검찰수사관	법학
경기감독 및 코치	체육학,
경리사무원	회계
경영컨설턴트	경영
경제학연구원	경제학
경찰관	경찰행정, 경찰대
경찰관리자	경찰행정
골프장캐디(운동선수)	관광경영, 체육학
공군장교(영관급)	경호학, 사관학교
공군장교(위관급)	경호학, 사관학교
공업배관공	건축, 설비, 공학
공예가	공예

손에 잡히는 경전

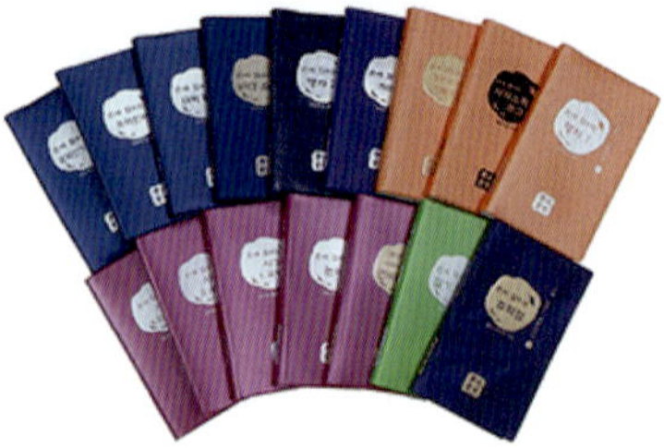

누구나

- 암송을 하거나 틈틈이 음미하실 분들을 위해 만든 속이 알찬 손에 잡히는 경전 시리즈. 총 16권 출시.
- 대학/중용, 논어, 맹자, 사자소학/추구는 왼쪽 면에는 원문과 정음, 오른쪽 면에는 해석으로 구성.
- 주역관련도서는 주역점, 주역인해, 주역점비결로 함께 보시면 더 좋습니다.
- 9×15cm / 288~336쪽 / 비닐커버 / 2도 인쇄 / 각권 10,000원 / 총 16권

① 주역점 ② 주역인해 ③ 대학/중용 ④ 경전주석인물사전 ⑤ 도덕경/음부경(전자책) ⑥ 논어
⑦ 절기체조 ⑧ 맹자 1 ⑨ 맹자 2 ⑪ 자미두수 ⑫ 관세음보살
⑬ 사자소학/추구 ⑭ 시경 1-국풍편 ⑮ 시경 2-소아편 ⑯ 시경 3-대아 송 ⑰ 주역점비결

육임

2020
육임입문

▸2020 육임입문 ❶ ❷ ❸ (초급)

- 16×23㎝ 양장 본문2도 / 全3권 1,052쪽 80,000원 / 이우산 / 20년 5월 개정

2020년 개정판 기초편, 이론편, 활용편으로 나누어 육임을 체계적으로 공부하도록 만든 교재.
프로그램을 활용하여 육임명반을 보고 해석하는 방법을 제시한 책.

육임을 알면
미래가 보인다

▸육임필법부
▸육임을 알면 미래가 보인다(신간) (중급)

- 16×23㎝ 35,000원 / 19×26㎝ 25,000원 이우산

대육임필법부의 원전에 의한 정확한 번역과 해설. 육임의 이해와 연구에 도움이 되도록 초점을 맞춘 책.
필법부 100법의 요약과 육임서적 소개 등을 부록하였다.

대육임직지

▸대육임직지(6권 완간) (중급)

- 16×23㎝ 양장 본문2도 / 각권 526~640쪽 / 1~3권 30,000원 4~6권 34,000원/ 이우산 주해 / 19년 6월 완간

고대로부터 현대에 이르기까지 인사(人事)는 육임이 최고! 토정비결처럼 바로 활용하는 책, 육임 720과 주석서 '대육임직지'가 육임학사 최초로 부활하다!!
『대육임직지』로 구체적인 답을 도출했으므로 누구나 활용할 수 있다.

육임상담소

▸육임상담소 (누구나)

- 16×23㎝ 양장 본문2도 / 742쪽 45,000원 / 이우산 / 23년 6월 신간

상담가와 일반인들을 위해 현대적으로 집필한 육임 정답서. 상대의 인성, 장래성, 이로움, 궁합, 결혼 성사 시기, 결혼 이후 배우자와 나의 부모와의 화목, 금슬과 백년해로, 가정의 경제상황, 자녀의 유무, 여성의 결혼 길월 등을 기록.

▸전문가용 육임 프로그램 (누구나)

- 가격 150,000원 / 2018년 개정 / 총괄 : 윤상철
- 구성 : 설치 usb, usb락, 프로그램 매뉴얼.

2018년 개정판 삼전조식된 육임식반과 더불어 9종 10과체에 대한 간단한 설명. 720과에 대해 총운 공명 가정 행인 투자 등 각 25개 항목으로 나누어 육임점의 길흉이 단답형으로 설명되어 있습니다. **윈도우 10, 11버전 사용 가능. 인쇄, 저장 가능**

호와 작명

▸호와 칭송시
• (족자 포함) 500,000원
주역의 대가 건원 선생님이 직접 짓고, 삶의 목적과 갈 길을 설명해 주십니다.

▸부귀영화 이름작명
• (족자 포함) 500,000원
제대로 지은 이름은 부와 명예, 행복을 안겨줍니다.

신청자의 사주로 운명을 살펴서, 장점은 살리고 단점은 보완해주는 호와 이름을 지어드립니다.
이름은 사람의 자질과 능력을 표현하는 것이고, 호는 덕과 학식 능력을 종합적으로 표현한 것입니다. 현재의 가치에 미래에 획득할 수 있는 가치를 더 붙이는 것이죠. 지금의 나를 잘 설명할 뿐만 아니라 장래의 희망을 담아 그렇게 되기를 바라는 것입니다.
호와 칭송하는 시를 매일 읽으면 호의 목적을 이루기 쉬워집니다.
"꿈은 이루어진다!!"

누구나

주역점운세

▸초씨역림(焦氏易林)(상하)
• 19×26㎝ 양장 본문2도 / 全2권 2,464쪽 180,000원 / 윤상철 譯 / 17년 3월 1쇄 /
자천우지 동전 3개 포함
상권은 제본판입니다.

2017년 신간 주역의 괘상 변화를 경전과 고사를 활용하여 문학적으로 승화한 책. 64괘를 64번 해서 확장한 4096효에 대한 점풀이를 다 했으므로 '역림'이라는 명칭이 생겼다. 중국의 황실에서 비장하며 몰래 전한 점학의 귀족. 주역점, 육효점에 활용 가능!!

중급

▸대산주역점해(大山周易占解)
• 19×26㎝ 양장 본문2도 / 592쪽 35,000원 / 김석진 / 23년 1월 3판 7쇄

점하는 방법부터 해석하는 방법까지 그림과 함께 자세히 설명. 구체적인 예단을 실어, 누구나 쉽게 일상생활에서 응용할 수 있도록 편집. 출판하자마자 조선일보 중앙일보 등에서 격찬을 한 점해석의 필독서.

누구나

梅花易數

▸매화역수(梅花易數)
• 16×23㎝ 양장 본문2도 / 496쪽 25,000원 / 김수길·윤상철 共譯 / 23년 7월 2판 5쇄

"알기는 소강절"이라는 말이 인구에 회자될 정도로, 주역의 대가이자 점의 최고봉이었던 소강절 선생. 그 점학의 진수와 대가들의 비결을 합리적으로 설명하고, 각종 점법에 따른 점치는 방법과 해석을 실전위주 정리.

누구나

주역점
비결

▸주역점비결
• 16×23㎝ 양장 본문2도 / 440쪽 25,000원 / 윤상철 / 2025년 10월 3쇄

2019년 신간 주역을 몰라도, 숫자 세 개만 뽑으면 미래의 길흉을 알 수 있는 비법! 저자의 20년 노하우가 들어있는 점법의 완성판. 3,1,5를 뽑았다면, → 책에서 315를 찾아 읽기만 하면 → 총론과 21가지 항목 점비결

누구나

▸육효증산복역(상 하)
• 16×23㎝ 양장 본문2도 / 全2권 830쪽 50,000원 / 김선호 譯 / 21년 9월 2판 3쇄

점학의 황제 복서정종을 야학노인이 증산(넣고 줄임)해서 좀 더 쉽게 와 닿도록 만든 육효학의 진수.
20년 임상 경험을 쌓은 역학계의 거목 김선호씨의 번역.

중급

주역

周易印解

▸ **주역인해**(周易印解)

• 15×21㎝ 비닐커버 본문2도 / 344쪽 20,000원 / 김수길·윤상철 共譯 / 20년 3월 수정 5쇄

컬러인쇄로 읽기 쉬워진 주역원문. 휴대하여 외울 수 있도록 작아진 크기. 주역 원문에 있는 음과 현토를 표기하고, 정자의 의견에 따라 간단한 해석을 덧붙여, 주역원문과 좀 더 가깝게 접근할 수 있도록 한 책.

누구나

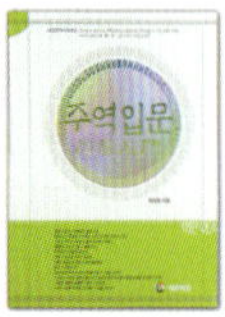

주역입문

▸ **주역입문**(周易入門)

• 19×26㎝ 본문2도 / 324쪽 20,000원 / 윤상철 / 24년 12월 4판 1쇄

2024년 개정판 누구나 쉽게 입문하도록 주역의 역사와 용어, 괘의 생성과정과 뜻, 주역원문 보는 법, 점치는 법 등을 그림과 더불어 소상하게 풀이. 오행과 간지, 하도와 낙서를 쉽게 소개한 동양철학 입문서.

기초

▸ **대산주역강의** ❶ ❷ ❸

• 16×23㎝ 양장 본문2도 / 全3권 1,856쪽 90,000원 / 김석진 지음 / 22년 3쇄

2019년 신간 대산 선생님의 주역강의를 그대로 옮겨놓아 직접 강의를 듣는 느낌이 난다. 『대산주역강해』가 흥사단 강의와 여러 학자들의 연구를 종합한 것이라면, 이 책은 오롯이 흥사단 강의만을 정리하여 좀더 친근감 있게 읽을 수 있는 것이 장점이다.

입문

▸ **주역전의대전역해**(周易傳義大全譯解) **상 하**

• 19×26㎝ 양장 / 김석진 譯 / 각권 800쪽 / 각권 45,000원

주역 해석의 양대 산맥이라 할 수 있는 정자의 程傳과 주자의 本義를 국내 최초로 완역한 책. "이 책을 읽어야 주역을 안다고 할 수 있을 것이다"라고 한 주역 연구의 최고 필독서. 조선일보 추천도서

원문응용

주역응용

▸ **황극경세**(皇極經世)

• 16×23㎝ 양장 본문2도 / 全5권 3472쪽 200,000원 / 윤상철 譯 / 11년 4월 2판 1쇄

주역의 대가 소강절 선생의 역작 황극경세를 황기 왕식 장행성 등의 주석과 더불어 현토완역. 세상에서 발생하는 모든 일에 대해, 왜 그런 일이 발생하고 그 시기는 언제인가를 이치뿐만 아니라 수리적·상학적으로 분석 설명한 책.

상급

▸ **하락리수**(河洛理數)

• 16×23㎝ 양장 본문2도 / 全3권 1,680쪽 90,000원 / 김수길·윤상철 共譯 / 14년 12월 수정 2쇄 / **부록 〈하락리수 쉽게보기〉 포함**

진희이 선생이 창안하고, 소강절 선생이 완성한 하락리수의 상세한 해석과, 작괘 풀이법을 설명. 자신의 사주에 따라 일생의 운과 년운 월운 일운의 길흉을 판단할 수 있는 학문으로, 놀라운 적중률의 주역활용서.

중급

▸ **전문가용 하락리수 프로그램**

• 가격 550,000원 / 2020년 개정 / 총괄 : 윤상철

• 구성 : 설치 usb, usb락, 프로그램 매뉴얼.

2018년 개정판 생년월일시를 입력하면 사주 간지와 선천운 후천운을 즉시 확인함은 물론 12조건에 따른 길흉을 확인. 또 평생운·대상운·년운·월운·일운을 볼 수 있고, 참평결과 주역점, 궁합점수 등 종합 주역운세풀이입니다. **윈도우 8, 10버전 사용 가능**

중급

동양천문

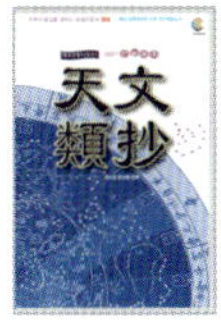
天文
類抄

천상열차분야지도

누구나

▸세종대왕이 만난 우리별자리 ①~③ 각권 256쪽 12,000원

▸2021 천문류초(天文類抄) 30,0000원

▸천상열차분야지도 그 비밀을 밝히다 25,000원

▸태을천문도(총9종세트) 100,000원

[우리별자리] 동양천문을 이야기로 해설한 책.
[천문류초] 세종대왕의 명을 받아 천문학자 이순지가 간행한 천문학의 개략서. 원문과 더불어 자세한 번역을 하고 주석을 달아 알기 쉽게 재편집. 문화관광부에서 우수학술도서로 선정한 책.
[천상열차] 1467개의 붙박이별에, 10간의 태양, 12지의 달이 떠있고, 그 밑에서 인간이 길흉화복을 나누며 산다. 비석으로 세워놓기 위한 것이 아니라 탁본을 뜨기 위해 땅 속에 보관.
[태을천문도] 천상열차분야지도, 태을천문도, 28수를 우리나라에 배당한 지도, 휴대용 동서양 비교천문도, 28수 나경 2종, 태을천문도 한글판, 해설서로 구성. 휴대하기 좋게 만든 천문도 통이 보태져서, 주변 분들에게 좋은 선물.

족자

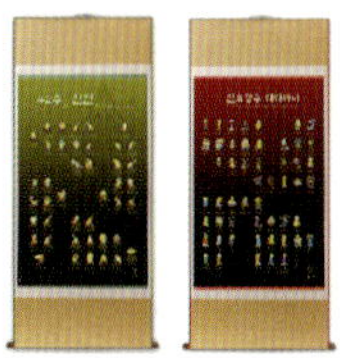

누구나

천문	① 천상열자분야지도 / ② 태을천문도(블랙베리/라일락)
불교	① 42수 진언(그린/레드) / ② 신묘장구 대다라니(그린/레드)
블라인드	① 대(150×230) 300,000원 / ② 중(120×180) 250,000원
족자	① 중(65×150) 150,000원 / ② 소(54×130) 120,000원 가정용

천문족자를 구매하시면 『천문도해설』을, 불교족자를 구매하시면 『마음에 평안을 주는 천수경』을 드립니다.

주역점운세

팔자의
시크릿

누구나

▸팔자의 시크릿

• 15×23㎝ 본문 2도 / 336쪽 16,000원 / 윤상철 지음 / 23년 1월 2쇄

2021년 신간 운명을 고치고자 하는 사람을 돕기 위해 만든 책. 전체 힘에서 2% 정도 모자란다면! 이 책에는 약간의 방향을 바꾸고 뒷받침이 되는 '2% 도움이 되는 방법'을 모아 놓았다.

누구나

▸개인운세력

• 19×26㎝ 본문 4도 / 주문 당월 포함 총 13개월치 30,000원 / 윤상철

개인운세력은 하락리수를 바탕으로 하여 각자의 사주에 맞게 인쇄된 운세력입니다. 항상 곁에 두고 살펴, 길한 날은 적극적으로 살고, 흉한 날은 조심한다면 웃을 일이 많아질 것입니다. 운세의 자세한 설명은 『주역점비결』 참조하세요.

사서

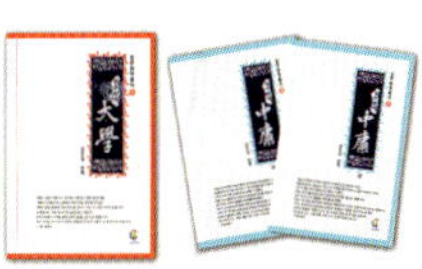

중급

▸집주완역 대학/ 중용

• 16×23㎝ 양장 본문2도 / 대학/494쪽 25,000원
중용/상 528쪽 25,000원
하 496쪽 25,000원 / 김수길 譯 / 19년 10월 개정

국내 최초로 주자장구는 물론 주자문인들의 소주까지 현토완역하고, 備旨와 퇴계 율곡 등의 주석 역시 현토완역 하였다. 인용선유성씨들의 약력을 부록에 넣었다.
이 한 권의 책으로 大유학자 50여 명의 해설을 모두 볼 수 있음.

만행스님의 불교서적

마음의 달
마음의 달

항복기심

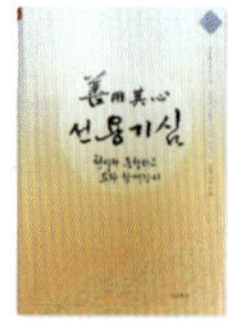
선용기심

덕행천하

동화선
부처가 되는 길

누구나

▸마음의 달 ❶ ❷ 각권 10,000원

▸항복기심 ❶ ❷ ❸ 각권 20,000원

▸선용기심 30,000원

▸덕행천하 10,000원

▸동화선 15,000원

만행스님은 5세에 불교에 입문한 이후 40여 년간 수행을 통해 동화선이라는 사상을 완성하였다. 부처님을 믿는 것에서 한걸음 나아가 부처가 되는 마음자세와 수행법을 설명한 책으로, 7년간의 무문관 수련을 통해서 실질적으로 경험하고 깨달은 수련법을 제자들에게 가감없이 설명한 설법집. 살아서 부처가 되기를 바라는 이들에게 가르침을 전하는 책이다.

명리

운명,
사실은 나도 그게 궁금했어

▸운명, 사실은 나도 그게 궁금했어

• 15×23㎝ 본문2도 / 390쪽 20,000원 / 윤여진 지음 / 21년 9월

운명학의 궁금증을 객관적으로 바라보며 썼다. 사주와 신점의 차이, MBTI와의 관점 차이, 사주가 같으면 같은 삶을 사는지, 정해진 운명이라는 게 있는지, 사주로 어떤 일의 승패를 알 수 있는지, 운 vs 실력, 체질과 체형, 관상학, 일주론을 다룸.

누구나

어디,
역학공부
좀 해 볼까?

▸어디 역학공부 좀 해 볼까?

• 15×23㎝ 본문2도 / 390쪽 20,000원 / 이연실 지음 / 21년 4월

역학공부의 기초를 다지기 위해 꼭 필요한 책이다. 동양학을 배우기 위해서는 음양 오행, 십간 십이지, 십신에 대해 기초지식을 가져야 한다. 그런 점에서 이 책은 기본에 매우 충실한 책으로 찬찬히 따라가다 보면, 어느새 기초 공부를 마치게 된다.

누구나

쉽게 시작하는
사주 명리

▸쉽게 시작하는 사주명리 (2024 신간)

• 15×23㎝ 본문2도 / 613쪽 45,000원 / 손서후 지음 / 24년 4월

사주명리를 한 권으로 해결. 일주론과 살에 대해 실전대비 예문 수록, 간단하게 풀리는 합과 충의 신비함. 10간 12지를 제외한 모든 내용의 한글화, 지장간을 확실하고 일관성 있게 설명, 기초를 탄탄히 하여 실력을 다질 수 있게 하였다.

누구나

자연명리
나의 길을 찾다

▸자연명리, 나의 길을 찾다 (2025 신간)

• 15×23㎝ 본문4도 / 320쪽 30,000원 / 윤상흠 지음 / 25년 4월

자연의 이치를 통해 보다 본질적인 해석을 시도하는 탁월한 저작물. 자연과학적 원리를 기반으로 명리를 분석하는 접근 방식은 독자들에게 새로운 시각을 제공하며, 명리학의 현대적 활용 가능성을 높이는 중요한 시도가 되는 책.

淵海子平

▸연해자평(淵海子平)

• 19×26㎝ 양장 / 830쪽 50,000원 / 오청식 譯 / 20년 6월 5쇄

사주학 하면 자평학을 친다. 일주 위주로 사주를 풀이하는 방식을 처음 도입한 서자평의 자평학의 진수 연해자평! 미래예측학을 전공한 오청식씨의 해박함으로 해석되었다.

중급

전자책

인기도서와 품절도서를 만날 기회

교보문고에서 전자책으로 구매하세요.

주역
- 대산주역강해 1~3 각 20,000원
- 손에 잡히는 주역인해 8,000원
- 팔자의 시크릿 11,200원
- 주역점비결 20,000원

도덕경 음부경
- 동이음부경 강해 20,000원
- 손에 잡히는 도덕경 10,000원

육임
- 육임실전 1 24,000원
- 육임실전 2 24,000원

자미두수
- 핵심쏙쏙 북파자미 28,000원
- 심곡비결 30,000원
- 중급자미두수 3 20,000원
- 자미심전 1 20,000원
- 자미심전 2 25,000원
- 별자리로 운명읽기 1 15,000원
- 별자리로 운명읽기 2 20,000원
- 어디 역학공부 좀 해 볼까? 15,000원

기문
- 기문둔갑신수결 16,000원

작명

작명연의

▸작명연의(作名演義)

• 19×26㎝ 본문2도 / 288쪽 25,000원 / 최인영 / 20년 10월 2쇄

인생을 좌우하는 이름 짓기 『작명연의』 삼원오행과 81수리의 원문과 해석을 담아 이름을 지을 수 있는 지침을 전하는 책. 이름을 지을 때 필요한 사주와 한자에 대해 설명.

누구나

관상

▸관상학사전

• 19×26㎝ 양장 / 687쪽 50,000원 / 박중환 / 22년 4월 2쇄

신체 각 부위에 대한 자세한 그림과 상세한 해설을 하고, 관상의 개선방법을 실은 것이 특징이다. 또한 상속에 숨어 있는 음성의 상학에 대해 깊이 있게 다루었다.
그 양과 깊이에서 단연 독보적이다.

누구나

기문

이것이 홍국기문 이다
이것이 홍국기문 이다 2

▸이것이 홍국기문이다 ①②
직업상담편 / 직업찾기편

• 16×23㎝ 양장 본문2도
384쪽, 23,000원
448쪽, 30,000원 / 정혜승 /

우리나라 기문인 홍국기문을 포국법, 해석법, 실례편을 들어 설명한 책이다. 특히 학운과 직업보는 법, 오행의 왕쇠에 따른 직업분류를 만들었다. 2권에서는 기문을 배우지 않은 분들도 직업을 찾아 활용할 수 있도록 분류하였다.

중급

구성

구성학 강의

▸박창원의 구성학 강의

• 16×23㎝ 양장 본문2도 / 742쪽 30,000원 / 박창원 이연실 / 24년 11월 3쇄

구성학의 탄탄한 기초이론과 활용을 함께 넣은 책. 이 책은 편하게 보고 쉽게 이해할 수 있도록 도표를 많이 활용했으며, 실제 상담을 한 예문을 실어 독자분들이 쉽게 상담에 활용할 수 있게 하였다.
평생운과 취기 개운법 수록

누구나

오행

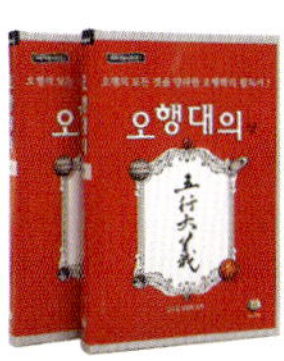
오행대의
五行大義

▸오행대의(五行大義) 상 하

• 16×23㎝ 양장 / 상 384쪽 22,000원 하 378쪽 22,000원 / 김수길·윤상철 共譯 / 20년 8월 수정 4쇄

수나라 이전의 모든 전적들을 망라하여 정리한 오행학의 필독서이다. 봄에는 목의 기운을 받아 모든 만물이 자라기만 해야 하는데, 왜 냉이 같은 풀은 하얗게 시들어 죽는가? 등등에 관한 획기적인 해결책을 제시.

중급

자미두수

자미두수입문
紫微斗數入門

▸자미두수 입문

• 16×23㎝ 양장 / 427쪽
25,000원 / 김선호
22년 5쇄

자미두수를 처음 접하는 분들을 위하여 만든 책. 자미두수 명반작성과 명반 보는 법을 기초로 14정성과 잡성을 명쾌하게 풀이하고 명반추론의 순서를 밝혀 놓았다.
명반은 웹하드에서 다운 받으세요.

초급

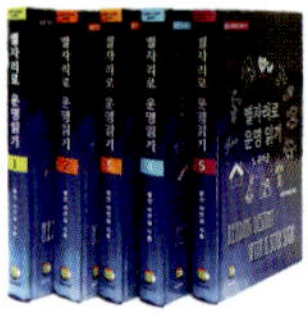

▸별자리로 운명 읽기(5권)

• 16×23㎝ 양장 / 이연실
1권 336쪽 20,000원
2권 392쪽 25,000원
3~5권 320쪽, 각 25000원

2020년 신간 1권은 자미두수 명반의 선천을 보는 방법, 2권은 대운편, 3권은 자미가 묘유궁, 4권은 진술궁, 5권은 축미궁. 이두 선생의 록기법, 부록에 격국, 직업찾기, 명반으로 생일찾기, 거상연동 정리

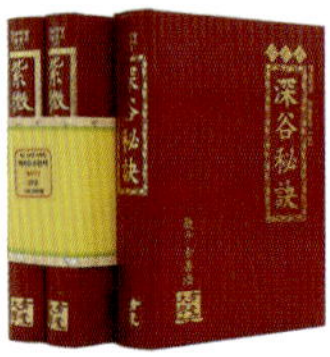
深谷秘訣

▸자미두수 전서 上 下
▸심곡비결 - 전자책

• 19×26㎝ 양장 / 김선호 譯
전서 1,700쪽 100,000원
심곡 700쪽 전자책 30,000원

13년 동안의 풍부한 임상경험을 바탕으로 한, 대만과 홍콩의 어떤 해설서도 따라오지 못하는 치밀한 해설과 역자주! 이 책은 자미두수를 연구하려는 모든 사람들에게 가장 확실한 스승이 될 것이다.
한국 자미두수의 결정판 심곡비결.

중급

중급자미두수
격국편

▸중급자미두수 ❶ ❷ ❸

• 16×23㎝ 양장 본문2도 / ❶격국편 ❷궁합편 ❸두수선미(**전자책**) 각권 400쪽 20,000원 / 김선호

『실전자미두수』와 『자미두수입문』의 간극을 메워줄 중급자를 위한 안내서!
특히 ❸권은 자미두수의 준고전인 『두수선미』를 번역, 30페이지에 걸친 실전예제 수록.
❶❷ 16년 2월 2쇄. ❸ 전자책 구매 가능

중급

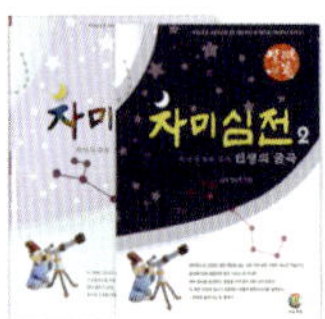
자미심전 2
인생의 굴곡

▸자미심전(신간)

• 16×23㎝ 양장 / 박상준
❶ 사회적 지위 456쪽
25,000원 (2018년) **전자책**
❷ 인생의 굴곡 496쪽
30,000원 (2020년 신간)

십사정성과 십이사항궁의 새로운 해석, 외모특출격, 인감노출격 등 어느 책에서도 볼 수 없는 창의적인 격국들, 그리고 특수격에 대한 심도 있는 해석이 실려 있다. 또한 운추론 순서를 밝히고 재벌가인 삼성 삼대의 운추론을 80여쪽에 걸쳐 해설.

중급

실전자미두수

▸실전 자미두수 ❶ ❷

• 16×23㎝ 양장 본문2도 / ❶이두식록기법 ❷징험편 각권 448쪽 25,000원 / 김선호 / 17년 11월 2판 1쇄

2017년 개정판 사람의 명반을 놓고 "이때 왜 이 사건이 벌어졌는가?"에 대해 일일이 별들과의 관계를 추론해 나간 책. 이 두 권만 다 소화한다면 누구나 자미두수를 자유자재로 활용할 수 있다.

상급

▸전문가용 자미두수 프로그램

• 가격 500,000원 / 2018년 개정 / 총괄 : 김재윤
• 구성 : 설치 usb, usb락, 프로그램 매뉴얼.

2018년 개정판 번들용과 다른 다양한 기능. 별에 대한 자세한 설명을 pdf로 볼 수 있으며, 삭망일 균시차 인명저장 별의 강약 사화를 조정할 수 있는 옵션. 기문과 육효 명리의 기본포국 제공. **윈도우 8, 10버전 사용**

중급

[홍국기문] 일지상수와 중궁, 운이 올 때

오행	아/비겁	손 : 일,경험,연습
일지 상수	① 형제, 자매, 타인. 경쟁상대 있음 ② 분관 분재, 동업이 문제가 된다. ③ 지겨워도 함께 간다. 승진 때도 문제가 된다. 지기 싫어한다. ④ 끝까지 외롭지 않으며 함께 먹고삼 ⑤ 정치 · 종교 분야에서 두각 ⑥ 헤드헌터나 인력사무소 근무. 아는 사람이 많아 연락할 곳이 있다. ⑦ 눈을 낮추면 비서나 보좌관 역할 ⑧ 친구 같은 남편, 도반, 형제, 일가친척 있다.	① 부하, 기술력, 수많은 물건에 해당 ② 무언가를 만들어내는 것을 즐긴다. = 창의성 ③ 일복, 몸을 써서 하는 노동 ④ 모든 걸 자신이 주관하고 싶어 하므로 피곤한 인생을 살게 된다. ⑤ 옷을 원하는 대로 직접 만들어 입는다. -진정한 일복 -육체를 사용하는 노동, 늘 분주하고 바쁘고 힘들다. -창의적인 일, 새로운 것을 만들고, 기획하고 가꾼다. 성격은 솔직 배려심
중궁	없음	
운	-구설 시비, 사람 문제 -형효운이면 여자는 형효를 관으로 보고, 남자는 재로 본다.	-일, 말, 아플 수도, 자녀문제 -적극적, 재가 붙어야 최고, 바쁨 -기운 빠지는 운
	아생손 -비겁이 함께 일을 하는 형태이므로, 동업 혹은 협업으로 일을 쉽게 처리 -신왕 손왕- 한가지 음식맛과 양으로 승부. 박리다매	**손생재** -돈을 벌다가 죽는 형, 남성 유리 -비정규직 많음, 인센티브를 적용유리 -비자금(뒷주머니)을 만든다. 투잡 -숨겨놓은 자식 혹은 애인이 있다.

오행	재 : 재능	관 : 실력	인 : 인정
일지 상수	재물 / 재능 · 부가가치 · 유행 / 인기관리 ① 예 · 체능적인 재능과 끼가 있다. ② 쓸 수 있는 돈, 유통시키는 돈의 크기. 재운에는 돈을 더 벌려고 투자 ③ 부가가치가 높은 일, 마케팅, 금융 ④ 중독성 있는 일, 투기, 투자에 관심 ⑤ 남자라면 더 나은 여자를 찾아 나선다. ⑥ 유흥, 여행, 레저에 관심이 많다. ⑦ 유행(trend), 세련된 패션을 추구한다. 디자인 감각이 있다.	① 기준을 타인에게. 뽐내기 위해서 ② 숨기는 게 많다. 견디는 힘이 강 ③ 명예 자존심을 지키기 위해 산다. ④ 정신적으로 문제- 건강에 유의 ⑤ 편관이 나를 계속 극하면, 살기 · 직관력·집중력이 높아진다. ⑥ 남편감(官)이 9인 경우는 연상, 연하, 외국인과 결혼하면 좋다. ⑦ 가정 일보다 직장 일에 충실하다. ⑧ 대중화된 유명브랜드 옷을 입는다.	① 일지가 약한 것을 보충. ② 치유가 가능하다. 인덕이 있다. ③ 인수가 왕하면 관이 없어도 출세 가능, 인수가 없으면 인정 못 받음 ④ 부동산, 움직이지 않는 자산과 관련. 유산의 상속으로 재산이 불어남. ⑤ 정신적인 욕구를 충족하기 위해서 끊임없이 배우려고 한다. ⑥ 매우 비싸고 유명한 브랜드이지만, 상표가 겉으로 잘 보이지 않는 브랜드를 선호한다.
중궁	-재성은 돈과 재능 -인테리어 신경씀 -돈의 흐름을 잘 알고, 부가가치 창출능력이 있음. 돈이 목표. -타고난 감각이 있다. '천부적 소질'	-관효는 질서 · 체계 · 규칙 -지도자, 직함·명예·위신·위세가 목표 -딱딱하고 경직, 빈틈이 없다. -편법과 불법 사이를 오간다. 그래서 위험도가 높지만 성취도 크다.	-'특별함'에 집중하게 된다. 명품 선호 -정신적 욕구를 추구한다. -학벌에 신경을 쓰고, 어떤 경우에도 이것을 놓치지 않으려고 한다.
운	-좋아보여서 투자·투기 -기호에 관한 것 하고 싶음 -인기도 오름	-가장 힘든 운 -감시 감독을 당함 -세금·질병의 압박	-보장된 운 -너무 편해서 늘어진다.
	재생관 -아내가 남편을 도와주는 내조 -공식루트로 로비. 비공식 루트의 로비도 가능하다. 현재 트랜드 -기업의 자금 담당. 외교에 능통하다.	**관인상생** -돈을 지키는 쪽, 여성 유리 -취직. 월급, 노후에 연금도 받는다. -법칙이나 법규에 맞게 해내어 자격이나 허가로 이어진다.	**인생아** -귀인이나 상사의 인덕. 좋은 사람들, 같은 길을 가려는 사람들 많다.

[홍국기문 기행론] 아극재, 재극인, 도식, 극관, 관극아

오행	아극재	재극인
요건	신왕 재왕	인수왕 재왕 관×
특징	-돈에 대한 감각 뛰어남. 돈을 소비하는 능력 -돈을 만드는 재주, 단기간에 돈을 벌고 싶음 -재능을 돈으로 바꿈, 유행 민감, -예술성으로 승부 -노동력을 쓰지 않음, 부가가치를 높이는 방법 추구 -포장과 마케팅 주력 -여자 혹은 돈과 관련된 제안 많음, 신약하면 양성애자	-머리가 좋다. 부모에게서 빨리 떨어짐, 유학, 고향 뜸 -인수권자에게 줄 섬:윗사람 이용, 인맥관리 -유행·정보에 빠르다:허가권, 지인이용 이익추구 -부동산에 관심이 많다. 정부나 국가사업에 관심 -결혼을 통하여 처가의 배경이나 지위나 부를 이용 -특허 따 놓을 것, 일하지 않고 돈 들어오는 구조. -인스타 홍보, 올 사람만 옴
성공 요건	-군겁의 경우 인수는 정인이어야 유리 -돈을 상대하는 금융권, 펀드매니저, 사채업 종사 -비겁 있어야 운동선수 -금수목은 체조, 태권도, 모델 -토금수는 유연, -구기종목은 火	-인수나 재가 왕해야 투자를 했을 때 얻는 것이 많다. -부모에게 유산 받음, 고속 승진 -재와 인수의 양이 맞으면 재능 풍부, 유행 민감 : 연예인 지망생, 아이돌 그룹으로 활동 가능, 족집게 과외 -감사 회계 인사팀 근무
문제점	-분관과 분재, 군겁쟁재:재를 나누어야 함 -재다신약:자신이 약해서 취하지 못함, 채무소송 -신약은 동지를 모아 힘을 합해야 한다. -주식, 도박, 복권, 내기, 중독성, 유흥, 쇼핑홀릭. -수화충-성범죄, 성도착증, 성스캔들, 여자를 가지고 다툼. 호불호 : 비싸고 특이한 음식 선호	-인수(주택통장 · 은행권)를 이용하므로 빚이 많이 생기기도 한다. -재능 이용해서 인성 먹으려고 한다. -힘의 대비가 맞지 않으면 정보(인수)가 부족해서 실패하거나 자금(재부족)이 모자라서 투자 못함 -상대방 부모가 결혼 반대 -인수 약하고 신왕하면 자수성가

대유학당 연락처 ▌(02) 2249-5630 010-9727-5630 블로그 ▌http://blog.naver.com/daeyoudang 유튜브 ▌대유학당 TV
입금계좌 ▌국민은행 807-21-0290-497 예금주:윤상철 주소 ▌서울 성동구 아차산로 17길 48 SK V1 센터 1동 814호

▸이것이 홍국기문이다 ❶ ❷
직업상담편 / 직업찾기편
• 16×23㎝ 양장 본문2도
384쪽, 23,000원
448쪽, 30,000원 / 정혜승 / 2021년 9월 2쇄 / 2022신간

홍국기문 강의
매주 화요일 오후 5~7시

이미 진행된 강의는 온라인으로도 들으실 수 있습니다. ( )는 월

부동산(2), 연애/결혼(1), 체질/관상(1), 장사/사업(1), 1년신수(1), 팔문/팔괘/구성/팔장(1), 증권/주식(1), 소송(1), 스토리텔링(2), 오행별 명국(2), 직업이 같은 명국(3), 타이밍 잡는법(2), 기문일주론(3), 진가원칙(3), 비밀노트(3)

오행	도식/인극식	손극관	관극아
요건	신왕해야 복구 가능	손왕 인수 필요, 재×	인수 꼭 필요, 공부하기
특징	-인수(지식·학벌·자본·정보·귀인)로 식상의 일거리를 극충, -하고 있던 일의 종류나 방식을 바꾸는 것, 다중 업종, 싫증 많다. -자본이 잠식되어 손해, 배운 게 많아 식상훼손 -자기 방식이 맞다고 생각 -정보유입도 많고 활용방안도 많다. -다양한 생각, 방법, 기획, 취미12가지, -2~3개를 동시에 -학과(진로)도 바꿈 -신상품이 궁금한 얼리어답터	-생산물(식상)로 자신을 공격하는 편관을 제압 -기존의 규제나 규칙 질서를 바꾸고 자신만의 방식으로 진행, -치귀명(治鬼命)이라고 함 ·병균을 파괴 → 의사, 약사, 신약개발 ·적군을 파괴 → 군인, 소방사 ·범법을 파괴 → 경찰, 형사, 검사 ·무식을 파괴 → 교사, 학원강사, 인권 변호사, 캠페인, 홍보자 ·악법이나 위법의 파괴 → 시민단체, 야당, 노조	-관이 일지를 극충하는 형태, 가장 불행 -일지의 의지로 바꿀 수 없는 것 -편관이 자신을 칠 때 위력이 가장 셈. -관은 인수의 부모이며, 직장에 해당. -자신을 누르는 제도, 관습, 법률. -관은 인수를 얻기 위한 통과의식, 테스트(시험), 실력, 자존심, 명예욕 -타인에게 보이는 과시, 인수를 갖기 위한 집념 -종교에 귀의하거나 무속인이 됨.
성공 요건	-직업 · 직장 · 부서를 바꾸고, 상황이 잘 짜여 있으면 좋은 곳으로 영전 -신왕하면 직접노동력을 이용해서 복구가능 -신약하면 자격증 확보, 말로만 일하는 공무원 -수화의 도식 : 감각에 의존, 단타 -금목의 도식 : 무한 반복, 오래 생각	-재가 없으면 편법제거하여 공익 추구 -희생적 정신이 돋보임. -손이 왕하거나 중궁, 세지면 좋음 -인수가 왕하면, 여자가 더 많이 벌고 자식 잘 키우며, 남편을 이겨 먹으며 자신의 방식으로 집안을 이끌어감.	-참을성을 가지고 버틸 것인지, 당할 것인지, 아니면 이겨낼 것인지가 관건 -신왕할 때는 실력, 자존심, 명예욕, 권력욕, 집념, 참을성으로 발휘 -정관이라면 정상적인 실력 쌓기, 해결할 과제 -편관+인수 최상의 조건, -연예계로 진출 가능
문제점	-손이 왕할수록 일의 종류를 무리하게 늘림. -학벌이나 자격증을 확보하기 어렵고, 인수를 확보하면 오히려 나태해짐. -자식· 아랫사람과 관계 나쁨 – 많이 두지 않기 -용신 2가지가 모두 온전치 않음. -자식에게 돈을 주는 운	-재(財)가 있으면 변질됨. -자신만의 독특한 방식·스타일을 고집, 바쁨 -조직적인 생활이 잘 맞지 않음 -자식이 많아질수록 남편을 극한다. -인수가 없으면 자신의 고집으로 이혼-남편에게 방해, 자신은 성과 없음.	-신약하면 두통, 스트레스, 병에 걸림 -비겁이 있으면 경쟁에서 밀림, 문제 함께 겪음 -편관이 재의 생을 받으면 최악 -송사, 법률적인 문제, 편법을 사용하면 들킴 -세금, 서류문제 -종교, 정신적 문제, 이직 문제

[홍국기문] 오행의 성정과 직업

오행	목	화
성정	인자한 성품, 곧고 바름, 고지식, 원리원칙 사회적응력 떨어짐. 쾌활, 용모 준수 철저한 계획, 다정다감. 삶에 대한 의지, 인내심과 질투	민첩, 성정 조급. 모방 잘함. 외형적, 명량, 말솜씨 말이 빠르고 짧게 말한다. 학문과 기예에 소질. 인기몰이 세력몰이. 예의가 바름, 지구력 부족 신약 - 모략 지략에 능함. 거짓말을 꾸밈
계열	인문계열	외국어 서비스, 예술 계열
직업	① 일반사무직, 공무원 ② 가구 · 건축물의 디자인, 제작 ③ 종교 산업 ④ 교육 관련, 인터넷 방송, 인터넷 블로그 관련 ⑤ 행정, 법률, 역사, 상담, 철학 분야, 인사 관련 ⑥ 디자이너, 소비자 상담 응대 ⑦ 언론, 작가(소설가 · 수필), 편집, 통계, 문학 관련 서비스 분야	① 아나운서, 리포터, 홈쇼핑 해설자 ② 방송, 언론인(기자 · 피디 · 작가), 카피라이터 ③ 촬영(사진 또는 영상), 카메라맨 ④ 영화인(제작자 포함), 애니메이터 ⑤ 광고(직업화 함), 전기, 전자공학, 반도체 ⑥ 통신, 택배 ⑦ 디자인 - 의류 산업 등 ⑧ 호텔경영 - 유흥, 레저 ⑨ 서비스업종의 판매사원, 해설사
2가지 함께	목화 : 게임회사 프로그램 개발, 홈쇼핑 호스트, 아나운서, 광고, 카피라이터	
	수목 : 교육, 섬유, 의류, 건축, 사람상대	화토 : 전기, 전자, 컴퓨터, 화학, 화공, 항공운항과, 레저, 관광, 호텔, 디자인
예능	미술(회화, 컴퓨터그래픽, 무대조명) 언어(작사, 아동문학), 플라워, 분장, 메이크업, 네일아트, 파티플래너	

대유학당 연락처 ▌(02) 2249-5630 010-9727-5630 블로그 ▌http://blog.naver.com/daeyoudang 유튜브 ▌대유학당 TV
입금계좌 ▌국민은행 807-21-0290-497 예금주:윤상철 주소 ▌서울 성동구 아차산로 17길 48 SK V1 센터 1동 814호

▸이것이 홍국기문이다 ❶ ❷
직업상담편 / 직업찾기편
• 16×23㎝ 양장 본문2도
384쪽, 23,000원
448쪽, 30,000원 / 정혜승 / 2021년 9월 2쇄 / 2022신간

홍국기문 강의
매주 화요일 오후 5~7시

이미 진행된 강의는 온라인으로도 들으실 수 있습니다. ( )는 월

부동산(2), 연애/결혼(1), 체질/관상(1), 장사/사업(1), 1년신수(1), 팔문/팔괘/구성/팔장(1), 증권/주식(1), 소송(1), 스토리텔링(2), 오행별 명국(2), 직업이 같은 명국(3), 타이밍 잡는법(2), 기문일주론(3), 진가원칙(3), 비밀노트(3)

오행	토	금	수
성정	성실, 돈독, 순박, 신의로 세상을 살아감. 대체로 넉넉하고 부유함. 저축성, 온화, 침착 태왕 – 느리고 둔해짐 일지겸왕 – 경쟁심 많고 예리 부지런. 한 번에 결정하려고 하지 않아 기회 놓치기도 함(망설임)	의리, 냉정. 고집 세고, 강직, 까다로움. 명분과 명예 존중. 변화, 혁신, 바뀜 사치를 싫어하고 이익되지 않으면 신경쓰지 않음. 일처리는 능숙하지만 융통성 부족. 신약–비굴, 시대에 순응 못함 태왕–형상, 질병 따름.	감성, 감정적, 불안, 속마음을 드러내지 않음 화합, 겸손, 총명, 지혜, 현명, 모험심 융통성, 배려심과 추진력. 친구가 많음 글재주가 있음 신왕 – 집중 안 됨. 우울 조울 신약 – 지략에 당함. 신의 덕망 없음.
계열		사회과학, 자연과학, 공학계열	철학, 인류, 의학계열
직업	① 전기, 전자, 컴퓨터, 화학, 화공 – 원자재 관련 ② 항공운항과, 각종 레저학과, 관광, 호텔 – 운수업 ③ 디자인, 인테리어 ④ 농업, 축산, 원예 – 도매 관련 ⑤ 건설, 토목, 부동산 ⑥ 체육 관련 ⑦ 종교, 교육, 땅, 농민, 전통	① 행정 공무원, 변호사, 금융업, 기업가 ② 의사, 약사, 한의사, 수의사, 교사, 교수, 학자, 보건행정 ③ 방송, 언론, 비평, 저널리스트, 작가 ④ 금융, 세무사, 투자 분석가, 물류유통관리 ⑤ 공익 단체, 여론조사기관 ⑥ 건설 회사, 건축 설계사, 전산 감리사, 시스템 엔지니어, 웹 마스터, 개발자 등 ⑦ 법, 군, 검, 경	① 상담업, 비서직, 또는 요가 등 레포츠 ② 작사 · 작곡 등 음악 관련 ③ 사회사업(사회복지 · 요양사 · 유치원교사) ④ 환경분야, 영양사, 식품조리사 ⑤ 수의학분야, 약학, 바이오, 동물 관련 ⑥ 유흥업소, 마사지샵 ⑦ 해외 관련, 유통, 음식, 수산업
2가지 함께	토금 : 인문 사회, 농업 축산 원예 관광 레저 건설 토목 인테리어 호텔 체육		
		금수 : 의학, 약학, 식품과 환경, 행정직, 시회복지, 바이오 공학	
예능		체육(유도, 태권도, 수영, 헬스트레이너), 영상(영화 관련, 카메라맨) 음악(작곡과, 건반악기, 실용음악)	

공항검역관	어문계열, 보건학
과학교사	생물, 화학, 지구과학교육
관리비서	비서학
관세사	회계, 통계, 세무, 경제
관세행정사무원	세무.행정
교도관리자	경찰행정
교무(원불교)	승가대학, 불교대학
교육행정사무원	교육, 행정, 경영
귀금속 및 보석세공원	공예
노무경영	경영, 법학
노무사	경영
농학연구원	농경제학
대기환경기술자	환경공학, 화학공학
대중무용수(백댄서)	예술대학
동물사육사	농업, 축산, 수의학
마취병리과의사	의대
모델	모델, 방송연예, 기타
목사	신학대학
무용가	예대
물리학연구원	물리
바이오에너지연구 및 개발자	환경공학, 바이오
방사선사	방사선과
방송기자	언론정보, 미디어, 신문방송
방송작가	국문학, 문예창작
방수공	건축, 설비, 공학
배관공	건축, 설비, 공학
법무사, 특허사무	법학
법학연구원	법학
변리사	법학

변호사	법학
병무행정사무원	행정, 법학
보건위생 및 환경검사원	환경공학, 바이오
보건의료	보건행정
보험대리, 중개	경영, 법학
보험사무원	경영, 법학
사이버수사요원	경찰행정, 컴퓨터관련
사진기자	사진
사진인화 및 현상기조작원	사진영상, 미디어
사진작가	사진
사진측량 및 분석가	도시공학, 토목공학
사회복지	사회복지학
사회학연구원	사회학
식품학연구원	식품영양, 식품공학
생명과학연구원	생명과학, 생물
생명정보학자	생물학, 생명공학
생물학연구원	생물학
생산관리사무원	경영
서예가	미술관련
성우	방송관련
세무사	회계, 통계, 세무, 경제
소년원학교교사	교육학
소방관	소방안전학
소방관리자	소방관련
소설가	국문학, 문예창작
소음진동기술자	환경공학, 화학공학, 소리공학
수녀	신학대학
수산학연구원	생물학, 수산학
수질환경기술자	환경공학, 화학공학

수학교사	수학교육
수학 및 통계연구원	수학, 통계학
스턴트맨(대역)체육-금수	연극영화, 방송연예
스포츠마케터	사회체육학, 스포츠지도학
스포츠트레이너	체육학,
승려	승가대학, 불교대학
시인(용살-손있어야)	국문학
시장 및 여론조사전문가	회계, 통계, 세무, 경제
식품공학기술자	생명과학, 식품영양
식품시험원	생명과학, 식품영양
신문기자	국문학, 신문방송
신문제작관리자	신방, 미디어, 언론정보
신부	신학대학
심리학연구원	심리학
아나운서	언론정보, 신문방송
악기수리원, 조율사	공예, 소리공명
안과의사	의대
안무가	예대
약학연구원	양학
연극배우	연극영화
연주가	음대
영상관련장비설치 및 수리원	전자, 정보통신, 컴퓨터
영상노화 및 편집기사	사진, 방송관련, 기계
영양사	식품영양
영화시나리오작가	국문학, 문예창작
온실가스인증심사원	환경공학, 바이오생명
육군장교(영관급)	경호학, 사관학교
육군장교(위관급)	경호학, 사관학교
음반기획자	방송관련학

음식료품감정사	생명공학, 식품영양,
음악교사	음악교육
음향 및 녹음기사	사진, 방송관련, 기계
의료장비기사(엔지니어)	의료보장구, 정보공학
의지보조기사(엔지니어)	의료보장구, 정보공학
의학연구원	의학
이비인후과의사	의대
인쇄기조작원	기계, 공학
인적자원전문가	경영, 회계, 통계
일반비서	비서학
일반의사(의원)	의대
임상병리사	임상병리과
입법공무원	법학
입학사정관	교육학
자연과학연구원	화학, 생물
자재관리사무원	경영
작곡가	음대
작사가	국문학, 문예창작
재무관리자	경제, 경영, 통계, 회계, 수학
저작권에이전트	법학
전도사	신학대학
점술가, 무당, 퇴마사	승가대학, 불교대학, 기타
정부정책기획	행정, 인문사회
정신과의사	의대
조경기술자	조경학과
조세행정사무원	세무, 행정
지도제작기술자	도시공학, 토목공학, 지리, 지적
지리학	지리학
지질학연구원	지질학

질병관리본부연구원	약학, 화학, 생물
천문, 기상연구원	천문학, 기상관측학
철학연구원	철학
청능치료사	창각학(대학원)
청원경찰	경찰행정, 체육학, 경호학 외
총무사무원	경영, 법학
촬영기사	사진, 방송관련, 기계
축산 및 수의학연구원	수의학
출납창구사무원	회계, 통계
출입국심사관	행정, 법학
출판물편집자	국문학, 문예창작
치과기공사	치과기공
치과의사	치과
치어리더	모델, 방송연예, 기타
친환경제품인증심사원	환경공학, 바이오
카지노딜러	딜러학
판사	법학
편집기자	언론정보, 미디어, 신문방송
평론가	국문학, 문예창작
폐기물처리기술자	환경공학, 화학공학
품질관리사무원	경영
품질인증심사	경영
프로골프선수(땅에서경기)	체육학
한식조리사	요리학
한지공예가	공예
해군장교(영관급)	경호학, 사관학교
해군장교(위관급)	경호학, 사관학교
해양경찰관	경찰행정, 경찰대
행정고위공무원	행정, 경영, 정치외교

행정공무원	행정학
행정학연구원	행정학
헤드헌터	경영
환경공학기술자	환경공학, 화학공학
환경공학심사원	환경공학, 바이오
환경 및 해양과학연구원	환경공학, 생물학
환경영향평가원	환경공학, 화학공학
환경컨설턴트	환경공학
회계사	회계, 통계, 세무, 경제
회계사무원	회계

5. 수목라인 (일지와 용신이 수·목오행일 때)

수목라인은 아래 2가지가 있다.

① 일지가 수이면서, 손효가 목오행인 경우

② 인수가 수이면서, 일지가 목오행인 경우

직업과 계열, 전공을 가나다 순으로 정리한 것이다.

직업	계열, 전공
건설기계공학기술자	기계공학, 메카트로닉스공학
경영기획사무원	마케팅학, 경영, 경제
교육계열교수	교육학, 사범대
교육 및 훈련사무원	교육학, 사범대
교육학연구원	교육학, 사범대
교통계획 및 설계가	도시공학, 토목공학
국회의원	정치, 외교, 경영, 행정
기계공학시험원	기계공학, 메카트로닉스공학
기록물관리사	사서학, 도서관학, 문헌정보
냉난방 및 공조공학기술자	기계공학, 메카트로닉스공학
놀이치료사	심리, 아동, 작업치료
대학총장 및 학장	교육학, 사범대
도시계획 및 설계가	도시공학, 토목공학
로봇공학기술자	기계공학, 메카트로닉스공학
마케팅사무원	마케팅학, 경영, 경제
만화가	미술, 애니메이션
문화재감정평가사	역사, 고고, 민속
문화재보존원	역사, 고고, 민속
미술치료사	미술관련

바텐더(財가旺해야함)	요리
보건교사	간호학
보조출연자(연영과출신다수)	연극영화
사무용기계공학기술자	기계공학, 메카트로닉스공학
사서	사서학, 도서관학, 문헌정보
사회계열교수	사회계
상품기획자	마케팅학, 경영, 경제
섬유공학기술자	재료공학, 섬유학, 신소재공학
섬유 및 염료시험원	재료공학, 섬유학, 신소재공학
성악가(土-배통이 있다)	성악
언어치료사	언어재활, 특수치료
언어학연구원	언어학
엔진기계공학기술자	기계공학, 메카트로닉스공학
역사학연구원	역사, 고고, 민속
음악치료사	음악관련
인문계열교수	인문계
장학사	인문, 사회, 교육, 사범
정치학연구원	정치, 외교, 경영, 행정
지리정보시스템전문가(GIS)	도시공학, 토목공학
지방의회의원	정치, 외교, 경영, 행정
지열시스템연구 및 개발자	메카트로닉공학, 신소재공학
철도차량공학기술자	기계공학, 메카트로닉스공학
초, 중, 고교장 및 교감	교육학, 사범대
총무 및 인사관리자	행정, 경영, 법학, 경제
출판물기획자	인문사회
측량 및 지리정보기술자	도시공학, 토목공학
탑승수속사무원	행정학, 법학
플랜트기계공학기술자	기계공학, 메카트로닉스공학
항공권발권사무원	행정, 경영

행사기획자	마케팅학, 경영, 경제
화가	미술
회의기획자	마케팅학, 경영, 경제

2부

수목 라인

2장. 통기도를 이용하여 직업이나 전공 찾기

1장에서 용신을 가지고 전공과 직업 찾기를 했다면, 2장에서는 통기도를 이용하여 좀 더 자세하게 분류를 하였다. 통기도를 이용하면 한 눈에 적성과 직업을 파악할 수 있는 장점이 있다.

단 여기서도 반드시 고려해야 할 것은 일지가 왕한지 약한지를 고려해야 한다는 것이다. 일지가 왕하다면 손효가 용신이 될 것이고, 일지가 약하다면 인수가 용신이 된다.

일지의 강약 찾는 법은 '홍국수의 왕쇠' 부분에 나와 있으니 꼭 다시 읽어 보시기 바란다.

1. 목(木) 관련 직업과 학과

(1) 인수가 목오행인 행권직 : 신약 / 관인상생

신약한 일지를 기준으로 정한다. 일지가 신약하면 인수를 용신으로 삼아야 살아가는데 힘이 될 것이고, 관인상생으로 갈 수 있는 길이 열릴 것이다. 아래의 예들은 인수의 오행을 목으로 쓰는 행권직이다.

① 오행이 목화인 경우

[1]

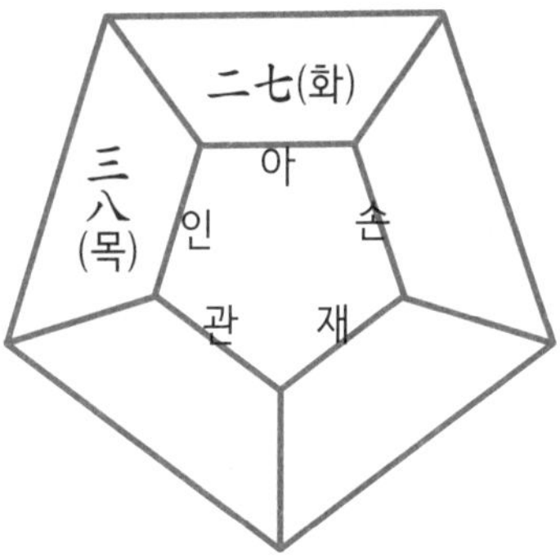
二七(화)
三八(목)
아
인
손
관
재

1번 통기도는 인수의 자리에 목이 있는 그림이다. 인수가 목이면 당연히 일지는 화오행이 된다. 문·이과로 나눈다면 문과 쪽 성향이 잘 맞을 것이다. 언어와 교육, 인문사회계열을 포함할 수 있으며, 자연스럽게 사무 능력도 높이 평가받을 수 있다. 만약 일지 화오행의 힘의 세기가 좀 더 크다면 시각과 색채 쪽이 발달하여 디자인이나 컴퓨터 쪽으로의 발달이 가능해진다.

직업 학과

광고 및 홍보사무원	광고홍보학
공연제작관리자	예술대학
방송제작관리자	신방과 언론정보 미디어학
통계사무원	통계학 경제
공연기획자	언론정보 미디어
영화제작자(전주)	영상미디어 영화관련
통계 및 설문조사원	통계학
국어교사	국어교육
영어교사	영어교육

② 오행이 목화인 경우, 운송과 관련된 학과(화오행 중심)

[2]

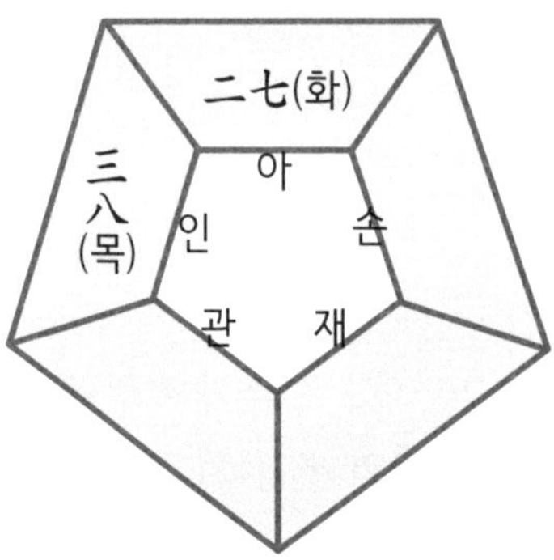

二七(화)
三八(목)
아
인
손
관
재

2번 통기도는 목오행이 인수에 있고, 화오행이 일지에 있다. 인수목의 세기보다 일지의 세기가 더 강하다면 화오행이 가진 특성이 더 많이 작용한다. 화오행은 '속도가 빠른' 특성을 지니는데 이로 인해 성격이 급하다는 소리를 듣게 된다. 그래서 화오행은 운송과 무역에 관련되고, 인터넷 쇼핑몰도 이런 형태로 볼 수 있다. 아래는 화오행과 연관성이 있는 것 중 관인상생, 즉 직장의 형태를 갖춘 것들로 정리한 것이다.

직업	학과
수상운송사무원	—
항공운송사무원	항공학과
철도운송사무원	철도대학
도로운송사무원	—
무역사무원	무역학
우편사무원	경영학 행정학

③ 오행이 목화이면서 재극인인 경우

[3]

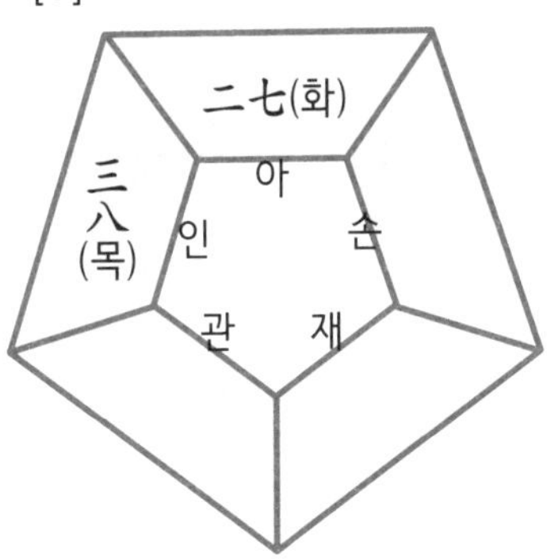

二七(화)
三八(목)
아
인
손
관
재

[4]

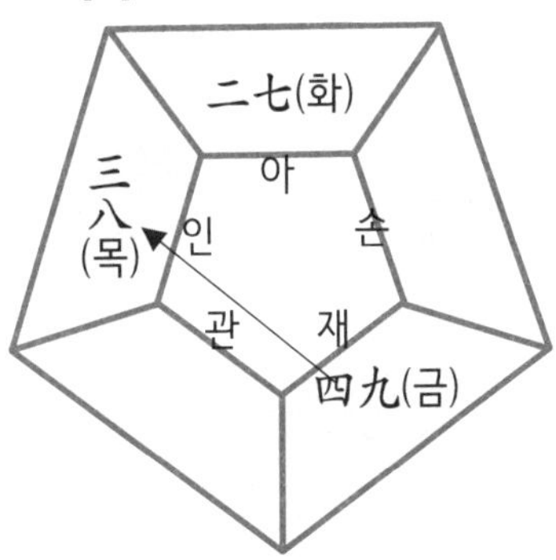

二七(화)
三八(목)
아
인
손
관
재
四九(금)

3번도 같은 형태이다. 또 다른 목화의 특징 중 화오행의 특성이 전산 능력이다. 모든 사무를 컴퓨터로 정리하는 일을 뜻하며, 이때 목오행의 인수 용신을 쓰면 전산 능력이 높아질 수 있다.
4번은 재성이 금으로 인수 목을 극하게 되어 돈의 개입이 정보인

인수를 충함으로써 재무회계나 혹은 인사관리, 최고 경영권자의 보필을 하는 비서실이나 정보를 관리하는 기획실의 업무가 가능해진다.

직업	학과
투자분석가(애널리스트) (재극인)	경제학 경영학
신용분석가(재극인)	경제학 경영학

④ 오행이 목화이거나 금수이면서, 아극재 후 관인으로 올라감

[5]

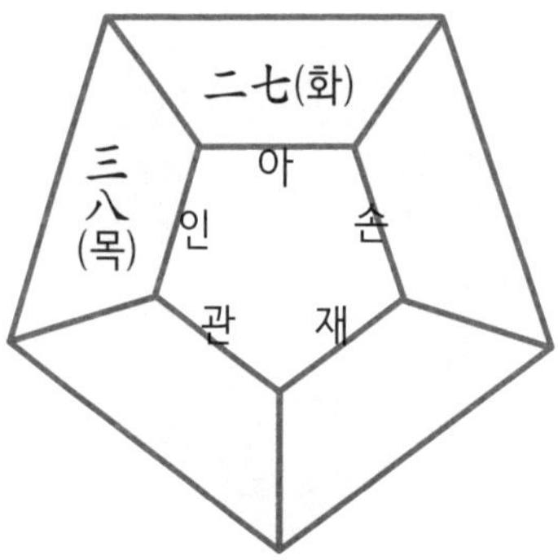

二七(화)
三八(목)
아
인
손
관
재

[6]

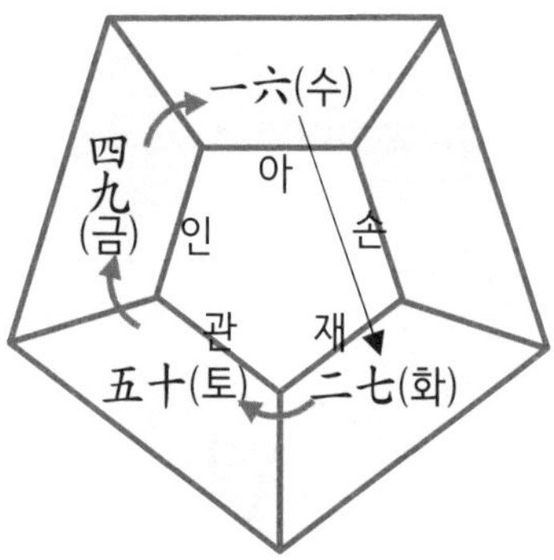

一六(수)
四九(금)
아
인
손
관
재
五十(토)
二七(화)

5번은 목화 용신만을 관심 분야로 두고 학문적 연구로 전공자체를 문학, 연극영화, 미술, 디자인, 운동 등을 선택해서 예체능 쪽의 관인상생으로 올라갈 수 있다.
6번은 재능이 화오행으로 있고, 일지가 수화로 충을 하고 있다. 일지가 신약하면 재능이 많다 하더라도 감당할 수가 없다. 그러나 관인이 서로 상생할 수 있고 재성이 관을 생해주면 관인은 가속화 된다. 관인이 쉬워진다는 것은 예체능을 재능으로만 하는 것 보다 그

분야의 교사나 교수로 나아갈 수 있게 된다는 걸 뜻한다.

직업	학과
예체능계열교수	예체능
큐레이터	미술사

⑤ 오행이 목화이거나 수목이면서 관인으로 올라가는 경우

[7]

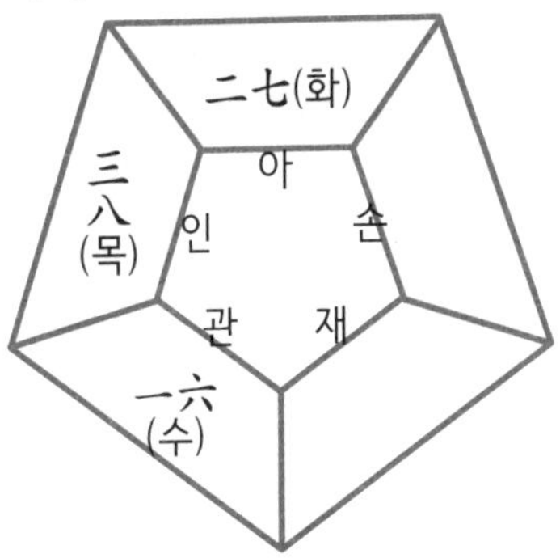

二七(화)
三八(목)
一六(수)
아
인
손
관
재

[8]

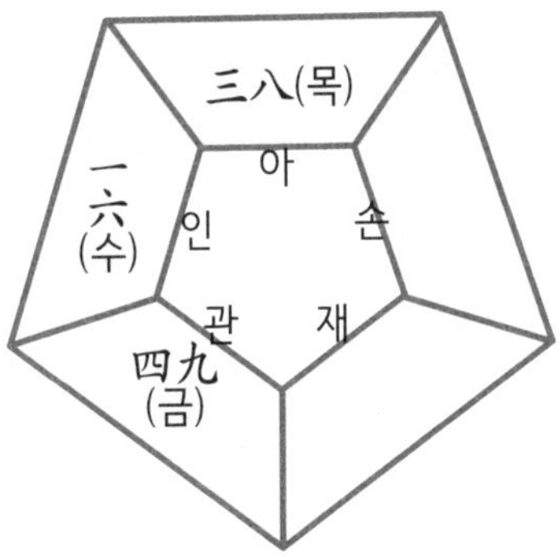

三八(목)
一六(수)
四九(금)
아
인
손
관
재

7번은 관의 오행이 수가 된다. 이 경우 교육학을 전공할 수 있으며, 초등 교사나 인문 사회계열의 보편적 행정업무를 할 수 있다.
8번은 관이 4금이나 9금으로, 직업이나 직장의 형태가 좀 더 커질 수 있다. 공공기관이나 공무원, 경찰, 소방, 군인 등 좀 더 공적인 분야로 확대할 수 있다.

직업	학과
사회교사	사회교육
외교관(관이 금)	어문계열 정치외교 행정

초등학교 교사	교육대학
행정 경찰	경찰대. 국가시험

⑥ 오행이 목화이거나 수목이거나 손효에 금이 있는 경우

[9]

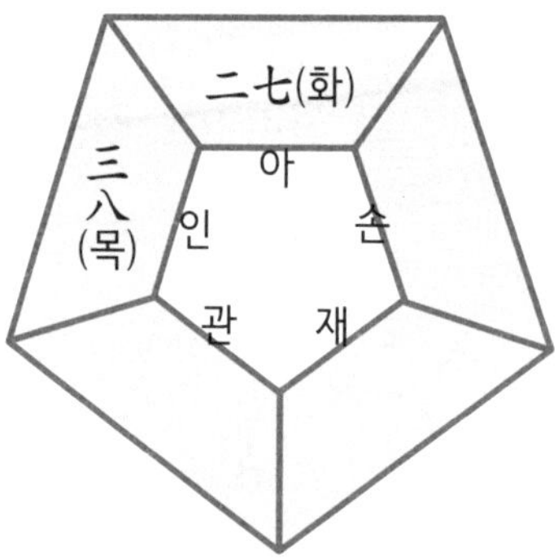
二七(화)
三八(목)
아
인
손
관
재

[10]

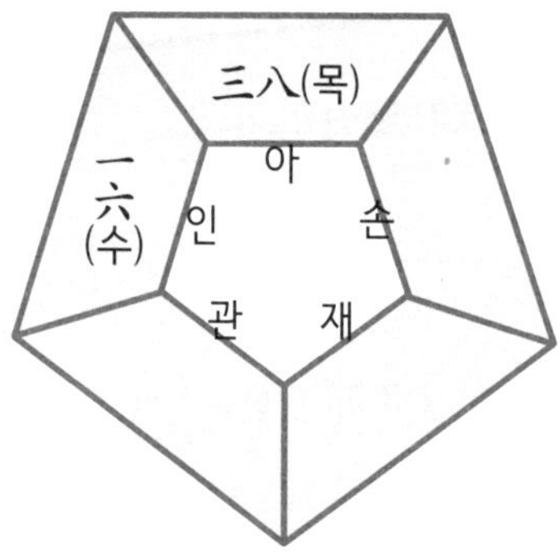
三八(목)
一六(수)
아
인
손
관
재

[11]

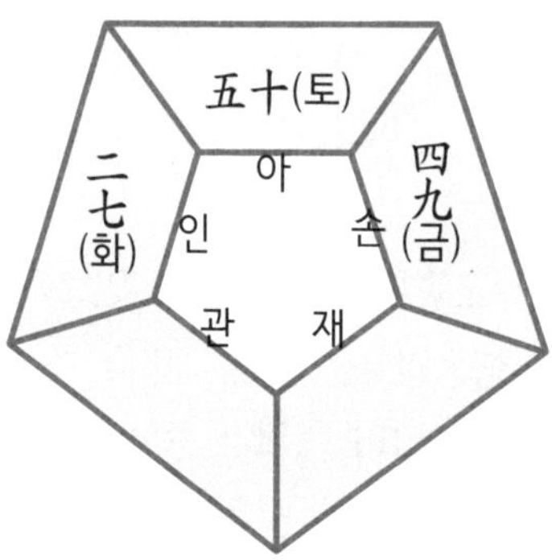
五十(토)
二七(화)
四九(금)
아
인
손
관
재

9번은 인수 용신을 목오행에 두고, 일지 화오행이 강하면 더 유리할 수 있다. 화오행의 속도감으로 지식을 습득하는 속도가 빠르고 응용능력이 뛰어나서 요즘 시대에 컴퓨터나 게임 혹은 휴대폰의 조작에 능하고 많은 양의 정보를 이용할 수 있는 도식의 모형이 된다.

10번은 인수 수오행으로 일지 목이 힘을 받는 경우로 일지가 왕하다면 화오행으로 잘 내려갈 준비가 되어 있다. 이 경우 운로에서 화오행이 먼저 들어오거나 화오행이 왕하다면, 목화를 쓰는 공대 쪽이 가능해진다. 그리고 일지가 약하면 이론적 배경을 공부해 두어야 하므로 전공으로 배우고 차후 실기나 실전으로 쓰게 되며, 직장이라는 형태를 유지하는 것이 유리하다.
11번은 인수가 화오행으로 화생토, 토생금까지 연결되도록 만든 것이다. 관이 있다면 목생화로 올라오겠지만 식상에 금이 놓이게 되면 공대나 이과 쪽으로 흘러가는 경우가 많다. 이 경우 일지가 약하다면 소프트웨어나, 기계, 화학, 토목, 전자, 전기 그리고 컴퓨터학과를 권한다. 일지가 왕하다면 큰 기계류를 다루는 금속공학, 자동차공학, 건축학과 토목 공학 등을 권할 수 있다.

직업	학과
기술지원전문가	정보, 통신공학과, 전기공학과

⑦ 오행이 목화이거나 화토인 경우

[12]

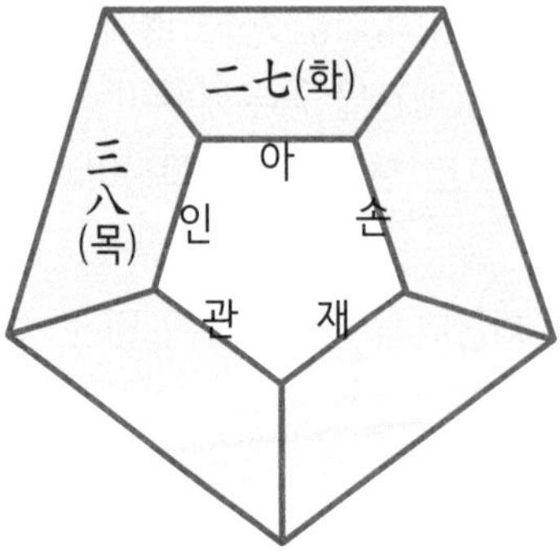

二七(화)
三
八
(목)
아
인
손
관
재

[13]

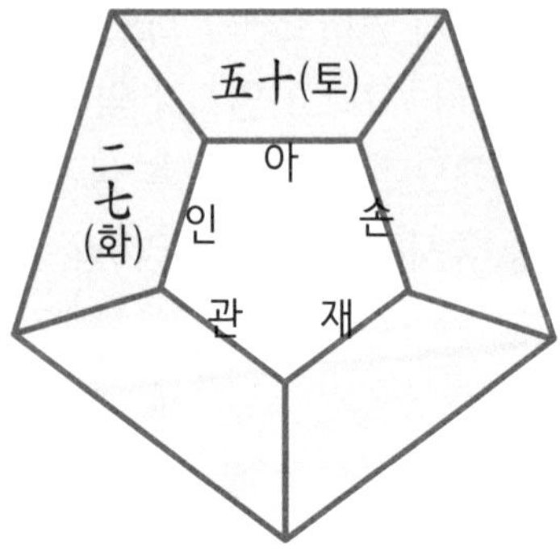

五十(토)
二
七
(화)
아
인
손
관
재

12번은 우선적으로 문과 쪽을 고려해야 한다. 어학이나 어문 계열, 교육 분야가 맞는다. 목오행이 왕하다면 훨씬 유리해진다.

13번은 인수가 화오행으로 어학도 가능하다. 화오행의 속성에는 서비스 분야와 여행, 홍보, 광고 등이 있으며, 이 분야의 전공이나 어학, 문학 혹은 일반사회 계열을 전공하거나 해당 계열의 직업을 가질 수 있다.

직업	학과
외국어교사	어문계열 교육대학
기획, 홍보 및 광고관리자	경제 언론홍보 디지털콘텐츠학
여행상품개발자	관광경영과
LED연구 및 개발자	전기공학과, 전자공학과
태양열연구 및 개발자	전기공학과, 전자공학과
태양광발전연구 및 개발자	전기공학과, 전자공학과
홍보전문가	언론정보 미디어
광고기획자	언론정보 미디어학

(2) 인수(목)가 용신인 용살직 : 신약 / 식신생재

① 오행이 목화인 경우

[14]

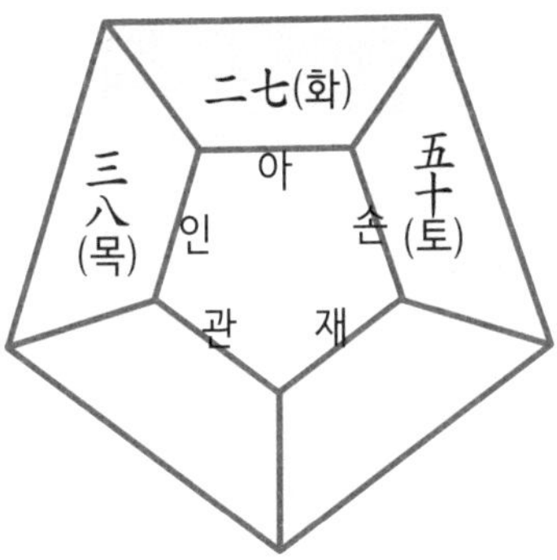

二七(화)
三八(목)
五十(토)
아
인
손
관
재

14번은 인수를 목오행, 일지 신약으로 가정하였지만, 관인 상생의 예가 아니라 식신생재로 내려가는 경우의 그림이다. 목화 오행이 의미하는 기술이나 자격을 식상으로 직접 쓰게 된다.

일지가 약한데 식상을 써야 하는 용살직으로 가는 경우는 전문가가 되어야 쉬워진다. 인수를 써야 하므로 전문적인 자격증이나 인허가권 등을 가지고 있는 것이 유리할 것이다. 손효를 더 많이 쓰면 아래의 직업에서 보듯이 많은 경험을 가지며 전문가가 될 수도 있다.

직업	학과
영화감독	영화관련학
광고제작감독(CF감독)	영상학과
방송연출가	언론정보학
연극연출가	연극영화과
속기사	—

통신공학기술자	정보, 통신공학과, 전기공학과

② 오행이 목화면서 재효가 없는 경우

[15]

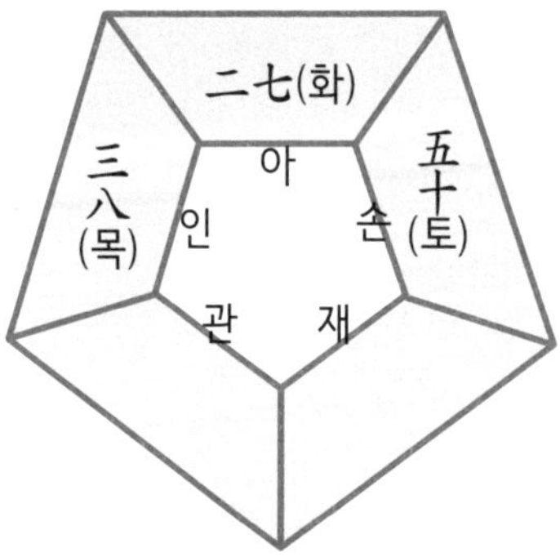

二七(화)
三八(목)
五十(토)
아
인
손
관
재

15번은 일지가 신약이고 손효가 토오행으로 자리 잡고 있다. 재효가 있어서 재극인을 하게 되면 금융이나 정보관리 쪽도 생각해 볼 수 있다. 순수하게 손효 토오행으로만 내려간다면 순수학문 보다는, 실용적으로 사용할 수 있는 컴퓨터 공학이나 기계공학을 선택하게 된다.

직업	학과
메카트로닉스공학기술자(로봇제작)	컴퓨터 공학과, 기계공학과

③ 오행이 목화이거나 수목인 경우 (관효가 없는 경우)

[16]

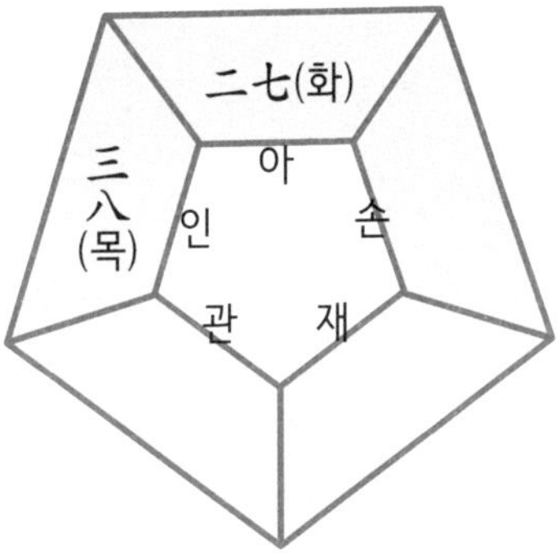

二七(화)
三八(목)
아
인
손
관
재

[17]

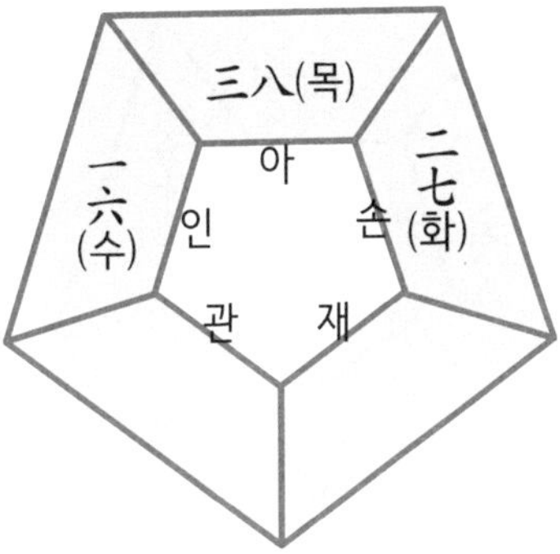

三八(목)
一六(수)
二七(화)
아
인
손
관
재

16번은 목오행을 인수에 놓았고, 17번은 화오행을 손용신으로 놓은 통기도이다.

17번은 인수가 수오행으로 목화로만 가는 것이 아니라 수오행의 감성과 감정을 가지고 있다. 언어 중 문학으로 발전하여 문예창작이나 언론정보, 행정이나 사회학도 가능한 통기도 이다.

직업	학과
카피라이터	국문학, 문예창작

④ 오행이 목화이면서 손효가 있는 경우

[18]

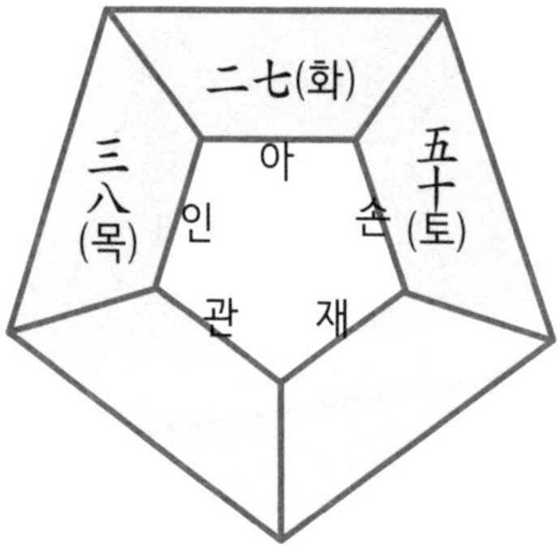

二七(화)
三八(목)
五十(토)
아
인
손
관
재

18번은 손효를 쓸 수 있다. 손효는 생산품이나 발명품, 개발품으로 볼 수 있으므로 개발자로 볼 수 있다.

직업	학과
교재 및 교구개발자	교육학
이러닝교수설계자	교육학 교육공학

③ 오행이 목화이거나 수목인 경우

[19]

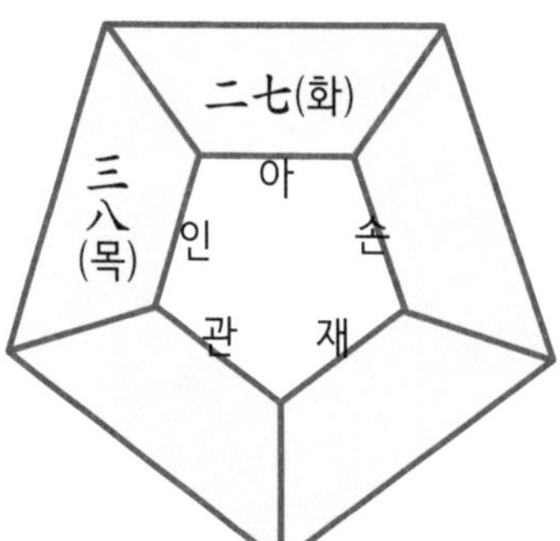

二七(화)
三八(목)
아
인
손
관
재

[20]

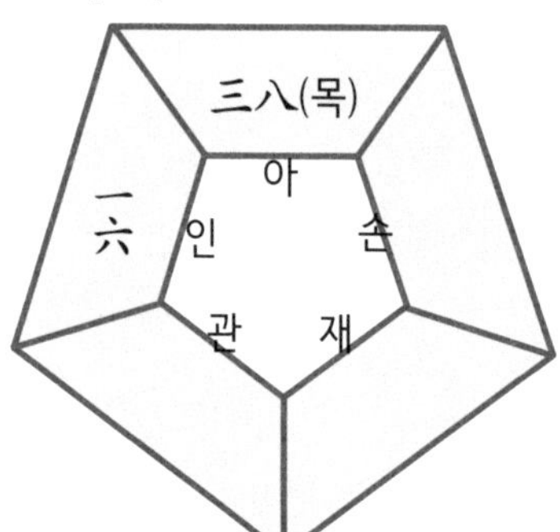

三八(목)
一六
아
인
손
관
재

19번과 20번 모두 '보조교사'라고 본 이유는 관효가 없다고 가정했을 때이다. 이 때에도 인수가 아주 강하다면 인맥으로 사립학교 같은 곳의 정교사도 가능하다. 그러나 관의 부재는 이를 어렵게 할 수 있다. 디자인 계통은 여러 가지 종류가 가능하다.

직업	학과
보조교사	교육학
플로리스트	자격증 취득
북디자이너	시각디자인 산업디자인
무대 및 세트디자이너(손-화)	시각디자인 공예학
시각디자이너	시각디자인
광고디자이너	광고학 시각디자인 산디과
컬러리스트	미술관련학 디자인과
일러스트레이터	디자인관련과
포장디자이너	디자인관련과

④ 오행이 목화이거나 수목이거나 손효가 화토금으로 연결된 경우

[21]

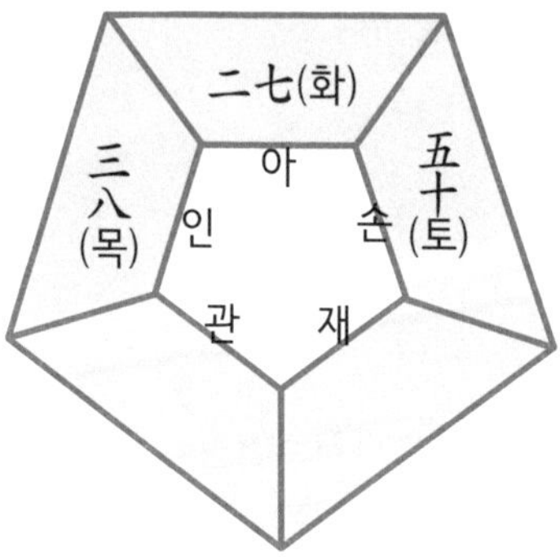
二七(화)
三八(목)
五十(토)
아
인
손
관
재

[22]

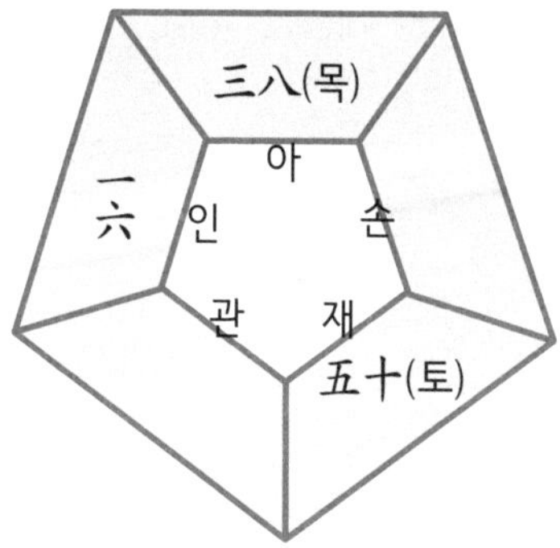
三八(목)
一六
아
인
손
관
재
五十(토)

21번은 손효에 토오행을, 22번은 재효를 토오행으로, 23번은 일지 토오행으로 손효에 금을 놓는 구조로 공통분모를 갖게 된다.

21번이나 22번의 통기도는 이론적 배경이 뚜렷한 것이 좋다. 자격이나 학벌을 확보하는 것이 유리하다. 이 중 가장 이과적 성향과 현장직에 적합한 것은 23번이다.

[23]

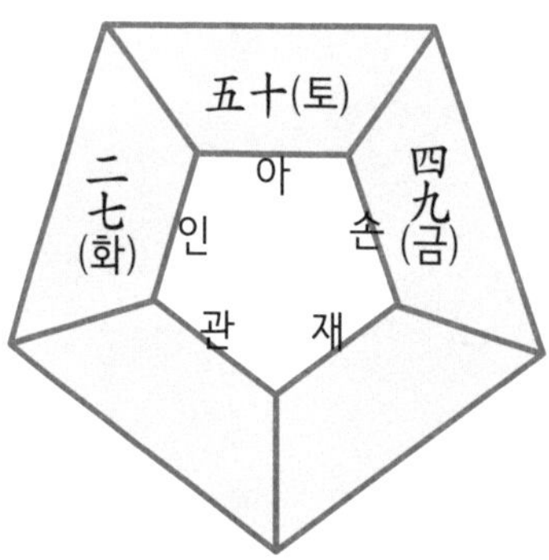
五十(토)
二七(화)
四九(금)
아
인
손
관
재

직업	학과
응용소프트웨어개발자	정보, 통신공학과, 전기공학과
게임프로그래머	정보, 통신공학과, 전기공학과
컴퓨터시스템감리전문가	정보, 통신공학과, 전기공학과
시스템소프트웨어개발자	정보, 통신공학과, 전기공학과
RFID시스템개발자	정보, 통신공학과, 전기공학과
정보통신컨설턴트	정보, 통신공학과, 전기공학과
스마트폰앱개발자	정보, 통신공학과, 전기공학과
MIS전문가(경영정보시스템개발자)	정보, 통신공학과, 전기공학과
인공위성개발원	정보, 통신공학과, 전기공학과
컴퓨터프로그래머	정보, 통신공학과, 전기공학과
모바일콘텐츠개발자	정보, 통신공학과, 전기공학과
컴퓨터시스템설계분석가	정보, 통신공학과, 전기공학과
가상현실전문가	컴공과, 응용소프트웨어공학과
컴퓨터보안전문가	정보, 통신공학과, 전기공학과
네트워크엔지니어	정보, 통신공학과, 전기공학과
네트워크프로그래머	정보, 통신공학과, 전기공학과

⑤ 오행이 목화이거나 토금이거나 관성이 있는 경우

[24]

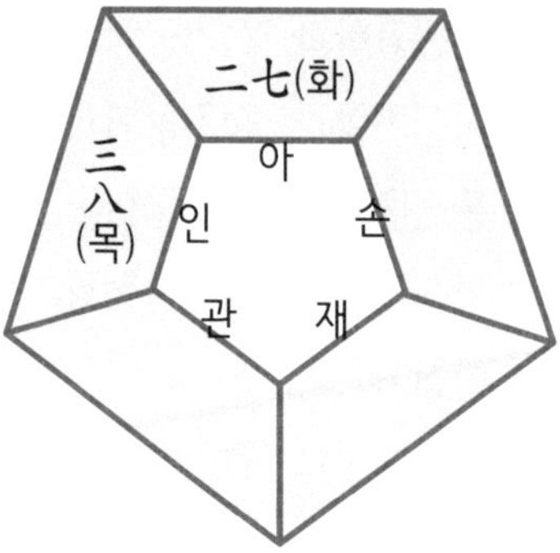
二七(화)
아
三
八
(목)
인
손
관
재

[25]

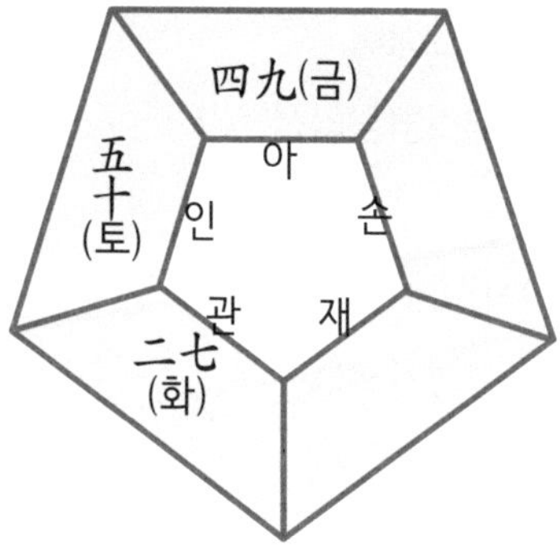
四九(금)
아
五
十
(토)
인
손
관
재
二七
(화)

24번은 디자인을 전공해서 이론적으로 쓸 수 있고, 25번은 관인 상생으로 디자인을 공부해서 자신의 재능과 섞어 무엇인가를 창작하거나 후학을 기르는 교수 같은 직업도 가능하다.

직업	학과
디자인강사(관이 화 좋음)	디자인

⑥ 오행이 목화이거나 화토인 경우

[26]

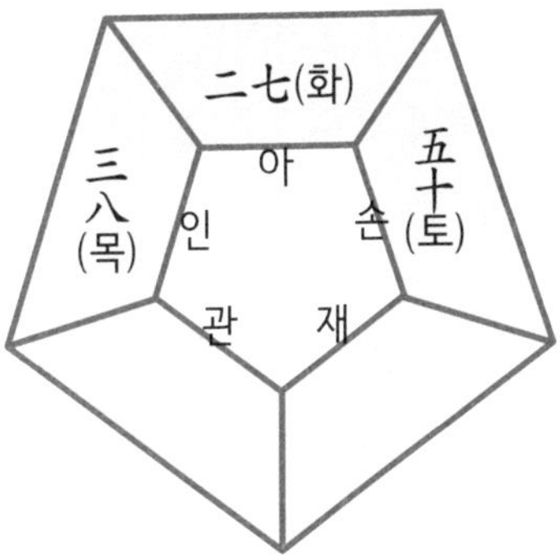
二七(화)
三八(목)
五十(토)
아
인
손
관
재

[27]

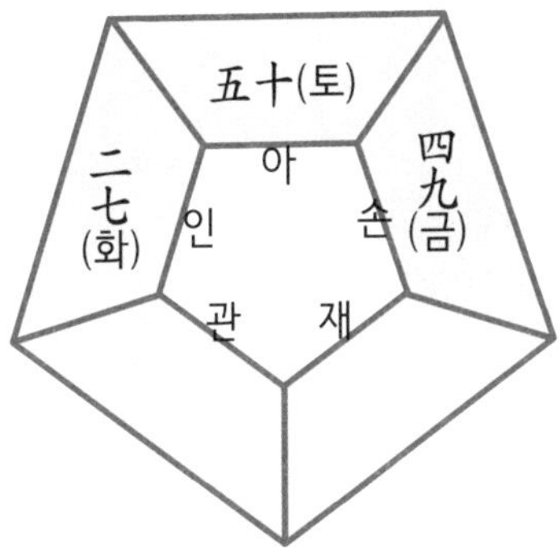
五十(토)
二七(화)
四九(금)
아
인
손
관
재

26번과 27번은 일지가 신약하지만 식상의 손효를 쓰고 있다. 각 분야의 자격증을 취득한 뒤 현장직으로 일하게 되며, 곤명보다는 건명의 경우가 더 많다. 곤명이라도 27번처럼 손효인 금오행이 중궁이거나 년지, 일지라면 현장직에 있는 경우가 있다. 이런 형태에서 일지도 신왕하다면 외과, 신경외과, 성형외과에서 수술을 잘하는 의사로 명성을 떨칠 수 있다. 이는 일지가 강한 용살직에서 다시 한번 다루기로 한다.

직업	학과
철도교통관제사	철도관련학과 자격증취득
전기안전기술자	전기공학과, 전자공학과
발전설비기술자	전기공학과, 전자공학과
전기제품개발기술자	전기공학과
송배전설비기술자	전기공학과
철도 및 전동차기관사	철도관련학과 자격증취득
전기계측제어기술자	전기공학과

항공교통관제사(컴쓰는일)	항공운항과 자격증취득
선박교통관제사(컴쓰는일)	해양대학 자격증취득
항공운항관리사	항공운항과 자격증취득
전자의료기기개발기술자	전기공학과, 전자공학과
이미지컨설턴트	뷰티아트과
선박운항관리사	해양대학 자격증취득

⑦ 오행이 목화이거나 화토이거나 금수인 경우

[28]

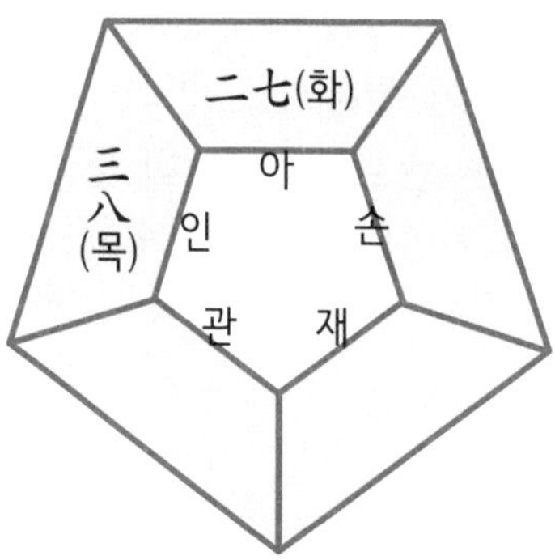

二七(화)
三八(목)
아
인
손
관
재

[29]

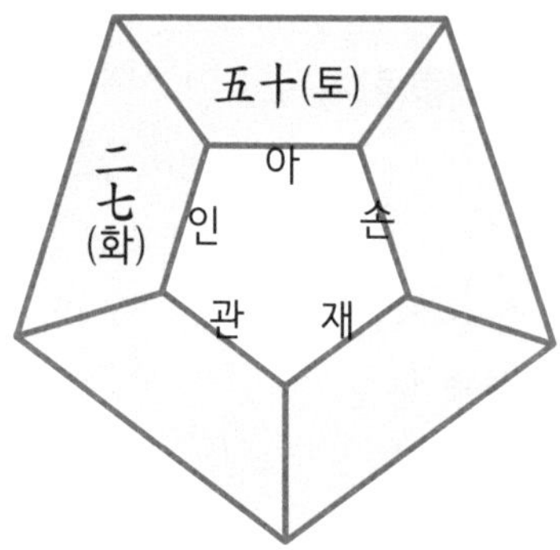

五十(토)
二七(화)
아
인
손
관
재

[30]

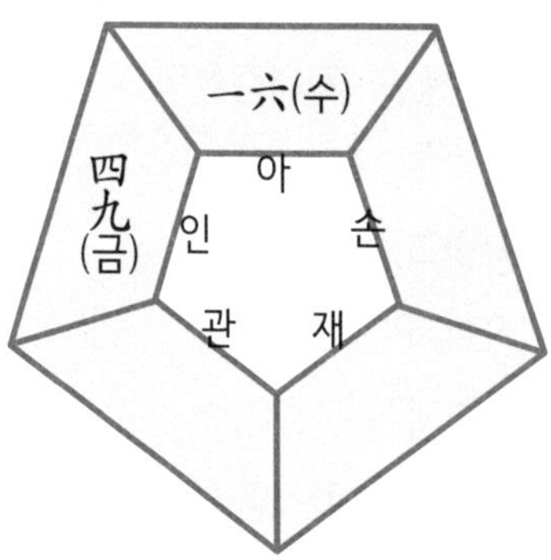

一六(수)
四九(금)
아
인
손
관
재

28, 29, 30번의 통기도는 지금껏 많이 다룬 것이다. 사진작가라는 측면에서 본다면 이들은 조금씩 다른 작가가 된다.
28번은 스틸 컷, 혹은 아동문화 작가처럼 아기자기한 사진을 찍는 것에 능하고, 29번은 캐드처럼 컴퓨터를 활용한 선 그리기에 두각을 나타낸다. 30번은 방송국에서 활동하는 촬영 기사가 될 수 있는데, 재능에 수오행이 왕하게 붙으면 예술적 감각으로 이어져 다큐물에 강한 작가가 될 수 있다.

직업	학과
촬영기자(사진과-금수라인)	사진학과

⑧ 오행이 목화이거나 화토면서 손효가 있는 경우

[31]

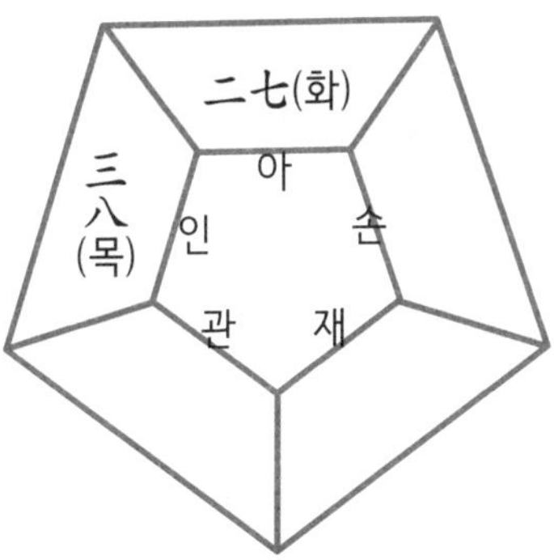
二七(화)
三八(목)
아
인
손
관
재

[32]

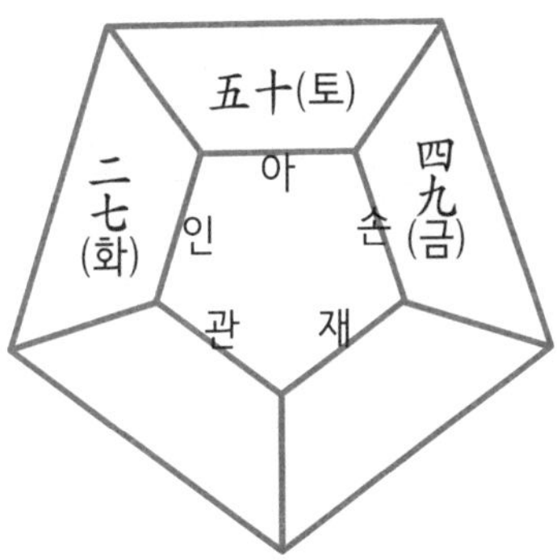
五十(토)
二七(화)
四九(금)
아
인
손
관
재

31번과 32번도 똑같은 통기도이다. 문과적 성향으로 언어에 소질이 있으며, 이 경우 화오행이 왕한 것이 유리하다. 32번은 손효가 금오행으로 번역, 통역, 강사로 활동이 왕성하고, 아이들을 가르치는 일도 많아진다.

직업	학과
번역가	해당언어과
통역가	해당언어과

(3) 손효가 용신인 행권직 : 신왕 / 관인상생

손효(식신이나 상관)을 용신으로 쓰지만, 관인상생도 되는 현장관리직에 해당하는 행권직에 대해 알아보려고 한다.

① 오행이 목화이거나 화토인 경우

[33]

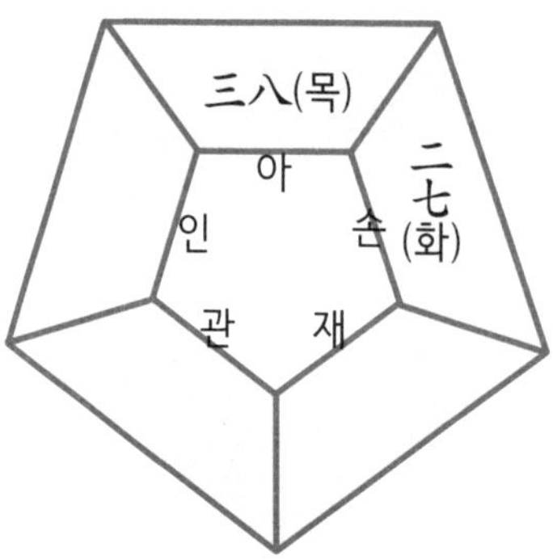
三八(목)
二七(화)
아
인
손
관
재

[34]

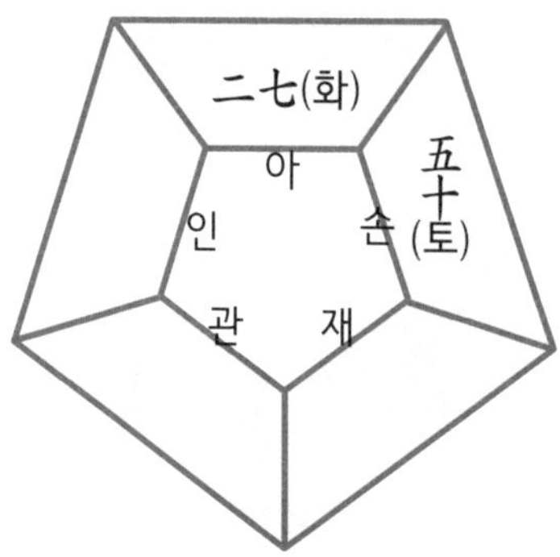
二七(화)
五十(토)
아
인
손
관
재

33번은 일지가 목오행으로, 신왕하다면 손효인 화오행을 쓰기가 쉽다. 손효인 화오행에는 '운송'의 속성이 있다. 이는 제품을 생산하기도 하고 운전으로 이어지기도 하는데, 요즘의 택배라고 생각하면 이해가 쉬울 것이다.

34번은 일지가 화오행이고 손효를 토오행으로 놓으면 택배와 물류로 창고업도 가능하다.

직업	학과
제품생산관련관리자	유통경영학 유통물류학
운송관련관리자	유통경영학 유통물류학
물류관리전문가	물류유통학

② 오행이 목화이거나 수목인 경우

[35]

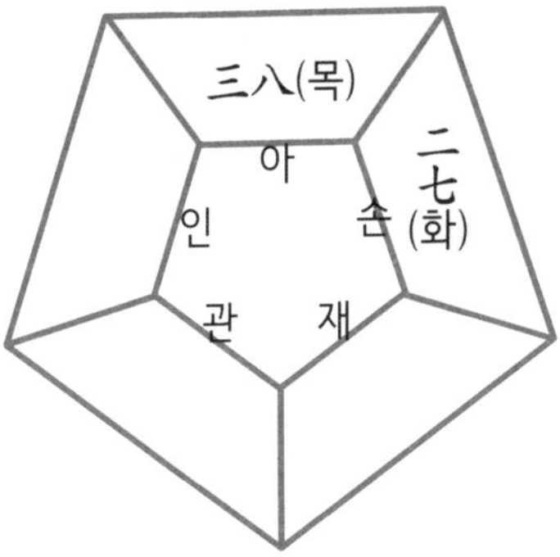

三八(목)
二七(화)
아
인
손
관
재

[36]

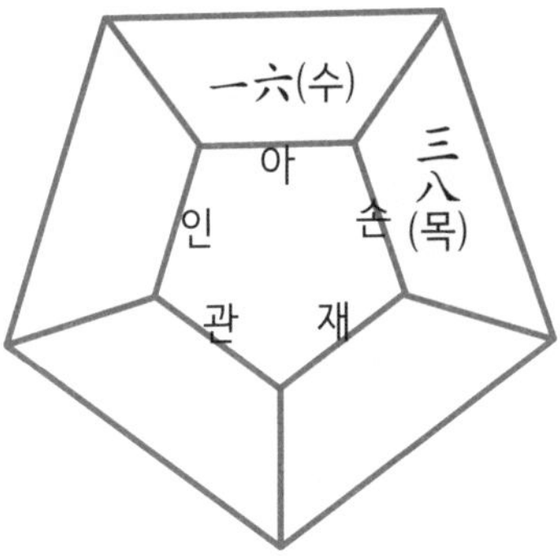

一六(수)
三八(목)
아
인
손
관
재

35번과 36번은 문학과 어학의 영향을 받아 글솜씨가 있다. 반응속도가 빠르므로 취재기자나 디자인, 패션 쪽의 잡지기자도 가능하며, 랩 가사를 쓰는 작사가도 가능하다.

직업	학과
잡지기자	국문학 문창과

4) 손효가 용신인 용살직 : 신왕 / 식신생재

일지가 왕하면 손효를 용신으로 쓸 수 있는데, 식신생재로 내려간다는 것은 근로직이나 현장 생산직으로 돈을 많이 벌 수 있다.

① 오행이 목화인 경우

[37]

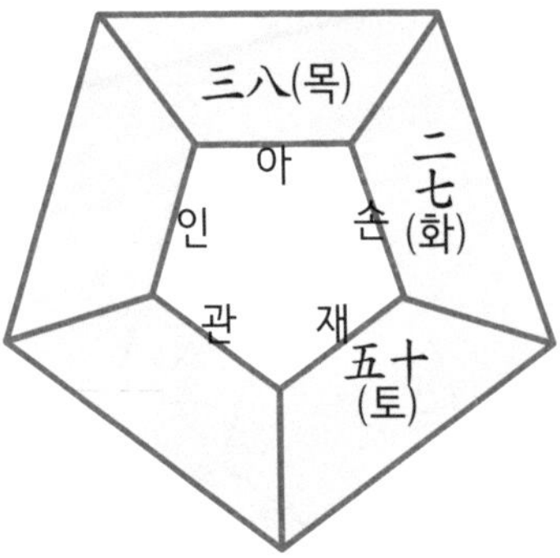
三八(목)
二七(화)
五十(토)
아
손
재
관
인

37번은 자신의 경험과 연습으로 몸소 겪은 경험치가 자산이 되는 경우다. 본인이 직접 실무로 뛰는 일이 많고, 계속하다 보면 실력이 늘어난다. 이럴 때 손효가 강하고 문괘의 배치가 좋으면 놀라운 결과를 만들어 낼 수 있고 돈도 빨리 벌 수 있다.

직업	학과
분장사	뷰티아트과
조사자료처리원	통계학
사무보조원	—
게임시나리오작가	문헌정보학 사서학과
텔레마케터(전화통신판매원)	—
종이제품생산기조작원	기계공학과

목재가공관련조작원	기계공학과
펄프 및 종이제조장치조작원	기계공학과
신발제조기조작원 및 조립원	제화패션학과
패턴사	의류학과
섬유관련 등급원 및 검사원	의류학과
제화원	제화패션학과
인터넷판매원	—
통신기기기술자	정보, 통신공학과, 전기공학과
컴퓨터하드웨어기술자	전기, 전자공학과
통신서비스판매원	전자
애니메이터	애니메이션학
통신망운영기술자	정보, 통신공학과, 전기공학과

② 오행이 목화이거나 금수인 경우

[38]

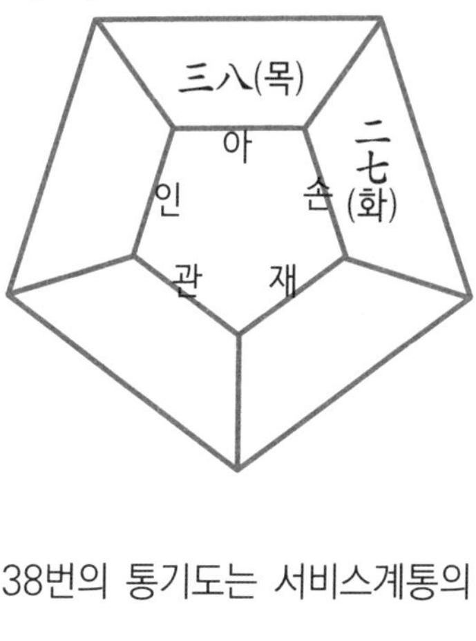
三八(목)
二七(화)
아
인
손
관
재

[39]

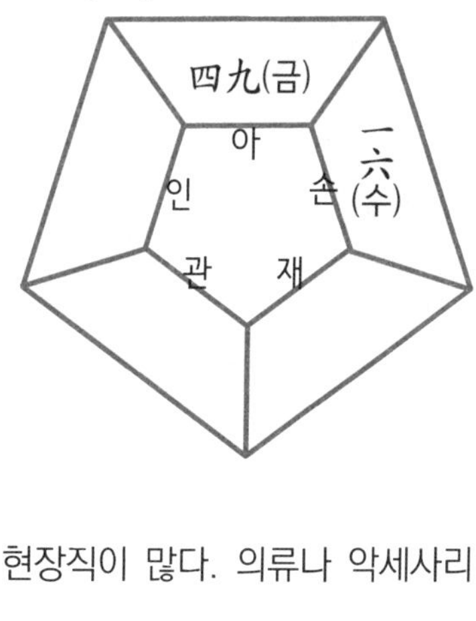
四九(금)
一六(수)
아
인
손
관
재

38번의 통기도는 서비스계통의 현장직이 많다. 의류나 악세사리 판매, 네일이나 메이크업 전문가, 호텔 및 여행사 가이드 등 서비스직 종사자가 많은데, 이 중에서도 최고봉은 어학까지 겸비하는 스튜어디스라고 할 수 있다.
39번은 절도 있는 안내직이나 일부분 살을 쓰는 서비스직종으로 본다. 문신이나 타투 쪽 서비스나 경락마사지 같은 류가 있을 수 있고, 철도나 선박 항공의 관제 및 기계 관측 그리고 무용수나 헬스 트레이너도 가능하다.

직업	학과
열차객실승무원	항공서비스과, 관광경영과
항공기 객실승무원 (금수-키가 크다)	항공서비스과, 관광경영과
대중무용수(백댄서)	예술대학
선박객실승무원	항공서비스과, 관광경영과

③ 오행이 목화이거나 수목인 경우

[40]

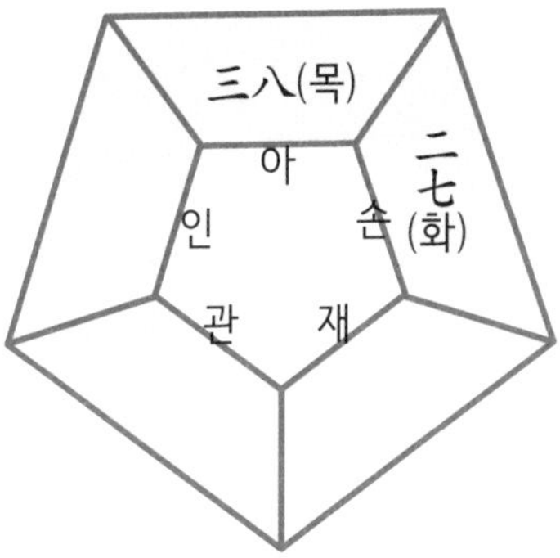
三八(목)
아
二七(화)
인
손
관
재

[41]

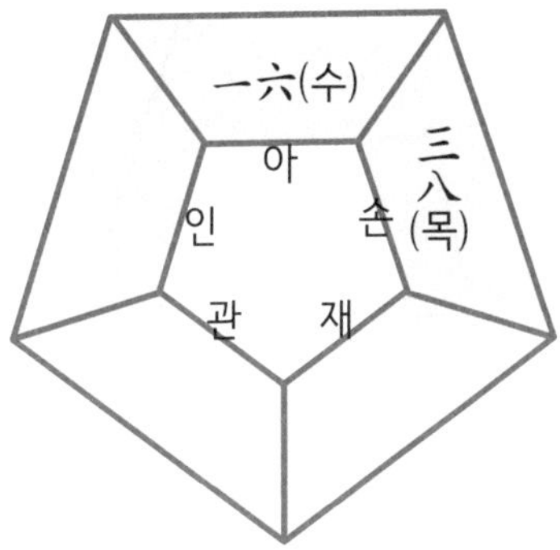
一六(수)
아
三八(목)
인
손
관
재

40번과 41번은 일지가 강할 때 섬유나 의류에 관심과 소질이 있을 수 있다. 41번은 손효의 목오행이 강하면 재료공학이나 신소재 공학 등으로 소재 개발이 가능하고, 이것을 섬유나 종이 등에 이용하기가 쉬워진다.

직업	학과
세탁관련기계조작원	기계공학과
섬유제조기계조작원	재료공학, 신소재공학, 의류학
직조기 및 편직기조작원	재료공학, 신소재공학, 의류학
표백 및 염색관련조작원	재료공학, 신소재공학, 의류학

④ 오행이 목화이거나 수목인 경우

[42]

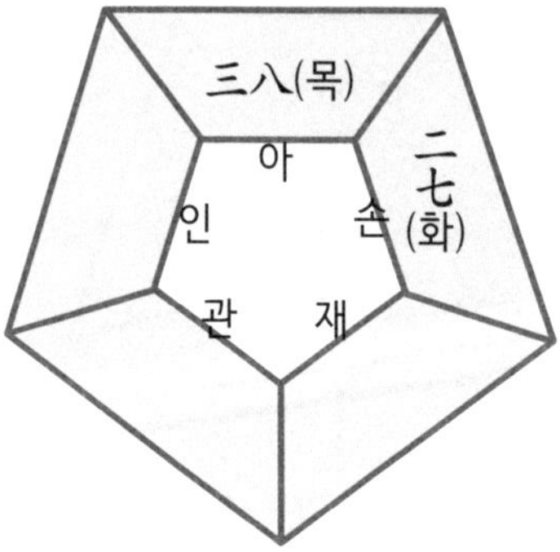
三八(목)
二七(화)
아
인
손
관
재

[43]

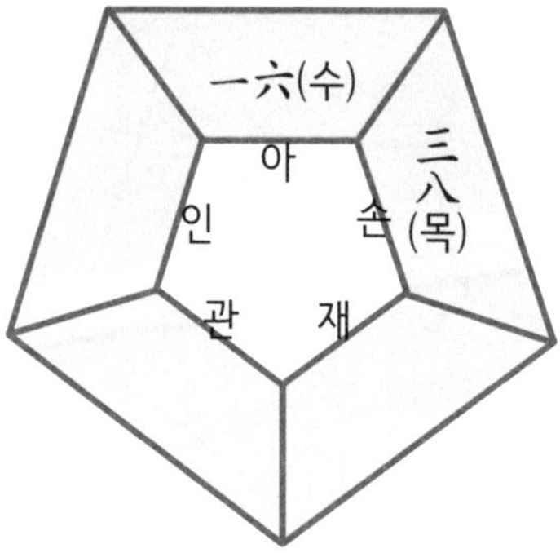
一六(수)
三八(목)
아
인
손
관
재

[44]

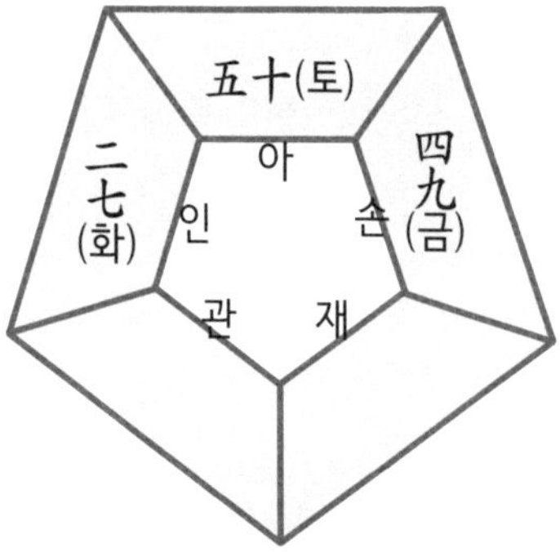
五十(토)
二七(화)
四九(금)
아
인
손
관
재

42번은 일지는 목오행이고 손효는 화오행이다. 43번은 일지는 수오행이고 손효는 목오행이며, 재에 화오행이 오게 된다. 화오행은 '이동 통신' 및 '컴퓨터'에 소질이 있는데 그 부분을 이용하는 것이다.

44번은 소질에 따라 기술자라고 불릴 만큼 응용소프트웨어, 컴퓨터공학, 전기 등 처리 능력에 두각을 나타낼 수 있다. 이런 경우는 중궁이나 년지의 위치 그리고 어떤 오행이 가장 강한가에 따라 일지의 움직임이 달라질 수 있고, 그것을 측정할 수 있다.

직업	학과
웹마스터	컴공과, 응용소프트웨어공학
통신장비기술자	정보, 통신공학과, 전기공학과
네트워크관리자	정보, 통신공학과, 전기공학과

④ 오행이 목화이거나 수목인 경우

[45]

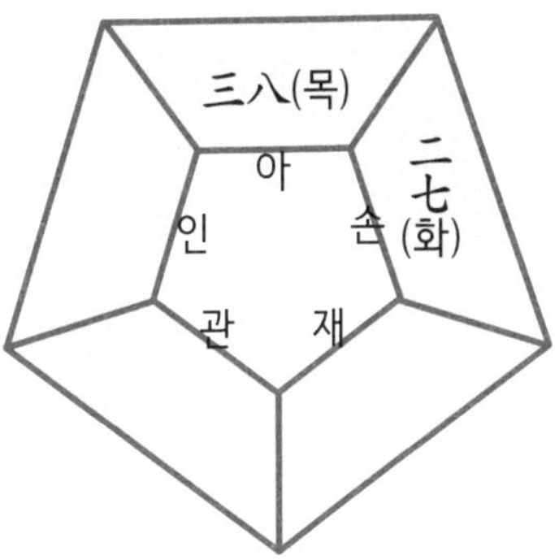
三八(목)
아
二七(화)
인
손
관
재

[46]

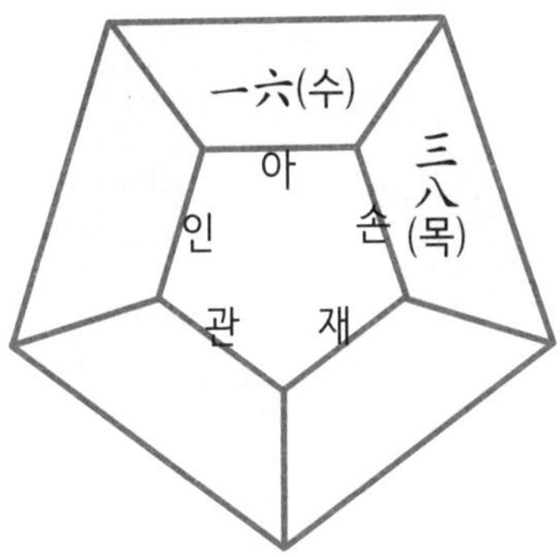
一六(수)
아
三八(목)
인
손
관
재

45번은 여행업, 호텔리어, 유적지 해설자 그리고 요즘은 많이 없어진 전화 교환원 같은 직업들을 생각해 볼 수 있다.
46번은 위의 경우에서 상담직으로 변환이 가능하다. 전화로 하는 상품안내나 마케팅, 병원의 코디네이터도 이런 쪽과 관련이 깊다.

직업	학과
여행관련관리자	관광학
전화교환 및 번호안내원	—
시설 및 견학안내원	—
고객상담원	—

화랑 및 박물관안내원	미술관련학
환경, 청소 및 경비관련관리자	—
호텔관리자	호텔경영학 관광학
주택관리사	경영학 부동산학
파티플래너	레크레션학
레스토랑지배인(수목)	호텔경영학

⑤ 오행이 목화이거나 화토인 경우

[47]

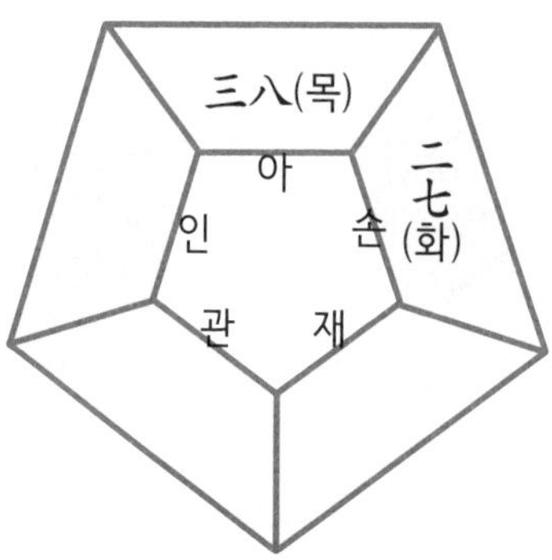

三八(목)
二七(화)
아
인
손
관
재

[48]

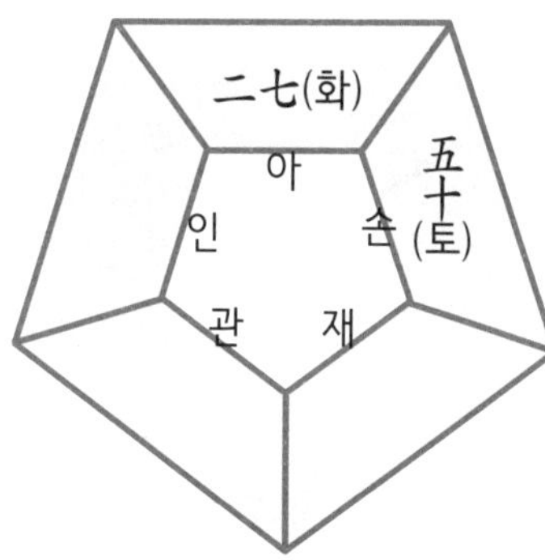

二七(화)
五十(토)
아
인
손
관
재

47번과 48번에서 화오행이 왕하다면 아래의 직업에서 기술직으로 갈 수 있고, 쇼호스트나 인터넷 쇼핑몰을 직접 운영할 수도 있다. 화오행은 이동전화나 컴퓨터 등에 잘 맞는 오행이어서 현시대에 적합한 직종들이 많은 편이다.

직업	학과
통신방송 및 인터넷케이블 설치 및 수리원	전자, 정보통신공학과, 컴공과

여행안내원	관광경영과
컴퓨터설치 및 수리원	컴퓨터공학과
사무기기설치 및 수리원	전기, 전자공학과
안내 및 접수사무원	—
가구제조 및 수리원	공예학과
외국어학원강사	외국어
자연환경안내원	관광경영과
소품관리원	방송관련학
웨이터 및 웨이트리스	호텔, 관광경영과
가전제품설치 및 수리원	전기, 전자공학과
전기 및 전자설비조작원	전기, 전자공학과
조명기사	방송관련학
전기부품 및 제품제조기계조작원	전기, 전자공학과
영사기사	방송관련학
웨딩플래너	관광경영과
전기전자제품 및 부품조립 및 검사원	전기, 전자공학과
혼례종사원	관광경영과
메이크업아티스트	뷰티아트과
네일아티스트	뷰티아트과
놀이시설종사원	관광경영과
연예인매니저	매니저학과
패션코디네이터	의상학과 의류학과
발전장치조작원	전기, 전자공학과
여행사무원	관광경영과

관광통역안내원	관광경영과
결혼상담원(커플매니저)	관광경영과
호텔 및 콘도접객원	항공서비스과, 관광경영과
무대의상관리원	의상학과
마술사	—
전자부품 및 제품제조기계조작원	전기, 전자공학과
가구조립 및 검사원	공예학과
숙박시설서비스원	항공서비스과, 관광경영과
디스플레이어	시각디자인
불꽃놀이전문가	화학
리포터	방송관련학
비디오자키(VJ)	방송관련학
쇼핑호스트	신방과
디스크자키(DJ)	방송연예과
연예프로그램진행자	연극영화과 방송연예과
통신 관련 장비 설치와 수리	전자, 정보통신공학과, 컴공과
컴퓨터강사	컴퓨터

⑥ 오행이 목화이거나 화토이거나 수목인 경우

[49]

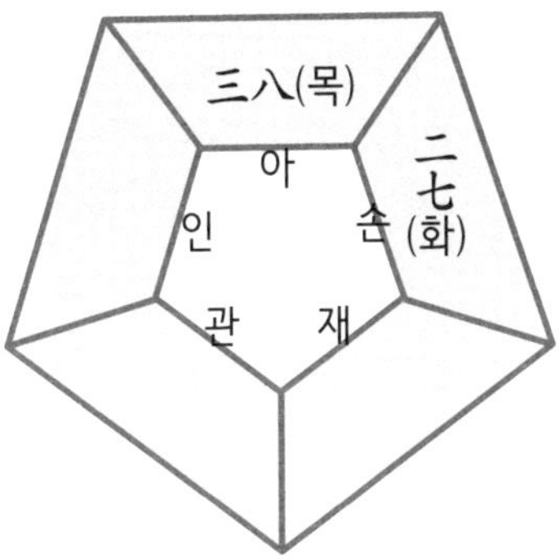
三八(목)
아
二
七
(화)
인
손
관
재

[50]

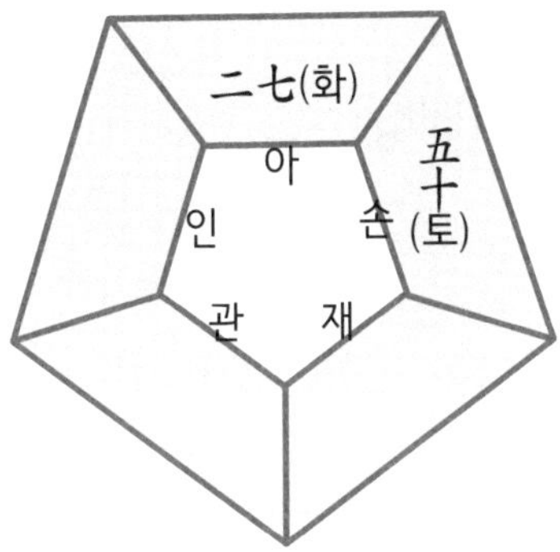
二七(화)
아
五
十
(토)
인
손
관
재

[51]

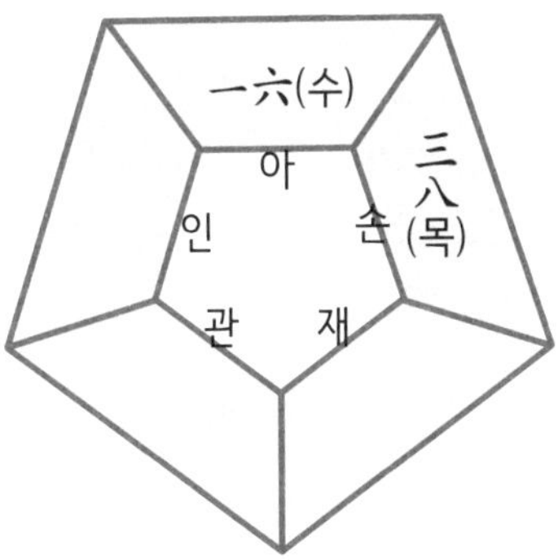
一六(수)
아
三
八
(목)
인
손
관
재

49, 50, 51번도 이제껏 살펴본 것들과 같다. 식신생재라는 것은 근로와 노동에 근간이 있다고 보는 것이다. 일지가 왕하면 이러한 노동과 근로의 부담이 작다. 아르바이트를 구하기 쉽고 보수만 맞는다면 언제라도 일을 할 수 있다. 그러한 형태에서 판매직은 가장 쉽고 일시적인 직종이 될 수도 있다.

직업	학과
편의점수퍼바이저	경영
상점판매원	—
면세상품판매원	—

⑦ 오행이 목화이거나 화토인 경우 - 화가 있어야 하는 직업

[52]

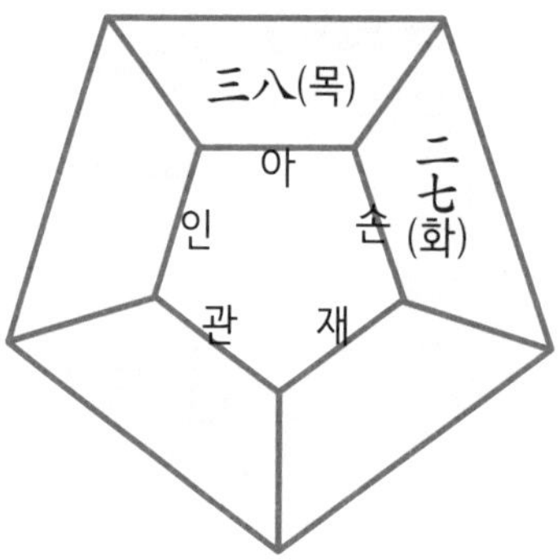

三八(목)
二七(화)
아
인
손
관
재

[53]

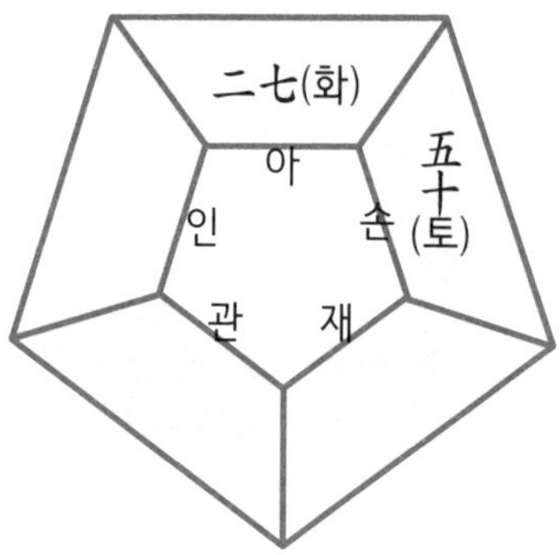

二七(화)
五十(토)
아
인
손
관
재

52번에서 손효를 화오행으로 놓고 일지가 목오행이면 교육과 관련된 일을 하게 된다. 여기서 손효를 말하는 직업, 교육하는 직업으로 놓게 된다면 학원이나 직업훈련소의 강사로 활동할 수 있다. 일지가 왕하다는 가정하에 손효를 쓰는 것이므로 새로운 교육방법과 다양한 개발로 참고서, 혹은 비법 전수 방법을 연구하는 쪽이 되겠다.

53번에서는 일지 화오행이 손효의 토오행으로 내려갈 때 토오행은 응집의 속성을 갖게 된다. 그래서 다른 어떤 오행보다 결정체를 응집한다고 본다. 이는 생산품(물건)이나 토지 개념으로 생각할 수도 있고, 애니메이션 같은 창작물이 될 수도 있다. 애니메이션은 미술의 일종이기도 하고 디자인의 일종이기도 한데, 이 경우 그냥 그림으로의 디자인이 아니라 캐릭터를 생명화하는 작업을 수행한다고 볼 수 있겠다.

직업	학과
직업능력 개발 훈련교사	전공대로
캐릭터디자이너	애니메이션학과

(5) 인수와 손효를 쓰는 용살직 : 신왕 / 식신생재

인수와 손효를 쓰는 용살직이란 도대체 뭘까? 그런 사람은 용신 2개가 다 가능하다는 걸까? 그렇다. 일단 인수효와 손효가 모두 다 동처로 나와 있을 가능성이 높다.

신왕한데도 운로에서 학운이 적당한 나이에 받쳐주어 인수를 획득(자격증 혹은 학벌 등)한 후 손효로 쓰게 되는 경우가 있고, 거꾸로 손효의 획득 후 실무나 실전의 경험을 가지고 현장에서 익힌 다음 이론을 뒷받침하거나 관리직으로 전환하는 경우로 볼 수 있다.

① 오행이 목화이거나 수목인 경우, 화토금인 경우

아래 그림은 인수와 손효를 모두 가지고 있는 통기도이다. 어느 쪽의 용신이라도 쓸 수 있겠지만 일지에게 유리한 용신이 있을 것이다. 인수효와 손효를 둘 가 가지고 있다면 인 훼 손(도식)을 할 우려가 있다. 이렇게 되면 사실 2개의 용신을 다 못쓰게 되기도 한다.

[54]

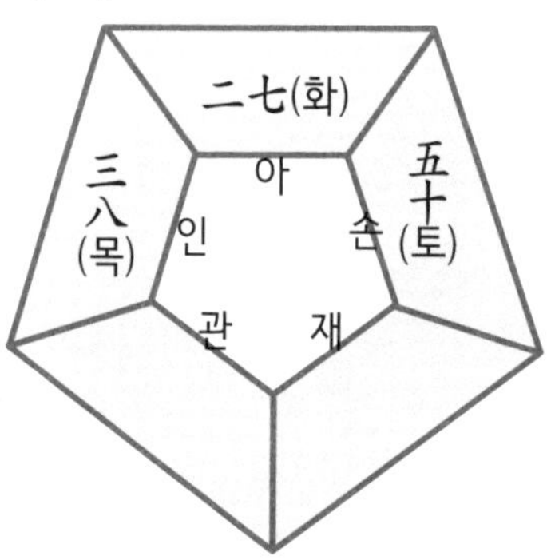

二七(화)
三八(목)
五十(토)
아
인
손
관
재

[55]

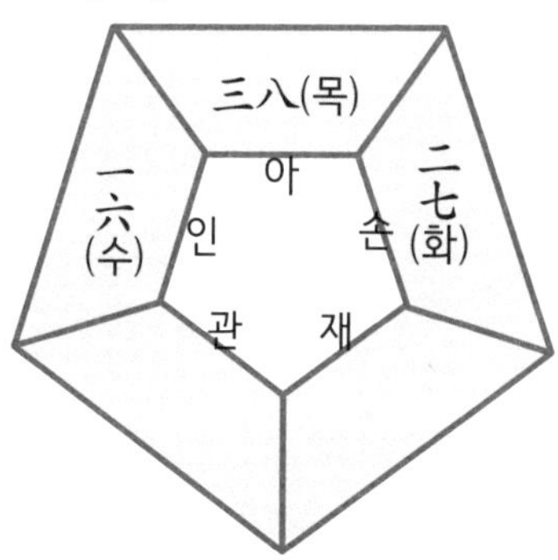

三八(목)
一六(수)
二七(화)
아
인
손
관
재

54번 통기도는 일지의 강약을 보아 유리한 용신을 찾는 것이 좋다. 일지가 왕하다는 가정하에 손효 토오행을 향해 내려갈 것이고, 실전을 겸비한 인수용신 목으로 기획과 관리 사무 능력이 좋아지게 된다. 직업으로 쓰일 것인가는 운로(運路)가 개입되는 순서로 파악한다.

55번은 인수 수오행의 크기로 어느 정도의 영향력을 갖고 있는지 살펴봐야 한다. 일지가 왕하다는 가정하에 손효로 내려갈 가능성이 더 많다. 게임 개발자 혹은 컴퓨터 프로그램 개발 쪽에 무게를 두고, 이후 수오행의 행정이나 허가권 상표 등록 혹은 특허권 등을 염두해 볼 수 있다.

[56]

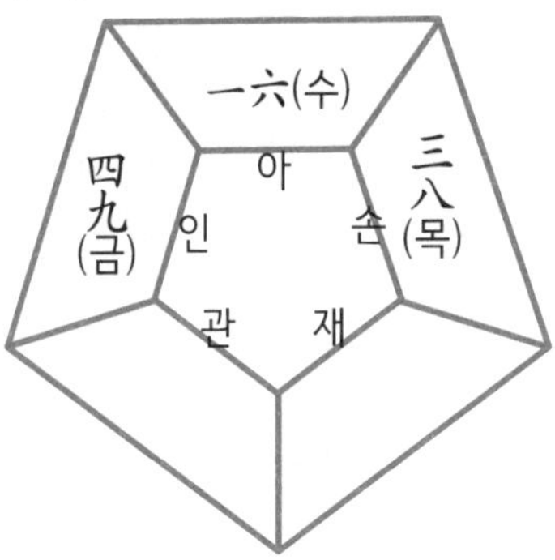
一六(수)
四九(금)
三八(목)
아
인
손
관
재

[57]

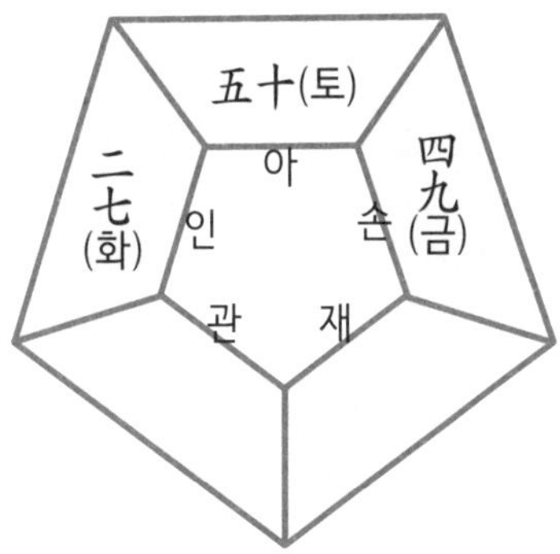
五十(토)
二七(화)
四九(금)
아
인
손
관
재

56번은 인수효에 금오행이 자리 잡고 있으므로 우선적으로 금목의 대립을 살펴봐야 한다. 금목이 인극손하지 않는다면 금오행의 영향을 먼저 받는 것이 유리하다. 손효인 목오행이 더 큰 힘으로 작용하면 어쩔 수 없이 아생손 하겠지만, 우려되는 부분으로 인극손을 할 수밖에 없는 운로가 되면 지금껏 해왔던 손효의 종목을 바꾸는 일이 발생할 수 있다. 그리고 그때 다시 인수효의 장착으로 이론적, 혹은 허가나 권리 등을 재정비해야 하는 일이 발생할 수 있다.

57번은 강력한 금오행이 손효로 등장했으므로 반드시 손효를 쓰는 것이 유리하다. 일지가 신왕하다는 가정하에 뛰어난 기술력을 겸비하며 고난도의 생명을 다루는 일까지 가능하고, 메달을 따는 선수처럼 독보적인 실력을 갖출 수 있다.

직업	학과
애니메이션기획자	컴공과, 응용소프트웨어공학과
웹기획자	컴공과, 응용소프트웨어공학과
웹프로그래머	컴공과, 응용소프트웨어공학과
웹엔지니어	컴공과, 응용소프트웨어공학과
게임기획자	컴공과, 응용소프트웨어공학과
디지털 영상처리전문가	컴공과, 응용소프트웨어공학과

② 오행이 목화이거나 화토인 경우

[58]

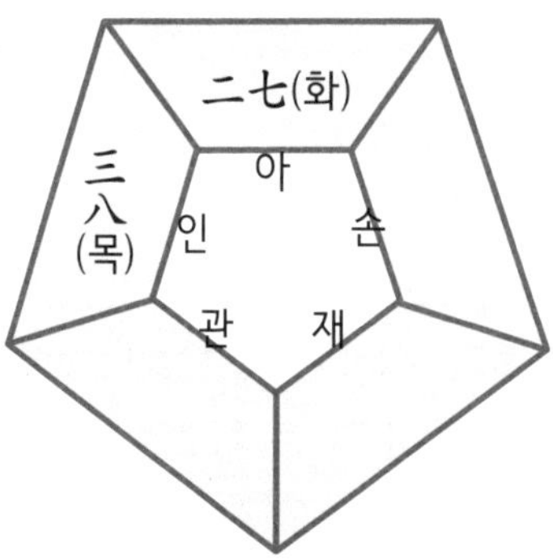
二七(화)
三八(목)
아
인
손
관
재

[59]

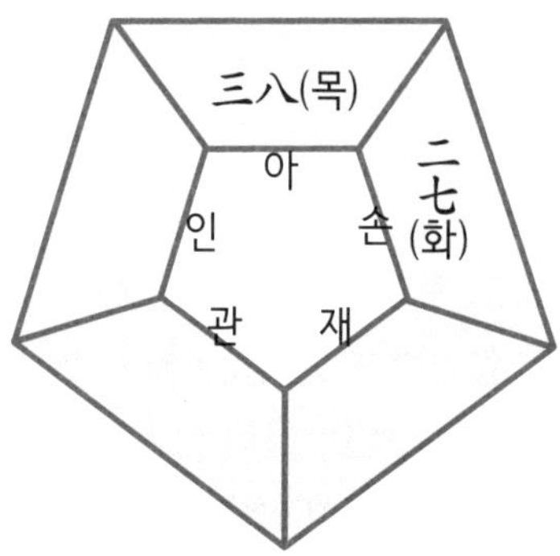
三八(목)
二七(화)
아
인
손
관
재

58번은 인수용신, 59번은는 손용신으로 목화오행을 다르게 배치한 것이다. 이렇게 본다면 각각의 용신이 다르다 해도 같은 직업군 안에 있을 확률이 아주 높다. 그중 58번은 관리직, 사무직 혹은 전문직 쪽이고, 59번은 실무나 현장 혹은 기술직, 생산직일 가능성이 높다.

[59]

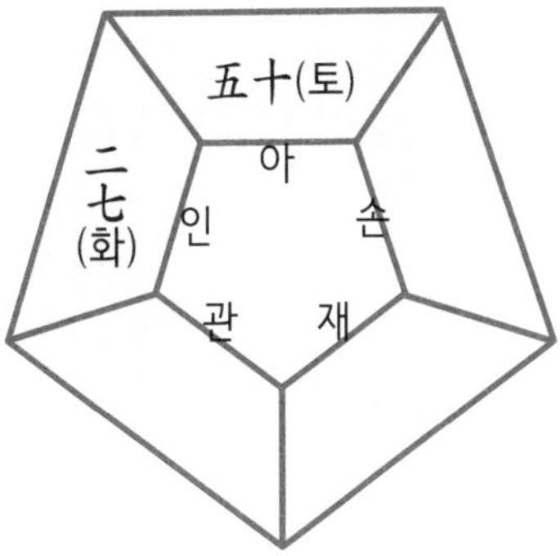
五十(토)
二七(화)
아
인
손
관
재

[60]

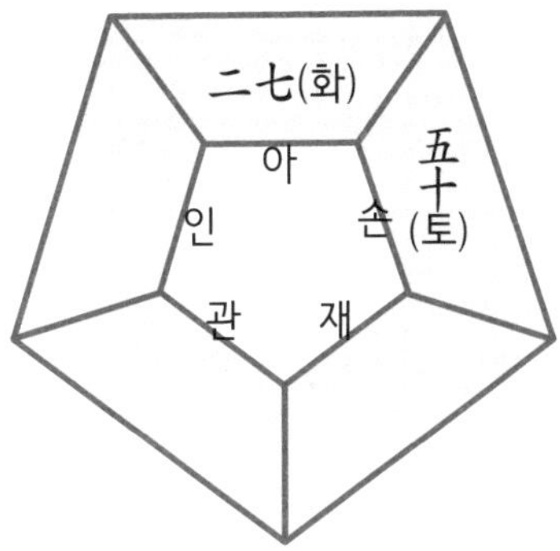
二七(화)
五十(토)
아
인
손
관
재

59번 역시 인수 쪽에 비중을 두는 통기이고, 60번도 손용신에 중점을 두는 통기이다. 인수용신 쪽으로 가면 이론을 겸비한 경우가 유리하고, 손용신으로 가면 실전의 연습과 경험 쪽에 비중을 두는 것으로 보면 된다.

직업	학과
정보시스템운영자	전자, 정보통신공학과, 컴공과
데이터베이스개발자	컴공과, 응용소프트웨어공학과

(6) 재효(재능)을 쓰는 용살직 : 신왕 / 식신생재

용살직이라 말하는 종류는 모두 손효를 용신으로 쓰는 것이 마땅하다. 그런데 재효를 쓸 수 있다는 것은 손효보다 재효가 더 발달되어 잘 쓸 수 있다는 것이다.

① 오행이 목화토인 경우

[61]

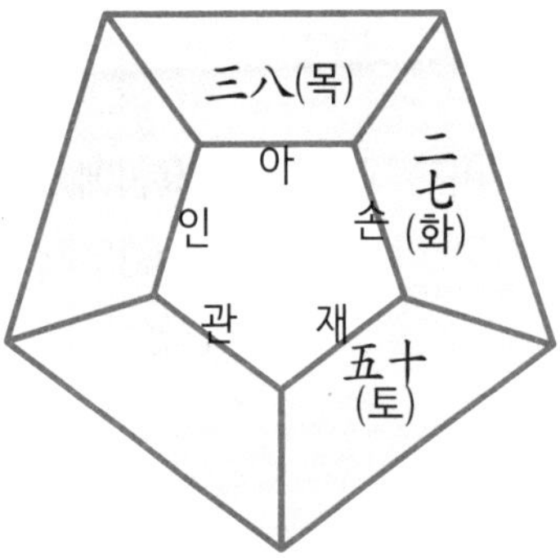
三八(목)
아
二
七
(화)
인
손
관
재
五十
(토)

61번은 재효가 토오행으로 자리 잡고 있다. 이 경우 토오행의 양이 많다면 재효에 특별함을 더해서 쓸 수 있다. 가령 토오행이 가진 미각이 뛰어날 수도 있고, 재효가 육친 중 일간이라면 맛을 감각적으로 느낄 수 있으므로 소믈리에나 실력 좋은 요리사가 될 수 있다.

직업	학과
소믈리에	요리학과

2. 화(火) 관련 직업과 학과

(1) 인수(화)가 용신인 행권직 : 신약 / 관인상생

인수가 화오행으로 일지가 신약하다면, 인수가 용신이 된다. 인수 용신을 타고 관인으로 올라오는 형태에 대하여 알아보기로 한다.

① 오행이 화토인 경우

[1]

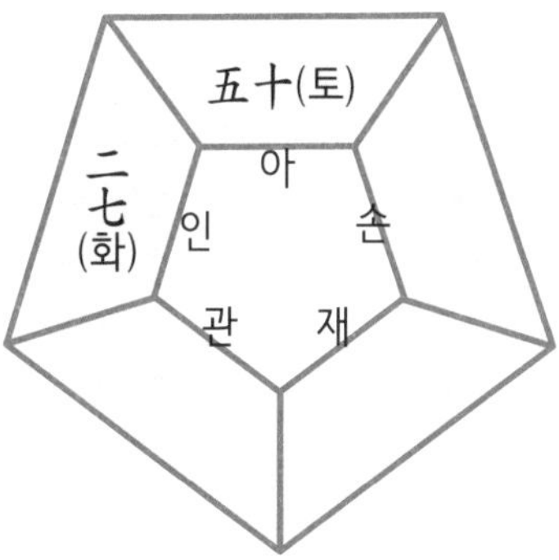
五十(토)
二七(화)
아
인
손
관
재

일지가 토오행으로 신약하다면 인수 화오행이 용신이 되므로 문과가 유리하다. 언어적 소질이 있으며, 시각적이며 미적 감각이 있다. 이런 속성으로 미술이나 디자인 관련 전공을 선택할 수 있다.

직업	학과
미술관장(인이 화)	미술관련 예술대학
미술교사	미술전공 교육학부전

② 오행이 화토면서 손효(금)가 있는 경우

[2]

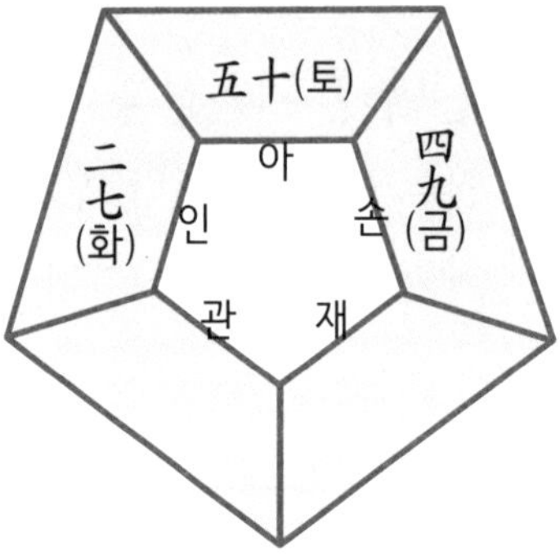
五十(토)
아
二七(화)
인
四九(금)
손
관
재

2번은 화오행을 받은 토일지가 금인 손효를 쓸 수 있는 경우이다. 화오행으로 유아교육과나 미술 관련 학과를 전공할 수 있고, 학원이나 유치원에서 일할 수 있다. 홍보, 마케팅 분야로 진출도 가능하다.

직업	학과
시장 및 여론조사관리자	통계, 경영
유치원장 및 원감(손이 금)	유아교육, 교육

③ 오행이 화토이거나 목화인 경우

[3]

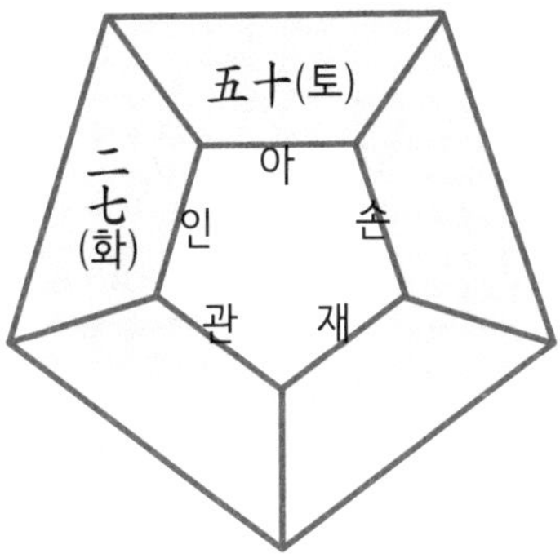
五十(토)
二七(화)
아
인
손
관
재

[4]

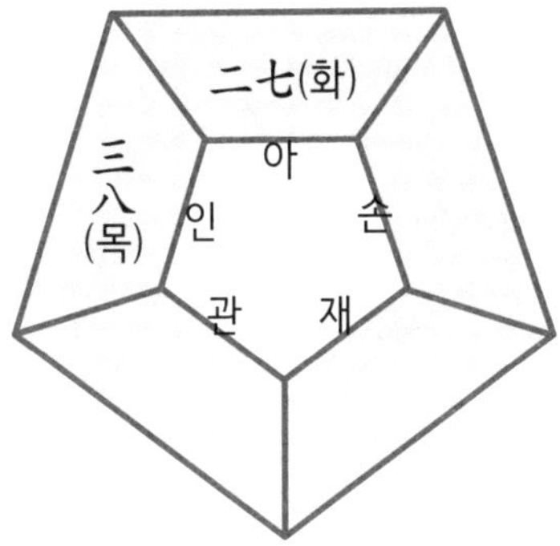
二七(화)
三八(목)
아
인
손
관
재

3번은 인수효가 화오행, 4번은 일지가 화오행으로 달라 보이지만 비슷한 방향으로 흘러간다. 화오행의 이과적 속성으로는 전기, 전자, 화학, 화공, 컴퓨터 등을 들 수 있어 아래와 같은 직업과 학과가 잘 맞는다.

직업	학과
전기/전자시험원	전기공학과, 전자공학과
풍력발전연구 및 개발자	전기공학과, 전자공학과
화학연구원	화학
기후변화전문가 (기후-통계 화로 봄)	환경공학 대기과학
교통안전연구원	도시공학과, 토목공학과

④ 오행이 화토이거나 목화이거나 수목인 경우

[5]

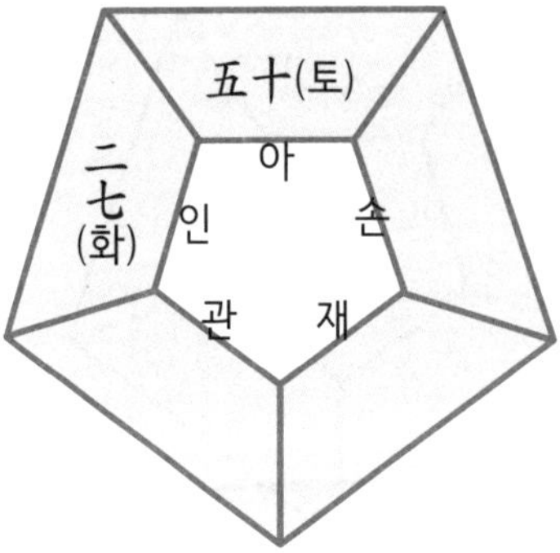
五十(토)
二七(화)
아
인
손
관
재

[6]

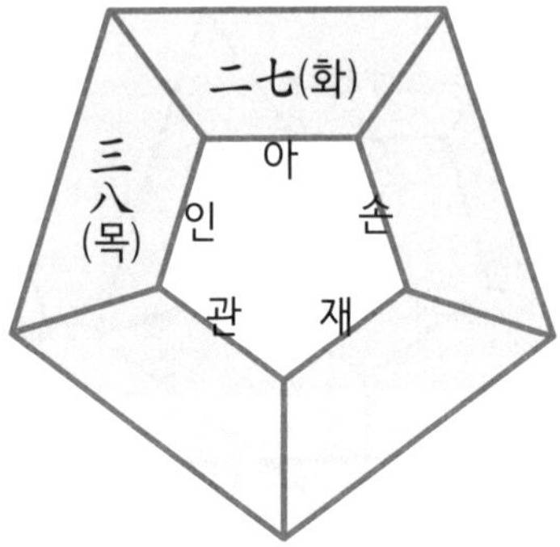
二七(화)
三八(목)
아
인
손
관
재

[7]

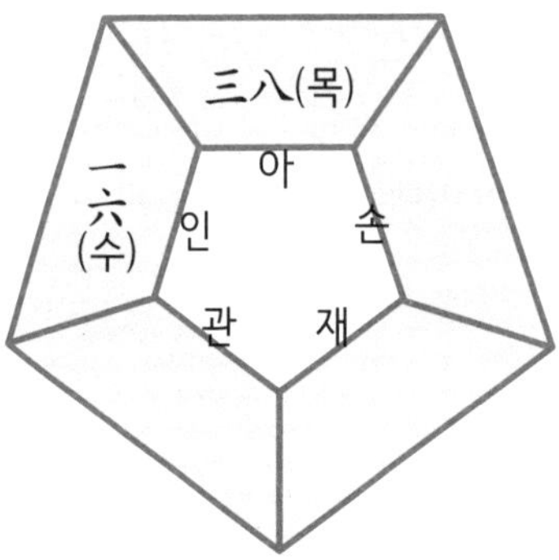
三八(목)
一六(수)
아
인
손
관
재

5번은 인수에, 6번은 일지에 화오행을 가지고 있다. 인수로 화오행을 쓰거나 6번처럼 목오행의 생을 받은 일지도 화오행의 속성이 커지게 된다.

6번과 7번은 목오행이 공통이다. 목오행이 왕하면 문과 계열과 교육 분야가 잘 맞는다.

직업	학과
연료전지개발 및 연구자	재료, 금속화학공학, 신소재공학

토목기사	토목공학과
통역사, 번역사	언어학과

⑤ 오행이 화토이거나 토금인 경우

[8] [9]

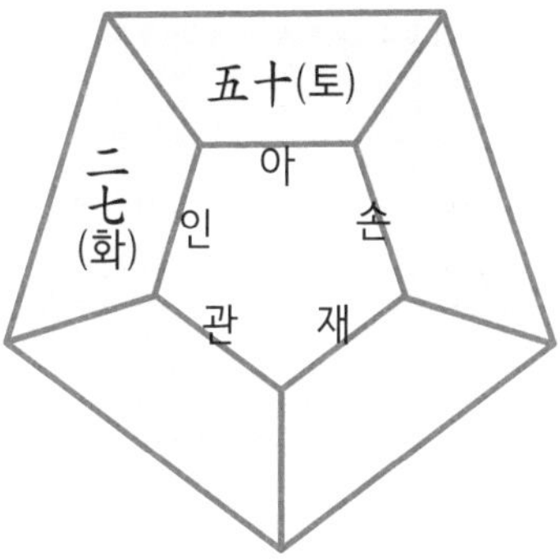
五十(토)
二七(화)
아
인
손
관
재

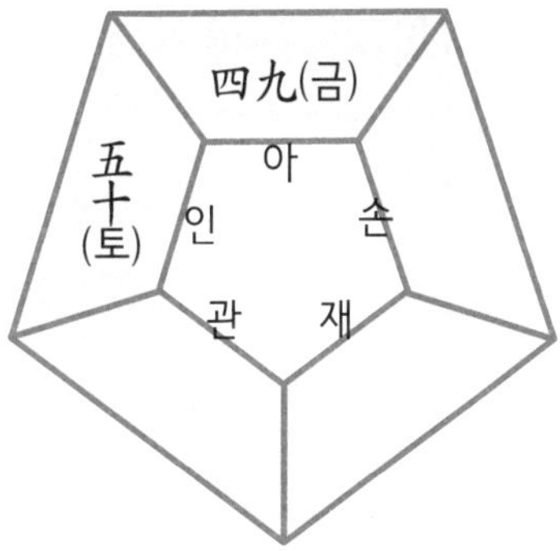
四九(금)
五十(토)
아
인
손
관
재

8번은 화오행의 영향을 받은 토 일지이고, 9번은 토오행이 인수이다. 두 경우 모두 건축이나 부동산과 관련이 있고, 전산이나 통계쪽과도 관련이 있다.

직업	학과
건축안전기술자	건축설비공학과, 건축학과
보험계리사	통계학, 회계학, 수학
병원행정사무원	보건행정학
건축감리기술자	건축설비공학과, 건축학과
부동산 및 임대업관리자	부동산학
건축구조기술자	건축설비공학과, 건축학과
건축설계기술자	건축설비공학과, 건축학과

부동산펀드매니저	부동산학
건축공학기술자	건축설비공학과, 건축학과
감정평가사	부동산학
분양 및 임대사무원	부동산학

(2) 인수(화)가 용신인 용살직 : 신약 / 신식생재

일지가 신약하면, 용신은 인수여야 한다. 용살직이 식상생재로 내려가지만, 일지가 신약하다면 인수가 이것을 보충해 주어야 한다. 여기서 인수는 자격이나 허가, 기술력, 혹은 학벌이라도 갖추는 것을 말한다.

① 오행이 화토인 경우

[10]

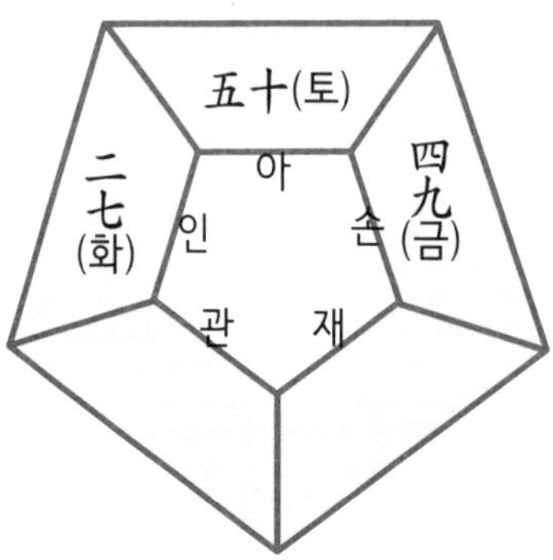
五十(토)
二
七
(화)
四
九
(금)
아
인
손
관
재

10번은 금오행이 식상(손효)이 되므로 금오행의 속성을 따르게 된다. 이런 경우 일지가 신약하면 식상의 일을 하기가 벅차고 힘이 든다. 이럴 때에는 인수용신을 사용하지 않으면 일의 종류가 하급으로 떨어지고 전문성이 없으므로 벌 수 있는 돈이 적어질 수 있다. 간호나 사회복지에 관련된 자격증이나 섬유, 컴퓨터, 전산처리 기술 등과 관련이 있다.

직업	학과
간호조무사	간호조무사자격시험취득
자동차운전강사	-
직물디자이너(텍스타일디자이너)	섬유공예학 디자인학

② 오행이 화토이거나 토금인 경우

[11]

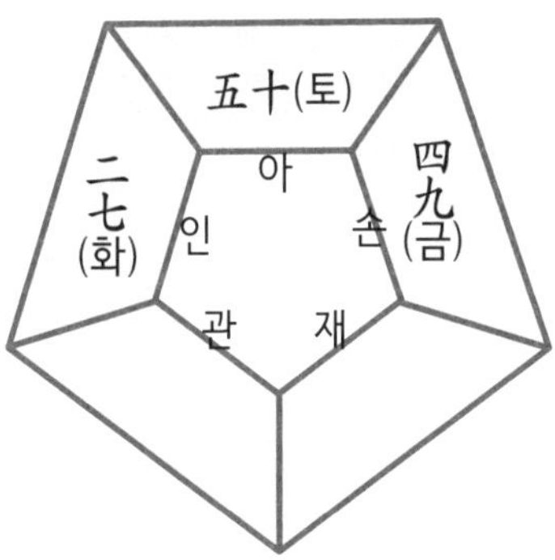
五十(토)
二七(화)
四九(금)
아
인
손
관
재

[12]

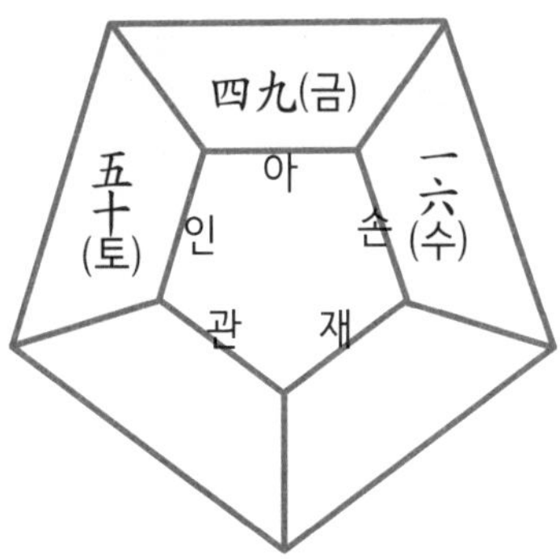
四九(금)
五十(토)
一六(수)
아
인
손
관
재

11번과 12번은 에너지 쪽으로 생각해 볼 수 있다. 에너지 관련 학과나 산업공학, 신소재 공학, 섬유공학 등이 있다. 12번은 수오행이 식상이므로 생물학, 환경공학 등이 더해지겠다.

직업	학과
에너지공학기술자	환경공학과
원자력공학기술자	환경공학과

③ 오행이 화토이면서 식상이 금인 경우

[13]

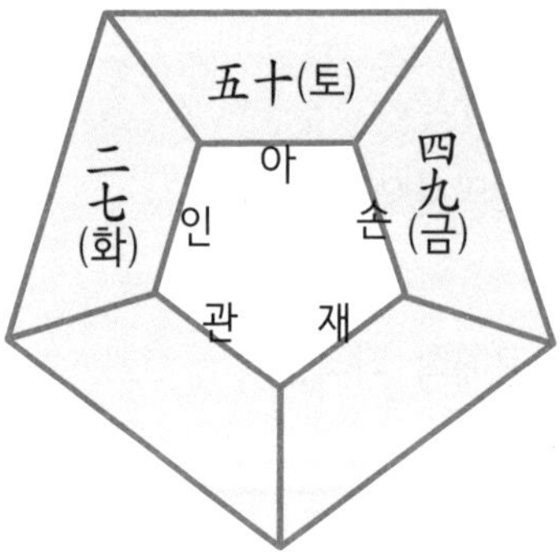
五十(토)
二七(화)
四九(금)
아
인
손
관
재

13번은 11번처럼 식상이 금인 경우다. 식상이 약할 경우 인수의 화오행을 발달시켜 자격증을 가지고 일을 하면 된다. 화오행은 언어에 특화되어 있으므로 언어치료사가 될 수 있다. 화와 토오행의 속성 중 '향기', '색채'가 있으므로 조향사나 미술 심리치료사도 가능하다.

직업	학과
향기치료사(아로마테라피스트)	미술 심리학 재활학
웃음치료사	심리학/ 자격증 취득
학예사(큐레이터)	학예사관련학(미술관련, 역사)

④ 오행이 화토면서 토오행이 왕하고 손효 금오행도 왕한 경우

[14]

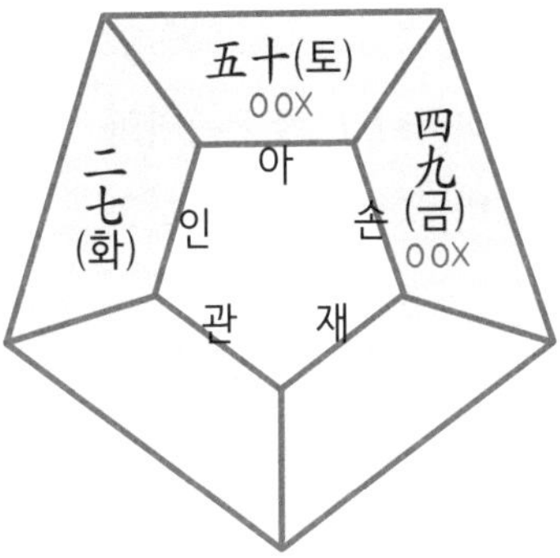
五十(토)
OOX
아
二
七
(화)
인
四
九
(금)
손
OOX
관
재

14번도 11~13번과 형태는 같다. 이번에는 식상(손효) 금오행이 강할 경우이다. 금오행이 강하면 식상 쪽에 기운에 쏠리게 되는데, 간호 계통의 일이 잘 맞는다. 수술실 보조나 호스피스, 물리치료 등 적극적이고 강한 일을 하는 경우가 많다. 의사가 된다면 신경외과, 심장외과, 뇌신경외과, 정형외과 등 수술이 많은 외과 의사가 되며, 화오행이 강하면 미적 감각이 좋은 성형외과 의사가 될 수도 있다. 의사의 명국이라면 일지도 신왕한 것이 유리하다.

직업	학과
수술실간호사	간호학
안경사	안경학과
의료코디네이터	보건행정학
의료관광코디네이터	간호학 보건학
외과의사(손-금이 더셈)	의대
성형외과의사	의대

크레인&호이스트운전원(손금)	— 자격증 취득
토목공학기술자(손 금)	건축설비공학과, 토목공학과
토목시공기술자(손 금)	건축설비공학과, 토목공학과
토목감리기술자(손 금)	건축설비공학과, 토목공학과
토목구조설계기술자(손 금)	건축설비공학과, 토목공학과
토목안전환경기술자(손 금)	건축설비공학과, 토목공학과

⑤ 오행이 화토이거나 금수인 경우

[15]

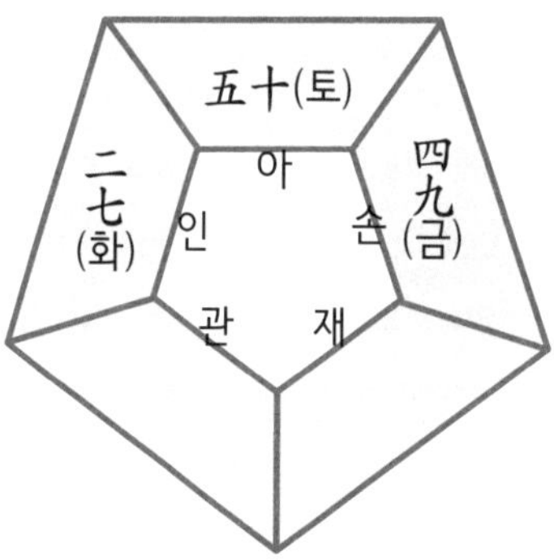
五十(토)
二七(화)
四九(금)
아
인
손
관
재

[16]

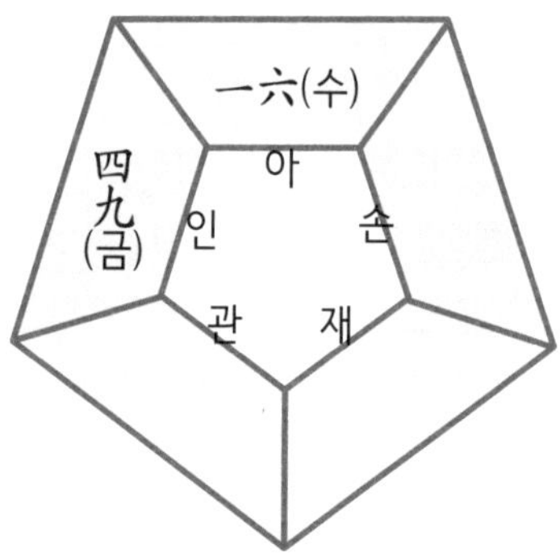
一六(수)
四九(금)
아
인
손
관
재

15번과 16번은 얼핏 공통점이 전혀 없어 보이지만 그렇지 않다. 15번은 인수가 화오행으로 화토지만 식상이 금오행이다. 용살을 금오행으로 쓸 수 있으며, 이때는 임종 간호사, 사회복지사 등이 적합하고, 또 잘 할 수 있다. 용살이란 결국 실무에 적합하기 때문이다.

16번은 금이 인수용신으로 15번과 반대자리에 있다. 이때는 일지가 신약하므로 금오행에서의 인수를 전공하거나 습득하는 것은 같다. 하지만 인수효 금과 일지 수오행은 이론가나 관리직 혹은 순수학문 쪽으로 빠지기 쉽다. 그래서 의료 행정이나 수술 의사가 아닌, 교육 분야나 이론가로 남을 수 있다. 15번은 실무, 16번은 이론에 가깝다.

직업	학과
치과위생사	치위생학
임상연구코디네이터	임상병리학
물리치료사	물리치료학
임상심리사(심리치료사)	사회복지 심리학
작업치료사	작업치료학 물리치료학
유치원교사	유아교육

⑥ 오행이 화토이거나 목화인 경우

[17]

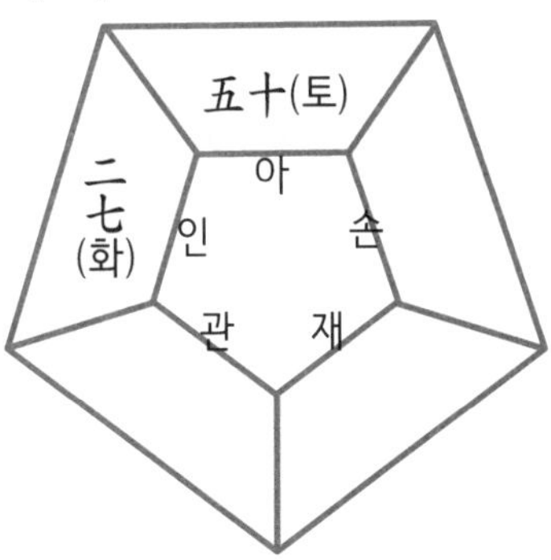

五十(토)
二七(화)
아
인
손
관
재

[18]

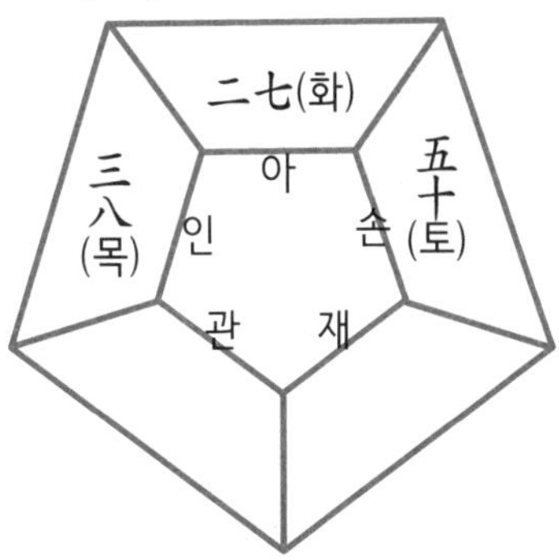

二七(화)
三八(목)
五十(토)
아
인
손
관
재

17번은 인수가 화오행, 18번은 일지가 화오행이다. 토오행을 기준으로 보면 18번은 손효가 토오행이 된다. 둘 다 화의 속성 중 컴퓨터, 반도체, 전기, 전자, 통신 쪽의 일을 공유한다.

직업	학과
전자계측제어기술자	전기공학과, 전자공학과
전기감리기술자	전기전자학
전자제품개발기술자	전기공학과, 전자공학과
반도체장비기술자	전기공학과, 전자공학과
통신기술개발자	정보, 통신공학과, 전기공학과
반도체공학기술자	전기공학과, 전자공학과

⑦ 오행 중 토오행이 일지, 손효, 인수인 경우

[19]

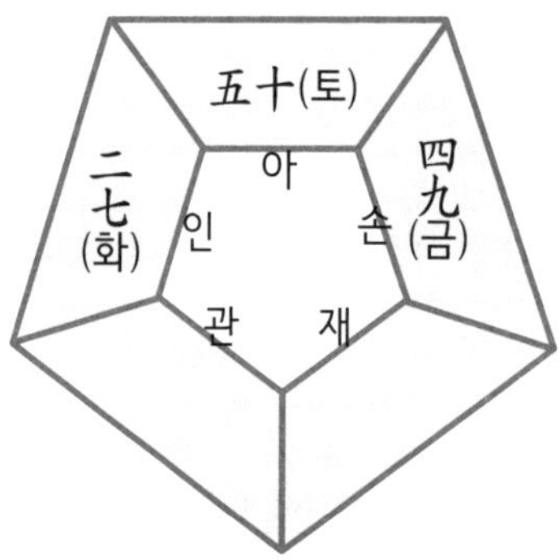

五十(토)
二七(화)
四九(금)
아
인
손
관
재

[20]

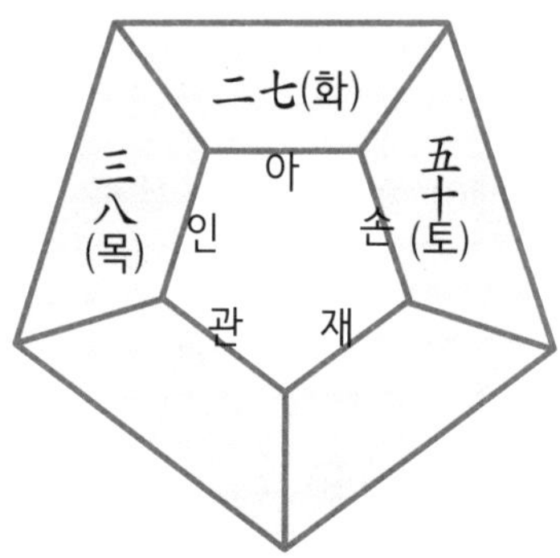

二七(화)
三八(목)
五十(토)
아
인
손
관
재

[21]

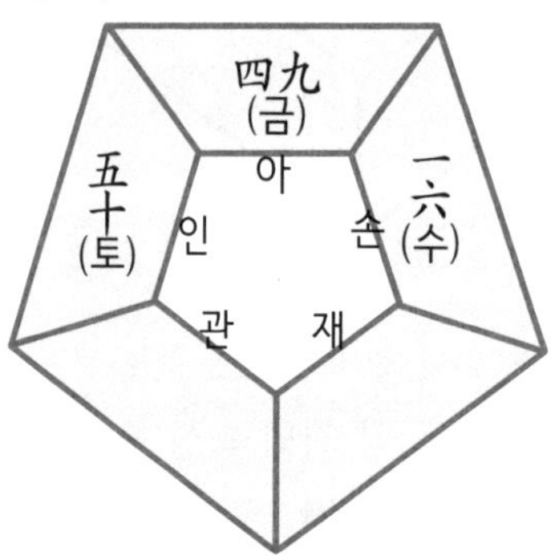

四九(금)
五十(토)
一六(수)
아
인
손
관
재

19번과 20번, 21번의 공통점은 어디엔가 토오행이 있다는 것이다. 토오행의 속성 중 가장 대표적인 것은 토지, 즉 땅이다. 하지만 여기서 토지는 부동산이라기보다 먹을거리가 나오는 생산 개념의 땅이라 할 수 있다. 농사를 짓는다든가, 버섯을 재배한다든가, 나무를 키운다든가, 아니면 조개를 채취한다든가. 농업, 임업, 수산업, 축산업까지 모두 포함한 개념의 토라고 생각하면 된다. 요즘 시대에는 매실 농장을 한다거나, 된장을 만들어 파는 등 일차적인 농사의 개념에서 한층 발전했다. 토오행의 속성이 전반적인 식품에 관여되어 있다는 것을 알 수 있다.

19번은 일지가 토오행이며, 태어날 때부터 땅과 인연이 있다고 본다. 여기에 화오행의 인수를 받는다면 식품을 가공하거나 땅을 변형시켜 사용하는데 장점이 있다.

20번은 토오행이 식상효에 있으므로 직접 기르거나 효소를 담그는 등 여러 형태로 생산이 가능하다.

21번은 토오행이 인수효이므로 재배 기술이나 개량종 연구, 식품에 관한 새로운 공법이나 특허 등에 유리하며, 독점권을 소유할 수 있다. 이렇듯 통기도의 변형을 고려하면 더 넓게 알 수 있다.

직업	학과
특용작물 재배자(일, 손-토)	농업학과

⑧ 오행이 화토이거나 목화이거나 수목인 경우

22번, 23번, 24번의 공통점은 인수가 화오행이거나 일지가 화오행 혹은 손효가 화오행인 통기도라는 것이다. 약간의 차이는 있을 수 있으나 화오행의 역할을 나누어 생각해 보길 바란다.

[22]

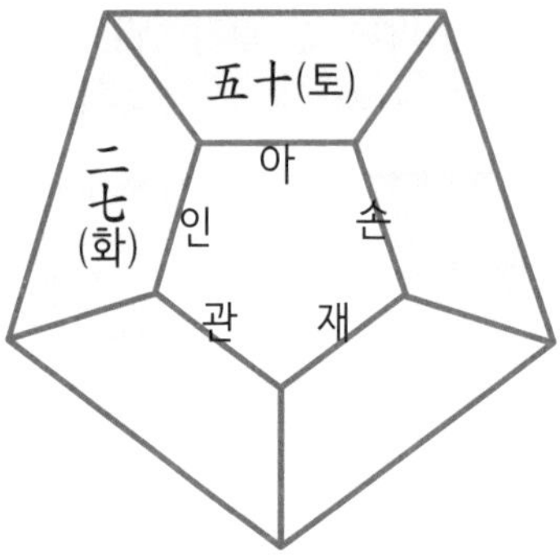
五十(토)
二七(화)
아
인
손
관
재

[23]

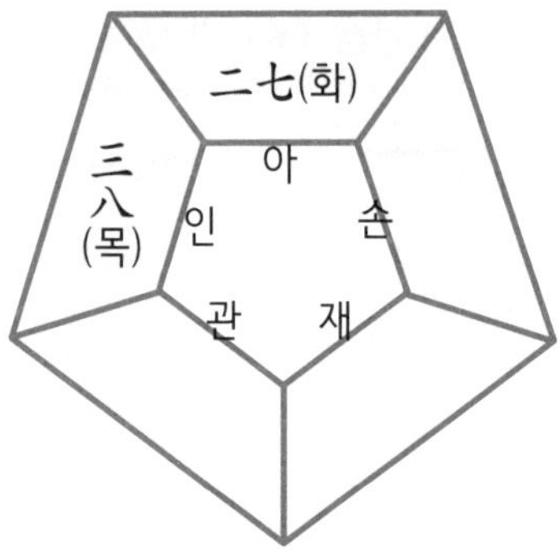
二七(화)
三八(목)
아
인
손
관
재

22번은 인수가 화오행으로 책을 통해 익히고 적당한 기관을 거쳐 자격증을 소지하는 경우가 된다. 분명 실무에 적용하는데 시간과 노력이 필요하고 전문인이 되기까지 시간이 소요될 것이다. 이런 경우라면 일지가 신약한 것이 유리하며 자격 획득 후 손효의 영향을 받아 수련 후 기술자가 되는 과정을 거치는 것이 유리하다.

23번은 일지가 화오행으로 인수효인 목으로부터 생을 받는다. 일지 자체가 화오행의 속성이 커지면서 화오행과 관련된 화학, 전자, 전기, 재료공학, 섬유 분야에 소질을 가진다. 여기에 손효인 토오행까지 있다면 실무를 접하는 데 더욱 속도가 붙는다. 자격증을 따는 것보다는 일단 실무나 현장에서 오는 감이 빠를 수 있다.

[24]

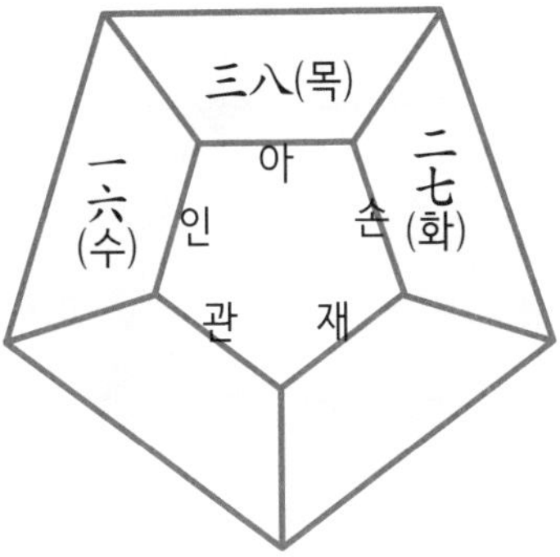

三八(목)
아
一六(수)
인
손
二七(화)
관
재

24번은 일단 일을 하면서 기술을 익히는 것이 좋다. 생계를 위해서건, 돈을 벌기 위해서건 허드렛일부터 시작해서 숙련 기간을 거친다. 현장에서 손으로 익히는 만큼 이론적 배경이 없는 경우가 많지만, 익히는 시간이 빨라 좋은 기술을 지닌 노동자가 될 수 있다. 위의 통기도를 보면 다 같은 분야에 종사할 수 있다. 하지만 기술이나 특허에 관련된 업무인가, 기술 생산직 근로자인가, 아니면 생산 관리직 파트인가 하는 것을 설명해 줄 수 있다.

직업	학과
조향사	재료, 금속화학공학, 신소재공학
의약품화학공학기술자	재료, 금속화학공학, 신소재공학
고무 및 플라스틱화학공학기술자	재료, 금속화학공학, 신소재공학
비누 및 화장품화학공학기술자	재료, 금속화학공학, 신소재공학
도료 및 농약품화학공학기술자	재료, 금속화학공학, 신소재공학
석유화학공학기술자(화꼭있어야)	재료, 금속화학공학, 신소재공학
음식료품화학공학기술자	재료, 금속화학공학, 신소재공학
화학공학시험원	재료, 금속화학공학, 신소재공학

⑨ 오행이 화토이거나 수목이면서 손효가 화인 경우

[25]

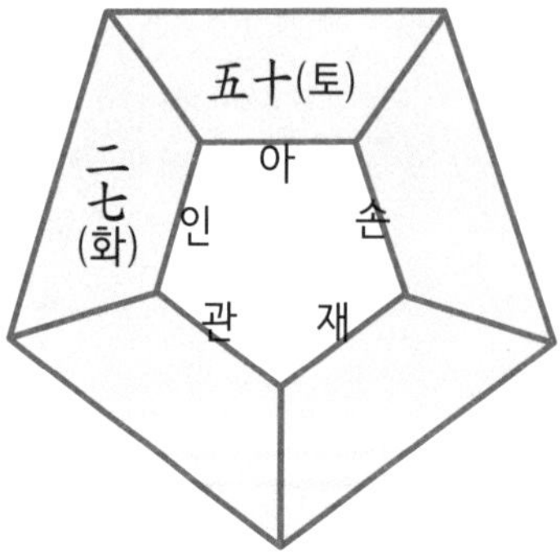
五十(토)
아
二
七
(화)
인
손
관
재

[26]

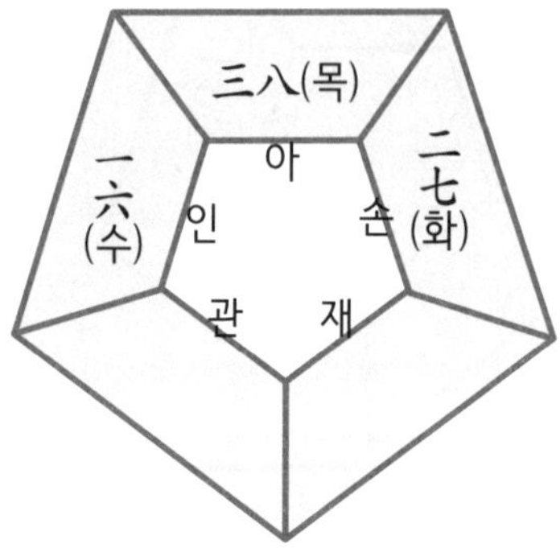
三八(목)
아
一
六
(수)
인
손
二
七
(화)
관
재

25번은 화오행이 인수에 있고, 26번은 화오행이 손효에 있다. 25번은 화이트칼라 쪽으로, 26번은 블루칼라 쪽으로 방향을 잡은 것이다. 물론 이 때 일지의 강약은 무엇보다 중요하다. 화오행의 속성에는 미술, 디자인, 색채, 조명, 화장품 등이 있다. 일지가 신약하다는 조건 하에 화오행을 인수로 하면 미술 혹은 디자인을 전공할 수 있고, 식상(손)에 화오행을 놓으면 의류디자인, 상품디자인 등의 분야에서 일을 할 수 있다.

직업	학과
패션디자이너(손-화, 금)	패션디자인학 의상학
주얼리디자이너	디자인과
신발디자이너	디자인과
휴대폰디자이너	산업디자인과
조명디자이너	산업디자인과
가방디자이너	디자인과
속옷디자이너(손-화, 금)	패션디자인학, 의상학

팬시 및 완구디자이너	디자인과

⑩ 오행이 화토이거나 토금인 경우

[27]

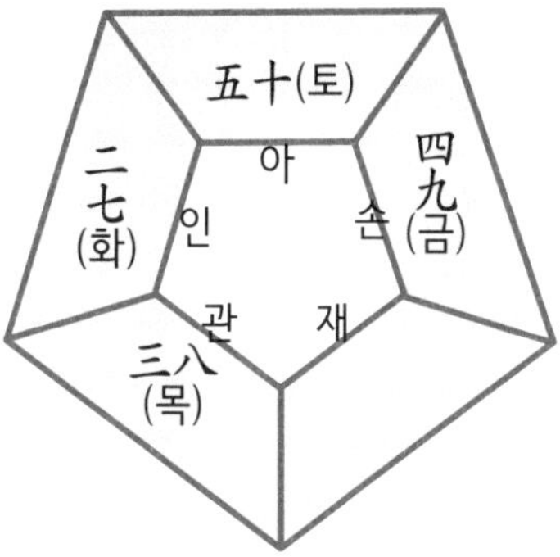
五十(토)
二七(화)
四九(금)
三八(목)
아
인
손
관
재

[28]

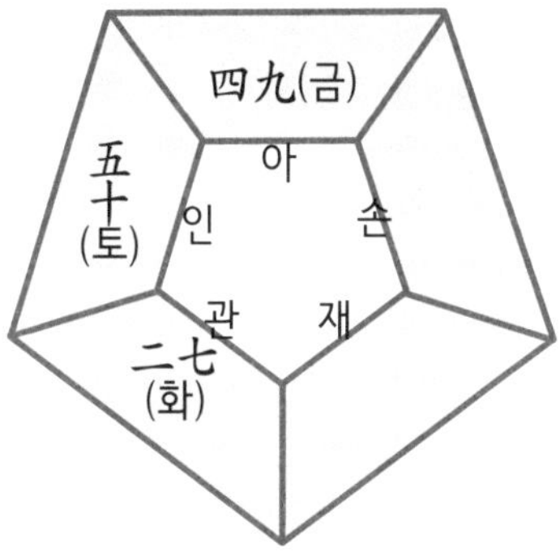
四九(금)
五十(토)
二七(화)
아
인
손
관
재

27번은 금오행이 손효에 있다. 금오행을 손으로 사용하는 것 중 가장 큰 하나가 사람의 생명을 다루는 의사이다. 의사는 자격과 허가 그리고 이론에 기초하는 직업이다. 하지만 결국 수술을 하거나 치료를 해야 할 때는 연습과 고도의 실무가 필요하다. 인턴과 레지턴트라는 훈련 기간을 거쳐야 하고, 우리가 흔히 명의라고 부르는 금손을 가지려면 손효에 금오행이 자리하는 것이 유리하다. 의사라는 직업은 결국 인수의 도움만으로는 수술을 잘 하는 의사가 되기 쉽지 않다. 관효의 도움이 함께 있을 때 좋은 학교를 우수한 성적으로 졸업하고, 수련 과정에서도 두각을 나타낼 수 있는 구조가 된다. 이러한 구조에 의사로서 가질 수 있는 문괘성장을 가지면 더없이 좋은 의사 명국이 된다.

28번은 인수효가 토오행이고 일지가 금오행이다. 관이 화오행인 것은 오행의 속성으로 일지에게 직접적으로 영향을 미치기보다는 인수효에 영향을 주고, 이후 일지에 영향을 주는 계단식이다. 인수 토오행의 속성 중 토지나 토목, 건설, 부동산 등으로 쓰임새가 있는데, 여기에 관의 화오행이 영향을 주면 미적 감각이 조금 더해질 수 있다.

직업	학과
피부과의사	의대
제품디자이너	산업디자인과
건설자재시험원	도시공학과, 건축설비공학과
교통영향평가원	도시공학과, 토목공학과
가구디자이너	디자인과
부동산컨설턴트	부동산학
부동산중개인	부동산학
소형트럭운전원	— 자격증 취득

⑪ 오행이 화토면서 손효가 있거나 토금인 경우

[29]

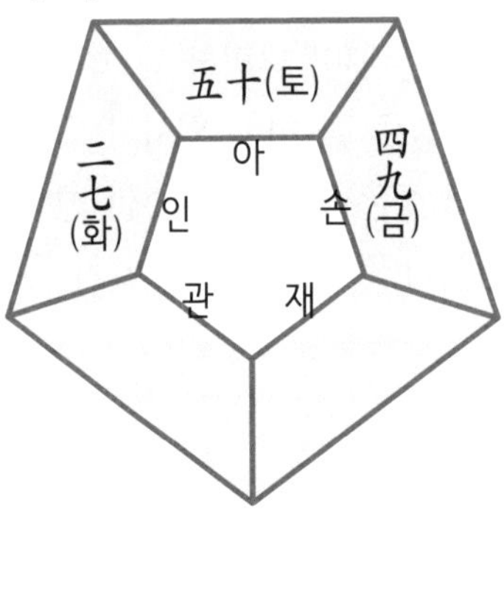
五十(토)
二七(화)
四九(금)
아
인
손
관
재

[30]

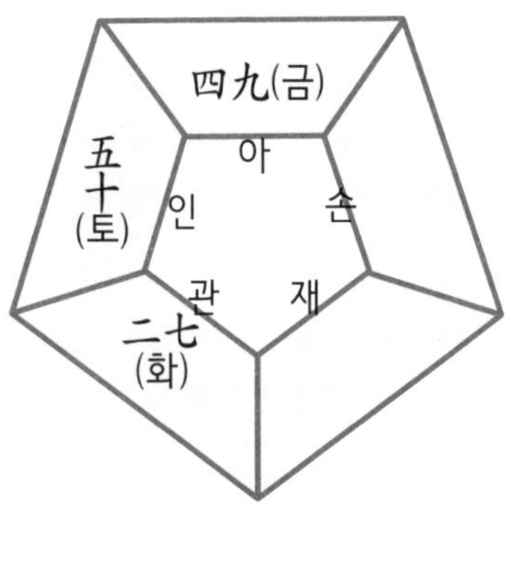
四九(금)
五十(토)
아
인
손
관
재
二七(화)

29번은 인수가 화오행이고, 30번은 관효가 화오행이다. 화오행의 속성을 따라 전기, 전자, 컴퓨터 분야 공부를 하고, 손효 금오행의 실천력으로 군인이나 항공기 조종사가 될 수 있다. 30번의 통기도도 같은 직업이 가능하다.

직업	학과
항공기조종사	공군사관학교 항공운항과

⑫ 오행이 화토이거나 토금이면서 손효가 있는 경우

[31]

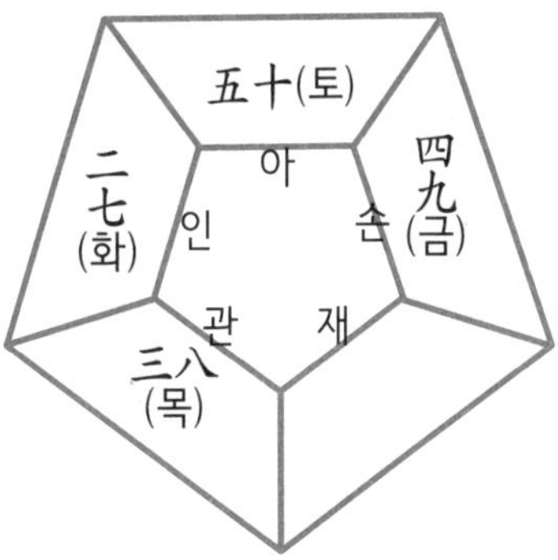
五十(토)
아
二七(화)
인
손
四九(금)
관
재
三八(목)

[32]

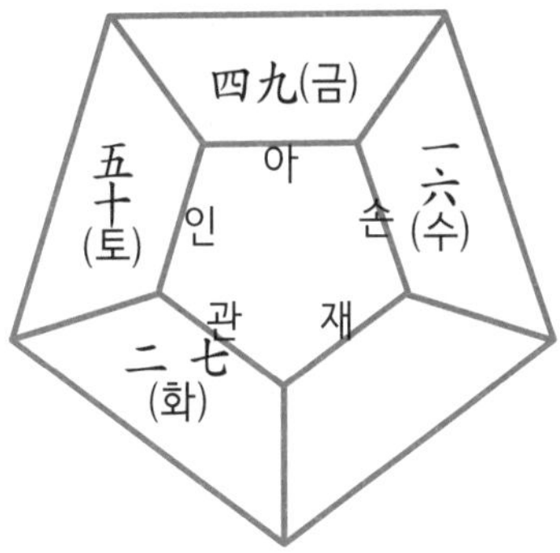
四九(금)
아
五十(토)
인
손
一六(수)
관
재
二七(화)

31번은 문과로 유아교육, 사회복지 등을 전공할 수 있다. 이후 해당 분야의 관리직으로 일할 수 있고, 손효 금오행으로 현장직으로까지 확대될 수 있다.
32번도 비슷한 일을 할 수 있다. 손효의 수오행까지 확대할 수 있으며, 심리나 경영, 해양 쪽으로도 가능하다.

직업	학과
커리어코치	심리학, 경영학

취업알선원	사회복지학
복지시설생활지도원	사회복지학
보육교사 및 보육사	유아교육학
직업상담사	심리학, 사회복지학
취업지원관	경영학
선박기관사	해양대학, 수산대학
선박기관원	해양대학, 수산대학, 자격증 취득

⑬ 오행이 화토이거나 토금이면서 관효가 있는 경우

[33]

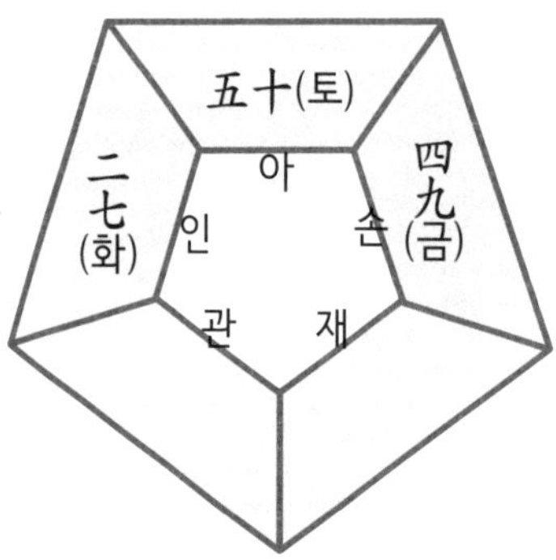

五十(토)
二七(화)
四九(금)
아
인
손
관
재

[34]

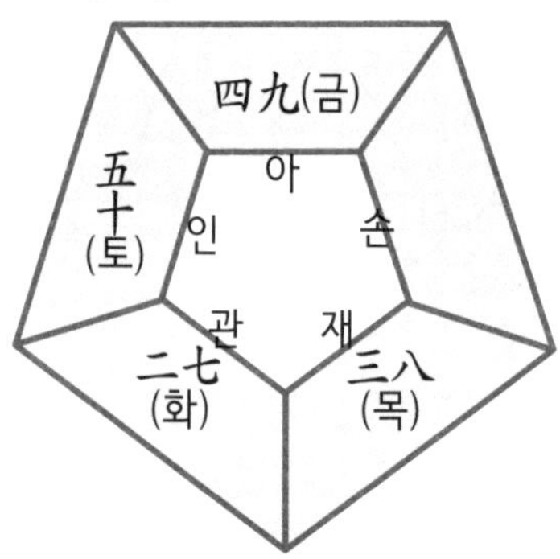

四九(금)
五十(토)
二七(화)
三八(목)
아
인
손
관
재

33번은 인수가 화오행으로 미술이나 디자인을 전공하고, 화오행의 속성을 따라 자동차 도색이나 페인팅 같은 일을 할 수 있다.
34번도 디자인 계통을 전공할 수 있다. 건축과 건설 쪽이 좋은데, 재효가 풍부하게 있다면 미술 쪽의 재능을 발휘할 수 있다.

직업	학과
자동차디자이너(금 있어야)	산업디자인과

(3) 손효가 용신인 용살직 : 신왕 / 식신생재

일지가 신왕하다면 손효 자체를 용신으로 쓸 수 있고, 손효가 재효를 생하는 식신생재의 모델이 된다.

① 오행이 화토인 경우

[35]

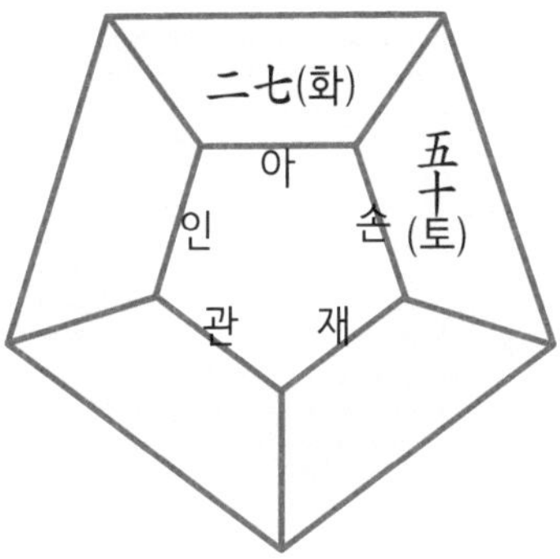

二七(화)
아
五十(토)
인
손
관
재

35번은 손효가 토오행으로 용신이 된다. 물론 일지가 왕하다는 전제 하에 손효를 용신으로 쓰는 종류가 정말 많다. 왜냐하면 손효의 오행 속성은 같은 카테고리에 있지만 너무 다양하기 때문이다. 토오행의 속성 중 토지나 부동산 혹은 농축수산 등이 있다. 이 중 집과 관련된 것만 하더라도 건축과 건설 안에 도배, 장판, 조명, 타일, 유리 등 수없이 많다. 토오행은 먹거리와도 닿아 있으므로 빵이나 여러 가지 식품에 관한 일을 할 수 있다. 현장에서 일을 한다면 재효까지 있어서 식신생재로 이어지는 것이 유리하다.

직업	학과
인테리어디자이너	산디과 공예학 시각디자인
정보통신관련관리자	컴퓨터학

바닥재시공원(마루설치원, 타일부착원)	건축설비공학과
일식조리사	요리학과
도배공	건축설비공학과
단열공(보온공)	건축설비공학과
제빵원 및 제과원	제과제빵학과, 요리학과
미장공	건축설비공학과
건물도장공	건축설비공학과
유리부착원	건축설비공학과

② 오행이 화토이거나 손효, 재효가 금인 경우

[36]

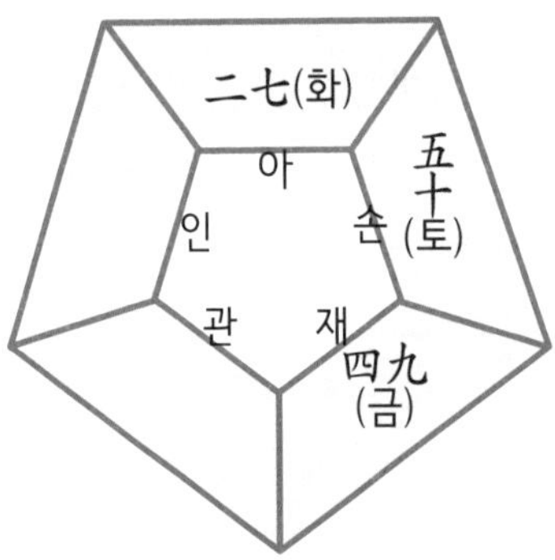
二七(화)
五十(토)
四九(금)
아
인
손
관
재

[37]

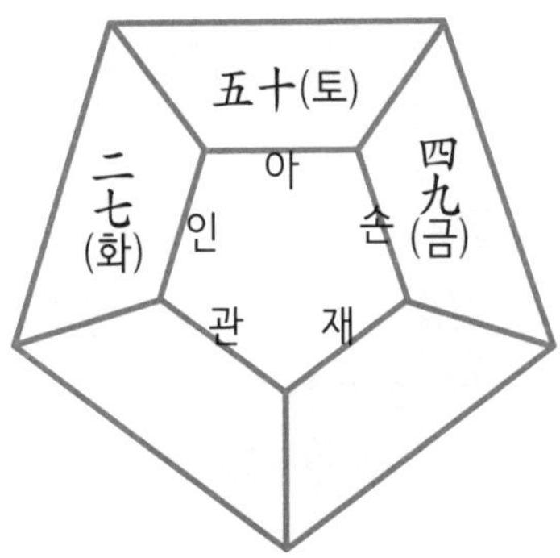
五十(토)
二七(화)
四九(금)
아
인
손
관
재

36번은 금오행이 재효이다. 운동의 재능이 있는 통기도이다. 보통 재능이라는 부분을 무시하지 못하는데, 연습과 노력보다 자질이 있는 것도 운동을 하기에 적당한 통기가 된다.
37번은 손효인 금오행으로 운동선수가 될 수 있다. 운동이야 말로 노동에 가까운 근로이다. 몸을 써서 하는 일이 손효라는 속성이고,

끊임없는 노력과 연습, 성실함이 손효의 속성이다.

직업	학과
프로경마선수	체육학과
자동차경주선수(손-금)	체육학과
볼링선수, 배드민턴 선수	체육학과

③ 오행이 화토이거나 화극금하는 경우

[38]

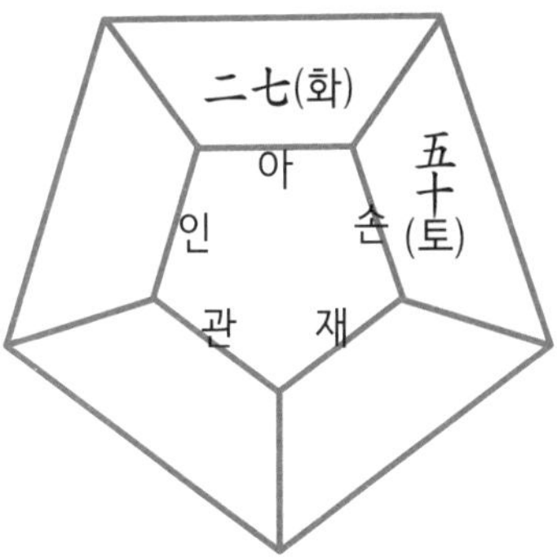

二七(화)
아
五十(토)
인
손
관
재

[39]

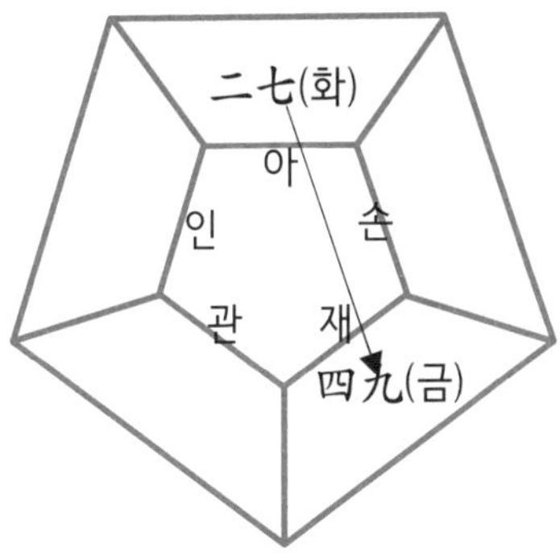

二七(화)
아
인
손
관
재
四九(금)

38번과 39번은 손효가 토오행이지만 일지 화의 영향으로 이동수단(항공, 철도, 자동차, 선박, 오토바이, 자전거)과 관련된 직업을 가질 수 있으며, 로봇에 관한 직업이나 서비스직도 생각해 볼 수 있다.

직업	학과
오토바이정비원(운송이라 화)	메카트로닉스공학과, 기계공학과
KTX정비원(운송이라 화)	메카트로닉스공학과, 기계공학과
자동차정비원(운송이라 화)	메카트로닉스공학, 기계공학, 자

④ 오행이 화토금이거나 토금수인 경우

[40]

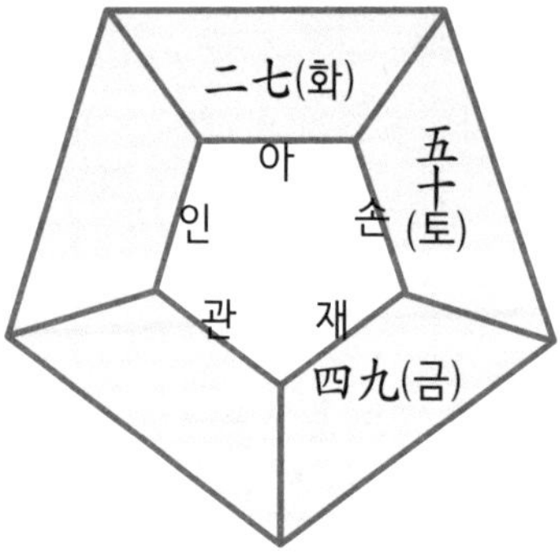

二七(화)
아
五十(토)
인
손
관
재
四九(금)

[41]

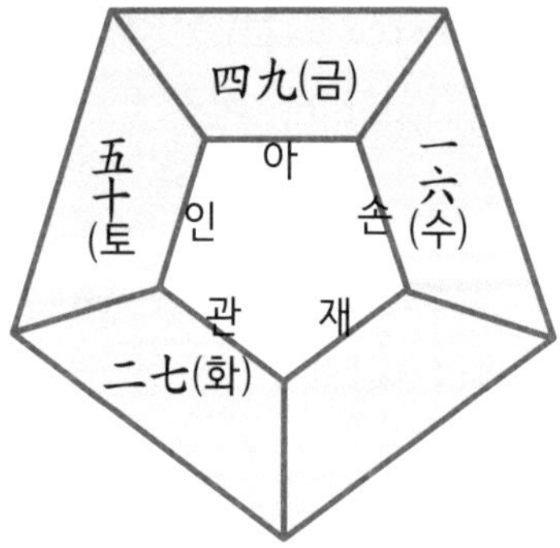

四九(금)
아
五十(토)
一六(수)
인
손
관
재
二七(화)

40번은 손효가 토오행이고, 41번은 인수가 토오행이다.

40번은 목화나 화토로 공예나 연극영화, 광고, 유튜브 같은 분야에 관심을 가질 수 있으며, 연기보다는 기계나 효과 분야에 종사하기가 쉽다.

41번은 토오행이 인수이므로 화토를 받아 에너지나 산업 분야로 가기 쉽다. 손효 수오행의 영향으로 환경이나 생물, 생명공학, 도시공학 쪽으로도 생각해 볼 수 있다.

직업	학과
영화배우&탤런트 (화-코믹, 금-恨 논픽션)	연극영화과
간판제작 및 설치원 (금은디자인 안 좋고 견고)	공예학과
산업안전원	환경공학과, 기계학과

에너지시험원	환경공학과, 기계학과
위험관리원	환경공학과, 기계학과
에너지진단전문가	환경공학과, 기계학과
비파괴검사원	환경공학과, 물리학과

⑤ 오행이 화토이거나 목화인 경우

[42]

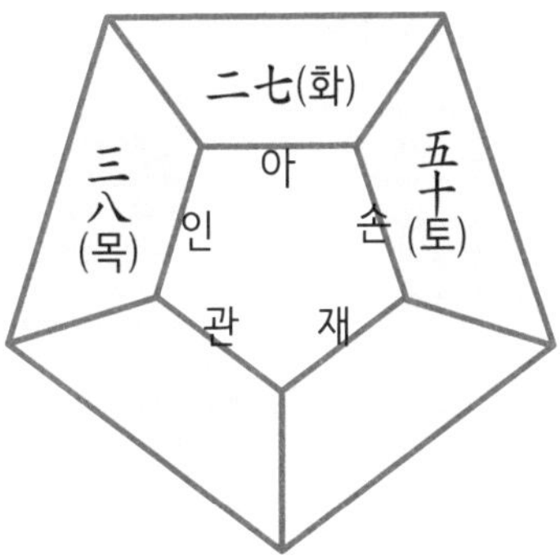

二七(화)
三八(목)
五十(토)
아
인
손
관
재

[43]

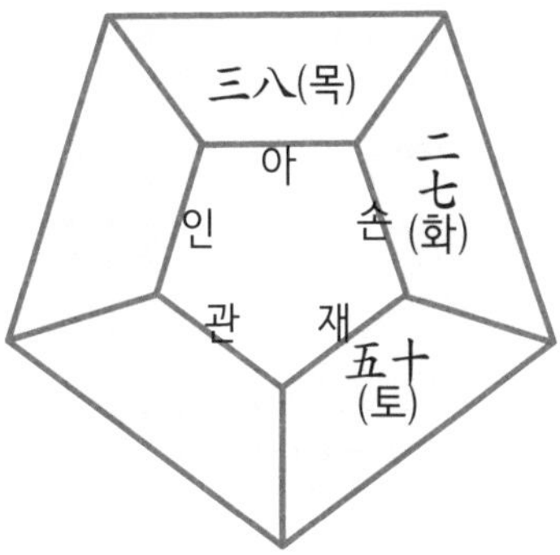

三八(목)
二七(화)
五十(토)
아
인
손
관
재

42번은 일지 화오행이 바로 손효인 토오행을 쓰면 뛰어난 미각을 가질 뿐 아니라, 식품이나 요리에 관심을 두기 쉽다.
43번은 일지 목오행이 손효인 화를 바로 쓰고, 재효로 토오행까지 있다면 재능이 있는 일을 할 수 있다. 타인을 웃기거나 기분 좋게 하는 일에 관심이 있어 레크레이션 강사 쪽으로 나갈 수 있다.

직업	학과
예능강사	레크레이션학
중식조리사	요리학과

⑥ 오행이 화토이거나 토금인 경우

[44]

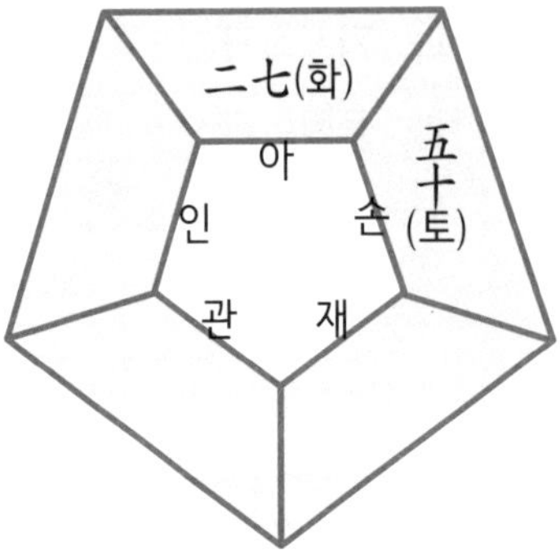
二七(화)
아
五十(토)
인
손
관
재

[45]

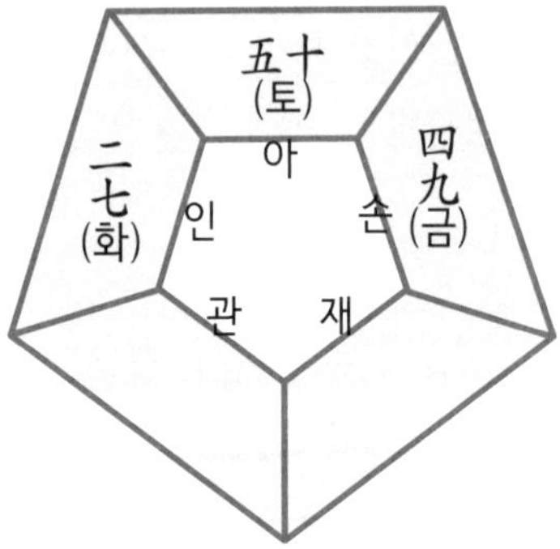
五十(토)
아
二七(화)
四九(금)
인
손
관
재

44번은 이미 35번의 통기도에서 설명한바 있다. 손효가 용신으로 내려가는 용살직이다. 아래 직업을 보면 석유나 화학, 타이어, 플라스틱 등을 조작하는 현장직으로 반드시 관련 전공을 하지 않아도 된다. 그러한 분야에서 실습생이나 수련공으로 일할 수 있다.
45번도 아래 직업군에서 일할 수 있다. 다른 점은 전공이나 자격증의 급수나 학벌의 크기로 현장직의 관리 업무까지 관장 할 수 있고, 중요도가 높은 일도 할 수 있게 된다.

직업	학과
화학제품생산기조작원	재료, 금속화학공학, 신소재공학
석유 및 천연가스 제조 관련 제어장치조작원	재료, 금속화학공학, 신소재공학
화학물가공장치조작원	재료, 금속화학공학, 신소재공학
고무 및 플라스틱제품조립원	재료, 금속화학공학, 신소재공학
타이어 및 고무제품생산기조작원	재료, 금속화학공학, 신소재공학
플라스틱제품생산기조작원	재료, 금속화학공학, 신소재공학

⑦ 오행이 화토이거나 토금인 경우

[46]

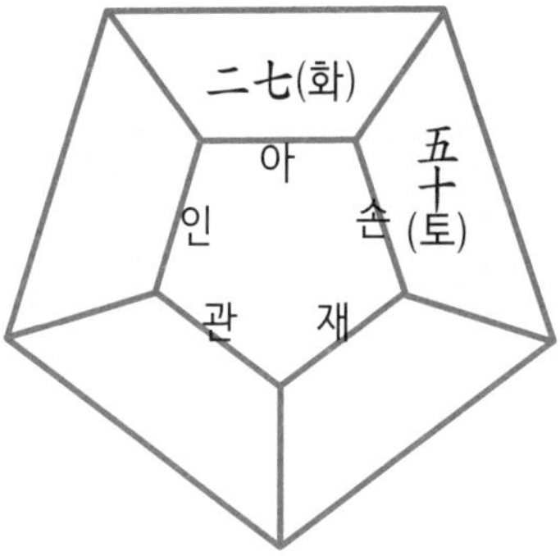
二七(화)
五十(토)
아
인
손
관
재

[47]

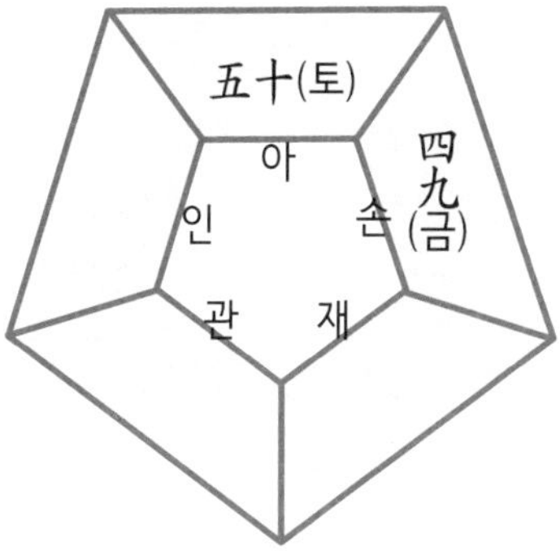
五十(토)
四九(금)
아
인
손
관
재

46번은 일지 화오행이 바로 손효인 토오행을 쓰면 좋은 미각을 가지며, 식품이나 요리에 관심을 두게 된다. 손효에 놓인 상태로 요리를 배우면 식당에서 보조역할부터 시작해서 어깨너머로 배우므로 시간이 오래 걸릴 수 있고, 인수가 화오행이면 요리 학교에 다니거나 요리 전문가로부터 사사를 받는 등의 루트로 요리를 접하게 된다.

그러나 요리 역시 직접 몸으로 뛰어야 하기 때문에 결국 손효를 써야 하는 직업이기도 하다. 각종 이동수단의 운전도 마찬가지이다. 면허증이 없으면 활동을 할 수 없으므로 이는 반드시 필수이다.

직업	학과
피부관리사	뷰티아트과
개그맨 및 코미디언	연극영화과 방송연예과
자가용운전원	자격증 취득
한과제조원	제과제빵학과, 요리학과
신호원 및 수송원	자격증 취득

버스운전원	자격증 취득
떡제조원	제과제빵학과, 요리학과
택시운전원	자격증 취득
지게차운전원	자격증 취득

⑧ 오행이 화토이거나 토금인 경우, 손효가 토이거나 금인 경우

[48]

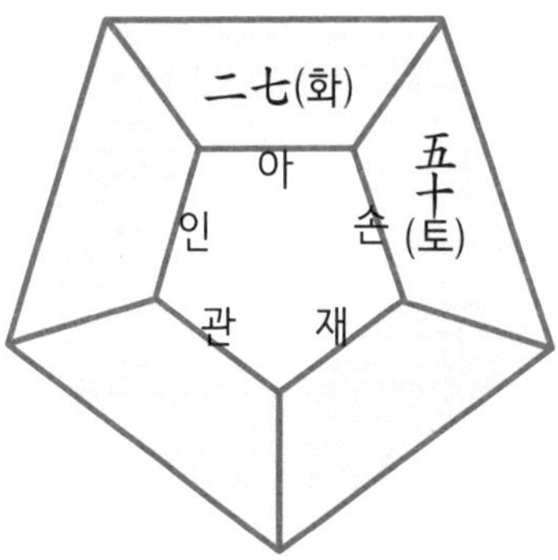

二七(화)
五十(토)
아
인
손
관
재

[49]

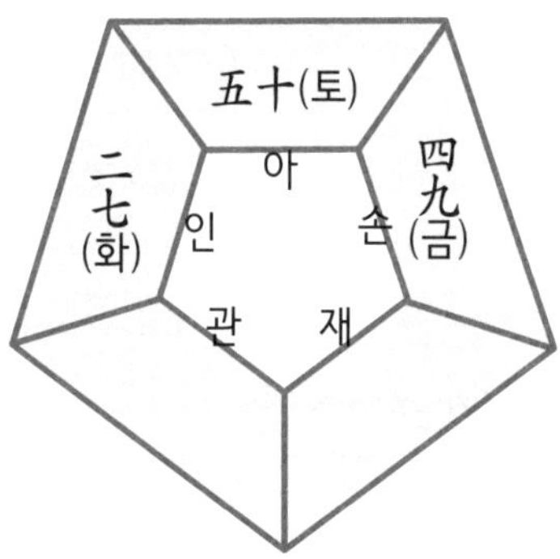

五十(토)
二七(화)
四九(금)
아
인
손
관
재

48번과 49번 모두 피부관리, 네일, 메이크업 관련 직종이 가능하다. 49번은 화오행을 인수에 놓기 때문에 뷰티학과나 미용학과 등을 전공하게 되고, 48번은 일지 화오행이 손효인 토오행으로 직접 배우고 익히면서 직업을 갖게 된다.

직업	학과
사회단체활동가	사회복지학
피부관리사	피부미용과, 뷰티과

(4) 인수와 손효에서 화(火)를 쓰는 용살직 : 신왕 / 식신생재

신왕한 일지라면 굳이 인수를 쓰지 않아도 된다. 하지만 손효만 쓰는 용살직보다는 인수효의 자격이나 허가가 있는 직종을 선택하면 고소득 전문직이 될 수 있다.

① 오행이 화토이거나 토금인 경우

[50]

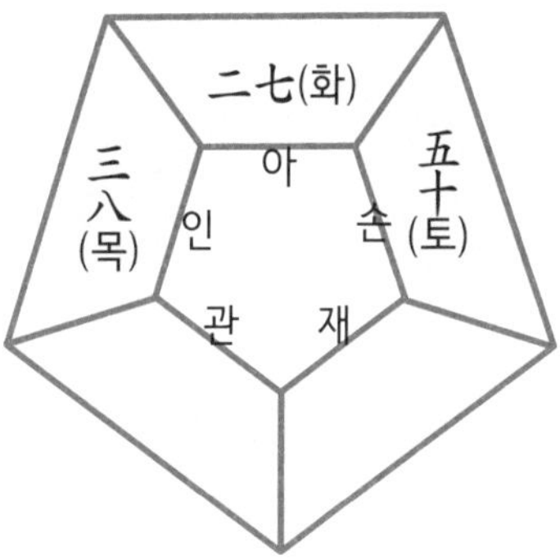
二七(화)
아
三八(목)
인
손
五十(토)
관
재

[51]

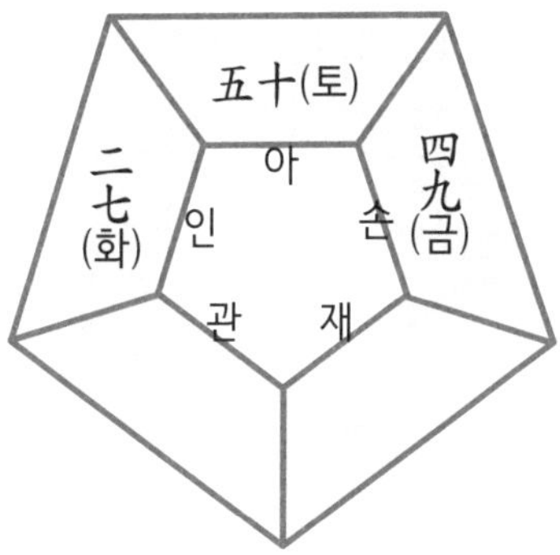
五十(토)
아
二七(화)
인
손
四九(금)
관
재

50번은 일지가 화오행, 51번은 인수효가 화오행이다. 둘 다 화오행의 속성을 가지고 있어, 이동수단이나 통신(휴대폰 관련)과 관련이 있다. 지게차나 특수차, 대형트럭 운전 혹은 철도나 항공과 관련된 특수한 자격증을 취득할 수 있다.

특수차운전원	자격증 취득
대형트럭운전원	자격증 취득

(5) 재효(재능)를 쓰는 행권직

재효에 금오행을 놓으면 손효가 토오행이 된다. 토오행이 금을 생하므로 금오행이 강하게 되고, 금오행이 가진 殺의 위력으로 인수를 극하면서 인수 자체의 허가, 권리, 특허, 인맥 자격 등을 쓰는 사무관리직이 될 수 있다.

① 재효가 금오행인 경우

[52]

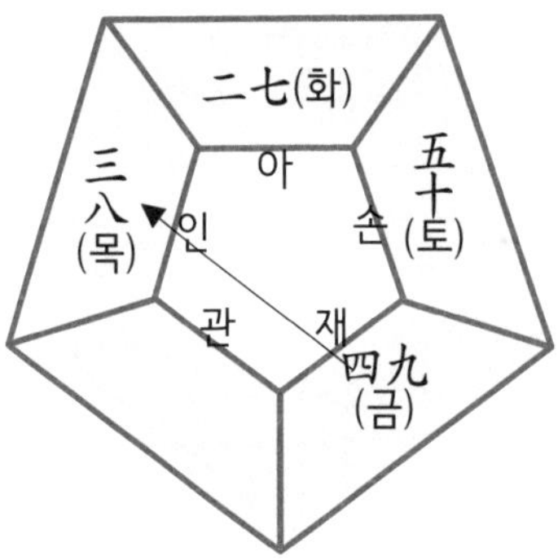

二七(화)
아
三八(목)
인
五十(土)
손
관
재
四九(금)

52번은 재효 자체의 현금이나 유동자산의 흐름 같은 속성이 인수를 극(剋)하면서 이윤 창출을 하는 일이 가능하다. 이때 인수의 학벌이나 자격이나 허가를 보유한 것을 이용할 수 있게 된다.

직업	학과
구매인(바이어)	경영
상품중개인 및 경매사	— 자격증 취득
선박중개인(용선중개인)	해양학과
펀드매니저	경영학과 경제학과

② 오행이 화토인 경우

[53]

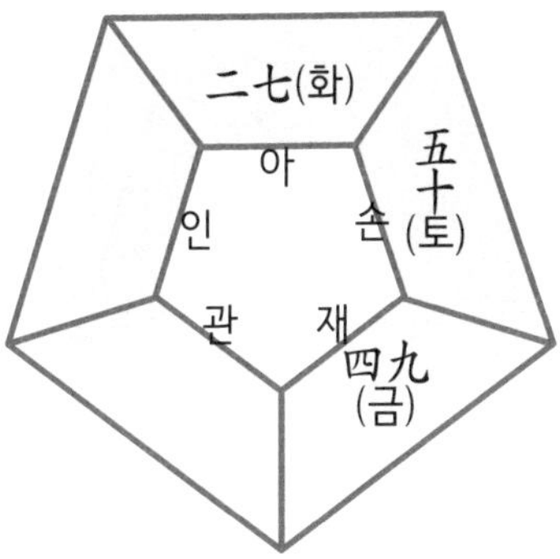

二七(화)
아
인
손
五十(토)
관
재
四九(금)

53번은 재효 금오행의 재능이 강하게 되는 경우이다. 일지 화오행의 속성으로 컴퓨터 전기 전자 등의 숙련에 재효의 재능이 크게 섞여 들어가면서 디자인 쪽의 감각과 자질이 크게 작용할 수 있다.

직업	학과
웹디자이너	디자인관련과 컴퓨터학과

③ 오행이 화토금이거나 수목화인 경우

[54]

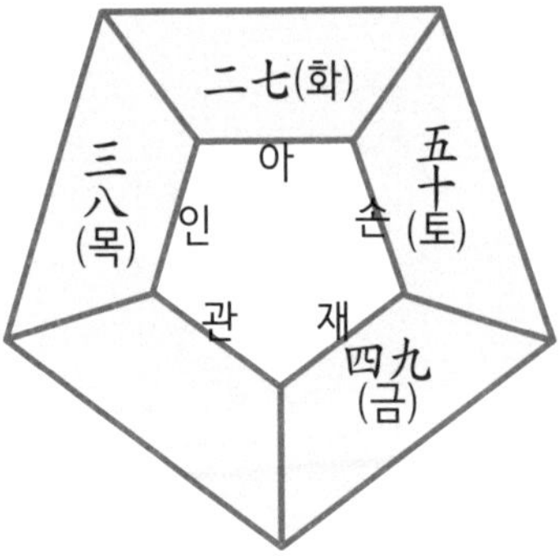

二七(화)
아
三八(목)
인
五十(토)
손
관
재
四九(금)

[55]

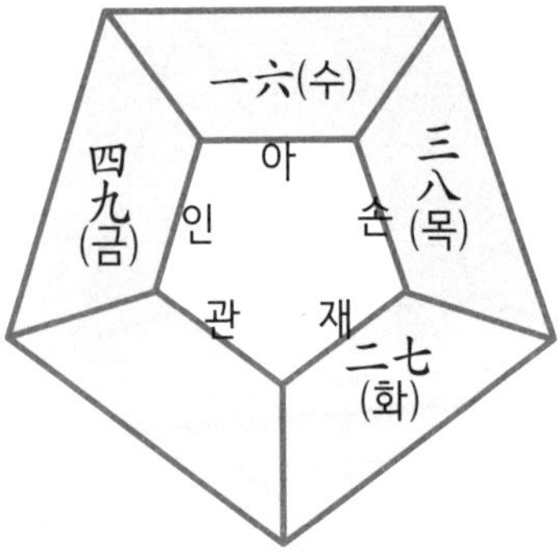

一六(수)
아
四九(금)
인
三八(목)
손
관
재
二七(화)

54번은 일지와 손효가 화토오행으로 디자인관련 컴퓨터 관련, 건축, 시각 등의 숙련을 통해 실무를 하는 것이다. 거기에 재효까지 있으므로 재효의 재능이나 감각이 디자이너로서 성장할 수 있게 되는 경우이다. 재능은 '끼'라는 속성으로 방송이나 현시대의 유행하는 트렌드를 읽어 가면서 뽐낼 수 있게 된다.

55번은 인수가 금오행, 일지가 수오행으로 금수가 가진 속성 중 '음악 소리'에 천부적 재능을 가지는데, 국악이나 작사나 작곡 등이 가능해지고, 재효인 화오행으로 웹방송 쪽으로 진출이 가능해진다.

직업	학과
게임그래픽디자이너	디자인관련과 컴퓨터관련학과
웹방송전문가	방송관련학
영상그래픽디자이너	시각디자인
캐드원	컴공 건축공학
건축 및 토목캐드원	컴공 건축공학 토목공학
국악연주가	국악과

3. 토(土) 관련 직업과 학과

(1) 인수(토)가 용신인 행권직 : 신약 / 관인상생

인수를 토오행에 놓고 관효부터 생라인으로 올라오는 신약한 경우이다.

① 오행이 토금인 경우

[1]

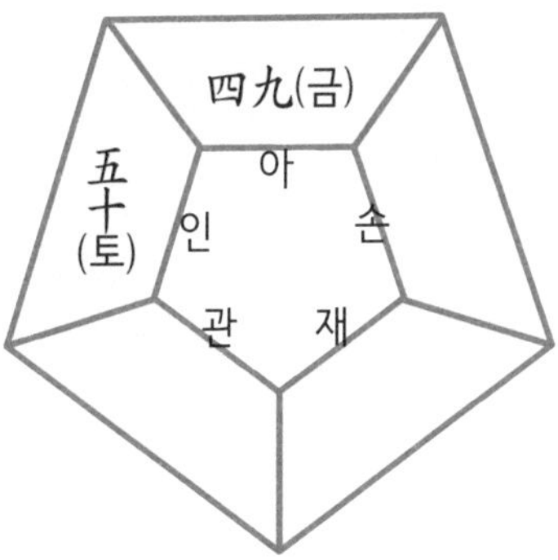
四九(금)
五十(토)
아
인
손
관
재

1번은 인수 토오행과 일지 금오행을 동시에 생각하면 된다. 인수 토오행은 전통, 옛것에 관한 속성이 있다. 한방, 고서, 골동품, 보물 등이 해당하며, 농업, 임업, 수산업, 축산업 등과도 관련이 있다.

직업	학과
의무기록사	보건행정과, 전산학과
풍력발전시스템운영관리자	전기·전자공학과
체육교사	체육전공, 교육학부전공
임학연구원	산림과학

도서관장(인이 토)	도서관학, 역사학
박물관장(금이 일지)	역사학

② 오행이 토금이거나 금목으로 아극재 하는 경우

[2]

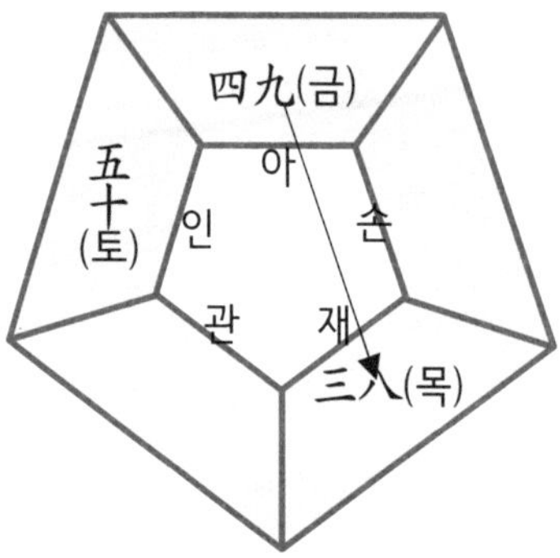
四九(금)
五十(토)
아
인
손
관
재
三八(목)

2번은 인수 토오행을 받은 금오행 일지가 재효인 목오행을 금목충으로 극하거나 충하면 돈에 대한 관심이 증폭되어 경제, 통계, 은행권 같은 금융 관련 직업을 가질 수 있다.

직업	학과
외환딜러(외환중개인)	경제, 통계, 금융
손해사정인	경영, 세무, 회계, 법학, 통계
증권중개인	경제, 경영, 통계, 금융
선물거래중개인	경제, 경영, 통계, 금융
금융자산운용가(토(인)금)	금융학, 경제학

③ 오행이 토금이거나 금수인 경우

[3]

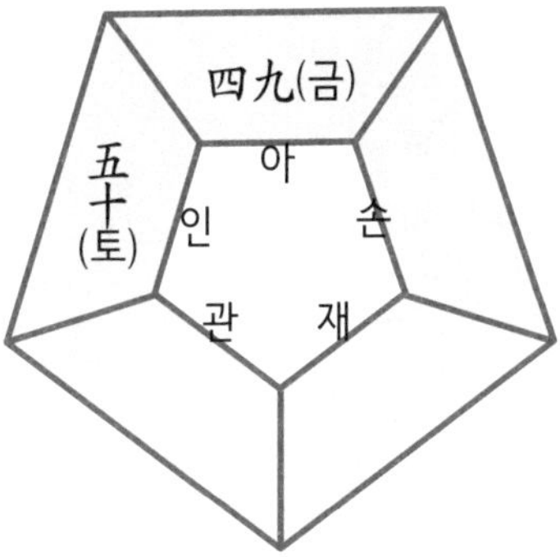
四九(금)
五十(토)
아
인
손
관
재

[4]

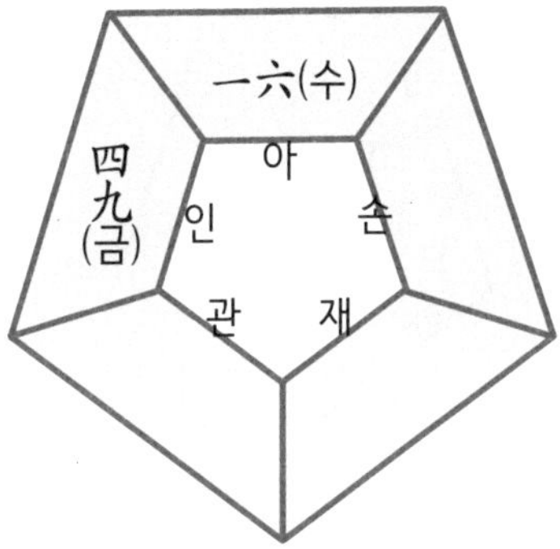
一六(수)
四九(금)
아
인
손
관
재

3번은 일지가 금오행이고, 4번은 인수가 금오행으로, 두 가지의 공통점은 금이다. 금의 속성으로 의학, 경영, 경제, 공학, 수학, 자연과학 등을 생각해 볼 수 있다.

직업	학과
의약계열교수	의약계
리스크매니저(수가분석연구)	수학, 통계, 경제, 경영
마케팅전문가(아극재)	경영학
기업고위임원(CEO)	경제, 경영, 행정
자연계열교수	인문계
금융관리자	경제, 통계, 회계, 수학
보험인수심사원	수학, 통계, 경제, 경영
공학계열교수	공학계
금융관련사무원	수학, 통계, 경제, 경영
보석감정사	보석감정과, 보석가공과

④ 오행이 토금이거나 금수거나 화토금으로 이어진 경우

[5]

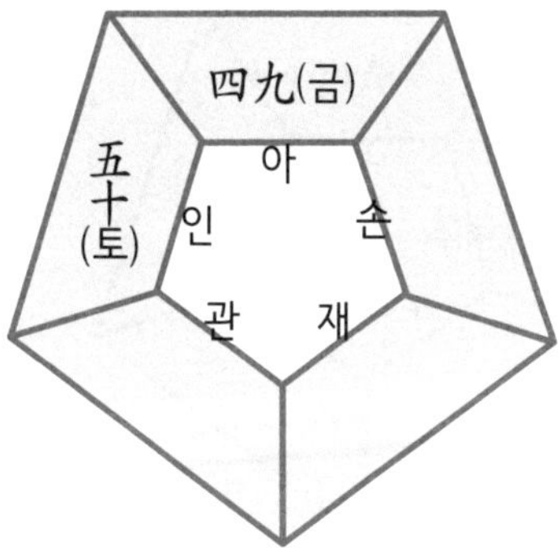
四九(금)
五十(토)
아
인
손
관
재

[6]

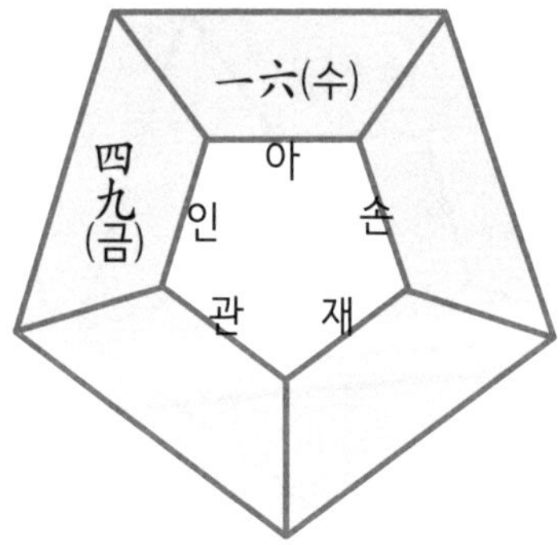
一六(수)
四九(금)
아
인
손
관
재

[7]

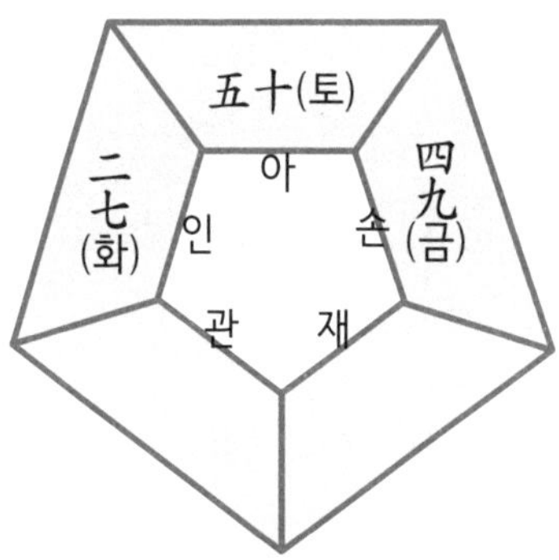
五十(토)
二七(화)
四九(금)
아
인
손
관
재

5번, 6번, 7번 통기도의 공통점은 금오행이 있다는 것이다. 다만 위치가 다르다. 5번과 6번은 위의 3번과 4번에서 설명했다. 7번은 금오행이 손효에 위치하고 있다. 이 경우의 금오행은 실행력 있는 것으로 본다. 현장직과 인수권직(자격이나 허가관련)을 동시에 할 수 있으며, 법에 관한 일을 하는 교도관이나 외과 의사, 치과 의사 등 수술이 많은 의사직이 가능하다.

직업	학과
교도관	법학
의사	의학계열(외과분야가능)

④ 오행이 토금이거나 금수면서 관이 토인 경우

[8]

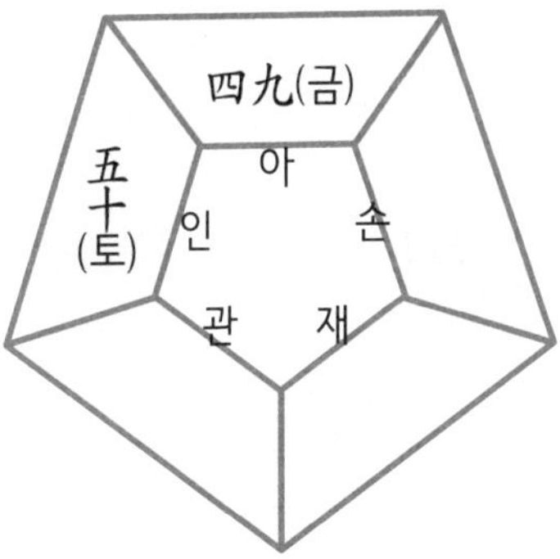
四九(금)
五十(토)
아
인
손
관
재

[9]

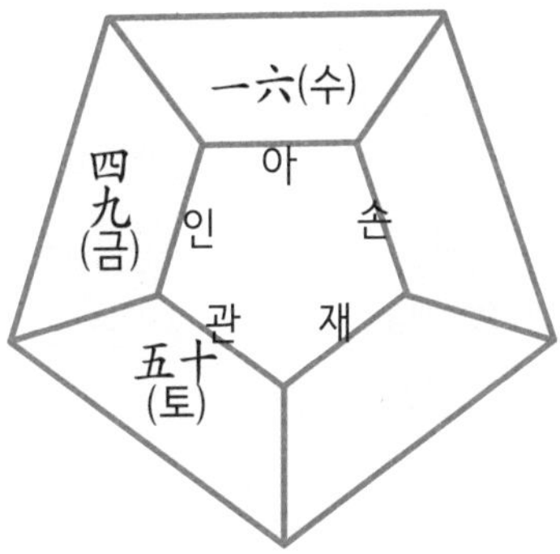
一六(수)
四九(금)
아
인
손
관
재
五十(토)

8번은 토오행이 인수효에 있고, 이미 1번의 통기도에서 설명한 것이다. 9번은 토오행을 관효에 놓은 통기도이다. 8번과 다른 점은 관효에 토가 있어서 한방, 고서, 골동품과 농업. 임업, 수산업, 축산업 등과 관련된 공무원 혹은 공공기관으로의 관직으로 나아갈 수 있다는 것이다. 예를 들자면 농림수산부, 혹은 농업시험원, 축산 가공센터에서 일할 수 있다.

직업	학과
농림어업 관련 시험원	농경제학 해양대학
농림축산식품부	공무원시험, 농과대학
해양수산부	해양수산대학

⑤ 오행이 토금이거나 관이 토인 경우

[10]

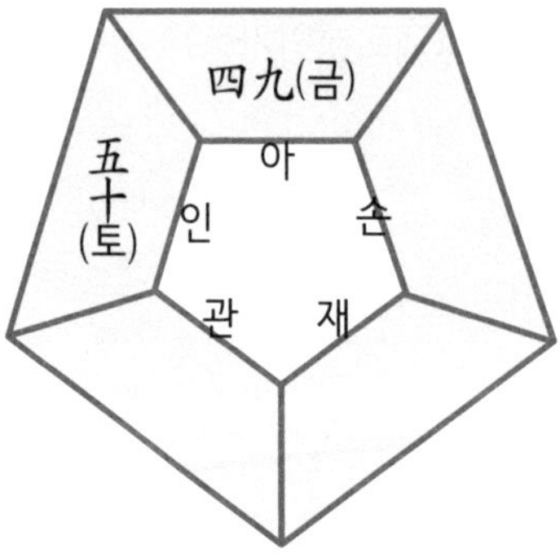

四九(금)
아
五十(토)
인
손
관
재

[11]

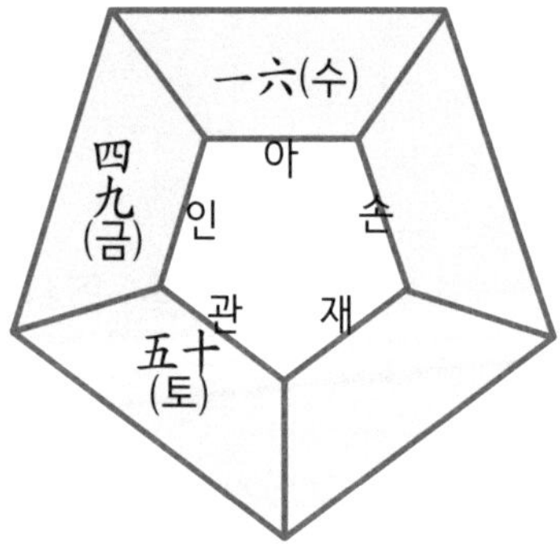

一六(수)
아
四九(금)
인
손
관
재
五十(토)

10번과 11번은 비슷한 전공을 가질 수 있다. 그중 12번처럼 관의 자리에 토오행이 있다면 관인으로 올라가면서 공무원 혹은 공공기관 등 공공성이 강한 직업을 가질 수 있다.

직업	학과
지휘자	음대
기악(금관악기, 타악기)	음대

⑥ 오행이 토금이거나 화토인 경우

[12]

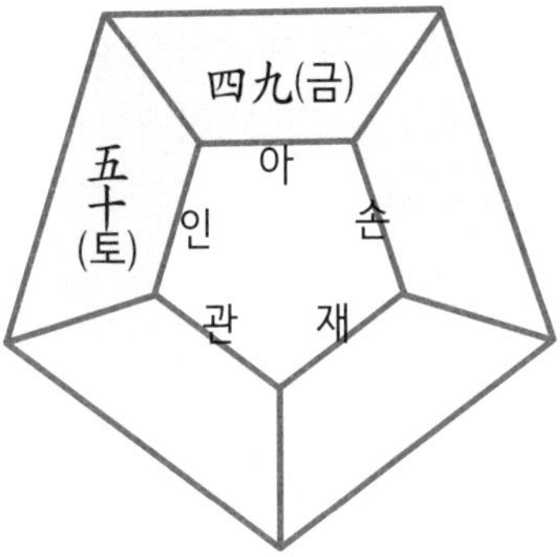
四九(금)
五十(토)
아
인
손
관
재

[13]

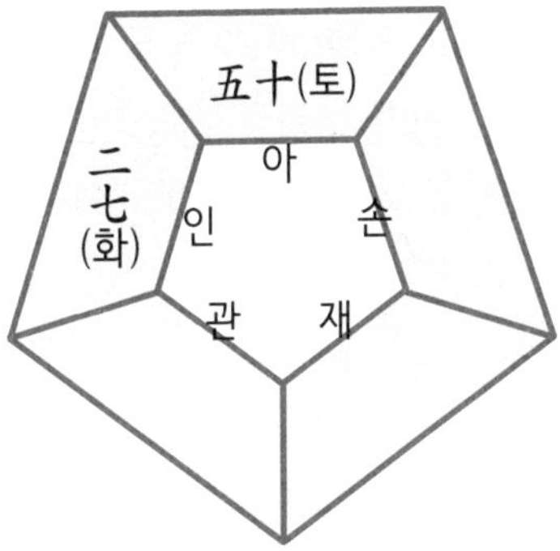
五十(토)
二七(화)
아
인
손
관
재

12번은 인수가 토오행이고, 13번은 일지가 토오행이다. 둘 다 인수가 용신이니 자격증을 따거나 허가권을 가지는 것이 유리한데 이 경우 비슷한 자격증을 딸 수 있다.

직업	학과
위생사	보건환경학, 환경관리학
방사선사	보건학
임상병리사	임상병리학과

(2) 인수(토)가 용신인 용살직 : 신약 / 식신생재

일지가 신약한데 용살직, 즉 현장직으로 가야 한다면 용신은 인수가 되어야 한다. 만약 전문적인 자격이나 기술 없이 현장직을 한다면 돈을 많이 벌기 어렵고 건강에도 문제가 생길 수 있다. 아래의 예로 인수 용신을 가지고 현장에서의 쓰임을 볼 수 있다.

① 오행이 토금인 경우

[14]

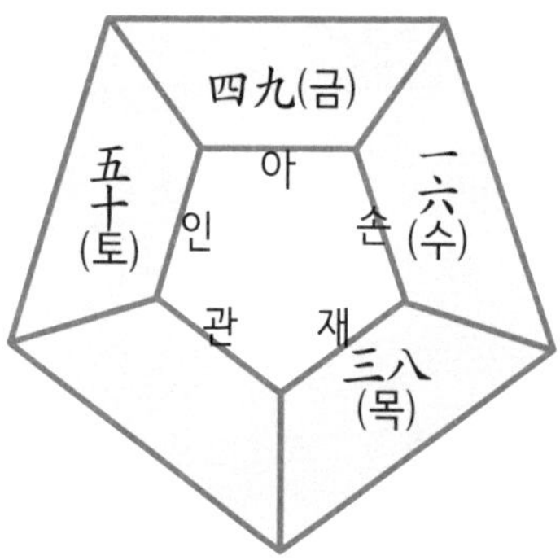
四九(금)
아
五十(토)
인
一六(수)
손
관
재
三八(목)

14번은 일지가 금오행이다. 신약하다면 반드시 인수가 필요하고, 인수를 용신으로 갖지 않으면 금오행의 속성을 지킬 수가 없다. 인수로 자격이나 학벌, 허가, 면허를 취득하고 난 후 금일지가 식상생재로 내려가면서 돈을 벌 수 있다.

토금으로 의사, 건설과 건축, 공인중개사, 금속공학이나 기계공학 등이 가능하다. 이런 구조는 식상에 수오행이 오게 되는데 수오행이 강하면 금수로 영화나 음악 관련 분야로도 갈 수 있다.

직업	학과
연극영화 및 방송기술감독	연극영화과 방송연예과

한의사	한의대
내과의사	의대
비뇨기과의사	의대
금속공학기술자	금속공학과
나노공학기술자	생명공학과, 물리학과
금속재료공학시험원	금속공학과, 재료공학과
재료공학기술자	재료공학과, 생명공학과
건축사	건축공학
공인중개사	부동산학과

② 오행이 토금이면서 관이 있는 경우

[15]

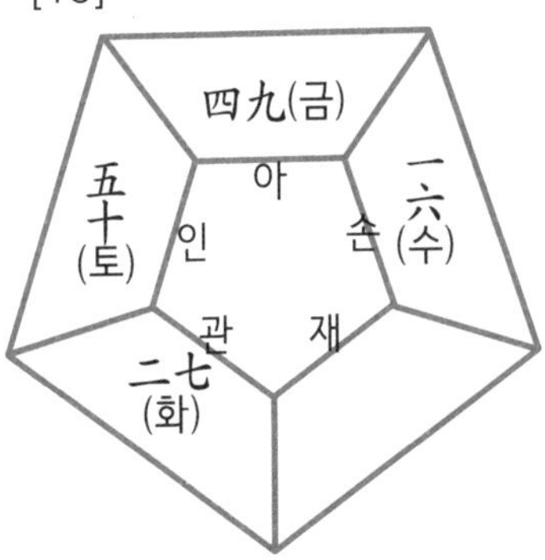
四九(금)
아
五十(토)
인
一六(수)
손
관
재
二七(화)

15번은 일지 금오행과 식상의 수오행 성향으로 인수오행인 학업을 마치게 되면 해양대학 진학 혹은 해양, 식품 관련 직업을 가질 수 있다.

직업 학과

도선사(토금수로 내려오게)	해양대학 운항과 해군사관학교

③ 오행이 토금이거나 금수인 경우

[16]

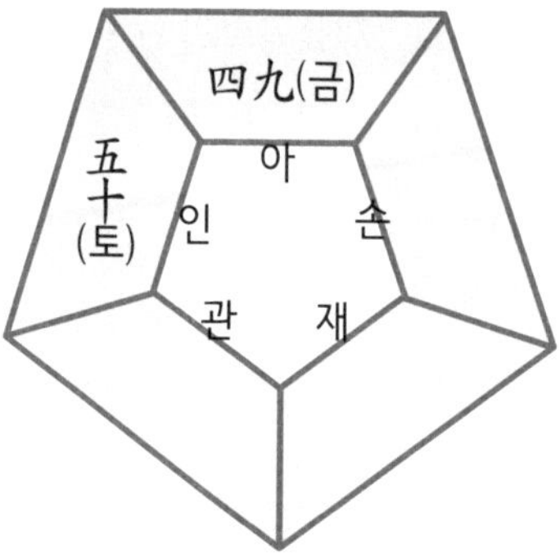
四九(금)
五十(토)
아
인
손
관
재

[17]

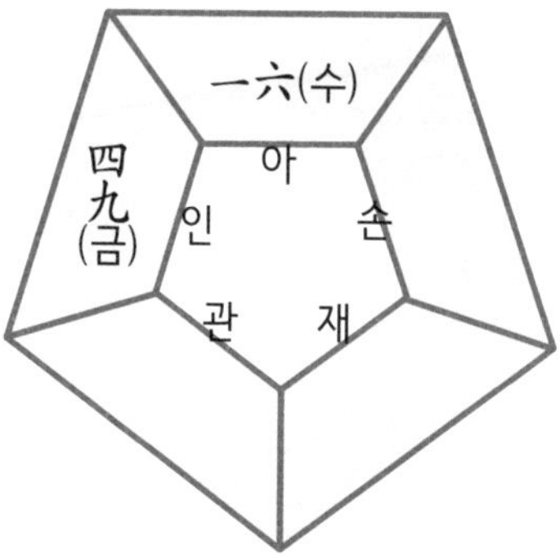
一六(수)
四九(금)
아
인
손
관
재

16번은 일지가 금오행이고 17번은 인수가 금오행으로 토금과 금수로 올라간 경우이다.

직업	학과
사회복지사	특수교육학, 사회복지학
임업기술자	임업학과
조선공학기술자	해양공학과, 기계공학과
해양공학기술자	해양공학과
산업공학기술자	산업공학과, 제어계측공학과
약사	약대
소아과의사	의대
수의사(수가 있어야 함)	수의학
해양수산기술자	해양공학과

자동차공학기술자	자동차공학과, 기계공학과
농업기술자	농업학과
항공공학기술자	항공학과, 기계공학과
기계공학기술자	기계공학과
한약사	한의대
토양(환경)공학기술자	환경공학과

④ 오행이 토금이거나 금수이거나 손효가 금인 경우

[18]

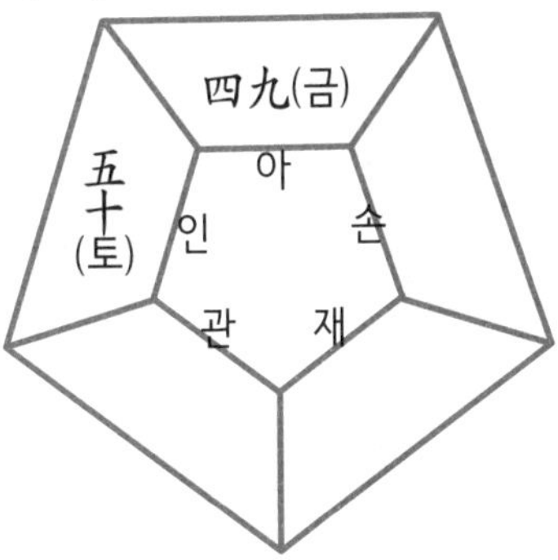

四九(금)
五十(토)
아
인
손
관
재

[19]

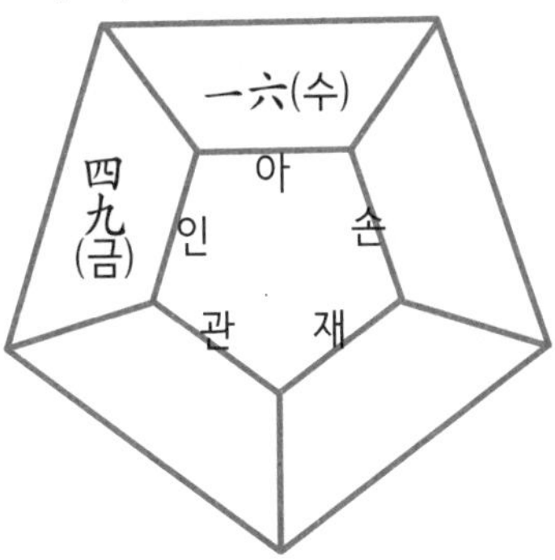

一六(수)
四九(금)
아
인
손
관
재

[20]

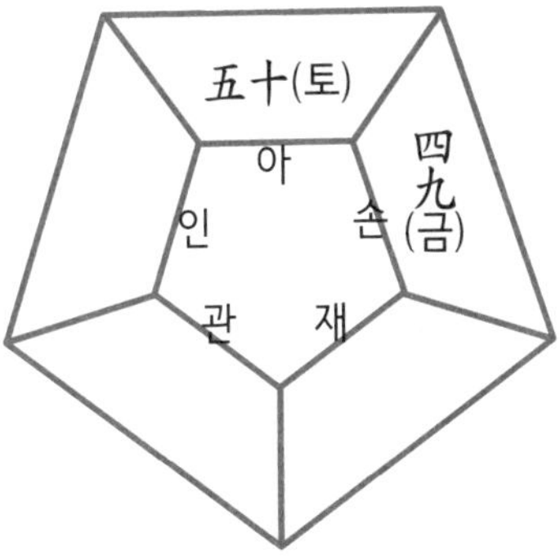

五十(토)
四九(금)
아
인
손
관
재

18번과 19번의 통기도는 16번, 17번 통기도의 직업들과 공통된다. 20번은 같은 공부를 하지만 식상(손효)의 4·9 금오행으로 직접 움직이는 현장직이나 기술 분야의 생산직 일을 하게 되며, 사회복지 분야나 특수학교 교사, 심리 상담사 등 직접 사람과 부딪히는 일을 하게 될 가능성이 많은 통기도이다.

직업	학과
상담전문가	심리학, 상담학
사회복지사(손-금)	사회복지학
청소년지도사	심리학, 상담학

⑤ 오행이 금수이거나 목화로 관이 있는 경우

[21]

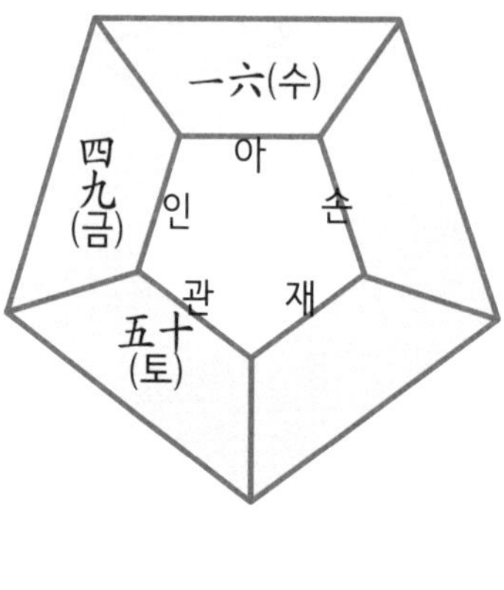
一六(수)
아
四九(금)
인
손
관
재
五十(토)

[22]

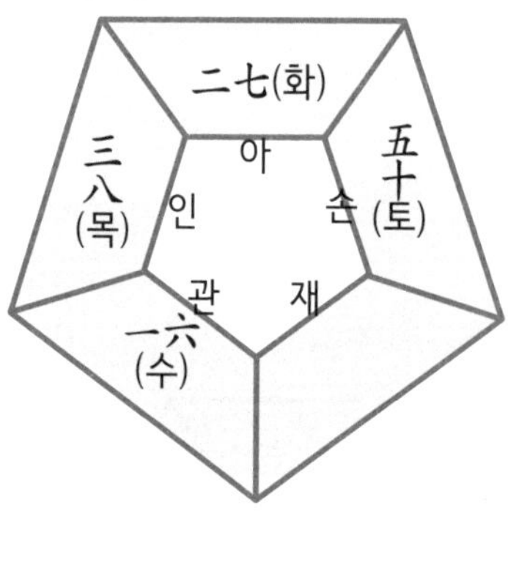
二七(화)
아
三八(목)
인
손
五十(토)
관
재
一六(수)

21번은 금수로 이과 쪽이 잘 맞고 기계 분야도 잘 맞는다. 토오행인 관이 있으면 항공사 관련 직업도 가능하다.
22번은 목화오행으로 문과 쪽이어서 어학에 능하고 서비스 분야가 잘 맞는다. 이 경우 스튜어디스나 스튜어드가 적합하다.

직업	학과
헬리콥터조종사	항공운항과, 항공계측학과
스튜어드(스튜어디스)	항공운항과

⑥ 오행이 금수이거나 수목인 경우

[23]

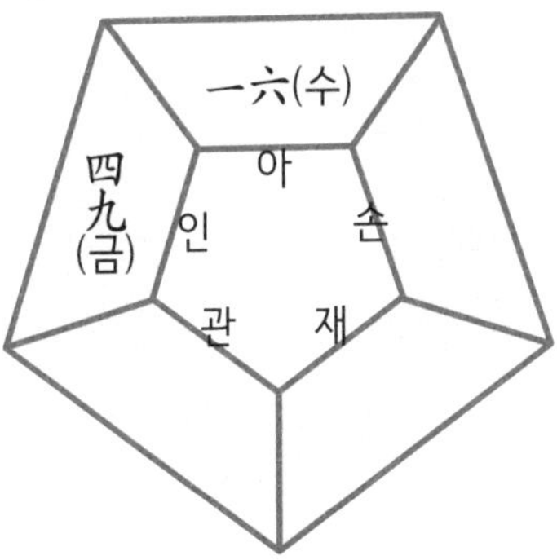

一六(수)
四九(금)
아
인
손
관
재

[24]

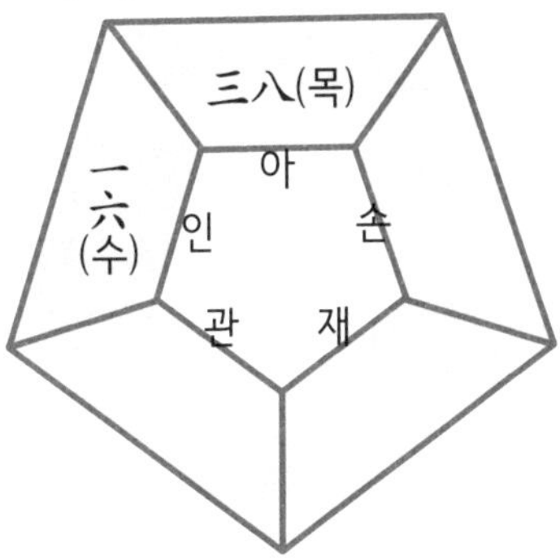

三八(목)
一六(수)
아
인
손
관
재

23번은 금오행으로 식품 관련 학과를 전공할 수 있다. 자격증이 있는 직업을 가질 수 있으며, 영양사나 식품 허가에 관한 업무가 될 수 있다.
24번도 식품 관련 일을 할 수 있고, 농축산업 또는 환경 관련 분야가 가능하다.

직업	학과
해충방제전문가	환경공학과, 농축산임학과
영양사	식품영양학과

⑦ 오행이 토금, 금수로 수극화 하는 경우

[25]

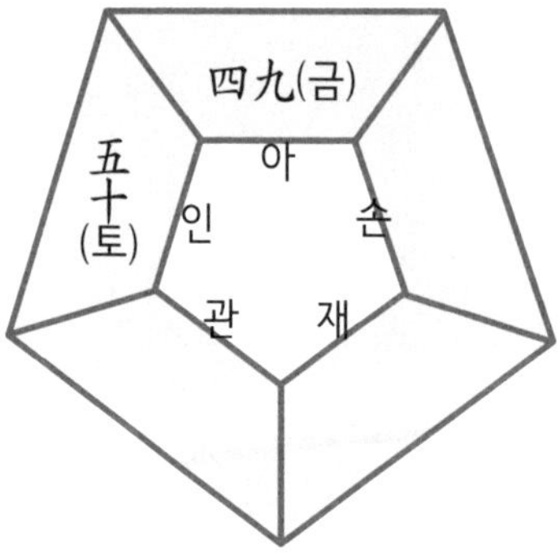
四九(금)
五十(토)
아
인
손
관
재

[26]

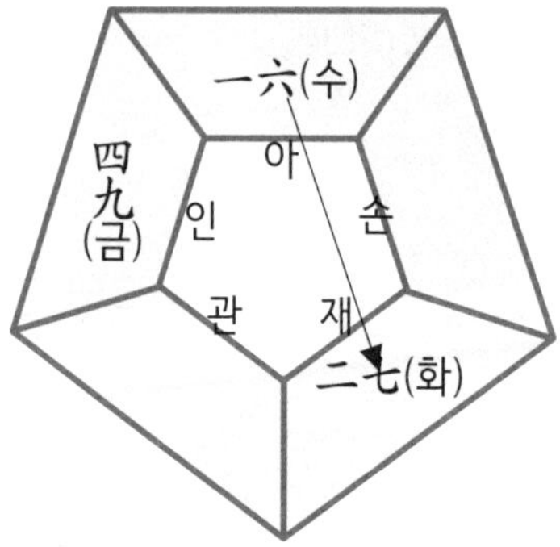
一六(수)
四九(금)
아
인
손
관
재
二七(화)

25번은 일지 금오행이 신체를 다루는 속성의 일에 적합하다. 미용사 자격증을 가지고 일할 수 있으며, 이발이나 피부에 관한 직업이 가능하다.

26번은 금오행을 인수로 자격을 획득하고 일지 수오행이 재효를 수화충 하면 재능의 재효인 화오행으로 예술적 감각을 가지게 된다. 그래서 미용을 하더라도 유행이나 트렌드를 만들어내는 헤어 디자이너가 될 수 있다.

직업	학과
이미용강사 (관부터 올리면 샵 가능)	피부미용

⑧ 오행이 토금이거나 화토인 경우

[27]

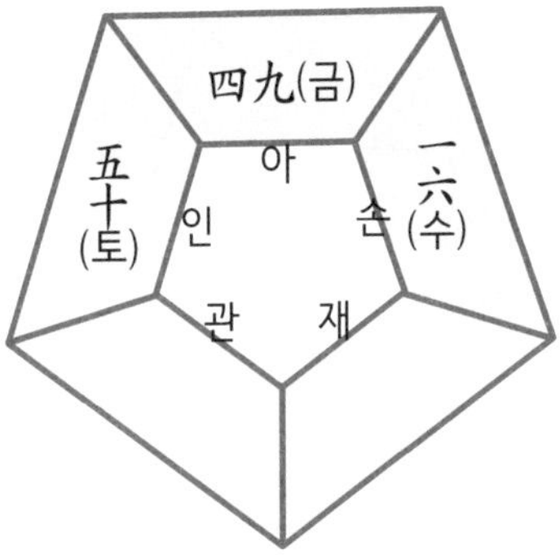
四九(금)
五十(토)
一六(수)
아
인
손
관
재

[28]

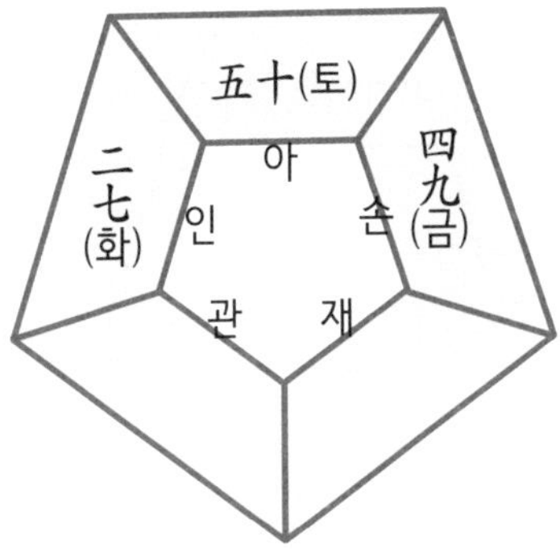
五十(토)
二七(화)
四九(금)
아
인
손
관
재

27번과 28번은 모두 식상(손효)을 써야 한다. 일지가 신약하다면 직접 몸을 써서 일하기 어려우므로 인수라는 용신으로 자격증이나 기술을 습득하는 것이 좋다. 자격증을 가지고 일지가 식상으로 내려가면서 일을 하여 돈을 버는 것이다.

직업	학과
인명 구조원	인명 구조원 자격시험취득
스포츠마사지사	재활학과, 물리치료학
응급구조사	응급구조사 자격시험취득
건설 및 광업관련관리자	건축학

⑨ 오행이 토금이거나 화토로 손효가 금수인 경우

[29]

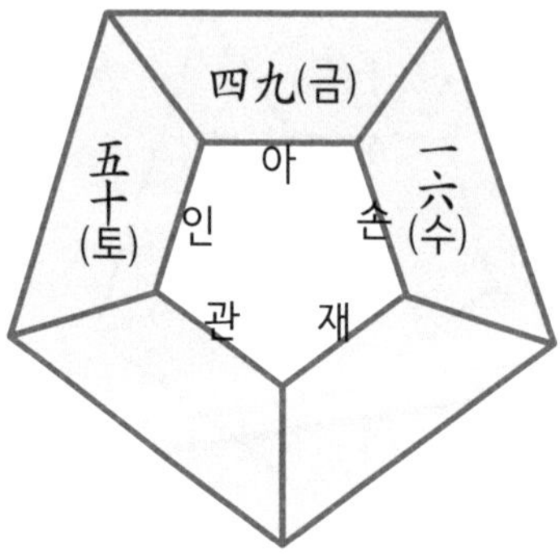
四九(금)
五十(토)
一六(수)
아
인
손
관
재

[30]

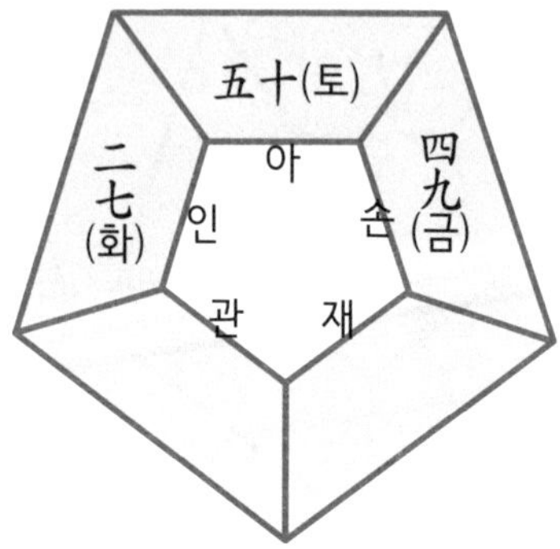
五十(토)
二七(화)
四九(금)
아
인
손
관
재

29번과 30번도 위에서 여러 번 다뤘던 형태다. 일지가 신약하다는 전제 조건이 같다면 인수나 식상(손효)의 강약이 일지의 쏠림에 영향을 주게 된다.

직업	학과
선장 및 항해사(손효 수 좋음)	해양대학 운항과 해군사관학교

(3) 손효가 용신인 행권직 : 신왕 / 관인상생

일지가 신왕할 때 용신은 설기가 가능한 손효(식상)를 쓰면서 관인상생으로 올라가는 통기를 말한다.

① 오행이 토금(일지와 손효)으로 목화로 올라가는 경우

[31]

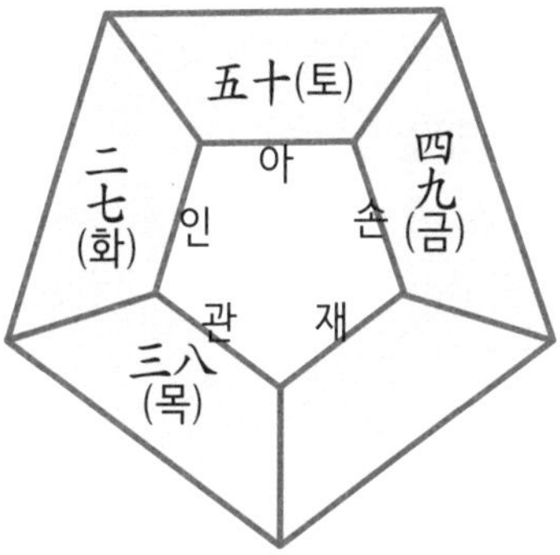

五十(토)
아
四九(금)
손
재
관
三八(목)
인
二七(화)

31번은 일지가 신왕하므로 손효인 금오행을 바로 쓸 수 있다. 건설, 건축 관련 현장직과 식상효의 가장 큰 특징인 말을 하는 직업이 가능하다. 관이 있는 경우, 신왕한 일지가 식상의 금오행으로 내가 한 만큼 인센티브를 받는 영업직이 유리하다. 손효의 크기만큼 얻을 수 있는 이익을 추정할 수 있다.

직업	학과
건축자재 영업원	건축학
의료장비기술 영업원	바이오의료기구학
인쇄 및 광고영업원	광고학 홍보학
건축시공기술자(인수 화)	건축설비공학과, 건축학과
체인점모집 및 관리영업원	경영

해외영업원	경영학, 어문계열
영업관리사무원	경영
자동차부품기술영업원	기계과
자동차영업원	—
의약품영업원	보건행정
식품영업원	식품영양학
영업 및 판매관리자	유통경영학, 유통물류학
농업용기계장비기술영업원	전자기계학
전자통신장비기술영업원	전자기계학, 전자전기
산업용기계장비기술영업원	전자기계학, 전기전자

(4) 손효가 용신인 용살직 : 신왕 / 식신생재

일지가 신왕하다면 용신이 식상(손효)이다. 이것이 재효까지 내려가는 것이 식신생재가 되는 용살직이다.

① 오행이 토금인 경우

[32]

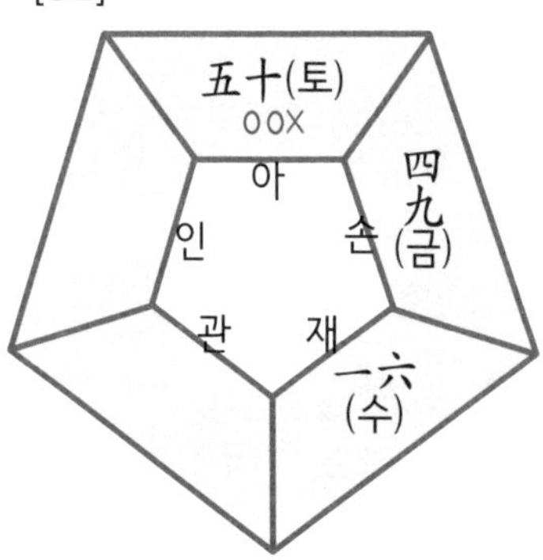

五十(토)
OOX
아
인
손
四九(금)
관
재
一六(수)

32번은 일지가 신왕하다는 조건이므로 순수하게 손효만 가지고 용신을 사용하면 된다. 금의 속성인 정의감과 성실함, 부지런함으로 무언가에 숙련되는 게 빠르다. 식당을 하거나 군인, 건설업 등 힘을 쓰는 일도 잘 한다. 특별한 자격이나 기술을 가지지 않아도 연습과 실천력만으로 돈을 벌 수 있다.

직업	학과
육군부사관	경호학과
해군부사관	경호학과
공군부사관	경호학과
점화, 발파 및 화약관리원	건축설비공학과
보험설계사	—
건축설비기술자	건축설비공학과, 건축학과
재봉사	의류학과
양식조리사	요리학과
재단사	의류학과
가축사육종사원	농업학과
건축석공	건축설비공학과
전통건물건축원	건축설비공학과
건축목공	건축설비공학과
경량철골공	건축설비공학과
콘크리트공	건축설비공학과
낙농업관련종사원	농업학과
철근공	건축설비공학과
조적원	건축설비공학과

② 오행이 토금이면서 비겁이 많은 경우

[33]

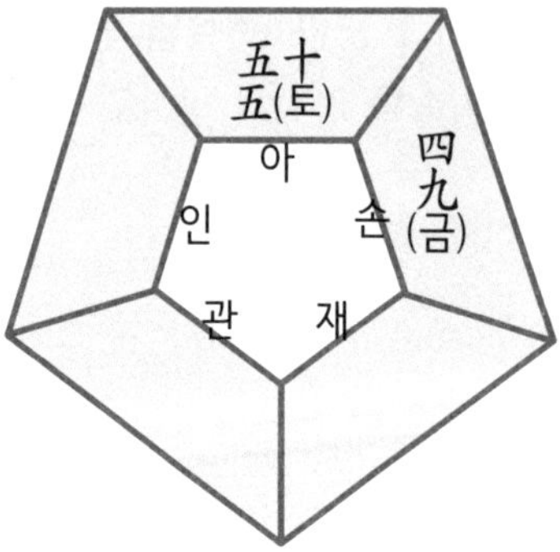

五十
五(토)
아
四
九
(금)
인
손
관
재

33번은 일지가 혼자인 것이 아니라 비견과 겁재로 여럿이 있을 때를 말한다. 이 경우 재효가 없는 무재라면 식상인 손효로 모든 비겁과 함께 갈 수 있으므로 협업과 동업 형태가 유리하다. 형제가 같이 하는 사업이 좋고, 심부름센터, 하도급자 같은 직업도 가능하다.

직업	학과
심부름센터	원진국

③ 오행이 토금이면서 인수가 있는 경우

[34]

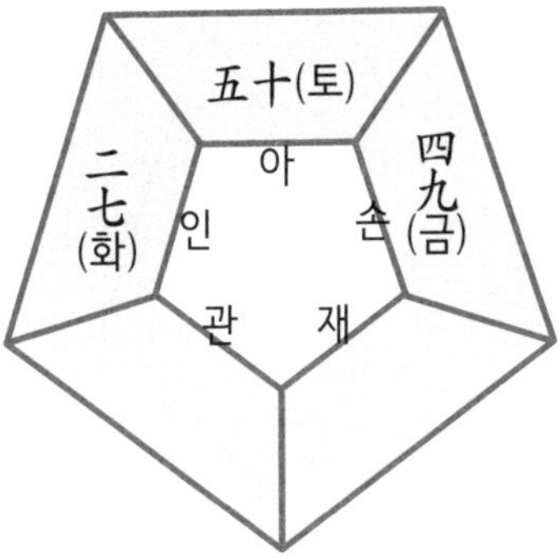
五十(토)
아
二
七
(화)
인
四
九
(금)
손
관
재

34번은 일지가 신왕하므로 토금으로 식상을 쓰면서 금속이나 건설과 관련된 일을 잘할 수 있다. 만약 여기에 인수인 화오행이 있다면 디자인 계통의 자격이나 학벌까지 갖출 수 있게 되므로 더욱 좋은 상품을 만들거나 취급하게 된다.

직업	학과
철물공(홍대 앞 유명철물점)	건축설비공학과

④ 오행이 토금이거나 손효 금이 손극관 하는 경우

[35]

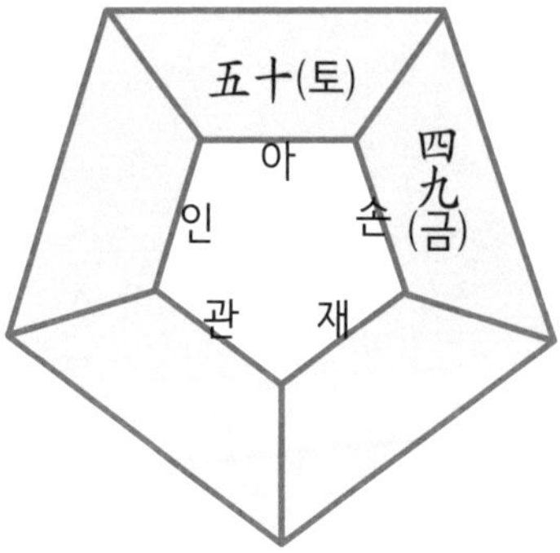
五十(토)
아
인
손
四
九
(금)
관
재

[36]

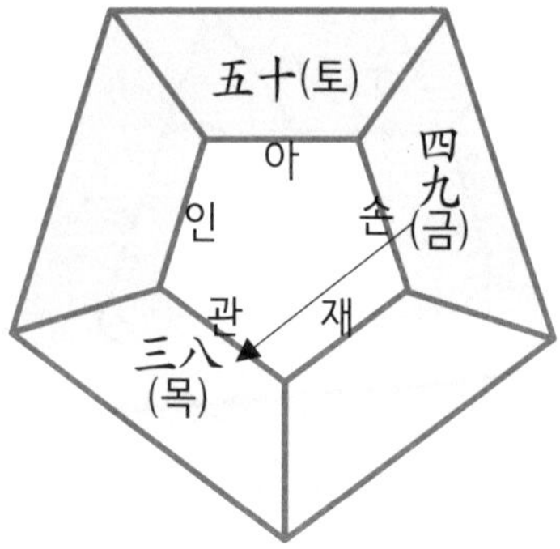
五十(토)
아
인
손
四
九
(금)
관
재
三八
(목)

35번과 36번의 차이는 금오행이다. 37번은 단순하게 금오행만 쓰는 것이 아니라 금극목으로써 손효로 관을 극하는 형태를 띤다. 신용추심원이나 보험설계사 혹은 경매사로 활동할 수 있다.

직업	학과
신용추심원(원진국)	경영, 경제, 법학
입찰. 낙찰원	—

⑤ 오행이 토금에서 금수로 내려가는 경우

[37]

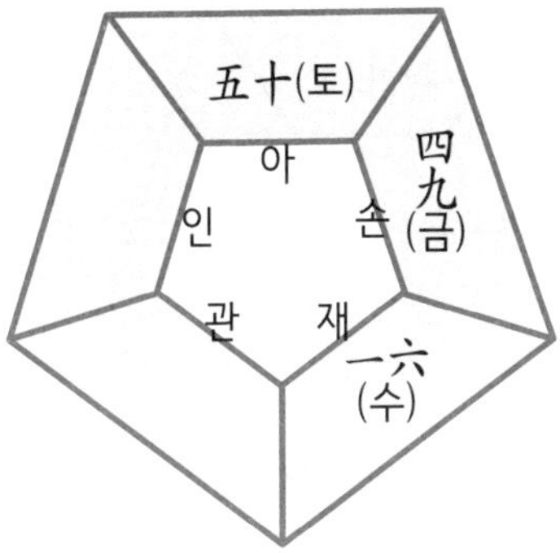
五十(토)
아
四
九
(금)
인
손
관
재
一六
(수)

37번은 토일지가 금의 식상을 쓰는데 재효까지 내려가는 경우다. 요즘 떠오르는 애견 관련 직종으로 애견 미용 혹은 애견 호텔 등이 가능하다.

직업	학과
이·미용사(화-감각이 있다.)	뷰티아트과
애견 미용사	뷰티아트과
애견 관리사	

⑥ 오행이 토금이거나 금수인 경우

[38]

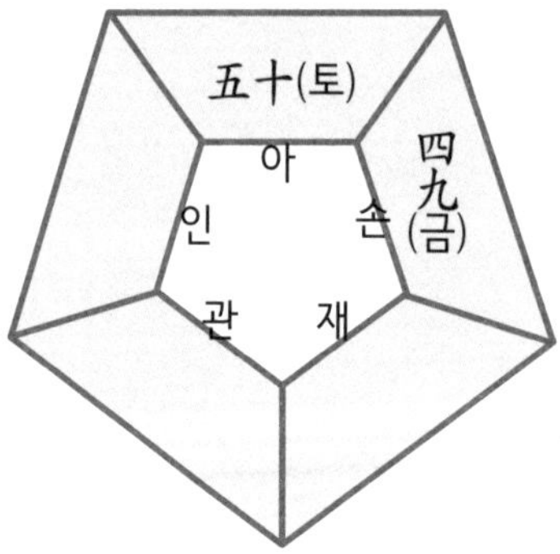
五十(토)
四九(금)
아
인
손
관
재

[39]

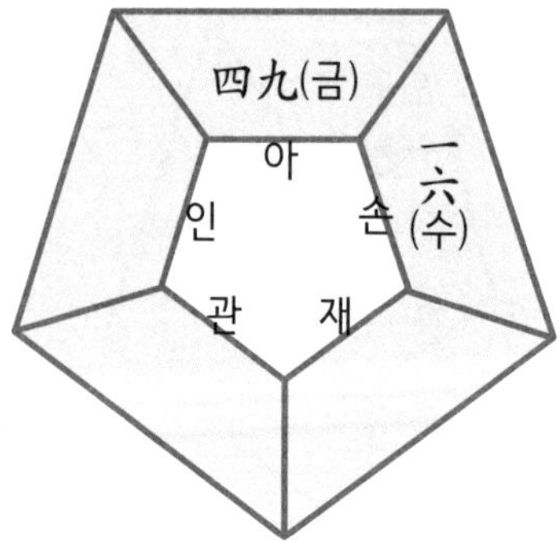
四九(금)
一六(수)
아
인
손
관
재

38번과 39번은 식상의 오행이 다른 것 같으나 일지를 포함해서 본다면 토금과 금수로 금오행이 겹친다. 아래의 직업들을 참조하면 되는데, 여기에 재효와 관효 그리고 인수효가 섞여 들어오게 되므로 그에 따라 아래 직업 중 선택의 폭을 좁힐 수 있다.

직업	학과
항공기정비원	메카트로닉스공학, 기계공학, 항공학
철도기관차 및 전동차정비원	메카트로닉스공학과, 기계공학과
머시닝센터조작원	메카트로닉스공학과, 기계공학과
재활용처리 및 소각로조작원	환경공학과
도장기조작원	금속공학과, 재료공학과
시멘트 및 광물제품제조기조작원	재료공학과, 금속공학과
냉동냉장공조기설치 및 정비원	메카트로닉스공학과, 기계공학과
점토제품생산기조작원	재료공학과
금형원	메카트로닉스공학과, 기계공학과

선박정비원	메카트로닉스공학, 기계공학, 해양공학
제관원	금속공학과, 재료공학과
금속공작기계조작원	메카트로닉스공학과, 기계공학과
광석 및 석제품가공기조작원	금속공학과, 재료공학과
냉난방관련설비조작원	메카트로닉스공학과, 기계공학과
건설 및 광업기계설치 및 정비원	메카트로닉스공학과, 기계공학과
공구제조원(치공구포함)	금속공학과, 재료공학과
금속가공관련검사원	금속공학과, 재료공학과
상하수도처리장치조작원	환경공학과
금속가공관련제어장치조작원	금속공학과, 재료공학과
금속가공관련조작원	금속공학과, 재료공학과
판금원	금속공학과, 재료공학과
비금속광물가공관련조작원	금속공학과, 재료공학과
보일러설치 및 정비원	메카트로닉스공학과, 기계공학과
비금속광물 가공관련 제어장치 조작원	금속공학과, 재료공학과
자동조립라인 및 산업용 로봇 조작원	메카트로닉스공학, 기계공학, 자동차학
선박조립원	메카트로닉스공학, 기계공학, 해양학
유리제조 및 가공기조작원	재료공학과, 화학과
공업기계설치 및 정비원	메카트로닉스공학과, 기계공학과
일반기계조립원	메카트로닉스공학과, 기계공학과
철도차량조립원	메카트로닉스공학과, 기계공학과

농업용기계정비원	메카트로닉스공학과, 기계공학과
도금 및 금속분무기조작원	금속공학과, 재료공학과
자동차조립원	메카트로닉스공학, 기계공학, 자동차학
물품이동장비설치 및 정비원	메카트로닉스공학과, 기계공학과
자동차 부품조립원	메카트로닉스공학, 기계공학, 자동차학
엘리베이터, 에스컬레이터설치 및 정비원	메카트로닉스공학과, 기계공학과
헬리콥터정비원	메카트로닉스공학, 기계공학, 항공학과
경비원	체육학과, 행정학과
무인경비원	경찰행정학과, 체육학과, 경호학과
재활용품수거원	체육학과, 행정학과
상품대여원	—
건물시설관리원	체육학과, 행정학과
어부 및 해녀	—
청소원	체육학과, 행정학과
홍보도우미 및 판촉원	—
선박갑판원	항해관련학과 — 자격증 취득
샷시원	금속공학과, 재료공학과
채소작물재배자	농업학과
하역 및 적재단순종사원	—
노점 및 이동판매원	—

용접원	금속공학과, 재료공학과
간병인	간병인자격증취득
건설 및 채굴기계운전원	건축설비공학과
단조원	금속공학과, 재료공학과
철로설치 및 보수원	건축설비공학과
건설 및 광업단순종사원	건축설비공학과
주조원	금속공학과, 재료공학과
광원, 채석원 및 석재절단원	건축설비공학과
계산원 및 매표원	—
주유원	—
매장정리원	—
매표원 및 복권판매원	—
도로포장원	공예학과
곡식작물재배자	농업기계과, 농업학과
농림어업관련단순종사원	농업학과
잠수 및 수중기능원	건축설비공학과
과수작물재배자	농업학과
육아도우미(베이비시터)	보육학과
정육원 및 도축원(일지금-왕)	요리학과
계기검침원	
목욕관리사	뷰티아트과
음식배달원	요리학과
육묘 및 화훼작물재배자	농업학과, 조경학과
주차관리원 및 안내원	
구두미화원	

검표원	
가사도우미	보육학과
세탁원	
수금원	
주방보조원	요리학과
경호원	경찰행정학과, 체육학과, 경호학과

⑦ 오행이 토금이거나 금수면서 인수효가 있는 경우

[40]

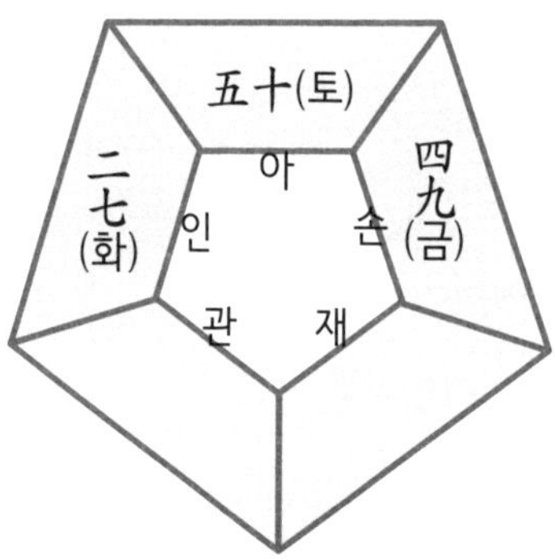
五十(토)
二七(화)
四九(금)
아
인
손
관
재

[41]

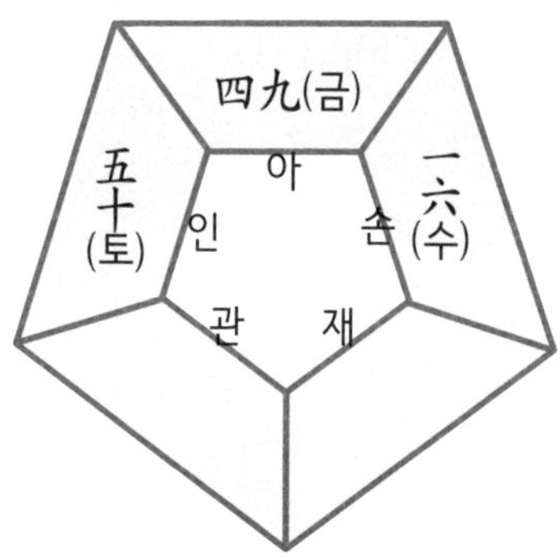
四九(금)
五十(토)
一六(수)
아
인
손
관
재

40번과 41번은 신왕한 금오행으로 체육이 적합하다. 인수가 화오행이라면 스피드를 요하는 종목이나 구기 종목이 유리하다. 42번처럼 식상에 수오행이 있다면 유연성을 요하는 종목이 유리하다.

직업	학과
프로배구선수	체육학과
프로야구선수(화가 있어야 빠름)	체육학과

프로농구선수	체육학과
프로축구선수	체육학과
다이어트 프로그래머	뷰티아트과

⑧ 오행이 목화인 경우

[42]

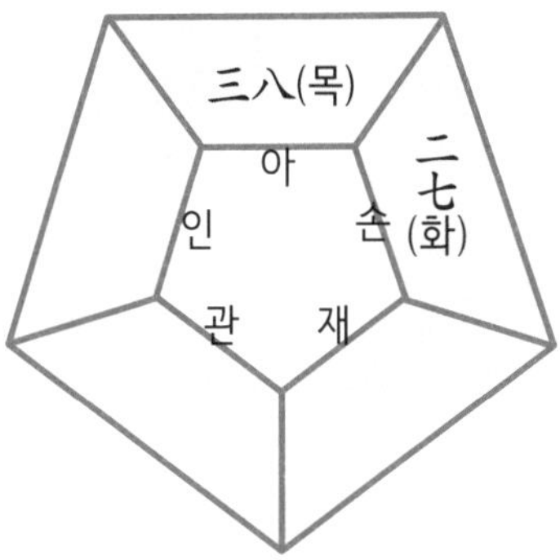

三八(목)
二七(화)
아
인
손
관
재

42번은 식상이 화오행으로 서비스계통이나 교육 분야를 생각해 볼 수 있다. 콜센터나 고객응대센터(CS) 업무가 가능하다.

직업	학과
학습지 및 방문교사	—
의복, 가죽 및 모피수선원	의류학과
방문판매원	—
한복제조원	의류학과
의복제품검사원	의류학과
우편물 집배원	—
모피 및 가죽의복제조원	의류학과

양장 및 양복제조원	의류학과

⑨ 오행이 토금이거나 화토인 경우

[43]

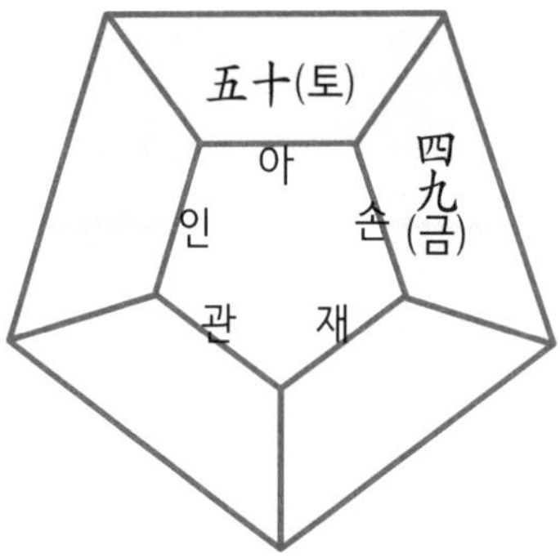

五十(토)
四九(금)
아
인
손
관
재

[44]

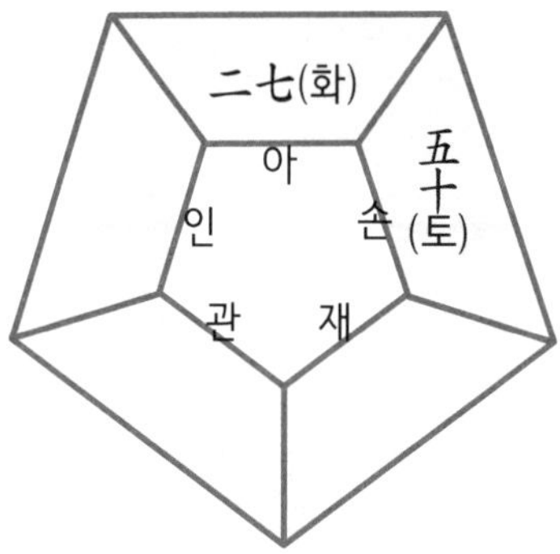

二七(화)
五十(토)
아
인
손
관
재

43번과 44번은 일지 토오행과 식상 토오행을 중심으로 생각해 보면 된다. 토오행의 특성이 땅과 관련된 것이므로 일차원적으로는 농축수산물이나 가공한 식품이 있으며, 나무, 돌 등 원예나 조경 등도 생각해 볼 수 있다.

육류어패류 및 낙농품가공기계조작원	생명과학과, 식품영양학과
과실 및 채소관련 기계조작원	생명과학과, 식품영양학과
곡물가공제품 기계조작원	생명과학과, 식품영양학과
음료제조관련 기계조작원	생명과학과, 식품영양학과
제분 및 도정관련 기계조작원	생명과학과, 식품영양학과
조경원(원예사포함)	조경학과, 원예학과, 산림학과
조림, 영림 및 벌목원	농업학과, 산림학과

⑩ 오행이 토금이거나 화토인 경우

[45]

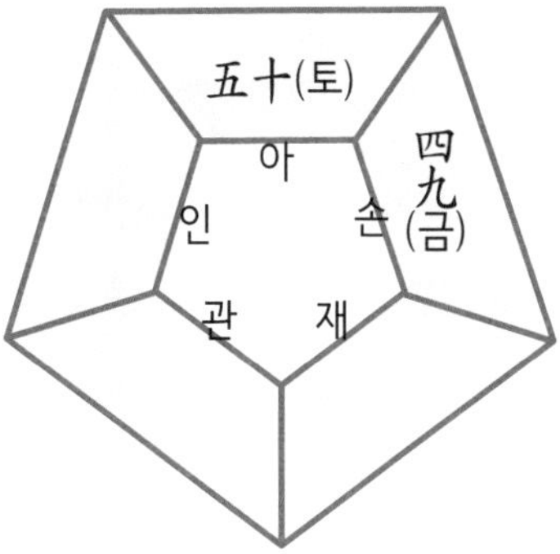
五十(토)
四九(금)
아
인
손
관
재

[46]

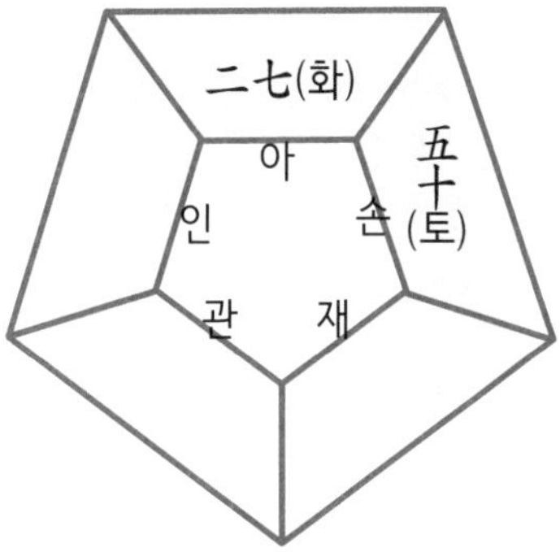
二七(화)
五十(토)
아
인
손
관
재

45번과 46번은 토오행을 건설이나 건축에 관련하여 생각해 볼 수 있다. 건설이나 건축 자재, 부품이 될 수도 있으며, 페인트, 도배, 장판, 샷시 같은 분야의 일도 가능하다.

직업	학과
친환경건축컨설턴트	건축설비공학과, 건축학과
건설견적원(적산원)	건축설비공학과, 건축학과

⑪ 오행이 토금·화토이거나 인성이 화이거나 손효가 금이 되는 경우

[47]

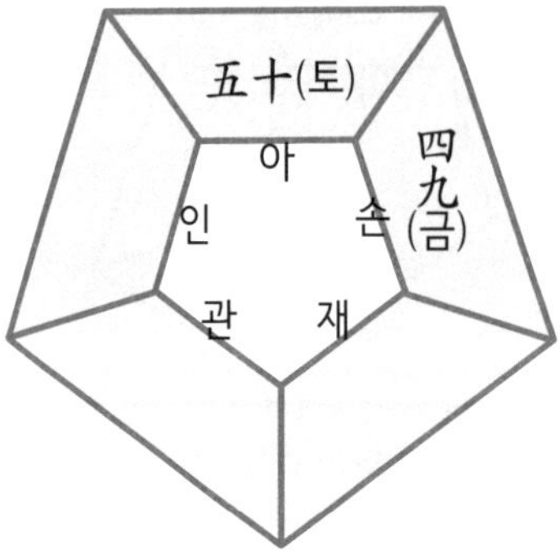
五十(토)
아
四九(금)
인
손
관
재

[48]

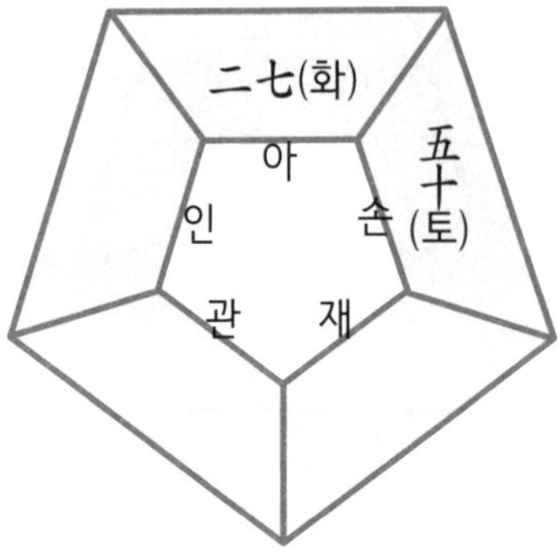
二七(화)
아
五十(토)
인
손
관
재

47번과 48번 모두 토오행을 기준으로 생각해 볼 수 있다. 전통이나 과거로 보면 48번은 장례에 관련된 일을 할 수 있다. 장례 지도사가 될 수도 있고, 장례식장 내 식당일, 운전 등 관련된 많은 일을 할 수 있다. 또 종교에 관한 일도 가능하다.

48번은 일지 화오행으로 화토 식상으로 내려가면 여행이나 호텔 관련 일 혹은 운수업, 창고업과 같은 일을 할 수 있다. 세탁업도 가능하다.

직업	학과
장례지도사	관광경영과
여행 가이드	
운수·창고업	
세탁업	

⑫ 오행이 토금수로 연결된 경우

[49]

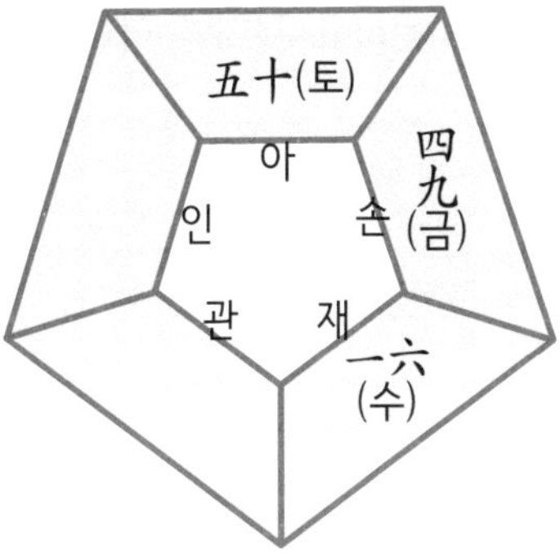

五十(토)
아
四九(금)
인
손
관
재
一六(수)

49번은 재효까지 연결시키면 바리스타로 활약할 수 있다.

직업	학과
바리스타(원두-토)	요리학과

(5) 재효(재능)를 쓰는 용살직

재효를 쓰는 용살직은 신왕하다면 식상을 용신으로 쓰게 된다. 식상보다 재효가 훨씬 강하거나 식상을 생하지 못하고 재효를 극하거나 충할 때도 재효를 용신으로 쓴다.

① 오행이 토금수인 경우

[50]

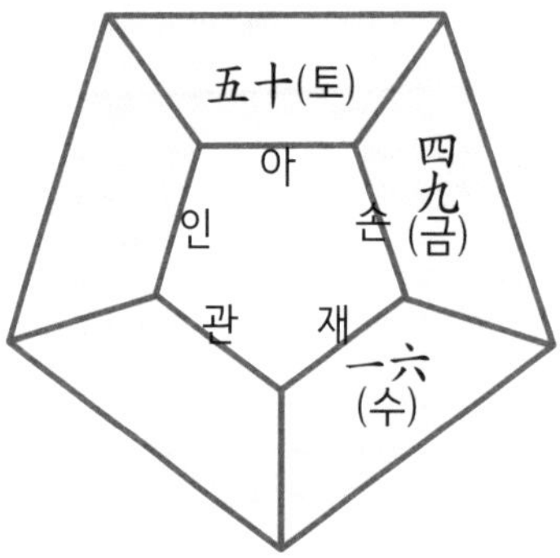

五十(토)
아
인
손
四九(금)
관
재
一六(수)

50번은 앞에서 여러 예를 통해 설명했듯이 토금으로 내려가면서 재효를 쓴다. 조각이나 조소를 통한 돌공예(석공), 철물모형 같은 것을 할 수 있다.

직업	학과
점토 공예가(토 있어야)	공예학과
돌공예(석공)	

② 오행이 토금수이거나 인수효가 있는 경우

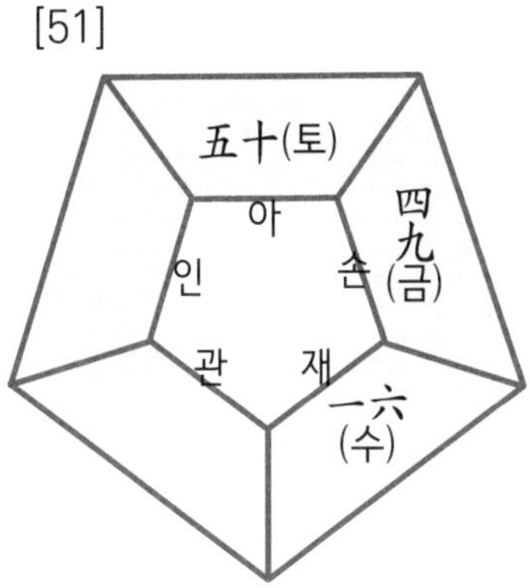
[51]
五十(토)
아
인
손
四九(금)
관
재
一六(수)
[52]
五十(토)
二七(화)
아
인
손
四九(금)
관
재
一六(수)

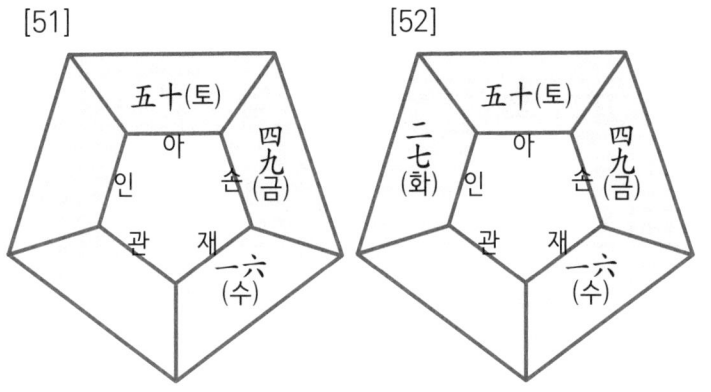

51번과 52번은 식상인 금오행이 '소리'라는 속성을 가지고 있다. 금오행이 강한데, 재효인 수오행까지 강할 경우 국악인 '창'을 하는 데 유리하다. 여기에 恨의 감정을 지녔으니 R&B 음악을 할 수 있고, 가수로서도 우렁차고 좋은 소리를 낼 수 있다.

53번은 화오행으로 인수가 있다면 악기도 가능하다. 국악기 중 가야금, 단소, 통소, 해금 등이 가능하다.

직업	학과
국악인	국악과
전통예능인	국악과, 연희과

4. 금(金) 관련 직업과 학과

(1) 인수(금)가 용신인 행권직 : 신약 / 관인상생

① 오행이 금수인 경우

[1]

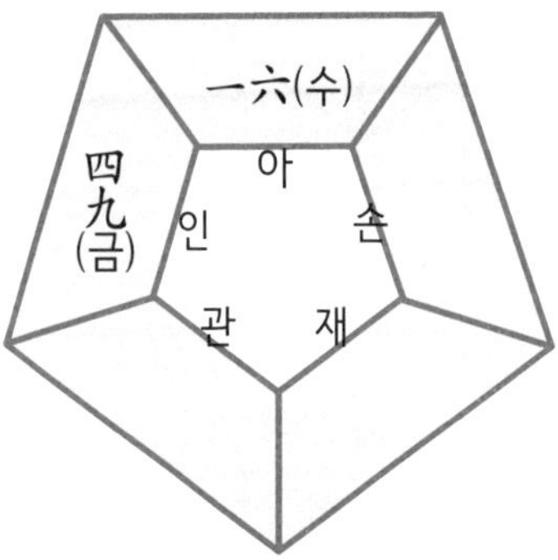

一六(수)
四
九
(금)
아
인
손
관
재

일지가 수오행이라면 일단은 총명하다고 머리가 좋다고 볼 수 있다. 그렇지만 일지만으로 머리가 좋다는 의미는 반드시 공부를 잘한다로 이어지지 않을 수도 있다. 일지가 신약하면 용신은 금오행인 인수를 쓰는 것이 이롭다.

오행이 금인 인수의 종류로 말하자면 다음과 같다. 물론 여기에서도 금의 오행이 더욱 많다면 수학 쪽(세무와 회계)과 과학 쪽(물리, 지구과학), 경영과 경제의 분야, 법학 분야가 유리할 수 있으며, 수의 오행이 더 많다면 인문학적 경영과 생물, 약학, 바이오, 가정, 식품영양학, 천문, 언론 쪽이 조금 더 유리할 수 있다.

직업	학과
과학교사	생물, 화학, 지구과학

출납창구사무원	회계, 통계
회계사무원	회계학
경리사무원	회계학
보험사무원	경영, 법학
인사 및 노무사무원(노무경영)	경영, 법학
수학교사	수학교육
음악교사	음악전공, 교육학부전
생명정보학자	생명과학, 생물학
지질학연구원	지질학
물리학연구원	물리학
천문 및 기상학연구원	천문학, 기상관측학
환경 및 해양과학연구원	환경공학, 생물학
신문제작관리자	신방과, 언론정보, 미디어학
생물학연구원	생물학
식품학연구원	식품공학, 식품영양
수산학연구원	생물학
수학 및 통계연구원	수학, 통계학
영양사	식품영양학
지리학연구원	지리학

② 오행이 금수면서 비겁이 많은 경우

[2]

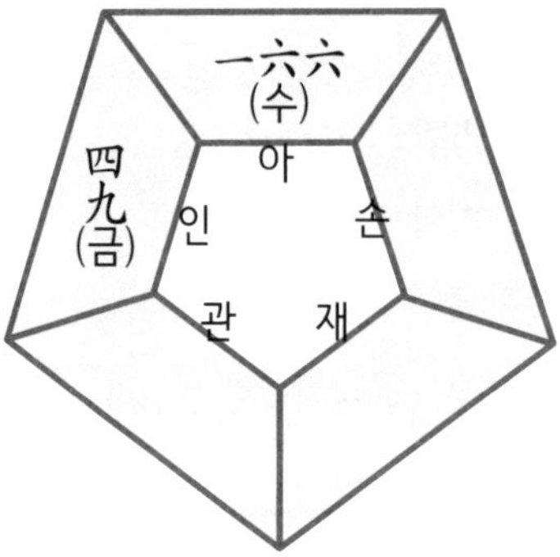

一六六
(수)
아
四
九
(금)
인
손
관
재

일지 자리에 1수과 6수가 함께 있거나 1수와 1수, 6수와 6수 등으로 구성된 경우로 비견과 겁재가 혼재되어 있는 것을 말한다.

비견과 겁재가 있다면 같은 일을 하더라도 사람을 관리한다든지 사람을 뽑는다든지 하는 일에 가까워질 수 있다. 인간관계로 인한 스트레스는 많다.

직업	학과
헤드헌터(비겁사주)	경영학

③ 오행이 금수이거나 수목인 경우

[3]

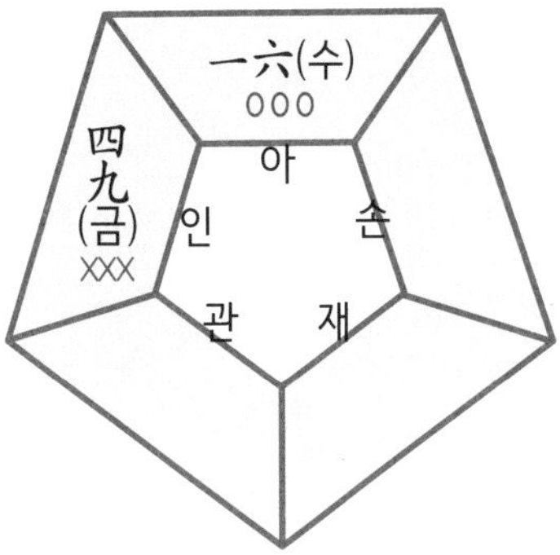
一六(수)
000
四九
(금)
XXX
아
인
손
관
재

[4]

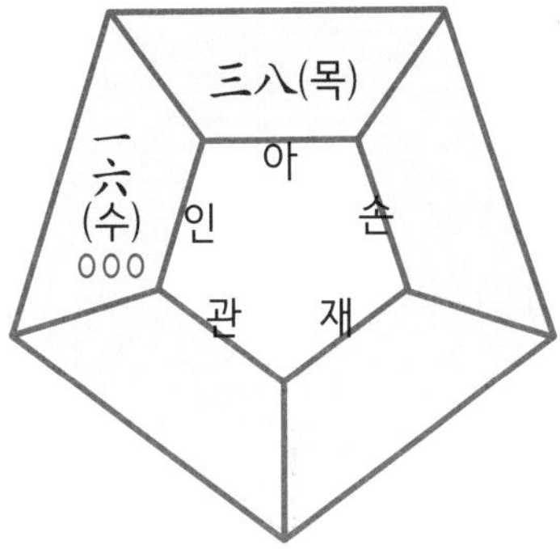
三八(목)
一
六
(수)
000
아
인
손
관
재

3번은 일지가 수오행이고 4번은 일지가 목오행이다. 다르게 보이지만 모두 수오행을 가지고 있다.

3번은 금보다 수오행이 훨씬 크므로 수는 수생목으로 당연히 수목으로 흐르려고 하므로 금의 기운과 수목을 받아 좀 더 행정적인 분야로의 직업이 유리하다.

4번은 수를 용신으로 사용하는 일지 목으로, 행정보다는 교육 분야로의 직업이 유리하다. 경영이나 행정학, 인문 사회계열, 혹은 문학을 전공한다 하더라도 교육 과목을 이수하는 것이 유리하게 작용할 것이다.

직업	학과
조세행정사무원	세무학, 행정학
총무사무원	경영, 법학
교육행정사무원	교육학, 행정학, 경영
감사사무원	법학
관리비서	비서학과

변리사	법학
법률관련사무원(법무 및 특허사무원)	법학
검사	법학
입학사정관	교육학
저작권에이전트	법학
노무사	경영학
생산관리사무원	경영학
변호사	법학
정부정책기획전문가	행정학, 인문사회계열
자재관리사무원	경영학
음식료품감정사	식품생명공학, 식품영양
품질관리사무원	경영학
품질인증심사전문가	경영학
판사(관-금)	법학
일반비서	비서학과
병무행정사무원	행정학 법학
관세행정사무원	세무학 행정학
입법공무원	법학
행정공무원(관이 있어야)	행정학
건강보험심사원	약대, 화학, 생물
질병관리본부 연구원	약대, 화학, 생물
환경영향평가원	환경공학과, 화학공학과

④ 오행이 금수이거나 수목인 경우

[5]

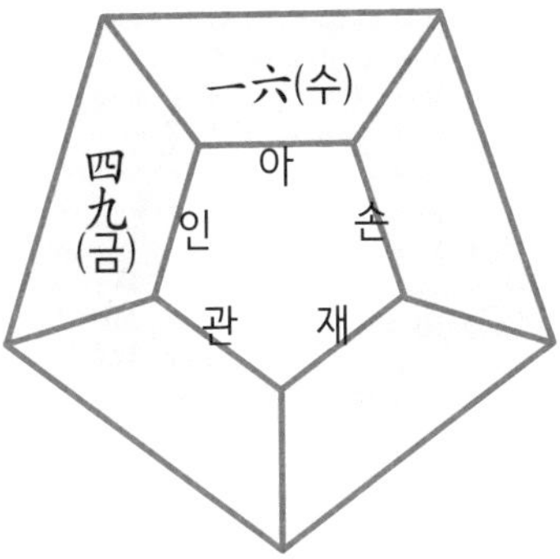
一六(수)
四九(금)
아
인
손
관
재

[6]

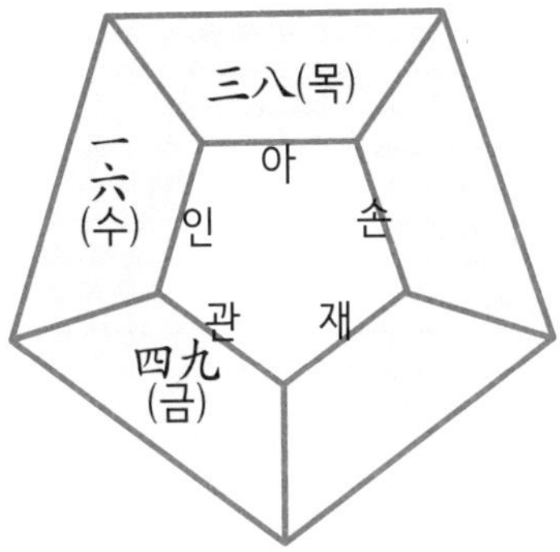
三八(목)
一六(수)
아
인
손
관
재
四九(금)

오행은 상생하면서 흘러가는 것을 가장 편안하게 받아들이게 되어 있다. 하지만 이 요소들이 5개 모두 있는 경우도 있지만 2개, 3개, 4개인 경우도 있다.

5번과 6번 통기도는 '관'의 자리가 있고 없는 차이가 있다. 물론 일지를 기준으로 오행의 차이가 있으나 1~4번의 통기도에서 많은 직업들을 소개한 바 있다. 관이 있으면 유명한 회사에 들어갈 수 있고 미래에 고위 직함을 붙일 수 있으며, 관이 금이면서 연결되어 있으면 고위공무원이 될 수 있다.

직업	학과
행정부고위공무원	행정, 경영, 정치외교, 법학

⑤ 오행이 금수이거나 토금인 경우

[7]

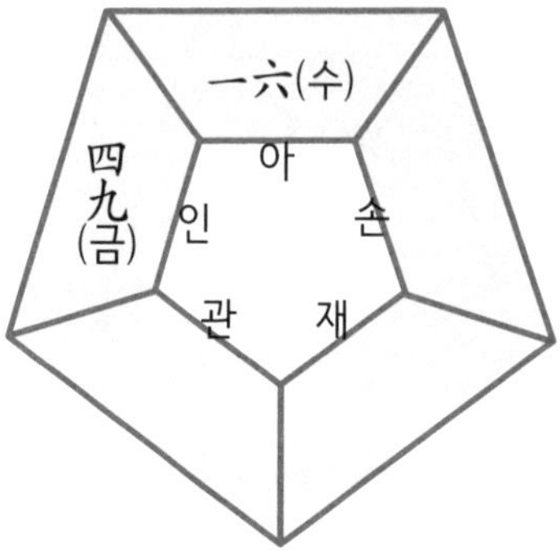
一六(수)
四九(금)
아
인
손
관
재

[8]

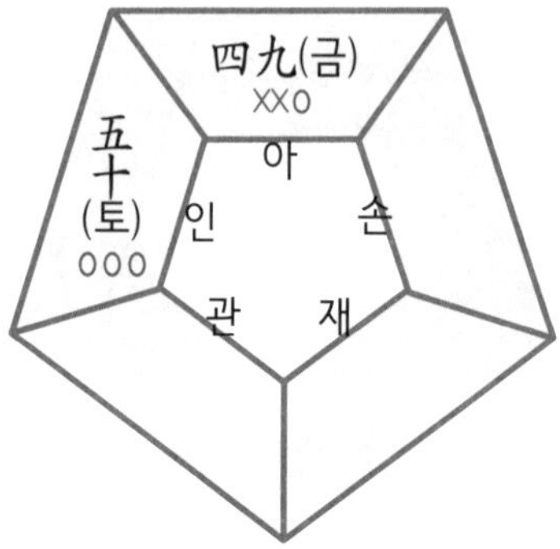
四九(금)
XXO
五十(토)
OOO
아
인
손
관
재

7번은 5번과 같은 통기도이다.

8번은 인수가 토오행으로 일지 금이 토의 영향으로 기운이 세지게 된다. 금이 왕해지면 금의 설기나 금극목으로 전진하는 직업이 더 적합하게 되는 것이다.

금극목으로 보자면 통계, 회계, 수학, 경제, 경영에서의 금융기관이나 펀드 매니저 같은 금융 컨설턴트 쪽으로의 직업이 가능할 수 있다. 또한 금오행의 양보다 토오행인 인수의 양이 압도적으로 많고 일지인 금이 약하다면 토가 개입된 농축수산이나 식품 혹은 부동산과 토목건축 등의 직업으로 선택이 가능하다.

직업	학과
경영컨설턴트	경영학
보건의료 관련 관리자	보건행정
재무관리자	통계, 회계, 수학, 경제, 경영
기업인수합병(M&A)전문가	경제학 경영학
사회복지 관련 관리자	사회복지학

식품시험원	생명과학과, 식품영양학과
인적자원전문가	경영학, 회계학, 통계학
철학연구원	철학
축산 및 수의학연구원	수의학
의학연구원	의학
약학연구원	약학
농학연구원	농경제학

⑥ 오행이 금수이거나 토금인 경우, 관이 금이면서 관인상생

[9]

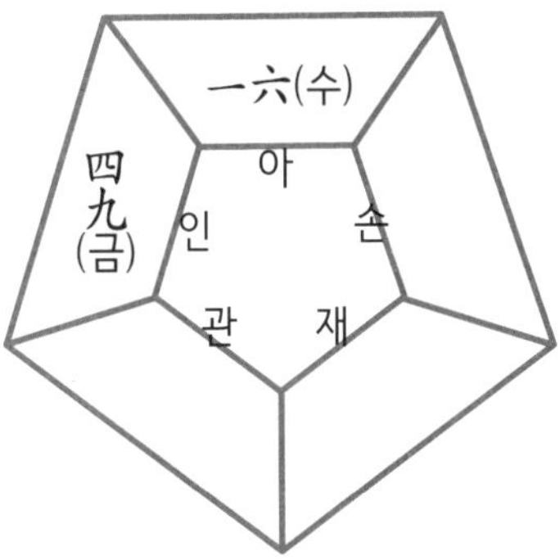

一六(수)
四九(금)
아
인
손
관
재

[10]

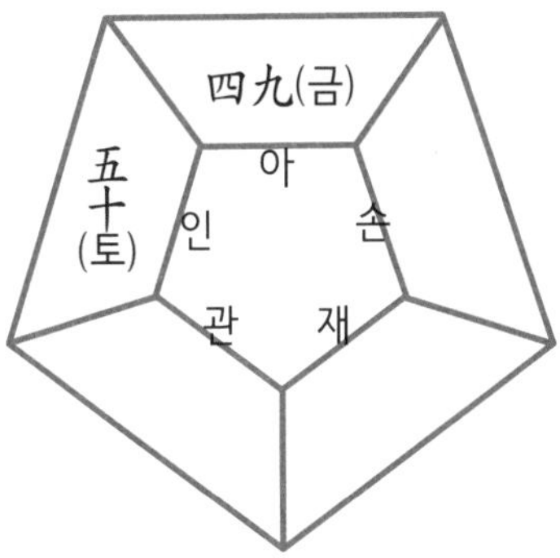

四九(금)
五十(토)
아
인
손
관
재

9번~10번과 11번의 다른 점은 관을 금으로 배치했다는 것이다. 관부터 올라가 금수목으로 관과 인을 相生시키면 1~9번까지의 직종들을 좀 더 공식적인 기관에서 쓸 수 있고, 전공과목의 공신력을 갖추는 역할을 할 수 있게 된다. 그리고 이과적 요소에서 문과적 요소가 될 발판을 만들 수 있어 법학이나 인문, 철학 쪽으로 작용할 수도 있다. 그래서 교수나 연구소 혹은 공무원 또는 공공기관 등에서의 직업으로 연결될 가능성이 높아진다.

[11]

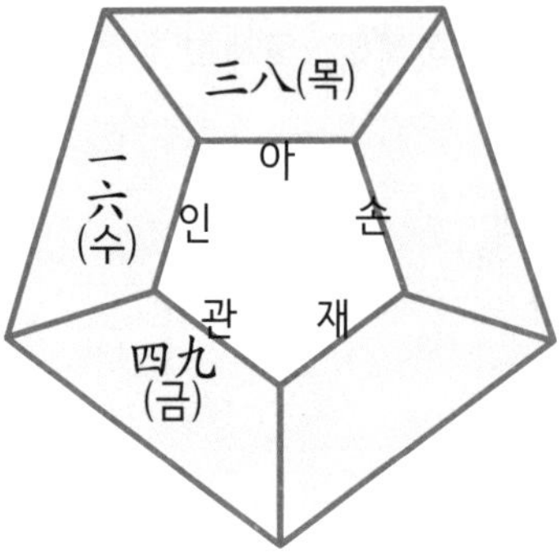

三八(목)
一六(수)
四九(금)
아
인
손
관
재

직업	학과
생명과학시험원	생명과학, 생물학
법학연구원	법학
행정학연구원	행정학
자연과학시험원	화학, 생물
사회학연구원	사회학
심리학연구원	심리학
경제학연구원	경제학

⑦ 오행이 금수이거나 토금이거나 목화인 경우

[12]

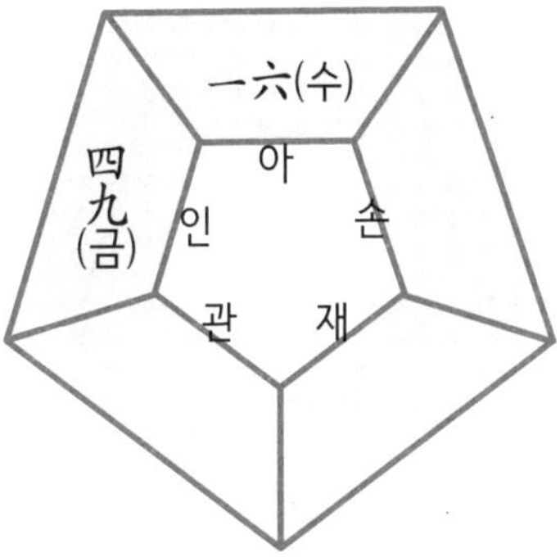
一六(수)
四九(금)
아
인
손
관
재

[13]

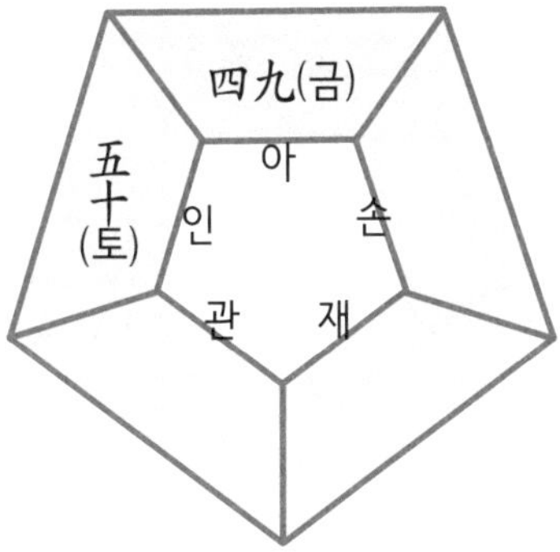
四九(금)
五十(토)
아
인
손
관
재

[14]

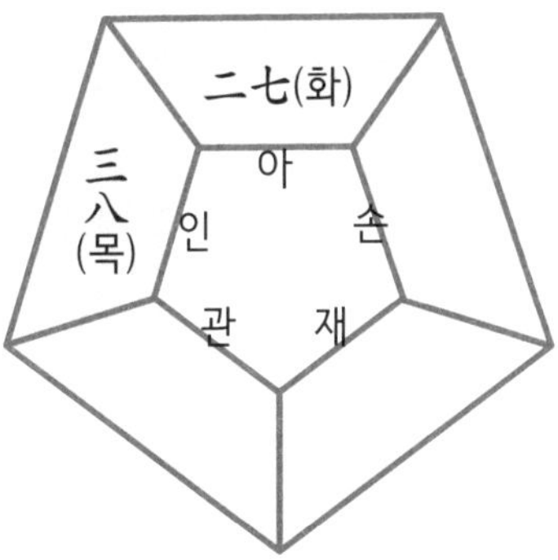
二七(화)
三八(목)
아
인
손
관
재

12, 13, 14번의 그림은 인수를 용신으로 하는 인수의 용도를 보여주는 직업군 중에서 '대리인'을 나타내는 것으로 학과와 상관없이 계약을 이어주는 브로커로서의 역할을 하는 직업도 할 수 있다.

직업	학과
보험대리인 및 중개인(목화)	경영, 법학

⑧ 오행이 금수이거나 토금이거나 화토인 경우

[15]

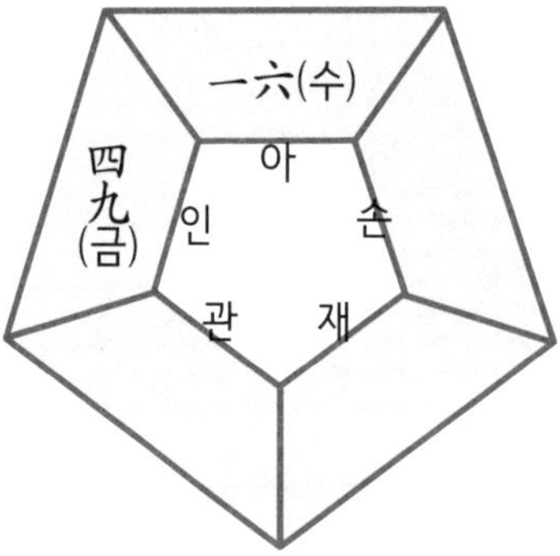
一六(수)
四九(금)
아
인
손
관
재

[16]

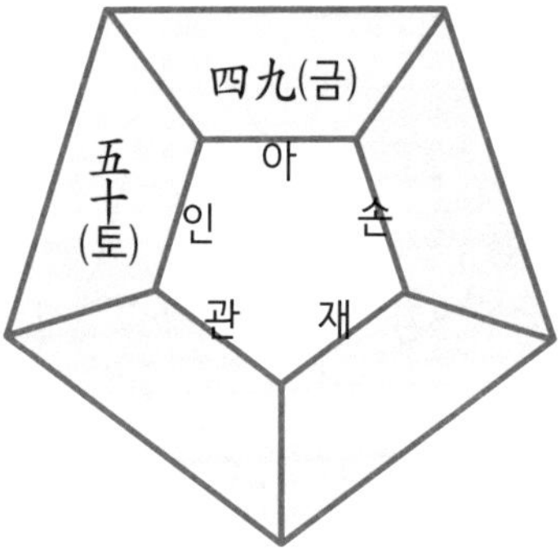
四九(금)
五十(토)
아
인
손
관
재

[17]

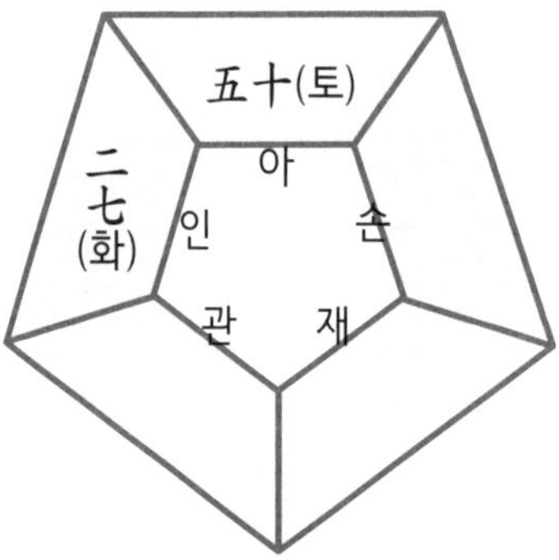
五十(토)
二七(화)
아
인
손
관
재

15, 16, 17번은 인수를 용신으로 한 것 중의 또 다른 직업을 선정한 것이다.

직업	학과
출입국심사관	행정학, 법학
소년원 학교 교사	교육학
보험대리인 및 중개인(목화)	경영, 인문사회계열

⑨ 오행이 금수이거나 토금이거나 화토금이 연결된 경우

[18]

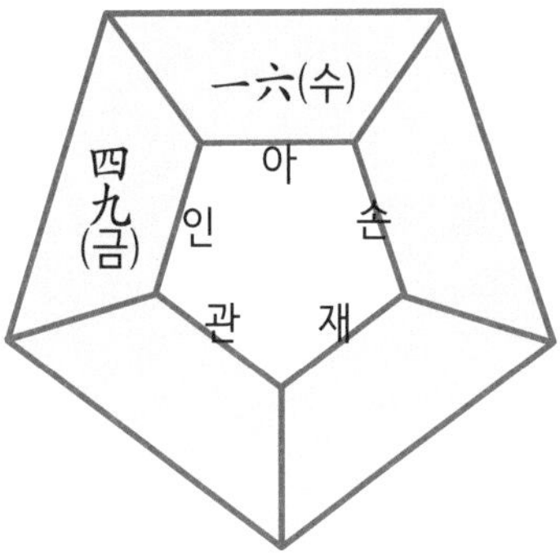
一六(수)
四九(금)
아
인
손
관
재

[19]

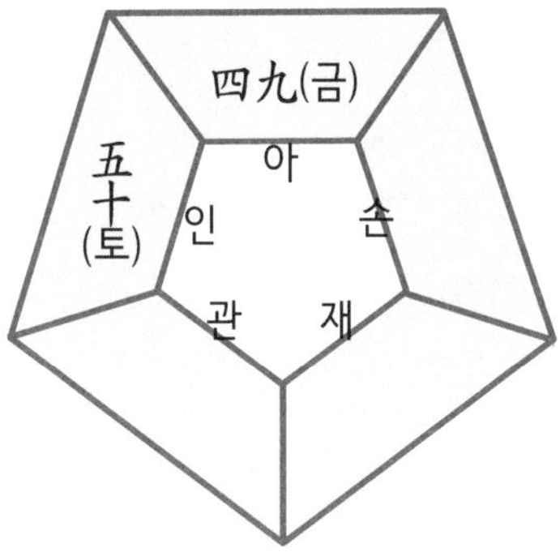
四九(금)
五十(토)
아
인
손
관
재

[20]

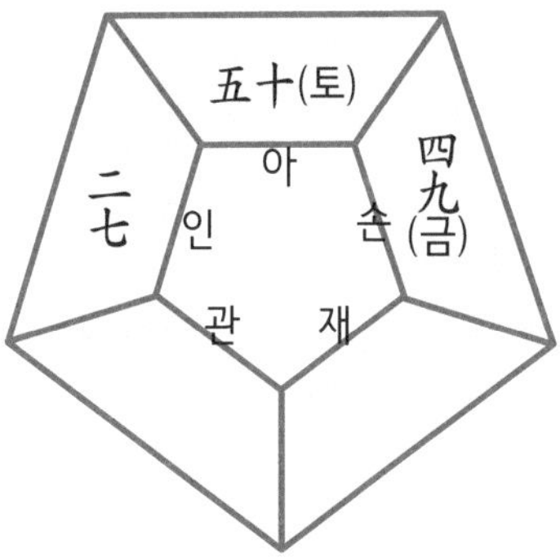
五十(토)
二七
四九(금)
아
인
손
관
재

18~19번은 일지나 인수를 금오행으로 선정한 것이다. 20번은 식상의 자리(孫)에 금오행을 배치한 것으로 다음과 같은 직업이 가능해진다. 물론 여기에 언급된 직업군은 용신을 인수로 하는 것 중의 한 종류라 볼 수 있다.

직업	학과
검찰수사관	법학

공군장교(위관급)	경호학과
해군장교(영관급이상)	경호학과
교도관리자	경찰행정
육군장교(위관급)	경호학과
공항검역관	어문계열, 보건학
소방관리자	소방관련학과
경찰관리자	경찰행정
소방관	소방안전학
경찰관	경찰행정, 경찰대
해양경찰관	경찰행정, 경찰대
사이버수사요원	경찰행정, 컴퓨터관련
공군장교(영관급이상)	경호학과
해군장교(위관급)	경호학과
육군장교(영관급이상)	경호학과

(2) 인수(금)가 용신인 용살직 : 신약 / 신식생재

① 오행이 금수인 경우

[21]

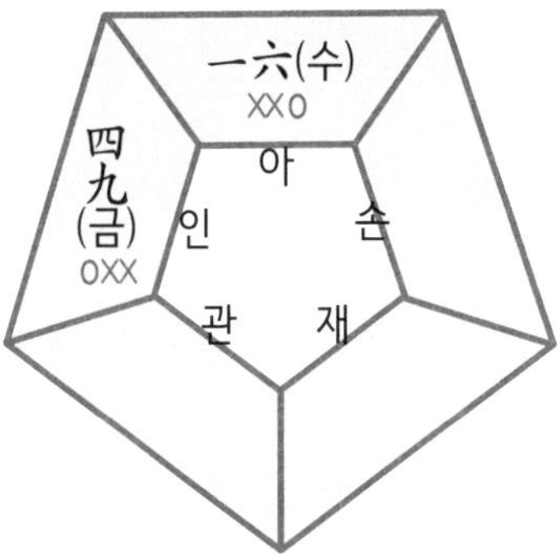
一六(수)
XXO
아
四
九
(금)
OXX
인
손
관
재

일지가 신약한 경우로 역시 용신은 인수가 된다. 인수를 용신으로 취하지만 직업으로 쓸 때는 손효로 내려가는 것을 설명하고자 하는 것이다. 금오행이 인수이므로 금과 관련된 학과를 선정하지만, 금오행은 활동성을 기반으로 한다. 그러므로 근로를 통해서 돈을 버는 것이다. 오행의 비중으로 본다면 역시 인수용신인 금의 세기가 클 때 두드러지게 나타난다.

직업	학과
일반의사(수술안함)	의대
스포츠마케터	사회체육학, 스포츠지도학
마취병리과의사	의대
피부과 의사	의대
가정의학과 의사(수술 안 함)	의대
음반기획자	방송관련학

사진측량 및 분석가	도시공학과, 토목공학과

② 오행이 금수면서 손효가 목인 경우

[22]

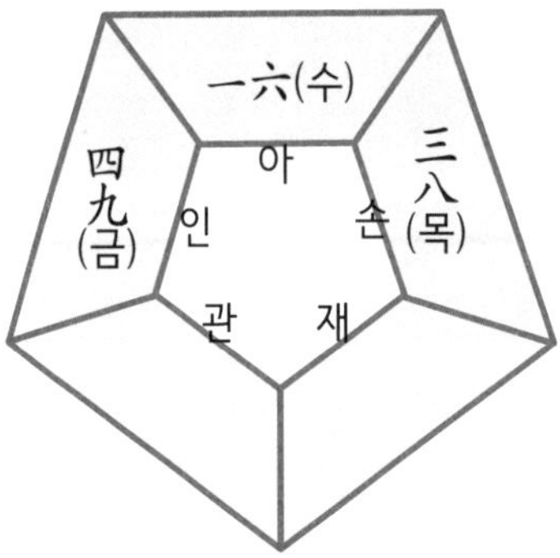
一六(수)
三八(목)
四九(금)
아
인
손
관
재

21번과 비슷하지만 식상에 목오행이 더 있는 통기도이다. 금수는 이과적 성향을 띠는데 식상 목오행의 영향으로 문과적 성향이 나타나게 된다. 인문사회, 행정적 성향 그리고 문학적 성향이 있다.

직업	학과
평론가	국문학, 문예창작학
영화시나리오작가	국문학, 문예창작
방송작가	국문학, 문예창작학
소설가	국문학, 문예창작
작사가	국문학, 문예창작
시인(용살-손 있어야)	국문학
출판물편집자	국문과, 문창과

③ 오행이 금수이거나 수목인 경우

[23]

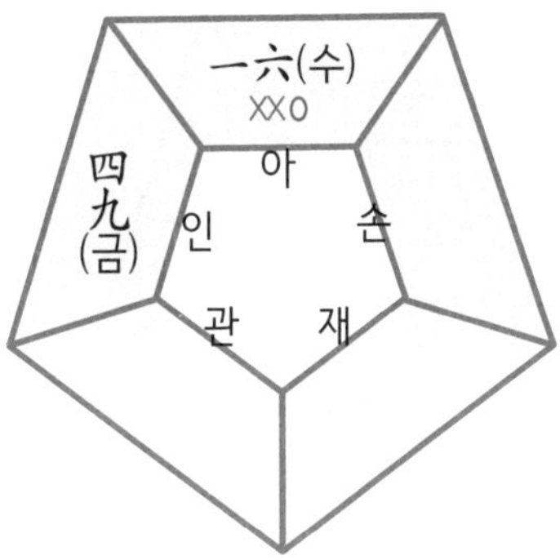
一六(수)
XXO
아
四九(금)
인
손
관
재

[24]

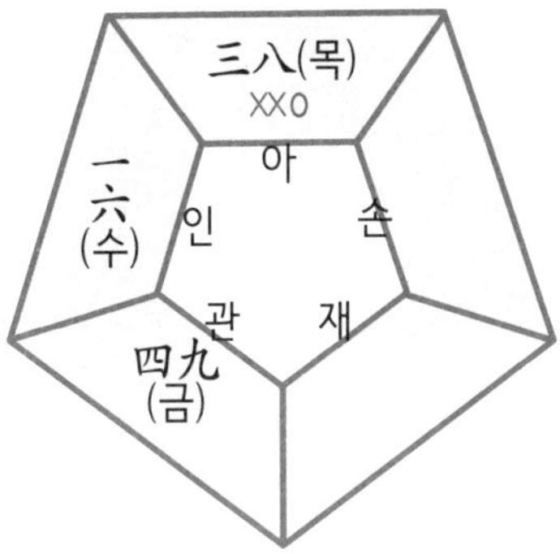
三八(목)
XXO
아
一六(수)
인
손
관
재
四九(금)

신약하므로 인수를 용신으로 쓴다면, 자격증이나 학과의 전공이 필요하다. 23번은 인수에 금오행을 둔 것이고, 24번은 관을 금오행으로 놓은 것이다. 24번은 금수 관인의 영향을 받은 전공과목이나 자격증을 사용하거나 그런 직업군의 취업시험을 통과하는 경우이다.

직업	학과
정신과 의사(관-금)	의대
회계사	회계학, 통계학
시장 및 여론조사 전문가	통계학, 경제
바이오에너지연구 및 개발자	환경공학과
관세사	세무학, 회계학
세무사	세무학
환경공학시험원	환경공학과
친환경 제품 인증 심사원	환경공학과
보건위생 및 환경검사원	환경공학과
온실가스 인증 심사원	환경공학과

④ 오행이 금수이거나 수목인 경우, 손효가 목이나 화인 경우

[25]

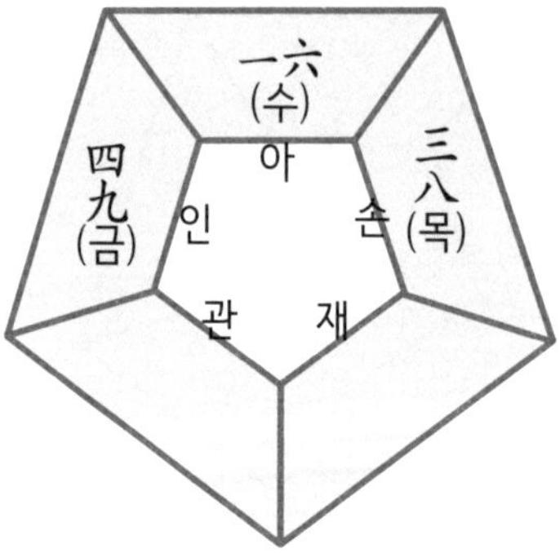

一六
(수)
四
九
(금)
三
八
(목)
아
인
손
관
재

[26]

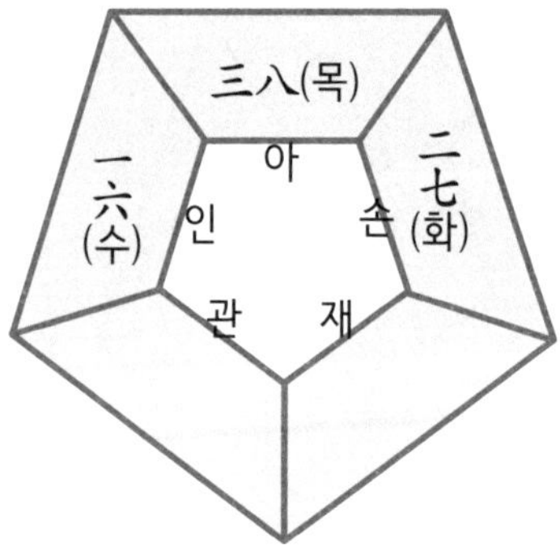

三八(목)
一
六
(수)
二
七
(화)
아
인
손
관
재

25번은 일지 수와 식상의 목오행의 발달을 조경 쪽으로 보는 것이고, 여기에 금오행까지 강하다면 골프장 설계자 이런 것도 가능해질 것이다.

26번은 인수 수오행의 영향력을 그대로 받아 수목화로 흘러가는 것이니 나무뿐만 아니라 꽃도 가능해지고 잘 꾸며 놓은 공방이나 카페가 가능해진다.

직업	학과
조경기술자	조경학과

⑤ 오행이 금수이거나 토금인 경우

[27]

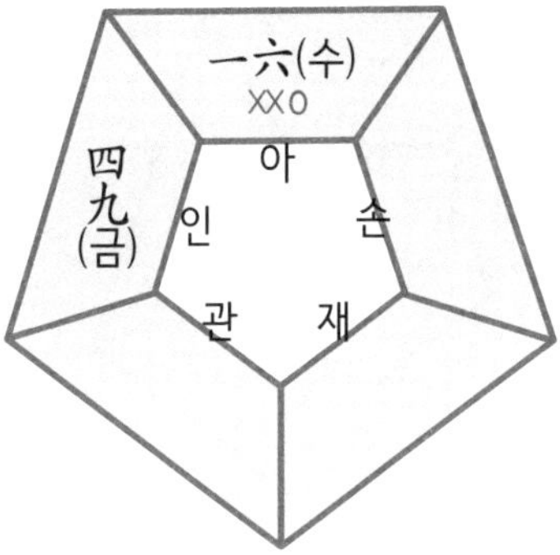
一六(수)
XXO
四九(금)
아
인
손
관
재

[28]

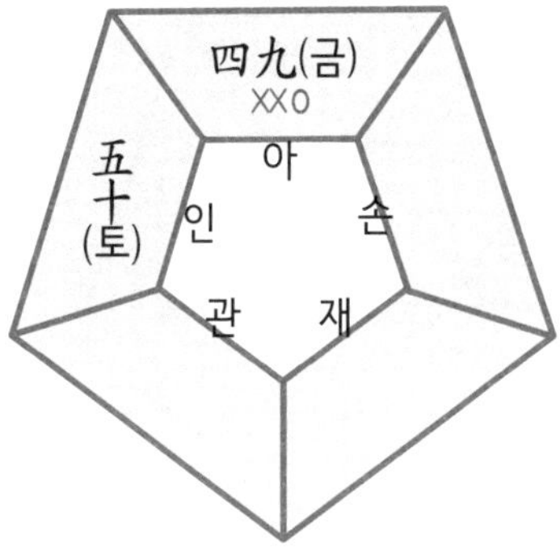
四九(금)
XXO
五十(토)
아
인
손
관
재

신약한 경우로 역시 인수가 용신이 된다. 인수에 해당하는 용신의 종류에 맞추고, 금오행으로 활동성이 가미된 직업을 고르면 된다. 전문가의 역할이 될 것이니 노동력을 쓰는 일은 적지만 관리만 한다든가 서류 처리만을 하는 업무는 배제한다. 간호사도 조무사로 출발하는 것이 아니라 간호대학으로의 출발이 훨씬 유리할 것이다.

직업	학과
가정의학과의사	의대
간호사	간호학
식품공학기술자	생명과학과, 식품영양학과

⑥ 인수와 일지의 오행이 금수이거나 화토인 경우

[29]

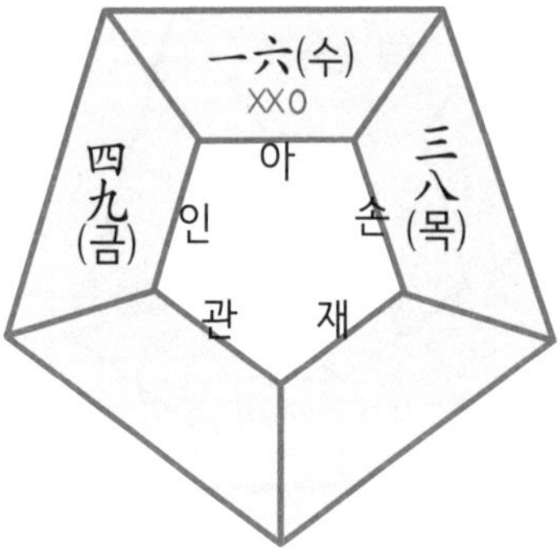
一六(수)
XXO
아
四九(금)
인
三八(목)
손
관
재

[30]

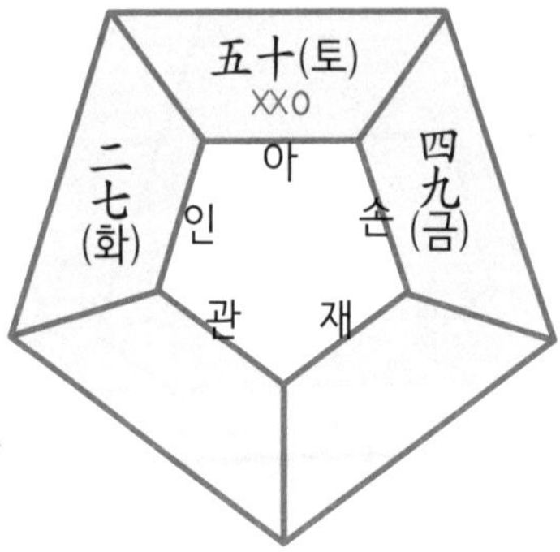
五十(토)
XXO
아
二七(화)
인
四九(금)
손
관
재

신약한 경우이니 용신인 인수의 자격과 학과를 취하는 것이 가장 유리하다. 29번은 식상의 목을 쓰는 것이 아니라, 역시 인수 금오행의 직업군을 가지고 오는 것이 좋다.

30번은 식상의 오행이 금이 되겠지만, 이것 역시 인수용신인 화오행을 쓰는 것이 유리하다. 방사선과 임상병리, 화학 분야 그리고 아나운서, 어학 분야를 가지고 식상으로 쓰면 좋다.

직업	학과
의지보조기기사	의료보장구과, 의료정보공학과
치과의사(손-금)	치대
치과기공사	치과기공과
의료장비기사	의료보장구과, 의료정보공학과
청능사(청능치료사)	청각학(대학원)
방사선사	방사선과
임상병리사	임상병리과
아나운서	언론정보학, 신방과

(3) 손효가 용신인 행권직 : 신왕 / 관인상생

① 일지와 손효의 오행이 금수, 목화이거나 재극인 하는 경우

[31]

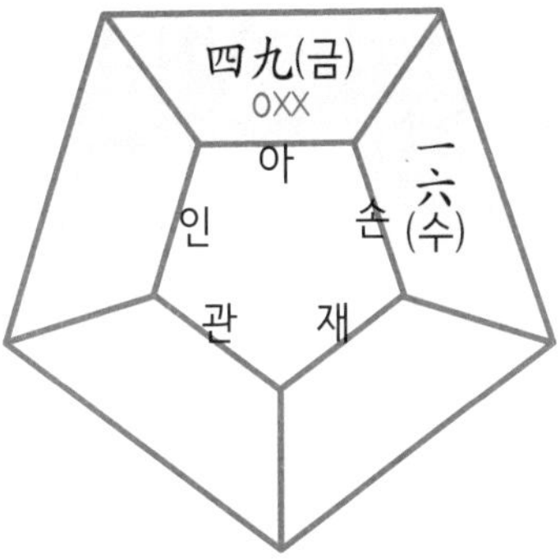
四九(금)
OXX
아
인
손
一六(수)
관
재

[32]

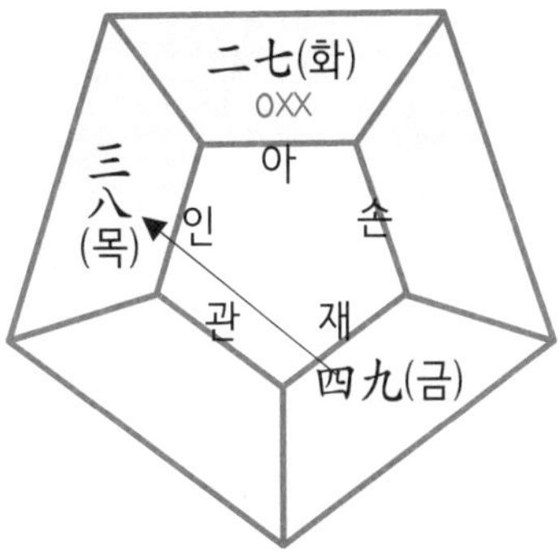
二七(화)
OXX
아
三八(목)
인
손
관
재
四九(금)

손효가 용신이라면 일지는 당연히 왕해야 한다. 그래야 손효를 직접적으로 쓸 수 있다. 금오행은 몸을 많이 쓰는 직업을 선택하는 것이 유리한데, 현장직·생산직이 잘 맞는다. 예를 들면 사진, 방송, 마사지, 경락, 춤, 운동 등 직접 몸을 움직이는 일이다. 이 경우 따로 공부하는 것이 아니라 현장에서의 경험이나 연습으로 실력을 향상시키고, 이것으로 돈을 벌게 되는 것이다. 방송 쪽에서 스태프부터 시작하게 되는 것과 비슷하다.

직업	학과
사진기자	사진과
편집기자	언론정보학
방송기자	언론정보학

② 오행이 금수이거나 손효가 수목인 경우

[33]

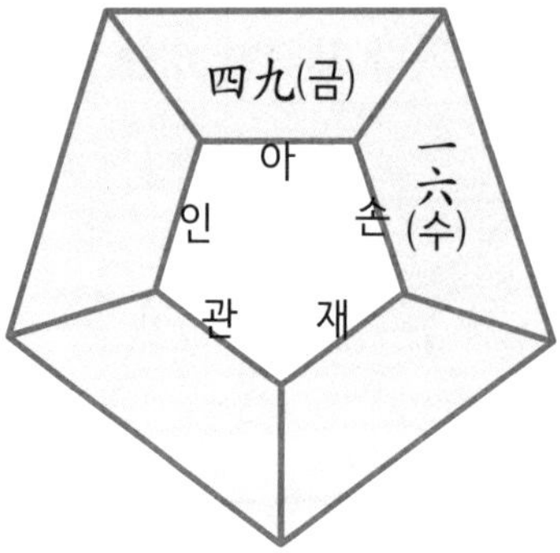
四九(금)
아
인
손
一六(수)
관
재

[34]

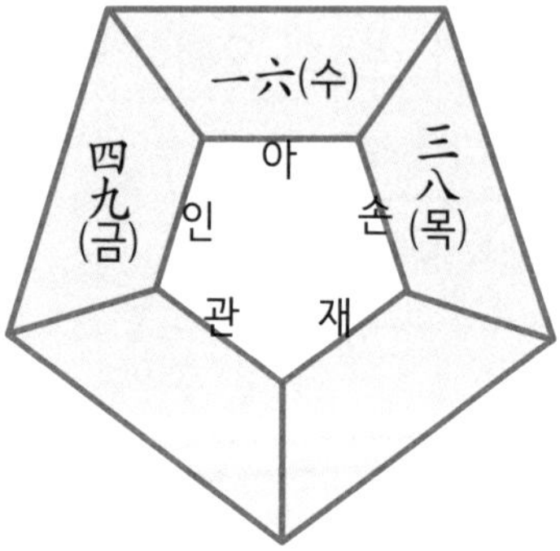
一六(수)
四九(금)
아
인
손
三八(목)
관
재

33번은 일지가 금으로 시작 손효에 수오행을 둔 것이고, 34번은 일지가 수로 시작해 손효에 목오행 둔 것이다. 두 통기도는 환경 분야의 일을 할 수 있다.

34번은 금이 인수가 되므로 인수의 영향을 받아(학운이 들어와서 취하게 될 경우) 자격증이나 학벌을 높여 공학박사나 공학도가 될 수 있다. 인수에 금오행을 두면 환경 전문가로서 몸을 쓰는 일이 줄어들 수고 전문직으로 쓰는 행권의 형태를 동반하게 된다.

직업	학과
환경컨설턴트	환경공학과

③ 오행이 금수이거나 수목인 경우

[35]

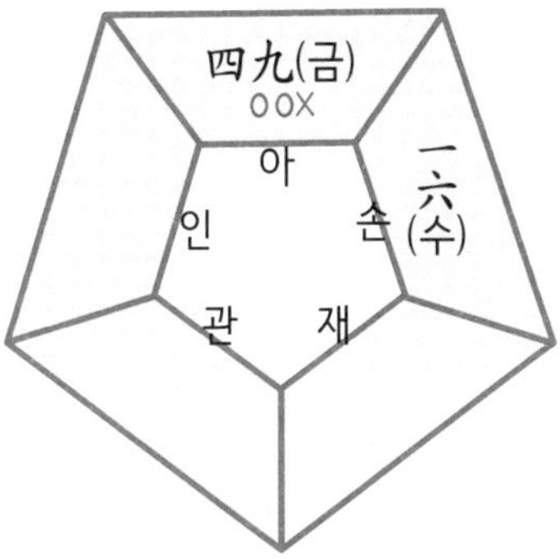
四九(금)
OOX
아
인
손
一六(수)
관
재

[36]

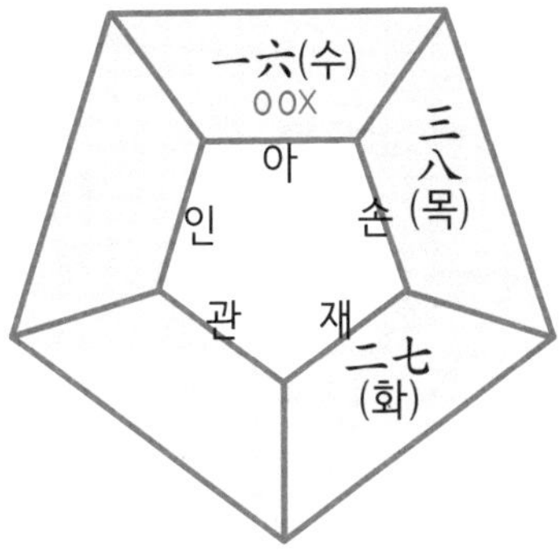
一六(수)
OOX
아
三八(목)
인
손
관
재
二七(화)

35번처럼 일지가 금오행이면서 신왕하다면 어떤 노동의 형태도 겁내지 않는다. 관성이나 재성의 유무에 따라 달라지지만 금의 살성으로 인하여 험한 일도 마다하지 않게 된다. 35번처럼 단순히 금과 식상의 水오행의 손효를 쓴다면 한식 혹은 분식, 그리고 회를 뜨는 횟집 그리고 수산시장이나 청소업도 가능하게 된다. 특별한 요리를 만드는 것보다는 어쩌면 가장 단순한 노동의 형태가 될 수도 있다.

36번은 손효가 목오행이다. 단순히 음식 관련이지만 좀 더 가벼운 음식의 형태로, 김밥이나 주먹밥 혹은 라면집 붕어빵 등이다. 여기에 재성인 화오행이 개입되면, 김밥이나 주먹밥이 특별한 재료나 특별한 맛의 비법, 색다른 구성으로 조금 더 특별해질 수 있다.

직업	학과
한식조리사(손-토좋음)	요리학과

(4) 손효가 용신인 용살직 : 신왕 / 식신생재

① 오행이 금수인 경우

[37]

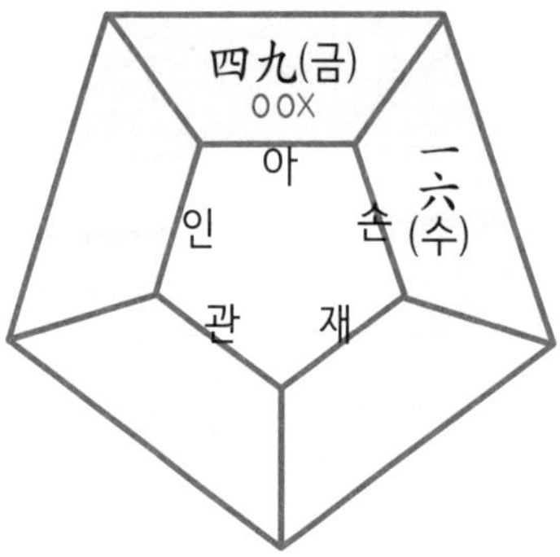

四九(금)
OOX
아
一六(수)
인
손
관
재

37번은 일지가 금오행이면서 신왕한 경우이다. 운동과 가수(금오행이 소리를 뜻함), 영상, 사진, 금속, 귀금속, 악기 등과 관련이 있다. 이와 관련된 직업과 학과와 잘 맞지만, 꼭 대학의 전공을 필요로 하지 않는다. 이런 분야에 관심이 생겨 취미로 시작했다가 직업으로 삼을 수도 있다.

또한 아래 직업군에서 한 두개 이상의 종류를 잘 하게 된다. 트레이너면서 영상기사로 일할 수도 있고, 스턴트맨이면서 모델 활동을 할 수 있고, 스포츠 관련 인물들 중 노래도 잘하는 형태를 가진다.

직업	학과
스포츠트레이너	체육학과
가수	—
모델	모델학과

경기감독 및 코치	체육학과
연극배우	연극영화과
촬영기사	사진학과
영상녹화 및 편집기사	사진학과
성우	방송관련학
음향 및 녹음기사	방송관련학
스턴트맨(대역배우)(체육-금수)	연극영화과, 방송연예과
악기수리원 및 조율사	공예학과
지도제작기술자	도시공학과, 토목공학과
귀금속 및 보석세공원	공예학과
사진인화 및 현상기조작원	사진영상학과
배관공	건축설비공학과
공업배관공	건축설비공학과
영상 및 관련장비설치 및 수리원	전자, 정보통신공학과, 컴공과
인쇄기조작원	환경공학과
방수공	건축설비공학과
스킨스쿠버 다이버	체육학 수영

② 오행이 금수이거나 수목인 경우

[38]

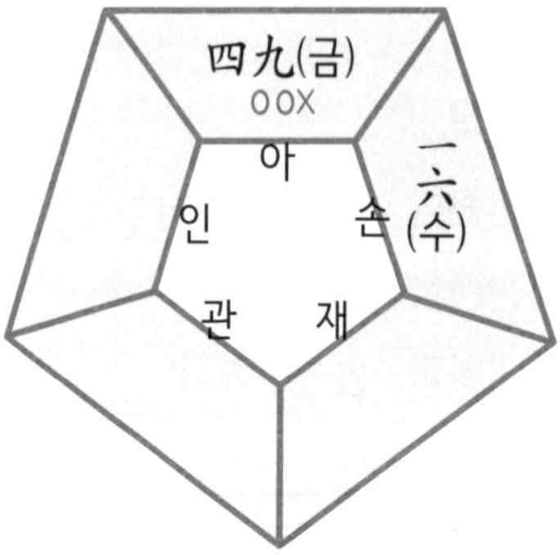

四九(금)
OOX
아
인
손
一六(수)
관
재

[39]

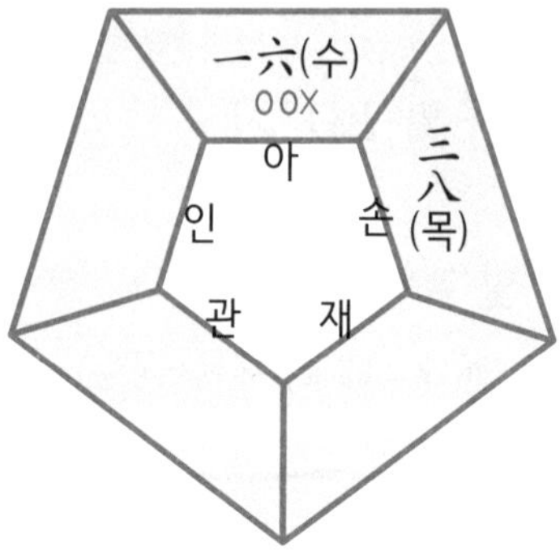

一六(수)
OOX
아
인
손
三八(목)
관
재

38번은 용신이 수오행이고 39번은 용신이 목오행이다. 환경공학이나 화학을 전공하였다면 수질 환경 도시공학 분야의 기술자나 관리감독직으로 활동이 가능하다. 하지만 인수의 도움이 없을 때에는 단순 노동직으로만 활동하기도 한다.

직업	학과
폐기물처리기술자	환경공학과, 화학공학과
환경공학기술자	환경공학과, 화학공학과
수질환경기술자	환경공학과, 화학공학과
대기환경기술자	환경공학과, 화학공학과
소음진동기술자	환경공학과, 화학공학과

③ 오행이 금수이면서 인수효 토가 있는 경우

[40]

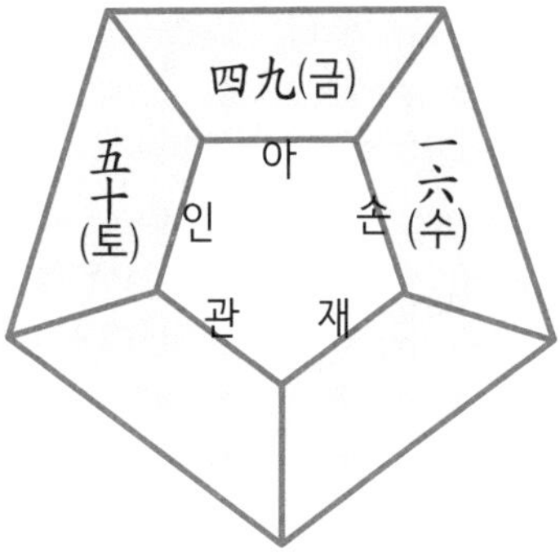
四九(금)
아
五十(토)
인
손
一六(수)
관
재

40번은 일지 금과 손효에 수오행, 인수효에 금오행이 있는 형태다. 만약 운동을 한다면 지형을 이용하는 골프와 같은 종목이 맞는다. 골프는 땅을 밟으면서 하는 운동이기 때문이다. 또한 인수효가 있으므로 부모나 스승의 영향권 아래 있으며, 자본이나 재산이 있어 돈이 많이 들어가는 운동도 할 수 있다고 판단한다.

직업	학과
프로골프선수	체육학과

④ 오행이 금수이거나 토금인 경우

[41]

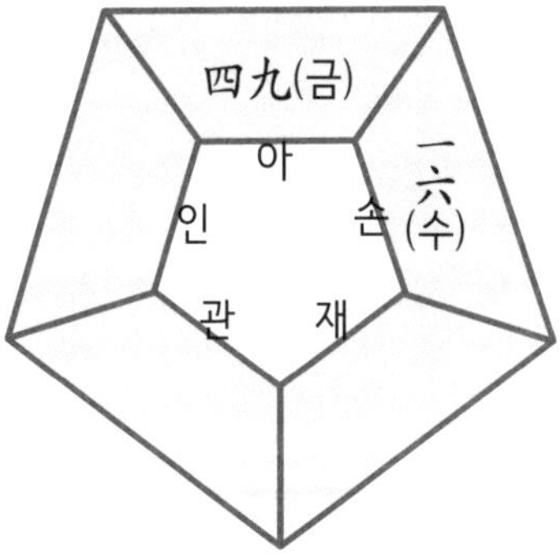
四九(금)
一六(수)
아
인
손
관
재

[42]

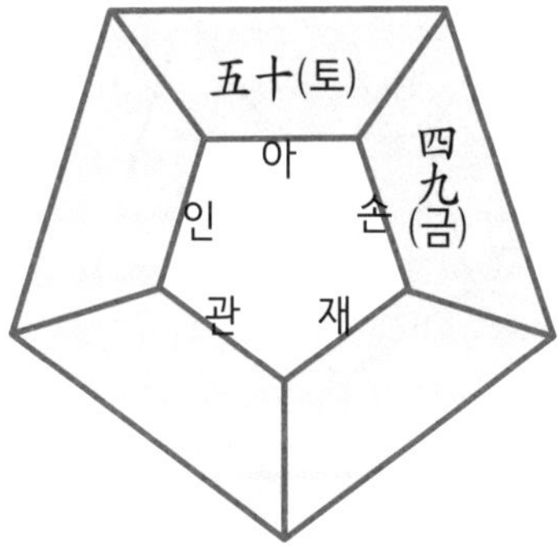
五十(토)
四九(금)
아
인
손
관
재

41번은 40번 통기도와 같지만 토오행인 인수효가 없다. 단순 비교한다면 40번은 금전적 지원을 받으며 골프선수가 될 수 있고, 41번은 골프장 캐디로 돈을 벌며 혼자 연습하여 골프선수의 꿈을 이룰 수 있다는 것이다. 인수의 유무가 골프선수가 되는지 아닌지를 결정하는 것은 아니다. 그러나 온갖 지원을 받으며 체계적으로 골프선수의 길을 걸을 것이냐, 아니면 자기 스스로 돈을 벌어 가며 경험을 쌓아 골프선수의 꿈을 키워 갈 것이냐 하는 차이가 있다.

42번은 일지가 토(土)이므로 땅과 인연이 있다. 금오행을 손효로 두고 있기에 좀 더 적극적일지, 소극적일지는 일지의 강약에 따라 다르다. 일지가 태약(xxx)하다면 손효의 금오행을 쓸 수 없을 때가 종종 있다. 체격은 좋은데 힘을 쓰지 못하는 것이다. 거구이긴 하나 약간 둔하고 유연하지 않아 미련하게 살집이 있다고 느껴질 때가 있다.

직업	학과
골프장캐디(운동선수)	관광경영과, 체육학과

치어리더	관광경영과, 체육학과
카지노딜러	딜러학과
동물사육사	수의학과
청원경찰	경찰행정학과, 체육학과, 경호학과

(5) 인수와 손효 금(金)을 쓰는 직종

① 인성이 금이거나 일지가 금인 경우

[43]

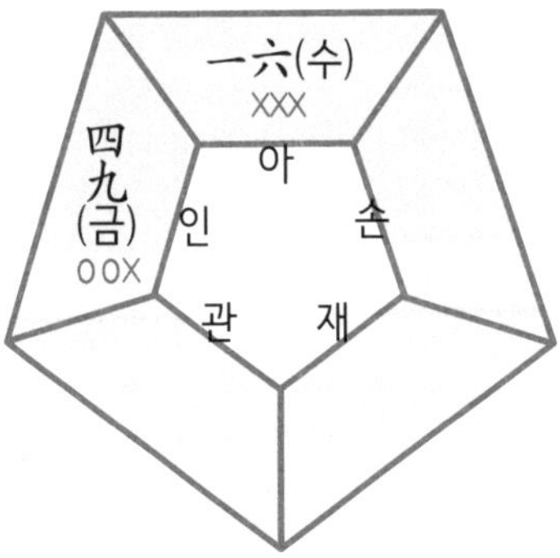
一六(수)
XXX
四九(금)
OOX
아
인
손
관
재

[44]

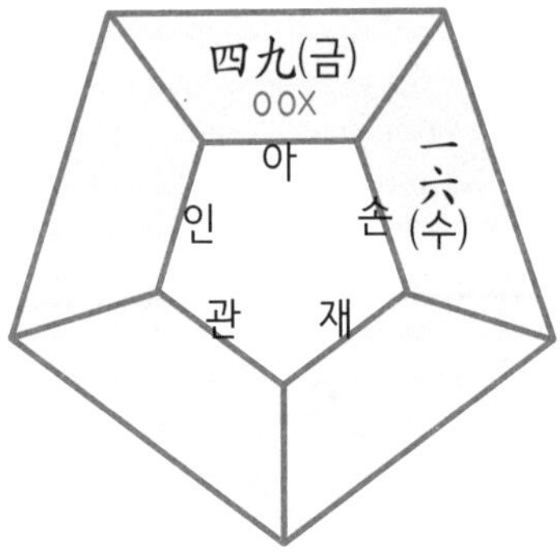
四九(금)
OOX
一六(수)
아
인
손
관
재

43번은 인수효가 금오행이고 44번은 일지가 금오행이다.
43번은 일지가 태약하므로 직접적으로 금의 영향을 받아, 자신이 수오행이란 걸 잊을 수도 있다. 금의 절대적 지배를 받을 수밖에 없는 것이다.
44번은 일지가 신왕하므로 금수의 역할을 할 수 있다.
43번과 44번의 취향과 직업군은 비슷하다. 43번이 사회복지학과를 전공하여 복지사가 되었다면, 44번은 직접 움직이는 요양 보호사 혹은 간병인일 것이다.

직업	학과
방송송출장비기사	전자, 정보통신공학과, 컴공과

② 오행이 금수이거나 재극인인 경우

[45]

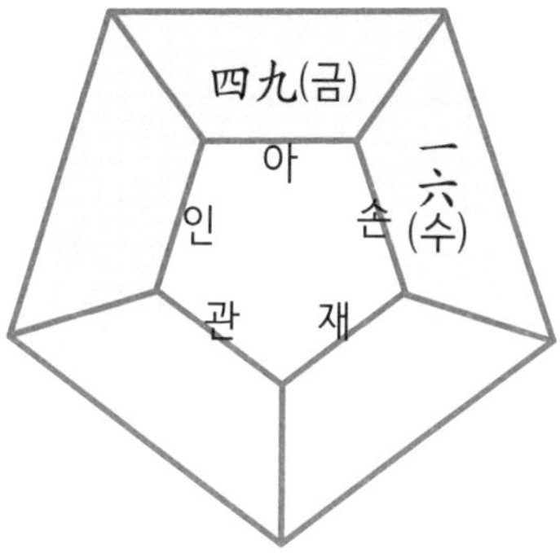

四九(금)
아
一六(수)
인
손
관
재

[46]

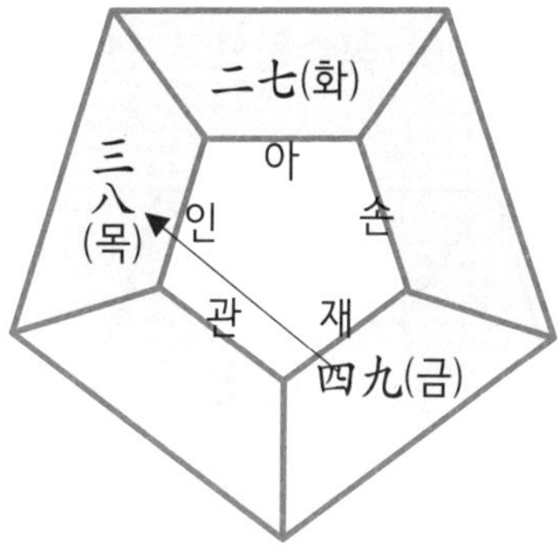

二七(화)
아
三八(목)
인
손
관
재
四九(금)

45번과 46번의 일지나 인수, 손효 그 어느 것도 비슷한 구석이 없다. 그런데 어떻게 같은 직업군에서 찾아볼 수 있을까?
45번은 용살직으로써 기자나 촬영기사, 영상기사가 될 수 있다.
46번은 재극인이라는 형태로 기자가 가능하다. 재극인이라는 형태는 인수(정보, 윗사람, 특별집단)의 것을 재능이나 재주로 알아보거나 컨트롤 하는 과정을 거친다. 그 과정에서 궁금증이 많아 그 특별한 곳의 정보를 파헤치므로 기자가 될 수 있다. 특히 재성에 금(살성)을 놓으면 계몽과 알 권리에 대한 실체를 보도할 수 있다는 점에서 유리하다. 재극인을 하는 인수가 목오행이므로 문학, 수필, 문장에 두각을 나타내는데, 인수효가 클수록 문장 실력이 좋다.

직업	학과
신문기자	국문학 신방과

(6) 재효(재능)를 쓰는 용살직

① 오행이 금수목으로 연결된 경우

[47]

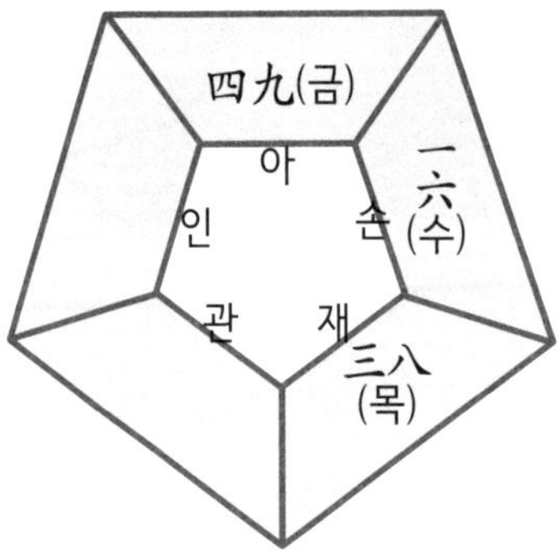
四九(금)
아
인
손
一六(수)
관
재
三八(목)

47번은 금수목으로 상생라인으로 이어져 있다. 그런데 일지를 四나 九로 두면 이 형태는 금극목(즉 金木沖)으로 일지가 목을 향해 달려가는 경우가 많다. 금이 목을 극하는 형태는 운동, 즉 체력을 요하는 것으로 볼 수 있다.

앞의 많은 통기도에서는 일지와 식상만을 가지고 연습으로 운동을 할 수 있는 형태를 설명했었다. 여기서는 재성이 있으므로 소질이나 재능이 있는지를 판단하는 것이다.

예체능을 고려하는 때 가장 중요한 것이 타고난 재능의 여부일 것이다. 재성이 왕하다면 충분히 소질이 있다고 보고, 연습으로 이 재능을 키워 나간다면 BTS와 같은 예술가, 혹은 연봉이 월등한 스포츠 스타가 될 수 있다.

직업	학과
무용가	무용과

공예원	공예학과
작곡가	작곡과
안무가	예술대학
연주가	음대
서예가	미술관련학

② 오행이 금수목이거나 토금수로 연결된 경우

[48]

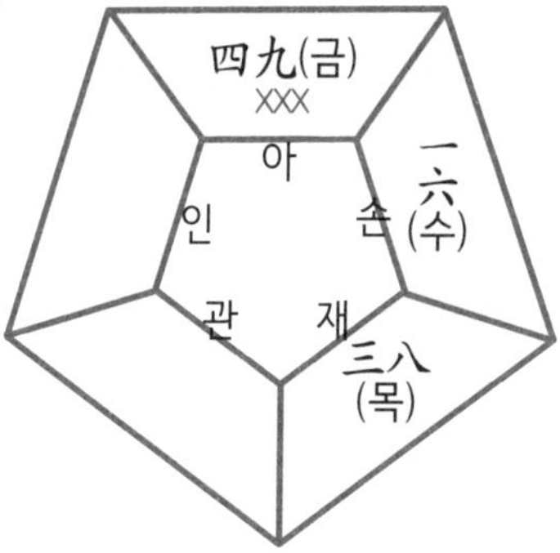

四九(금)
XXX
아
인
손
一六(수)
관
재
三八(목)

[49]

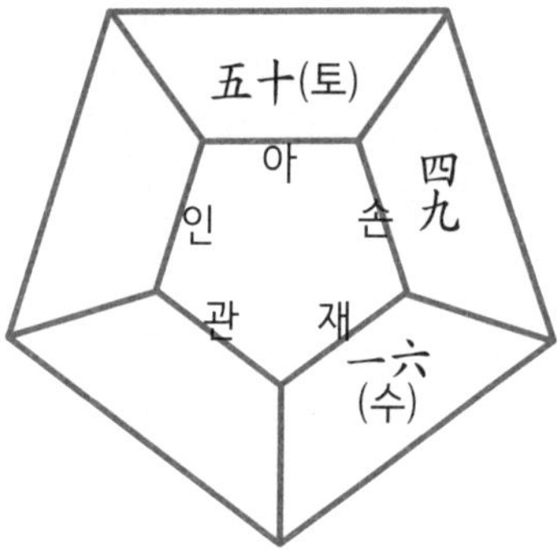

五十(토)
아
인
손
四九
관
재
一六(수)

48번은 앞에 여러 번 설명했다. 금목의 충의 대립에 있어서 일지와 재효의 양적인 비교가 꼭 필요하다. 만약 일지가 만약 태약(XXX)하다면 이것은 재성의 재능의 양을 볼 필요도 없이 재다신약이 된다. 이렇게 되면 관심은 많지만 그 무엇을 이룰 수는 없다. 그래서 똑같은 형태의 통기도라도 일지의 신약이나 신왕의 상태에 따라 용신의 조건이 달라지는 것이다. 재성에 목화가 있다면 한지공예가 가능하다.

49번은 토금수 라인으로 재효까지 쭉 내려가니 미술 영역에서 조각과 조형미술, 공예품 등을 만드는 직업이 가능해진다.

직업	학과
한지공예가(목토 있어야)	공예학과

③ 오행이 금수목이거나 화토금인 경우

[50]

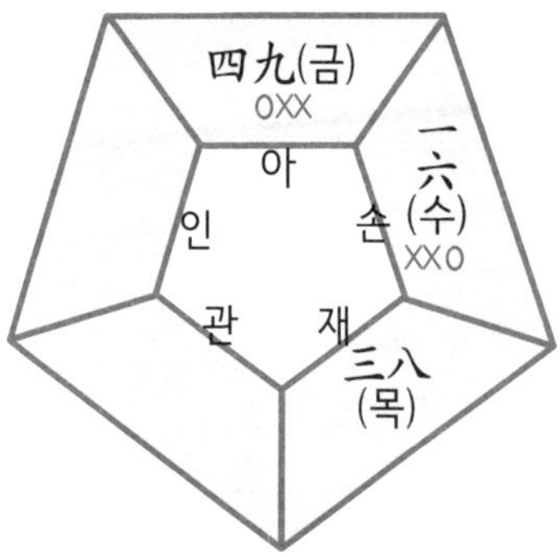
四九(금)
OXX
아
一六(수)
XXO
인
손
관
재
三八(목)

[51]

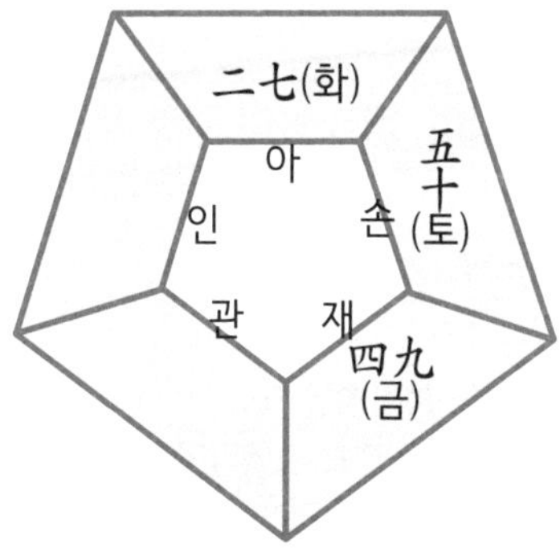
二七(화)
아
五十(토)
인
손
관
재
四九(금)

50번 금수는 사진과 관련된 일이라 볼 수 있다. 수오행은 눈으로 보는 것 외에 '감성의 눈'을 가지며, 여기에 금의 성질이 더해져 직관력이 강한 최고의 사진작가가 될 수 있다. 휴머니즘을 다룬다든가, 심오한 정신세계의 철학이 담긴 사진을 찍을 수 있고, 금오행이 크고 수의 양이 부족할 경우 장기적인 관찰을 통한 리얼리티에 입각한 다큐멘터리를 찍을 수 있다.

51번의 형태라면 같은 사진을 찍어도 다른 형태를 띤다. 일지 화로 시작해서 재성에 금을 놓은 경우 스냅사진 편집기술이 뛰어나며, 홍보영상이나 유튜브 혹은 요리 영상 짤이라고 불리는 짧은 영상 등에 더 적합하다.

직업	학과
사진작가	사진과

(7) 재관을 쓰는 용살직

① 관이 금이거나 일지가 금인 경우

[52]

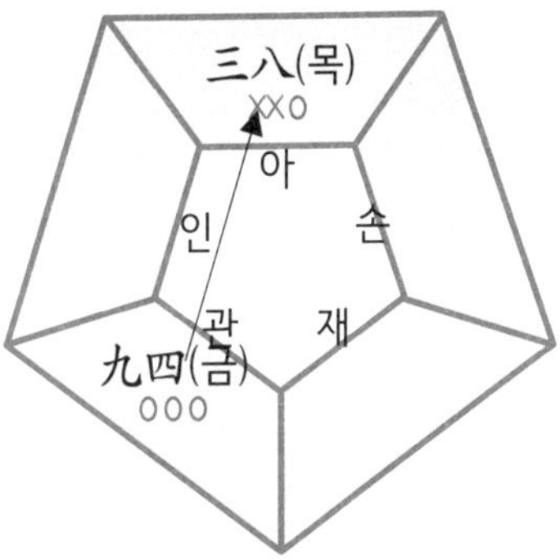
三八(목)
XXO
아
인
손
관
재
九四(금)
OOO

[53]

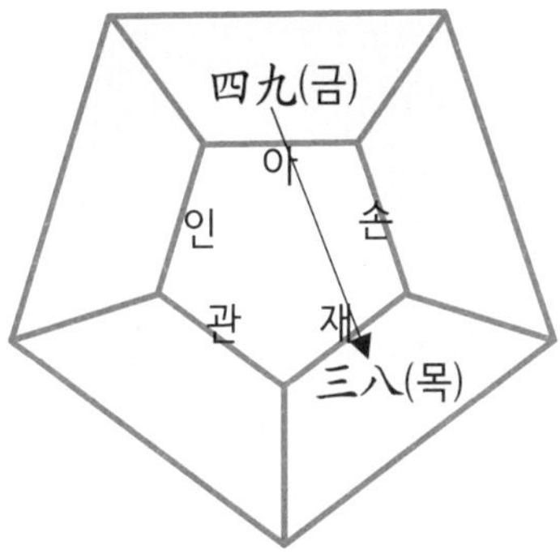
四九(금)
아
인
손
관
재
三八(목)

52번은 인수 없이 편관으로부터 극이나 충을 받는 통기도이다. 이 경우 편관의 비중이 높고(금이 강한 경우) 편관이 년지나 중궁이라면 더욱 용신과 상관없이 편관 효의 지배 아래 놓이게 된다. 특히 용신인 인수나 손효가 비동처라면 부작용이 심하다. 일지마저 신약하다면 삶이 편안하지 않다. 정신적인 문제가 발생하기 쉽고 편관 자체가 '질병'이므로 아프거나 장애가 생길 수 있다. 종교에 귀의하는 경우나 흔히 '신병'이라고 부르는 병이 되기도 한다. 어려움이 많고 죽을 고비를 여러 번 넘긴다.

53번은 일지가 금이고 재가 목오행인 통기도이다. 일지가 신왕하다면 재효인 목오행을 바로 충하려고 하므로 금융권 혹은 사채나 일수를 하는 경우가 있다. 일지가 군겁이 되면 이러한 경향이 두드러지고 재효인 부가가치를 추구하므로 이자에 관심이 많고 영업을 하면서 생겨나는 이익에 관심을 두게 된다.
재효를 재능으로 쓸 경우 체육에 관련된 것이 많은데, 직접 몸을 쓰는 권투나 유도, 태권도 등 별 기구 없이 하는 운동과 관련이 많다. 요즘은 비보이, 힙합, 브레이크댄스 등 춤을 추는 성향이 많이 나타난다.

직업	학과
목사	신학대학
수녀	—
승려	—
민속종교종사자(점술가, 무당 등)	—
교무(원불교)	원불교학
전도사	—
신부	신학대학

5. 수(水) 관련 직업과 학과

(1) 인수(수)가 용신인 행권직 : 신약 / 관인상생

일지 신약하면 인수를 용신으로 하는 것이 마땅한데, 그 중 수오행을 인수로 정하고 관인상생을 하는 케이스들을 정리한 것이다.

① 오행이 수목인 경우

[1]

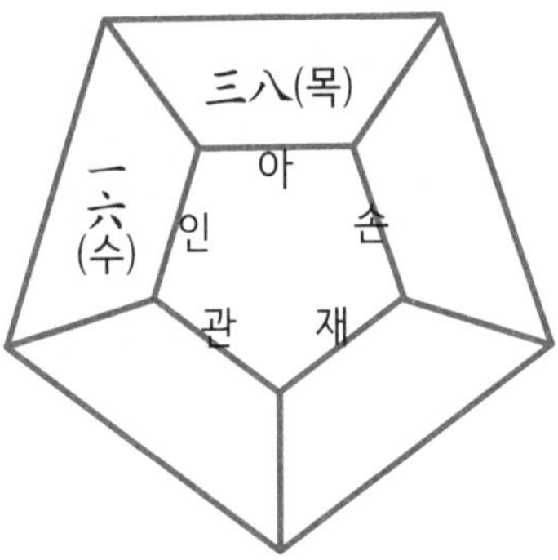
三八(목)
아
一六(수)
인
손
관
재

1번은 인수가 수오행이며, 일지가 목오행이다. 수오행을 정인으로 놓는다면 수생목으로 문과가 용이하고, 수오행의 특성상 역사와 심리 쪽이 잘 맞을 수 있다. 고고학을 전공할 수도 있고 사학과, 국사학과, 국문학도 잘 맞아 문화재나 세계사, 미술사 분야로 진출도 가능하다.

직업	학과
문화재 보존원	고고학, 민속학, 역사학
문화재 감정평가사	역사학, 고고학
사서	사서학, 도서관학

② 오행이 수목이면서 관효가 있는 경우

[2]

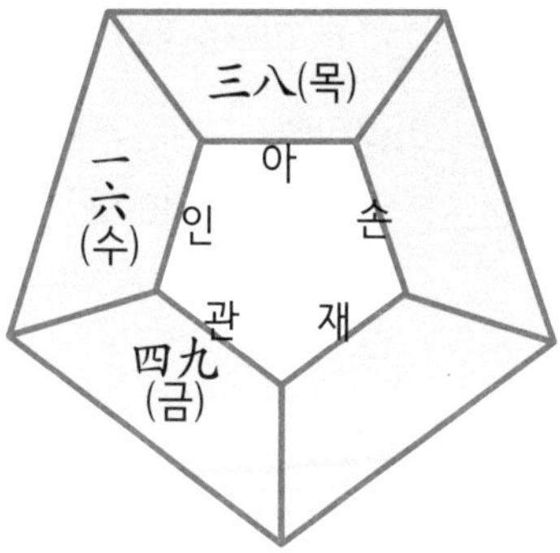

三八(목)
아
一六(수)
인
손
관
재
四九(금)

2번은 관성의 금오행이 하나 더 붙는 경우이다. 이렇게 되면 금이 수를 생하면서 금의 영향을 받은 수오행의 인수로 본다. 생물학, 미생물학, 생명공학, 보건학, 간호학 등이 금의 속성까지 함께 작용하는 것으로 본다. 이때 만약 금오행보다 수오행이 더 크면 심리학 혹은 범죄 심리학 등으로 확대될 수 있다.

직업	학과
보건교사	간호학
제약 연구원	미생물학, 생명공학, 생물학
임상병리사	임상병리학과

③ 오행이 수목이거나 금수인 경우

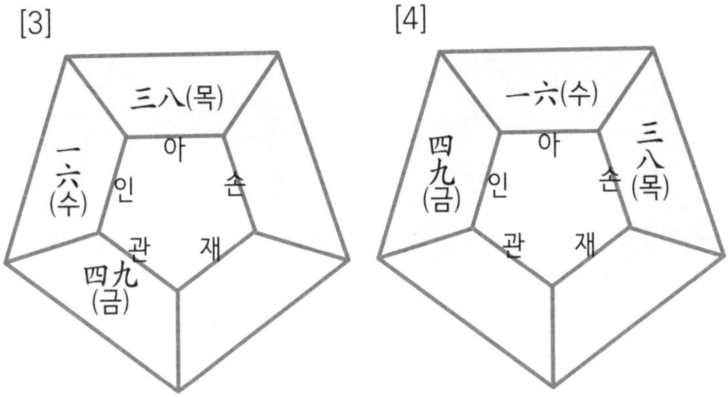
[3]
三八(목)
아
一六(수)
인
손
관
재
四九(금)
[4]
一六(수)
아
四九(금)
인
손
三八(목)
관
재

3번은 수오행이 인수이고 목오행이 일지이다. 4번은 금오행이 인수이고 수오행이 일지이다. 4번 통기도는 손효가 목오행이 되므로 금수목의 진가원칙과 각각의 홍국수 강약을 혼합하는 작업이 필요하다. 대학은 국립이나 공립 쪽을 바라볼 수 있고, 이후 대학교수나 총장 혹은 공무원처럼 공공기관과 인연이 있으려면 3번처럼 관오행이 금에 있는 것이 유리하다.

직업	학과
역사학연구원	역사학
기록물관리사	문헌정보학, 사서학과
대학교육총장 및 대학학장 (관인에 금이 있어야 함)	전공 상관 없음

④ 오행이 수목이거나 금수, 관효에 금이나 토가 있는 경우

[5]

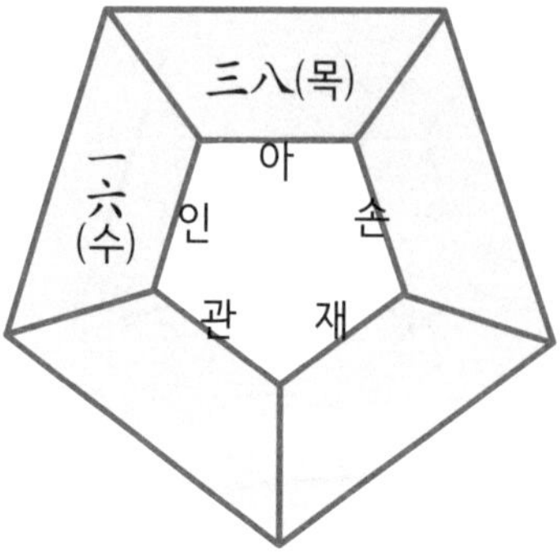

三八(목)
一六(수)
아
인
손
관
재

[6]

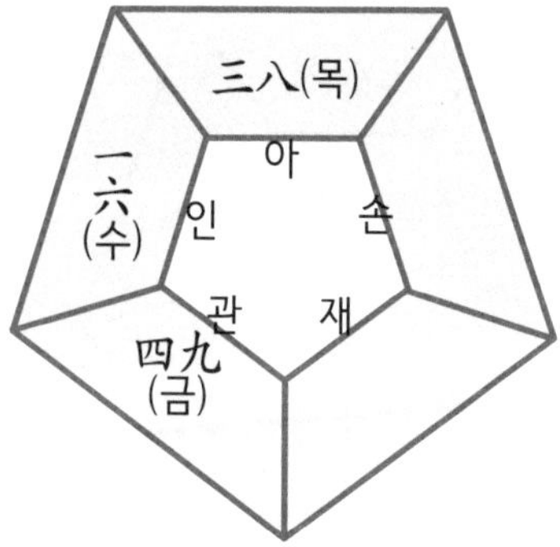

三八(목)
一六(수)
아
인
손
관
재
四九(금)

5번과 6번의 통기는 관효의 유무 차이이기도 하고, 수목으로 올라가느냐와 금수목으로 올라가느냐의 차이가 있다. 이 통기도는 그림상 오행 하나지만 많은 차이를 갖는다. 5번보다는 6번이 관효를 가짐으로 해서 확대의 가능성이 엄청나게 올라가는 것이다. 관효가 금오행일 때 해당하는 모든 종류의 직업과 학과 성향들이 인수 수오행과 결합하고, 다시 일지 목오행과 결합하니 가능한 것들이 더욱 많아지는 것이다. 또한 어떤 직업이라도 이미 보유했다고 볼 수 있다.

[7]

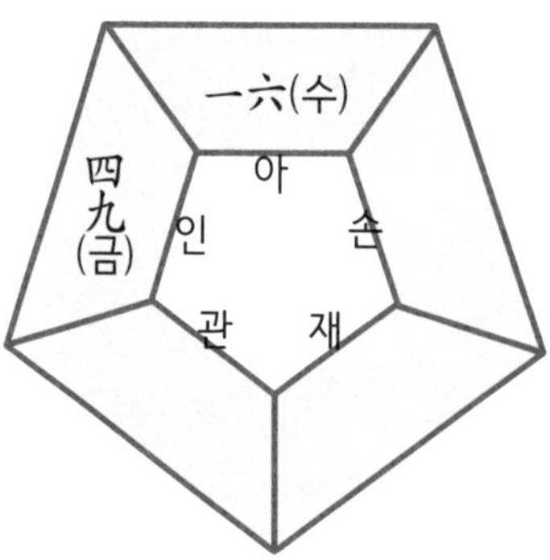

一六(수)
四九(금)
아
인
손
관
재

[8]

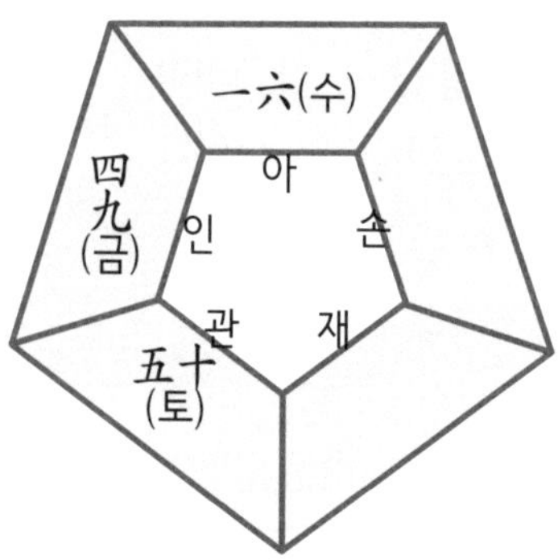

一六(수)
四九(금)
아
인
손
관
재
五十(토)

7번에 비해 8번은 관이 하나 더 붙은 케이스로, 토금이 붙은 일지 수오행의 성향이 강해진다. 토오행이 금이나 수오행보다 훨씬 강하다면 더 많은 영향을 미칠 수 있다. 가령 지질학이나 건축, 부동산에 관심을 가질 수도 있고, 아주 강하다면 이과적 성향이 훨씬 많아진다.

직업	학과
지열시스템연구 및 개발자	메카트로닉스공학과, 기계공학과

⑤ 오행이 수목이거나 금수면서 관효에 금이 있는 경우

[9]

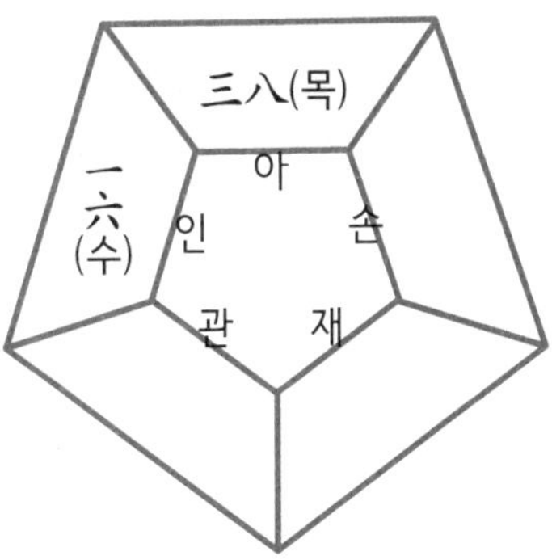
三八(목)
아
一六(수)
인
손
관
재

[10]

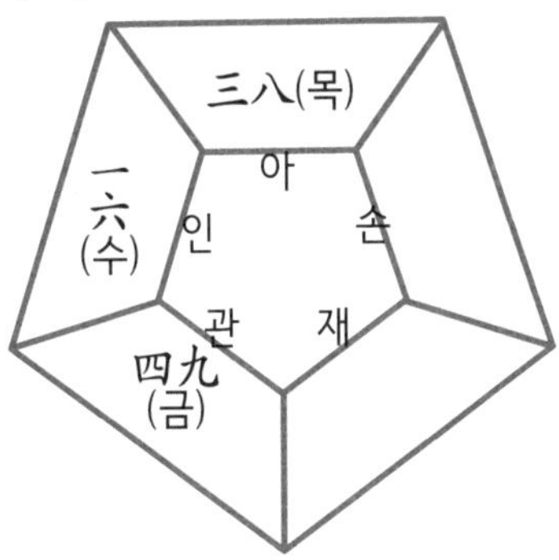
三八(목)
아
一六(수)
인
손
관
재
四九(금)

6번의 통기도에 금오행이 관으로 붙은 경우를 설명한 적이 있다. 9번 통기도는 인수효를 수오행으로 하고 수목으로 올라올 때 교육학을 전공하는 경우가 많다. 10번 통기도처럼 관의 오행을 금으로 하면 명예에 대한 관심이 높아 직함을 다는 것을 최종 목표로 하기도 하고, 이를 빨리 이루기 위해 사법고시나 행정고시 등 단계를 뛰어넘는 방법을 선택하기도 한다. 또 교육 쪽이 아닌 관직에 목표를 두기도 한다.

[11]

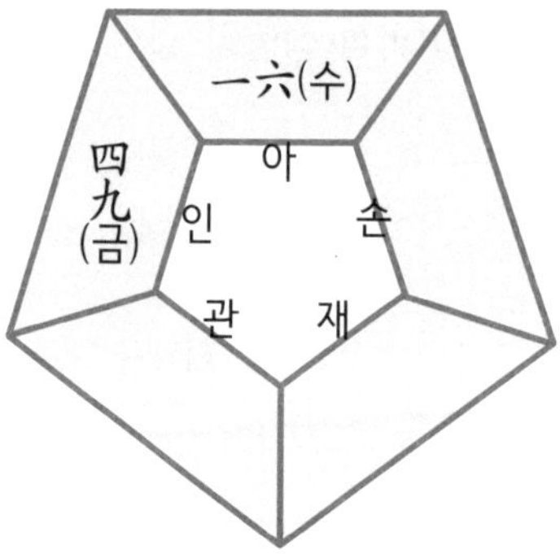
一六(수)
四
九
(금)
아
인
손
관
재

[12]

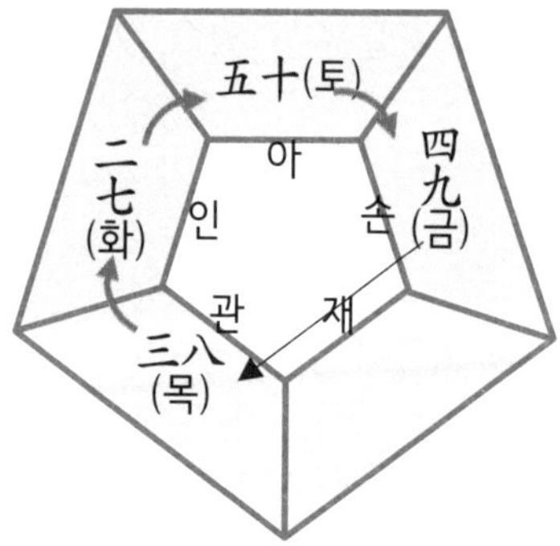
五十(토)
二
七
(화)
四
九
(금)
아
인
손
관
재
三八
(목)

11번은 인수효가 금이므로 금수로 올라온다. 이때는 어린 시절부터 자격이나 허가권이 있는 권리에 대한 생각을 가진다. 그리고 부모나 스승의 영향권 아래 있으므로 신약하다면 미래의 자신을 모습을 먼저 생각하게 된다. 여기서는 관효는 직함이 아닌 '이상'에 있다. 이 경우는 관효가 학교를 결정하는 시기에 들어오는 것이 훨씬 유리해진다.

12번은 손효에 금을 두고 있다. 일지가 신약하다면 인수 화오행이 용신이 되지만, 손효 금오행 의해 다른 양상을 띠기도 한다.

만약 관효가 있어 목화로 올라오면 일지 토는 손효에 힘을 쏟게 된다. 이때 목화로 교육이나 인문 사회계열을 선택하고, 손효의 금오행으로 특별한 교육 방법 혹은 교육 자료쪽의 관심이 커질 수 있다. 그리고 손효가 관의 목오행을 바로 극이나 충을 해서 올라가려고 하기에 이 경우도 고시나 대회, 콘테스트 등을 거치려는 경우가 있다.

직업	학과

중고등학교 교장 및 교감(관-금, 손- 사범대학 교육학
목)
초등학교 교장 및 교감(관-금, 손-목) 사범대학 교육학

⑥ 오행이 수목이거나 목화인 경우

[13]

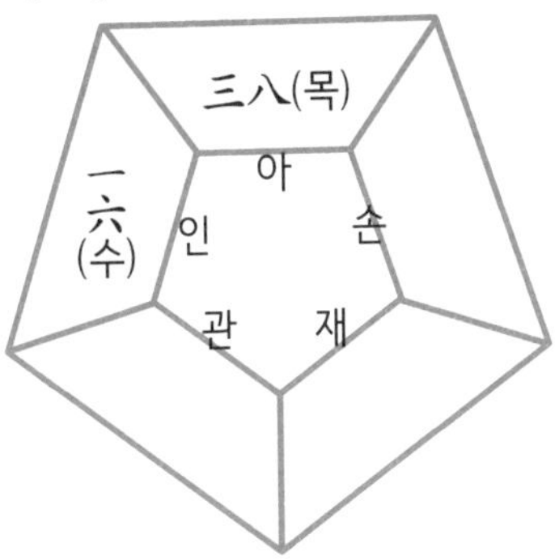
三八(목)
一六(수)
아
인
손
관
재

[14]

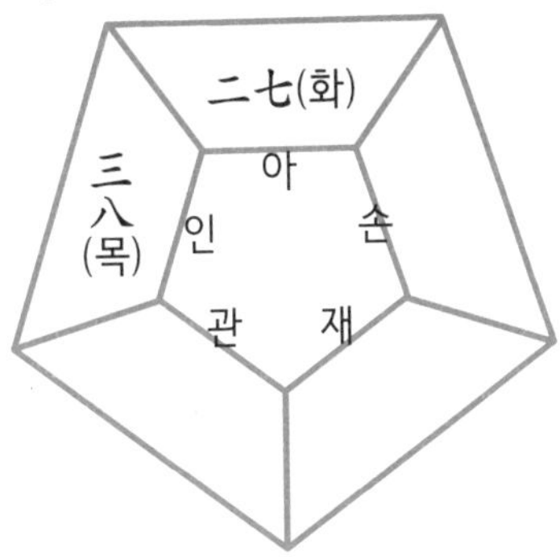
二七(화)
三八(목)
아
인
손
관
재

13번은 인수 수오행이 일지 목에게 영향을 줄 수 있다. 일지는 당연히 화오행의 손효로 내려갈 수 있기에 영향을 주고받는 운로에 따라 14번과 매우 흡사한 형태가 될 수 있다.

직업	학과
교육 및 훈련사무원	교육학, 사범대학
행사기획자	마케팅학
탑승수속사무원	행정학, 법학
총무 및 인사관리자	행정, 경영, 법학
상품기획자	마케팅학
항공권발권사무원	경영학, 행정학
마케팅사무원	마케팅학

회의기획자	경영학
경영기획사무원	경영
교육계열교수	교육계, 사범대
장학사	교육학, 사범대학
사회계열교수	사회계
인문계열교수	인문계
정치학연구원	정치학
언어학연구원	언어학
교육학연구원	교육학

⑦ 오행이 수목이거나 토금인 경우

[15]

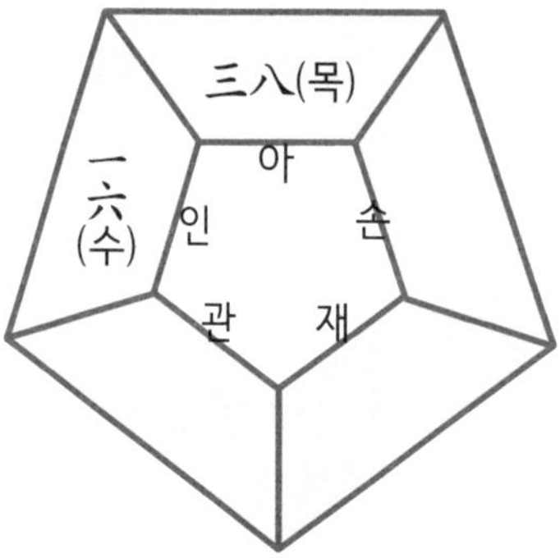

三八(목)
一六(수)
아
인
손
관
재

[16]

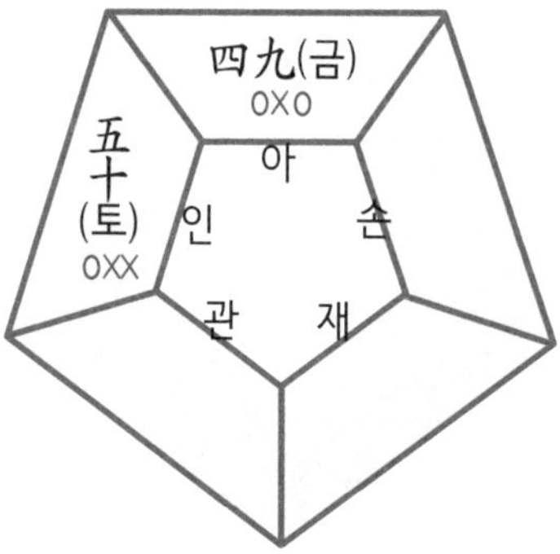

四九(금)
OXO
五十(토)
OXX
아
인
손
관
재

15번과 16번은 같은 점이 없어 보인다. 15번은 관 금오행이 공직이나 고시 등으로 직업을 유지하면서, 정치에 뜻을 두거나 그 길로 갈 수 있다.

16번은 토오행이 인수이다. 인수 토의 속성에는 '통합'과 '이중성'이 있어 외교나 정치에 유리하며, 일지는 금으로 '지배욕'과 '정의'

를 세우려고 한다. 이 두 오행이 모두 왕하다면 정치나 언론, 방송, 신문, 경제와 경영 등으로 정치가 직업이 될 수 있다.

직업	학과
국회의원	정치외교, 행정, 경영
지방의회의원	정치외교, 행정, 경영

2) 인수(수)가 용신인 용살직 : 신약 / 식신생재

인수가 수오행이고 일지가 신약하지만 손효를 쓰는 용살직으로 내려가며 식신생재를 이루는 경우를 살펴본다.

① 오행이 수목이면서 관효가 있는 경우

[17]

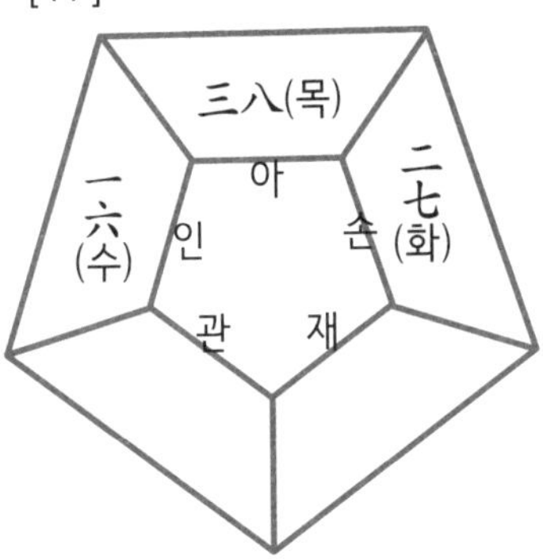
三八(목)
아
二七(화)
一六(수)
인
손
관
재

[18]

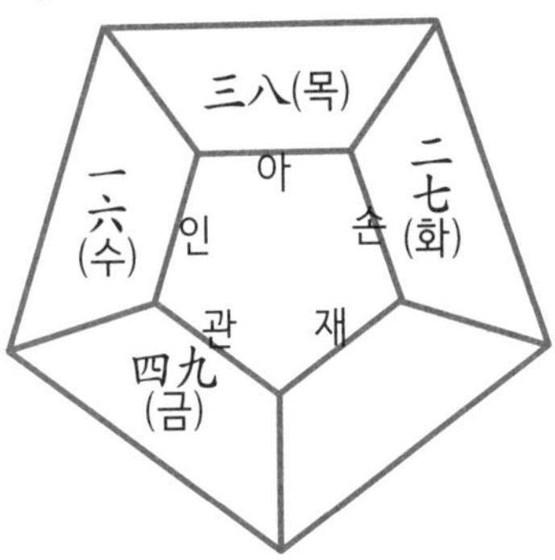
三八(목)
아
二七(화)
一六(수)
인
손
관
재
四九(금)

17번과 18번의 차이는 관효의 유무이다. 용살로 식신생재로 내려가는 일지 신약의 경우 인수효를 용신으로 쓰는 것이 유리하게 작용하는데, 인수만 있는 것과 관효와 인수가 관인으로 올라가는 것은 다르다. 17번처럼 인수만 있다면 학벌과 상관없이 딸 수 있는 자격시험이 있을 수 있다. 자격증을 따는 관문이 넓은 만큼 아주 특수한 것보다 2급 혹은 사단법인 주관 시험 같은 것이 될 수 있다. 19번처럼 관효가 같이 올라가면 전공학과 자격이 일치해야 딸 수 있는 좀 더 특수한 자격시험이 된다. 오행의 종류는 수목을 받은 화오행을 써도 되고 심리치료나 음악치료로 갈 수도 있다. 혹은 화오행의 관심을 가지고 있다가 인수로 자격을 따는 것이다. 미술치료, 언어치료로 갈 수도 있다.

직업	학과
미술치료사	심리학, 미술관련학과
놀이치료사	심리학, 아동학, 작업치료학
언어치료사	언어재활학, 특수치료대학원
음악치료사	음악관련학과, 심리학
기계공학시험원	메카트로닉스공학과, 기계공학과

② 오행이 수목이거나 금수면서 관효가 있는 경우

[19]

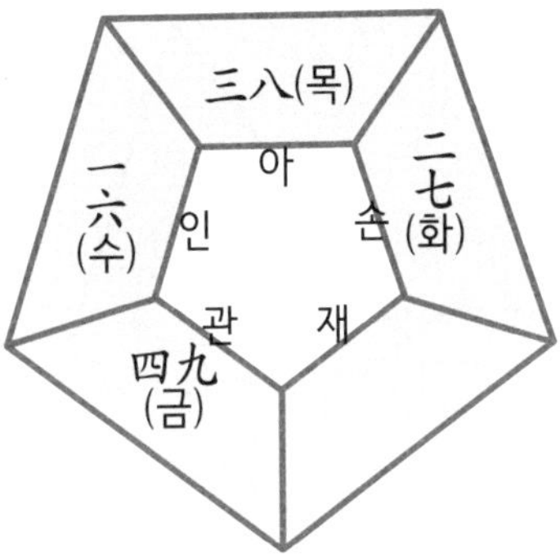
三八(목)
二七(화)
一六(수)
四九(금)
아
인
손
관
재

[20]

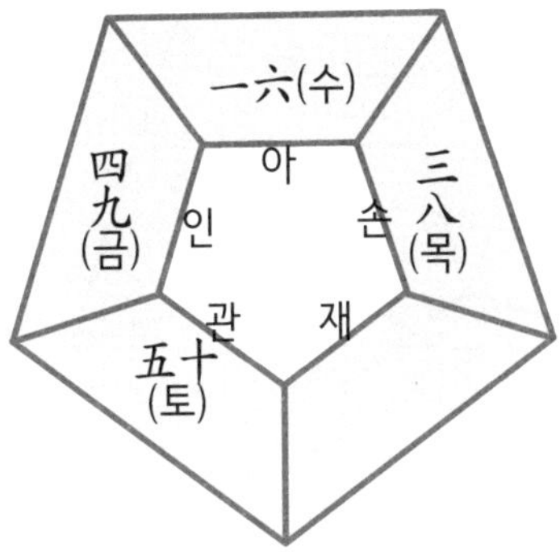
一六(수)
三八(목)
四九(금)
五十(토)
아
인
손
관
재

19번은 관인으로 올라 와서 전공과목과 자격을 획득한 후에 비로소 신약한 일지가 현장으로 가는 것이 바람직하다. 금속공학, 기계공학, 자동차학과 등으로 순수학문 보다는 응용학과 쪽의 선택이 유리하다.

20번 통기도는 손효에 목오행을 배치한 것으로 냉난방 및 공조공학, 냉난방 및 공조공학 등으로 갈 수 있게 된다.

직업	학과
플랜트기계공학기술자	메카트로닉스공학과, 기계공학과
엔진기계공학기술자	메카트로닉스공학과, 기계공학과
철도차량공학기술자	메카트로닉스공학과, 기계공학과
냉난방 및 공조공학기술자	메카트로닉스공학과, 기계공학과
건설기계공학기술자	기계공학과
냉난방 및 공조공학기술자	메카트로닉스공학과, 기계공학과
로봇공학기술자	메카트로닉스공학과, 기계공학과

③ 오행이 수목이거나 금수의 관인상생이고 손효가 있는 경우

[21]

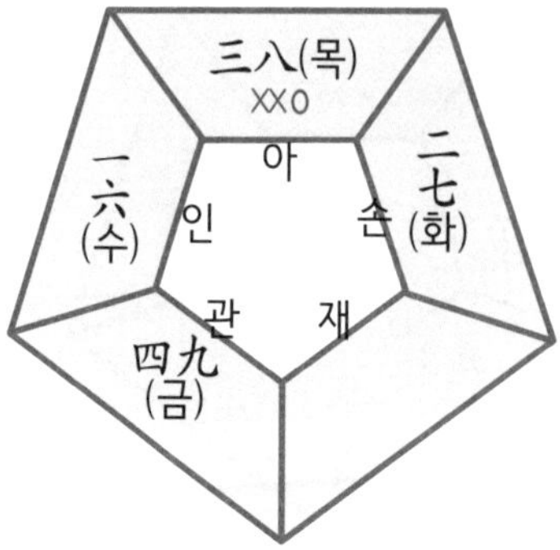

三八(목)
XXO
아
一六(수)
인
손
二七(화)
관
재
四九(금)

[22]

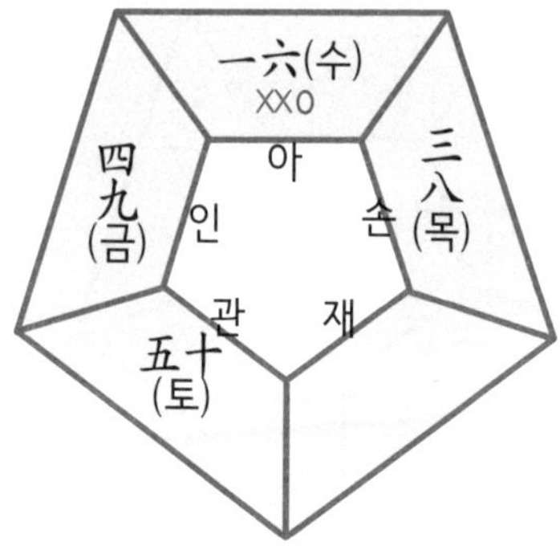

一六(수)
XXO
아
四九(금)
인
손
三八(목)
관
재
五十(토)

21번과 22번은 일지신약, 인수용신으로 자격이나 허가권을 가지고 손효로 쓰게 되는 경우이다. 각각의 오행이 일지를 사이에 두고 밀고 당긴다. 이때 인수나 손효의 강약이 영향을 미치는데, 두 통기도는 관인이나 인수가 금오행이므로 문과 쪽보다는 이과로 생각하는 것이 좋으며, 약학이나 임상병리, 물리치료사 등으로도 확대할 수 있다.

직업	학과
도시계획 및 설계가	도시공학과, 토목공학과
지리정보시스템전문가(GIS전문가)	도시공학과, 토목공학과
교통계획 및 설계가	도시공학과, 토목공학과
측량 및 지리정보기술자	도시공학과, 토목공학과

④ 오행이 수목이거나 목화인 경우

[23]

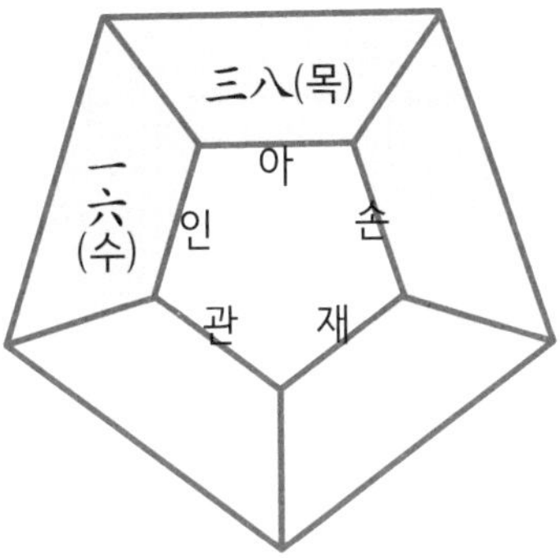
三八(목)
아
一六(수)
인
손
관
재

[24]

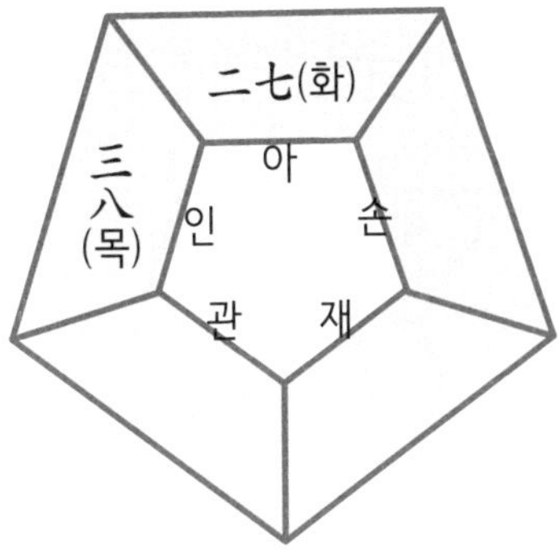
二七(화)
아
三八(목)
인
손
관
재

23번과 24번은 수목화이므로 문과가 당연히 유리하다. 그중 디자인 계열이나 컴퓨터를 이용하는 직업이 적합한데 캐드, 애니메이션, 컬러 보정이나 출판물에 한정하지 않은 웹 소설, 소셜 미디어 관리자 등으로 확대할 수 있다. 요즘은 다양한 직업이 생겨나기도 해서 직업명이 따라가기가 어려울 정도이다.

직업	학과
출판물기획자	인문사회
섬유공학기술자	재료공학, 신소재공학, 의류학
섬유 및 염료시험원	재료공학, 신소재공학, 의류학

3) 인수와 손효를 쓰는 용살직 : 신왕 / 식신생재

① 오행이 수목인 경우

[25]

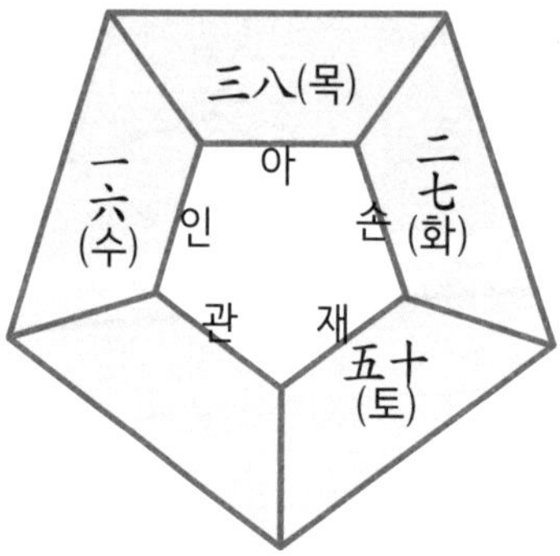
三八(목)
아
二
七
(화)
손
一
六
(수)
인
관
재
五十
(토)

25번은 일지가 신왕하다면 손효를 용신으로 써도 괜찮다. 하지만 인수효가 있다면 인수의 도움으로 학업이나 기술의 자격을 획득하는 것이 유리하다. 자격을 획득하여 손효로 내려간다면 전문가로 활동할 수 있고, 재를 모으는 것에 유리하게 되며, 전문가에 상응하는 위치로 시작할 수 있다. 그래서 용살직이라 하더라도 근로록만 얻는 것이 아니라 더 좋아진다.

직업	학과
음성처리전문가	컴공과, 응용소프트웨어공학과

② 오행이 수목이거나 금수인 경우

[26]

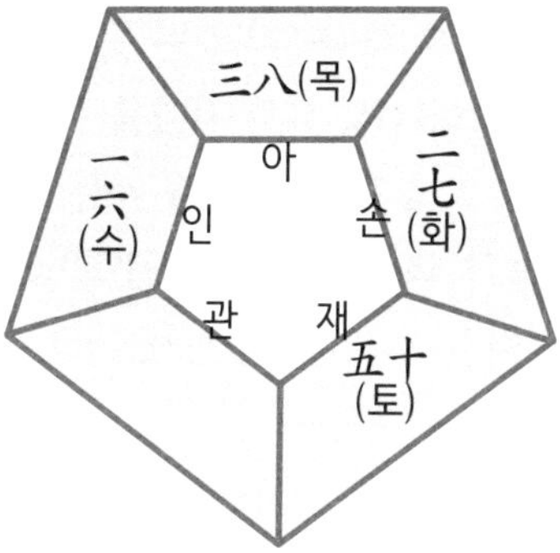
三八(목)
一六(수)
二七(화)
五十(토)
아
인
손
관
재

[27]

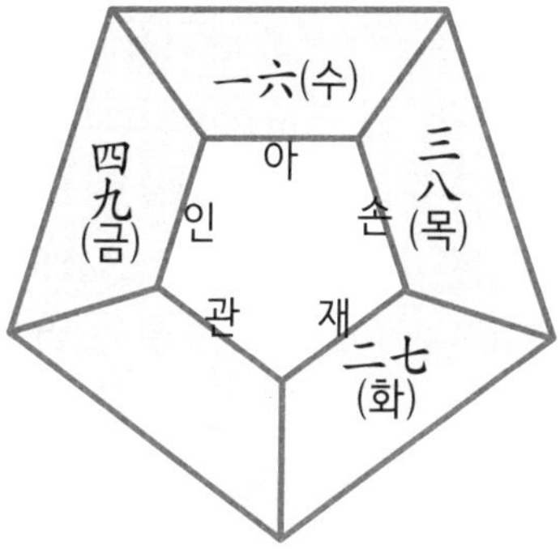
一六(수)
四九(금)
三八(목)
二七(화)
아
인
손
관
재

26번은 일지가 목으로 신왕하다면 화인 손효만을 용신으로 취해도 된다. 하지만 인수의 수오행이 있으므로 자격증 취득이나 학업의 영향을 받아 교육, 통계나 교육에 관한 프로그래머 등으로 확장이 가능하다. 통신장비나 정보처리기사 등도 생각해 볼 수 있다.

27번은 수오행인 일지가 수목으로 내려가더라도, 인수 금오행의 개입이 커질 수도 있는 상황이므로, 정신분석이나 금융 통계, 자금 컨설팅이나 세무회계 등도 생각해 볼 수 있다.

직업	학과
통신장비기사	전자, 정보통신공학과, 컴공과
통계청	통계학
교육통계처리사	교육학, 행정학
손해사정사	경영학과, 회계학과

4) 재효(재능)을 쓰는 용살직 : 신왕 / 식신생재

'재효를 쓰는 용살직'이라는 말에 어폐가 있을 수 있다. 이것은 용살직, 즉 식신생재로 내려가는 통기도라 손효가 용신이라는 뜻이다. 재효의 비중이 손효보다 크고 일지가 왕하다면 바로 재효를 쓰길 원하고 재효의 재능이 재주로 발휘된다. 재효가 용신이 될 수는 없지만 이런 경우도 결국은 손효의 연습과 더불어 스스로 움직여야(노동 아닌 노동) 오래도록 직업을 이어갈 수 있는 구조가 된다.

① 오행이 수목화인 경우

[28]

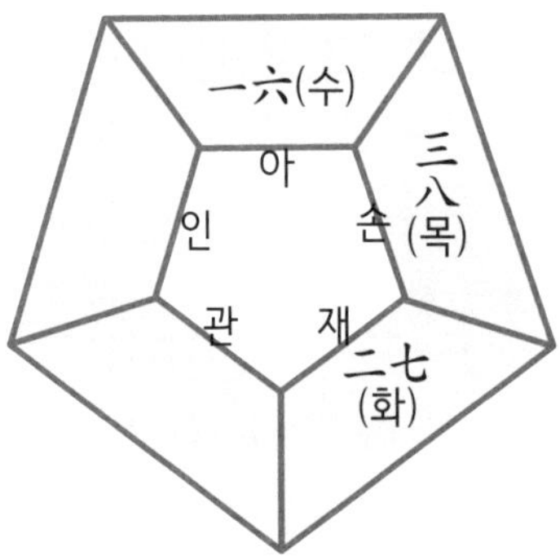
一六(수)
아
三八(목)
인
손
관
재
二七(화)

28번은 재효가 화오행으로 미술적 감각과 시각적 감각, 색채 감각 그리고 빠른 박자감 등을 가지고 있다. 이런 경우 요즘 유행하는 래퍼나 작사가 등이 될 수 있다.

직업	학과
만화가	애니메이션학
바텐더(조주사)	요리학과, 외식창업프렌차이즈학과
화가	미술학과

② 오행이 수목화이거나 금수목인 경우

[29]

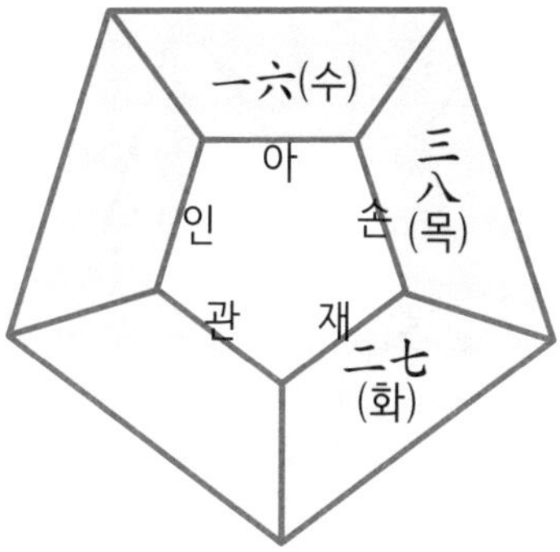
一六(수)
아
인
손
三八(목)
관
재
二七(화)

[30]

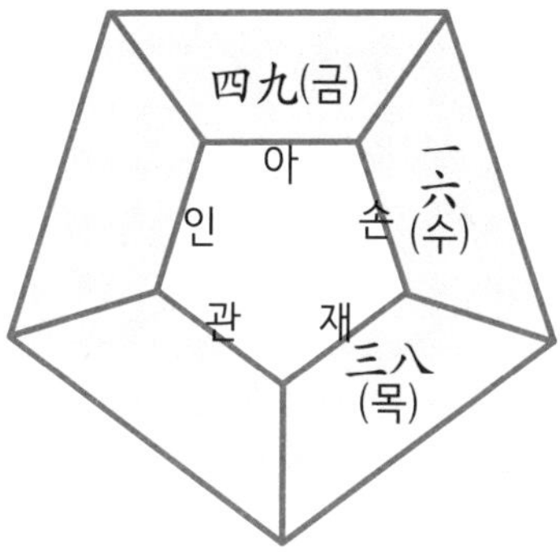
四九(금)
아
인
손
一六(수)
관
재
三八(목)

29번과 30번 모두 신왕하다. 손효보다 재효가 왕할 때, 손효를 거치지 않고 일지가 재효를 극하거나 충할 때 재효를 쓴다. 이때도 손효가 용신이라 하는 것은 그만큼의 노력과 연습 그리고 자신만의 색깔을 내는 것은 손효의 몫이라 하겠다.

30번 통기도는 금목으로 스포츠 쪽에 관련이 깊다. 트레이너가 될 수 있고, 모델이나 사진 분야에도 적합하다.

직업	학과
보조출연자 (연극영화과 출신다수)	연극영화과

③ 오행이 토금수이거나 금수목, 토가 관효나 인수효인 경우

[31]

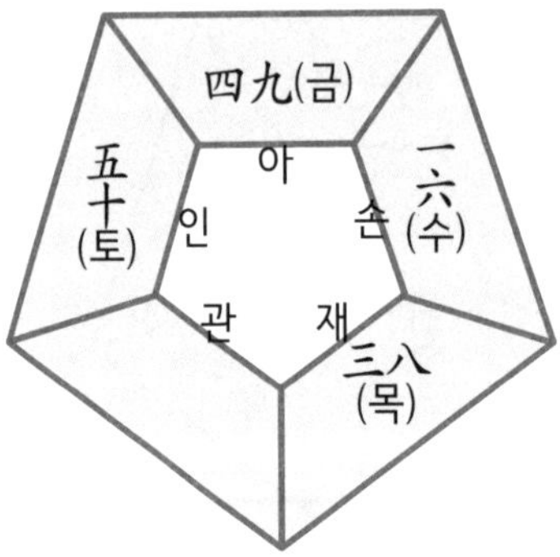
四九(금)
五十(토)
一六(수)
아
인
손
관
재
三八(목)

[32]

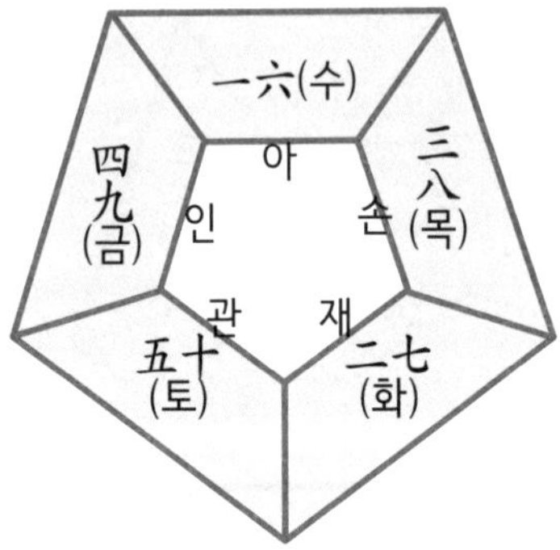
一六(수)
四九(금)
三八(목)
아
인
손
관
재
五十(토)
二七(화)

31번은 일지 금과 손효 수오행으로 좋은 목소리와 음악성을 갖게 된다. 수오행이 감정선을 보장하고, 금오행이 신왕하다면 우렁찬 소리를 낼 수 있다. 하지만 성악은 울림이 있는 소리를 내어야 하므로 살집이 있어야 하고 복식 호흡이 필요한 만큼 토가 있어야 한다. 인수효에 토를 놓고 일지 금이 재효인 목을 충하면 음악 쪽으로 갈 수 있다.

32번은 관효가 토이므로 토금수로 올라가고 있다. 이 경우 일지가 재효인 화를 극하거나 충하면서 재효가 왕하다면 성악을 전공하고, 뮤지컬 쪽으로도 갈 수 있다.

직업	학과
성악가(토)-배통이 좋다.	성악과

3부. 활용 실례

1장. 검사, 변호사, 법학 전공자들

1. 곤명 / 음력 1982년 7월 18일 卯시 / 금월령

검사 원국 분석

8	8	5	9			
신	신	무	임	8+8+5+9=30	3 나머지수 1	三 → 중궁수 一
묘	묘	신	술	4+4+9+11=29		
4	4	9	11			

九 XOO 父 五 OXX 5~9	四 XOO 父 十 OXX 35~40	월지 一 OXO 財 三 XOX 43~45
시지 十 XXX 46~53 일지 世 四 XOO 1~4	三 XOX 화국 孫 一 XXO 10~10	六 OXO 財 八 XOX 18~25
五 XXX 兄 九 XOO 26~34	二 XOX 鬼 二 XOX 41~42	년지 七 XOX 官 七 XOX 천마 천을 11~17

1. 국 : 화국기

2. 일지 : 4금으로 신왕하다. 일지 상수 10토로 편인을 받고

3부 법조계

있다.

3. 중궁 : 1수(손효)

4. 특징 : 년지는 쌍화의 관이고 천을과 천마를 타고 있다. 신왕한 4금으로 예리한 분석력과 치밀하고 꼼꼼함을 지니고 있고, 중궁 손효인 1수로 금생수 내려가므로 문·이과적 성향이 공존 한다. 금수 용신으로 약학, 생명과학, 의학, 간호 등과 심리학 계통과 인문학적 경영학, 법학, 행정학, 경찰학 중 범죄심리학 혹은 프로파일러 정도를 예상할 수 있다.

5. 살 : 살의 크기는 4금의 ×00 정도로 가지며, 운로에서 년지 관효 7화(겸왕)가 7·5·9 삼살을 만들 수 있다.

---

7) 기문 81국 중에서 화국은 총 24개이다. 중궁 천반수와 중궁 지반수를 합한 끝자리 수가 4, 9, 10이 된다.

三목 一수	八목 一수	九금 一수	二화 二화	七화 二화	八목 二화
一수 三목	六수 三목	七화 三목	五토 四금	六수 四금	四금 五토
九금 五토	三목 六수	四금 六수	八목 六수	二화 七화	三목 七화
七화 七화	一수 八목	二화 八목	六수 八목	一수 九금	五토 九금

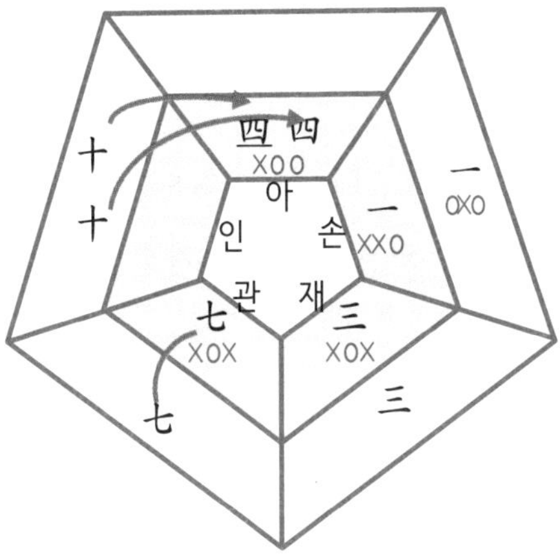
四 四
XOO
아
一
OXO
十
十
인
손
一
XXO
관
재
七
三
XOX
XOX
七
三

6. 학운 : 11~17세에 년지 관효의 운로에 있었으므로 성적이 좋아질 가능성이 크지만, 18세부터 재성운으로 가면 다소 성적이 떨어질 가능성이 있다. 학교는 관운에 천마와 천을이 붙어 있어 지방에서 서울로 혹은 외국의 대학으로 진학할 가능성이 있다. 학교명은 소위 SKY, 혹은 지방의 국립대학 정도를 예상 할 수 있다.

7. 대운해설 : 실제로 이 사람의 직업은 검사로, 지방에서 서울로 유학을 온 케이스이다. 금수로 내려가는 손효가 용신이 되는 케이스라 현재의 검사직이 다소 답답할 수 있다. 신왕한 일지가 관인상생의 직업을 가지고 있기 때문이다. 손효가 일지에 비해 약하므로 작은 일만 맡게 되고, 성과를 인정받기 어려우며 열심히 해도 성공하는 느낌이 적었을 것이다.

2021년은 인수운의 마지막이고 내년부터 관이 움직이니 분명 변화가 있을 것으로 보는데, 12월 국가에서 보내주는 유학길에 오른다고 한다.

46세 이후 손효가 왕해지면 훨씬 더 많은 성과를 얻을 수 있다. 즉 변호사로 활동한다면 돈과 명예를 다 가질 수 있다. 개업보다는 겸왕된 7의 년지 관효로 대형로펌 쪽으로 갈 가능성이 높다. 사건 수임 건도 많아지고, 큰 사건을 맡게 될 가능성이 높다.

4금 일지의 성향이 분석적이고 타인에게 냉정한 성향을 보여 다소 딱딱하게 보인다. 하지만 46세 이후 수오행이 커지면서 인간관계나 사회성이 발달하여 사조직에서의 활동이 원활해질 것이다. 심리적으로나 사건의 프로 파일러와 같은 정확성 또한 커질 것으로 보인다.

2. 건명 / 음력 1971년 10월 17일 寅시 / 수월령

변호사 원국 분석

1	10	6	8		7	七
갑	계	기	신	1+10+6+8=25	나머지수	→ 중궁수
인	해	해	해	3+12+12+12=39		
3	12	12	12		3	三

三 XXO 54~56 鬼 七 OOX 36~42	八 XXO 官 二 OOX 19~20	五 XOX 父 五 XOX 25~29
四 XXX 孫 六 XOO 30~35	七 XOX 화국 47~53 財 三 XXO 43~45	十 XOX 父 十 XOX 10~17
시지 九 XXX 孫 一 XOO 18~18	六 OOO 四 XXX 21~24	년지 월지 一 OOO 46~46 일지 世 九 XXX 生 宜 直 1~9

1. 국 : 화국

2. 일지 : 9금으로 태약하다. 생문에 천의로 직부를 타고 있다. 이 모든 것이 법학과 관련이 깊다. 일지 태약이지만 년지와 월지를 같이 타고 있어 사람들의 힘을 조금 받을 수 있을 것이다.

3. 중궁 : 3목 재효

4. 특징 : 일지가 9금이라 논리적이고 마음속에 정의감과 감성이 뛰어날 것이다. 이렇게 포국되는 경우 음악에 조예가 깊은 성향이 된다. 술해방에 위치하고 일지 상수도 일수로 마음 좋은 분이라 생각된다. 다만 수월령으로 일지가 태약하므로 인수의 부재에도 인수가 용신이다. 용신이 되는 인수가 동처가 아니어도 인수가 용신인 것이다.

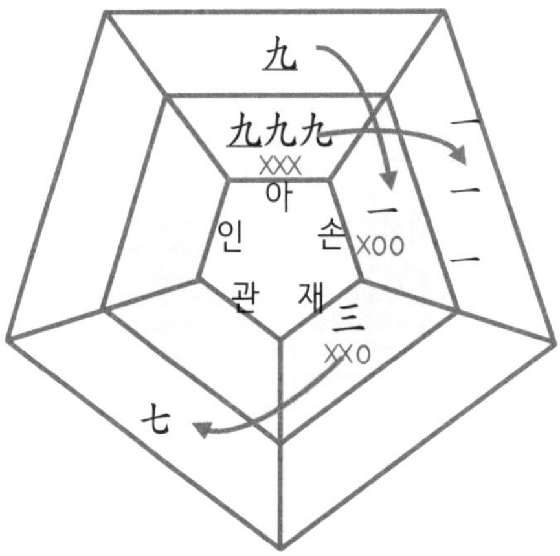
九
九九九
XXX
아
인
손
관
재
一
XOO
一
一
一
三
XXO
七

5. 학운 : 비겁이 많은 사주이므로 직장을 가지려고 할 때는 매우 불리하다. 시험이 필요한 취업이나 공적인 직함을 갖기에 늘 경쟁자가 많아 한 번에 통과하기 어렵고 스트레스를 받았을 것이다. 19~20살에 관효가 있어 더욱 열심히 공부 하겠지만 재수를 할 가능성이 높다.

6. 대운해설 : 25~29세가 되면 일지가 곤궁 5토 편인의 자리로 가면 신강해진다. 그리고 인수운이 되어 비로소 자격이나 허가를 받기 쉬워질 것이다. 통기도 상에는 관이 천반에 있기는 하나, 지반에서는 36~42세에 되어야 나타난다. 자리는 좋아 보이지만 검사나 판사로 가긴 어려우며, 중궁이 재효이므로 개업 변호사로의 활동이 우선시 될 수 있다. 비겁 사주로 동업의 형태나 합동 법률 사무소등의 개업 형태가 맞는다.

45세 이후는 손효 일수가 년지와 일지, 월지를 타고 술해방에 있으므로 의뢰인도 많고 일도 많아 돈을 잘 벌 수 있을 것이다. 현재(47~53세)는 합동법률 사무소를 운영하고 있다.

3. 건명 / 음력 1967년 9월 27일 辰시 / 토월령

원국 분석

1	4	7	4		7	七
갑	정	경	정	1+4+7+4=16	나머지수	→ 중궁수
진	묘	술	미	5+4+11+8=28		
5	4	11	8		1	一

시지 三 XXX 父 五 OXO 5~9	八 XXX 父 十 OXO 35~40	년지 五 XXO 財 三 XXX 53~45
四 XOO 일지 世 四 XOO 1~4	七 XXX 충국 孫 一 XXX 10~10	十 XXO 財 八 XXX 18~25
九 XOO 兄 九 XOO 26~34	六 OXX 鬼 二 XXX 41~42	월지 一 OXX 官 七 XXX 11~17

1. 국 : 충국[8], 수화충으로 손극관 명

2. 일지 : 4금으로 겸왕이 된 비겁 사주이다. 일지 4금이 비겁과 월령으로 힘을 받아 XOO 신왕이다.

8] 기문 81국 중에서 충국은 총 16개이다. 중궁 천반수와 중궁 지반수를 합한 끝자리 수가 2, 8이 된다.

3. 중궁 : 손효 1수

4. 특징 : 수화충의 손극관으로 예리하고 냉정한 이성적 성격이다. 인수가 왕하고 왕한 인수를 받아 신왕해진 4금은 용신을 손효로 쓴다. 토금수를 쓰므로 이과적 문과로 볼 수 있겠다. 금수로 내려가면서 경영, 컨설턴트, 경찰관리자, 소방관리자, 노무변호사, 행정고위직, 검사, 감사원관리자, 변호사, 변리사 등이나 환경분야, 도시공학, 생물학연구개발, 지질학, 천

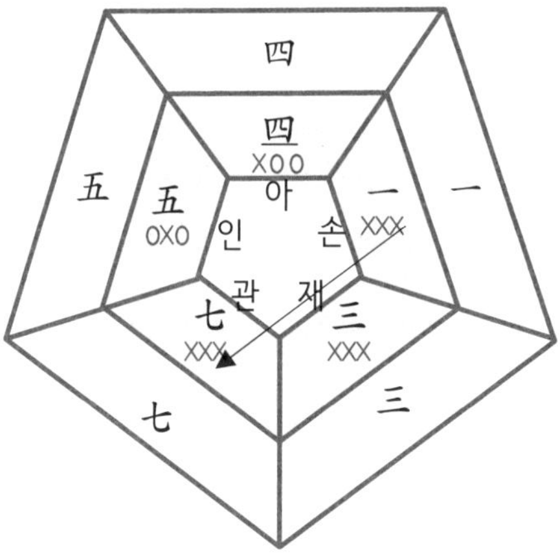

四
四
XOO
아
五
五
OXO
인
一
一
손
XXX
관
재
七
XXX
三
XXX
三
七

一수子 一수子	七화午 一수子	六수亥 二화巳	五토戌 三목寅	九금申 三목寅
四금酉 四금酉	八목卯 四금酉	二화巳 五토辰戌	八목卯 五토戌	二화巳 六수亥
六수亥 六수亥	一수子 七화午	五토戌 七화午	四금酉 八목卯	三목寅 九금申
九금申 九금申				

문학 등의 엔진니어 쪽을 고려해 볼 수 있다.

5. 용신 : 엔지니어로 가기에는 손효도 태약하다는 점을 고려해야 한다. 또한 손극관으로 관직에 관심이 많고 사회부조리나 사회개혁에 관심이 많다. 일지에 천을과 신가신과 상문으로 경찰이나 검사 사회의 악과 부조리에 맞서는 쪽이 잘 맞는다고 볼 수 있다. 여기에서도 학운이 따라야 이런 논리가 더 잘 맞는다.

6. 학운 : 11~17살에 관운의 유년을 맞아 일지 사금이 힘이 빠졌다. 열심히 공부하고 좋은 학교에 들어가고 싶은 생각이 커진다. 힘이 빠졌기 때문에 인수의 조력을 고분고분하게 받을 수 있게 되며, 야망이 커지는 상황을 맞게 된다. 이런 유년은 진학에 많은 도움을 준다. 대학의 크기나 학교는 관의 크기에 기준한다. 이 경우는 관의 크기가 xxx이고 월지로서 다소 약한 편이기는 하나, 인수의 크기가 더 크므로 내신성적 관리가 잘 되었을 것으로 보인다.

4. 건명 / 음력 1969년 10월 4일 巳시 / 수월령

변호사 원국 분석

2	9	2	6		1	一
을	임	을	기	2+9+2+6=19	나머지수	→ 중궁수
사	진	해	유	6+5+12+10=33		
6	5	12	10		6	六

시지 七 OXX 일지 世 十 OOX 1~1	二 OXX 兄 五 OOX 17~21	九 OXX 官 八 XXO 29~36
八 OXO 孫 九 XXX 37~45	一 XOO 원진국 財 六 XOO 2~7	년지 四 OXX 官 三 XXO 10~12
三 OXO 孫 四 XXX 13~16	十 XOX 父 七 XXX 22~28	월지 五 XOX 父 二 XXX 8~9

1. 국 : 원진국.[9] 손극관을 하는 극원진이다.

2. 일지 : 일지 10토이고, 일지상수 7화로 인수가 일지를 돕고 있다.

9] 기문 81국 중에서 원진은 총 8개이다. 중궁 천반수와 중궁 지반수를 합한 끝자리 수가 7이 된다.

3. 중궁 : 6수와 1수로 쌍재.

4. 특징 : 일지는 생원진으로 자리 했고, 년지가 정관으로 관인상생으로 올라가고 있다. 일지는 정인으로 0순위 상생을 돕고 1순위 편인으로 올라가고 있다. 원진의 특징은 집요함 혹은 끈기와 의지가 특별한데 손극관으로 사회개혁에 관심이 집중될 수 있다.

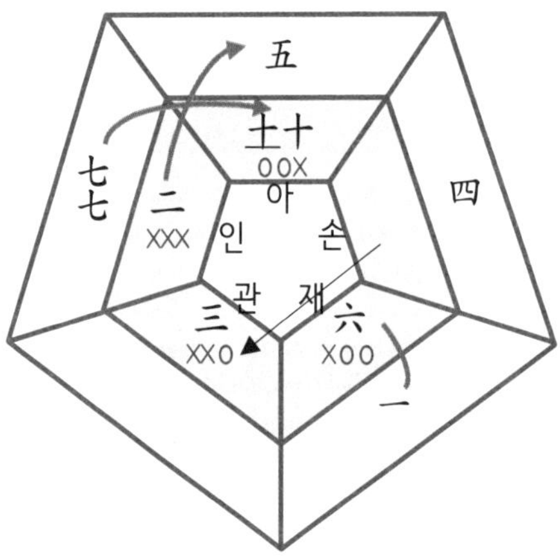
五
土十
OOX
아
七
七
二
XXX
인
손
四
관
재
三
XXO
六
XOO
一

5. 용신 : 일지 10토는 OOX로 신왕하고 손효가 용신인 용살직으로 보아야 한다. 문과 성향을 가졌으며, 화(火)인수의 영향

六수亥 一수子	五토戌 二화巳 생원진	四금酉 三목寅 극원진	三목寅 四금酉 극원진
七화午 五토戌 생원진	一수子 六수亥	九금申 八목卯 극원진	八목卯 九금申 극원진

으로 언어적 감각과 빠른 이해력, 암기력을 갖추게 된다. 여기서 자신의 목표를 정하면 된다. 금목 극원진이 손극관으로 사회개혁과 자신의 생각을 관철시키는 것에 집중하게 되므로 손용신을 쓰는 금수라인의 손효로 재를 생성하는 것에도 관심이 많은 편이 된다. 또한 이런 경우는 정치적 성향을 띄게 될 수 있다.

6. 학운 : 17세~21세 나이에 형효운이 들어와 경쟁자가 많게 된다. 형효는 공부에는 방해가 되는데 놀기에 적당한 운이기 때문이다. 손효가 동처에 없으므로 힘을 실을 데가 없어서 손극관을 해야 하는데, 손극관은 국가시험이나 각종 대회에서 수상을 하는 등의 목적을 가질 수 있고 여기에 유리한 운이다.

17~21세 유년은 형효지만, 정인방에 오게 되니 전반적으로 입시에 유리하게 작용한다. 물론 암인은 밖으로 보여지거나 직접적 영향을 주지는 못한다. 하지만 전반적으로 입시에 유리하다. 추천을 받거나 입학정원이 늘어난다든지, 장학금을 받게 된다든지 하는 등의 특혜를 받을 수 있는 조건이 생기게 된다. 실제로 장학금을 받고 지방의 법대를 가게 되었다.

7. 대운해설 : 22~28세 까지의 운이 정인으로 성적이 좋아진다. 귀인의 도움과 많은 혜택이 있고, 사법고시도 일찍 시작하여 바로 합격 하였다. 말을 잘 하는 변호사가 잘 맞고 사회

적 개혁의 관심으로 정치에 관심을 보이게 된다.

37~45세까지 정치적인 인권이나 사회적 문제에 관심을 가지고 활발한 활동을 하게 되는데 큰 성과가 있지는 못하다. 직함이나 명예가 높아지지도 않고 금전적 보상도 좋지 못하다. 이유는 손극관으로 가질 수 있는 최대의 것은 명예인데 중궁의 재성이 사회적 명분을 가리게 돼서 애매한 포지션이 되기 때문이다.

이후 46~52세까지 좋은 자리에서 법률사무소를 확장하고, 좋은 사람들과의 인연으로 더 큰 사업적으로 더 영역을 확장하고 있다.

2장. 로스쿨 재학생

다음은 로스쿨 재학생이다. 로스쿨은 '사법고시'라는 제도가 없어지면서 생긴 법학전문대학원이다. 4년제 대학을 졸업하고 진학할 수 있는데 위의 사항처럼 대학의 전공을 보는 것이 아니라, 대학성적(4.0 이상)과 공인영어성적(토익, 토플, 텝스) 그리고 LEET(법학적성시험:① 언어이해, ② 추리논증, ③ 논술)이 입학조건으로 되어 있다.

위의 입학조건만 보더라도 이제는 문과에서 법대를 간다기보다는 영어 성적이 더 중요해진 것으로 보인다. 그렇다면 앞에서 본 검사나 변호사처럼 사법고시를 통하여 법조인이 되었던 명국과의 차이도 있을 법 하다. 또한 예전에도 법학을 전공하고 사법고시를 통과하지 못한 많은 사람들이 있을 것이다.

그럼 이유가 무엇일까? 법조인에 해당하는 자질이 부족하다거나 학운과 시험운이 잘 맞지 않았을 수도 있다. 이와 같은 논리로 용신에 맞는, 그리고 그 용신이 유년에 학운과 시험운을 준다는 것을 확인해 보려고 한다.

다음의 로스쿨에 재학중인 3명의 예를 들어 법조인으로의 활동이 유리한지 아니면 불리한지, 적성에 맞는지를 살펴보겠다.

1. 건명 / 음력 1997년 5월 28일 巳시 / 화월령

원국 분석

8	2	3	4			
신	을	병	정	8+2+3+4=17	8	八
사	사	오	축	6+6+7+2=21	나머지수	→ 중궁수
6	6	7	2		3	三

시지 四 XXX 일지 世 七 OXO 1~7	월지 九 XXX 兄 二 OXO 29~30	六 OXX 孫 五 XXO 35~39
五 XXO 官 六 XXX 40~45	八 XOX 전국 父 三 XOX 8~10	一 OXX 孫 十 XXO 20~27
년지 十 XXO 鬼 一 XXX 28~28	七 XXO 財 四 XXX 31~34	二 XXO 財 九 XXX 11~19

1. 국 : 전국

2. 일지 : 7화이며, 일지상수는 4금으로 정재가 있다.

3. 중궁 : 3·8 쌍인의 명국

4. 특징 : 년지가 편관으로 세-중-일 성국으로 살인상생을 을 이루고 있다. 관인상생으로 관직의 관록으로 봉급자 혹은

나랏일 혹은 대기업 등의 녹으로 살 수 있도록 이미 조건이 되어 있다. 이 경우 일지가 신왕해서 손효를 용신으로 본다고 해도 현장 관리직, 개발 관리직, 연구실 근무 등으로 직접 몸을 쓰는 노동이 수반된 용살이 가능하지 않게 된다.

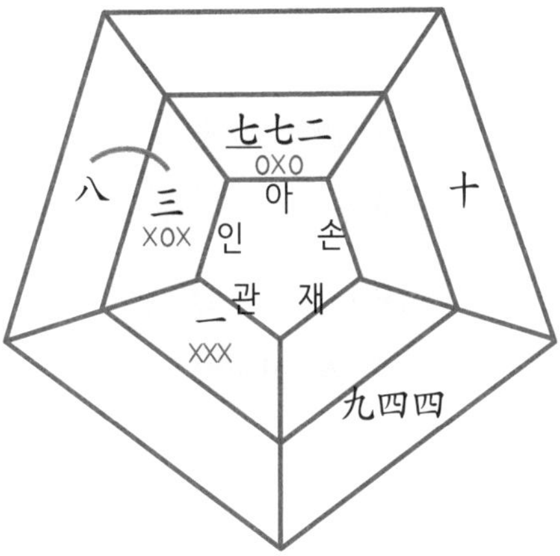
七七二
OXO
아
八
三
XOX
인
손
十
관
재
一
XXX
九四四

5. 학운 : 한 가지 살펴봐야 할 것은, 11~19세 까지의 유년이 재운으로 엄청나게 불리한 상황이다. 그렇다면 어떻게 공부를 하고 법학의 꿈을 꾸게 될 수 있었을까?

11~19세까지의 재성이 9금으로 살이 생겨나는 자리가 되고, 여기부터 재극인으로 중궁 쌍인을 활용하게 된다. 긴 시간 공부하기보다는 핵심정리, 암기를 잘 하게 된다. 적극적으로 공부에 도움을 받게 되기도 하는데, 부모님의 뒷받침이나 과외 등의 조력으로 법학인은 아니어도 좋은 대학을 목표로 할 수 있다. 관효부터 수생목 목생화로 문과적 성향으로 올라오

고 있고, 언어능력과 이해도와 암기력은 아주 뛰어날 것으로 보이나, 논리성이나 추리력으로는 부족해 보인다.

6. 대운 해설 : 언론정보학과 졸업 후 로스쿨을 지원하여, 월등한 영어 실력과 학교성적 평균 4.3으로 2021년 로스쿨에 입학 하였다.

앞으로의 35~39세 손운이 오면 많은 활동을 할 수 있는데, 세무·경제 사법 계통의 변호나 로펌의 활동을 기대해 볼 수 있다. 개업보다는 로펌이나 일반 기업의 변호 세무 계통으로 취업이 더 유리해 보인다. 본인은 '검사'를 지원하고 싶어 하지만 그 방향은 그리 잘 맞아 보이지 않는다. '살(殺)'의 부족해서인데, '살'이 부족하면 공익을 위한 희생이 수반되기 어렵기 때문이다.

2. 건명 / 음력 1996년 7월 3일 午시 / 금월령

원국 분석

9	2	3	3		8	八
임	을	병	병	9+2+3+3=19	나머지수	→ 중궁수
오	유	신	자	7+10+9+1=27		
7	10	9	1		9	九

四 XXO 孫 三 XXX 29~31	시지 九 XXO 孫 八 XXX 14~21	월지 六 OOO 兄 一 OOO 26~26
五 XOX 財 二 OXX 27~28	八 XXX 원진국 父 九 OXO 32~40	一 OOO 일지 世 六 OOO 1~6
十 XOX 財 七 OXX 7~13	년지 七 XXX 鬼 十 XOX 22~25	二 XXX 官 五 XOX 41~45

1. 국 : 원진국

2. 일지 : 일지는 6수, 일지상수 1인 겸왕자로 암인방에서 생조를 받고, 월령까지도 금월령으로 일지가 OOO 태왕이다.

3. 중궁 : 인수로 정인이고 금목 원진인데 도식을 하고 있다. 태왕으로 손효가 용신인데 관효부터 세-중-일 성국으로 올라

오고 있다. 진생성국이고 겁재 1수가 1순위상도 있지만 상관 없게 되었다.

4. 특징 : 손효를 용신으로 하고 금을 받은 수목라인에서 전공 학과나 직업을 유추 하는 것인데 중궁 9금 ○×○로 신왕한 인수 아래 묶여 있어 지대한 영향을 받게 된다. 수목 라인의 인문, 사회, 교육계열을 생각해 볼 수 있는데 그것보다 금의 영향이 훨씬 커지는 걸 알 수 있다. 관인 성국으로 굉장히 반듯한 이력으로 공부를 꾸준히 흔들리지 않고 잘 할 수 있게 되는데 꾸준한 성적 유지가 가능하다.

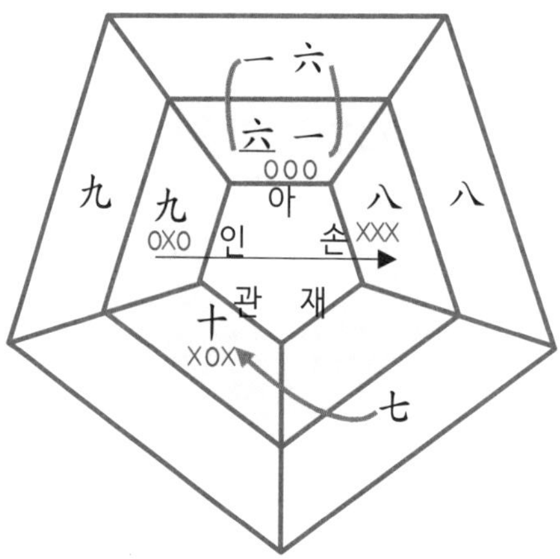

一 六
六 一
OOO
아
九
九
OXO
인
八
八
손
XXX
관
재
十
XOX
七

5. 학운 : 14~21세 손운으로 사춘기를 겪으면서 하고 싶은 일로 인해 진학의 방향도 많이 흔들릴 수 있지만, 손효가 태약(×××)하므로 크게 사고 치지 못하고 암재로 눈을 피해 노는 것

은 가능하다. 여친이 생겨도 잘 표시나지 않는다. 여기는 암재 7이 숨어 들어와 불완전 삼살을 하고 있으므로 5토를 만나면 삼살이 가능해지고 그 시기에 급성장하는 일이 생길 수 있다.

법학과에 진학 하였고 지금 현재 로스쿨 2년생이다. 법조계가 잘 맞으며, 개인 법률사무소 가능하며, 사업가적 기질이 있으므로 돈도 많이 벌 수 있을 거라 예상한다.

3장. 컴퓨터, 전기, 전자공학, 소프트웨어 공학, IT관련분야

1. 곤명 / 음력 1999년 10월 12일 巳시 / 수월령

원국 분석

8	2	2	6			
신	을	을	기	8+2+2+6=18	9	九
사	해	해	묘	6+12+12+4=34	나머지수 →	중궁수
6	12	12	4		7	七

시지 五 0XX 父 一 XX0 38~38	十 0XX 父 六 XX0 13~18	七 XXX 鬼 九 0XX 27~35
년지 六 XX0 財 十 XXX 36~37	九 0XX 전국 孫 七 XXX 39~45	二 XXX 官 四 0XX 4~7
一 XX0 財 五 XXX 8~12	八 000 兄 八 000 19~26	월지 三 000 일지 世 三 000 1~3

1. 국 : 전국

2. 일지 : 3목으로 겸왕자이며, 비견 사주이다. 월령이 수로 ooo으로 태왕하다.

3. 중궁 : 7화로 일-중-세로 식신생재로 내려가는 명국이다.

4. 특징 : 용신으로 손효를 잡는 것이 맞고 설기하는 것이 유리하다. 이때 인수효는 없어도 되지만 인수효가 있으면 손효를 쓰는데 '전문'이라는 특수성을 가지게 될 가능성이 높아진다. 목화 라인으로 손효를 중심으로 생각해 보면 되는데 요즘 가장 핫한 학과나 직업이 많다. 컴퓨터 관련, IT분야, 디자인. 웹방송, 이동통신, 광고, 홍보, 게임 프로그래머, 시각 디자인 등등이다. (목화라인에서 참조)

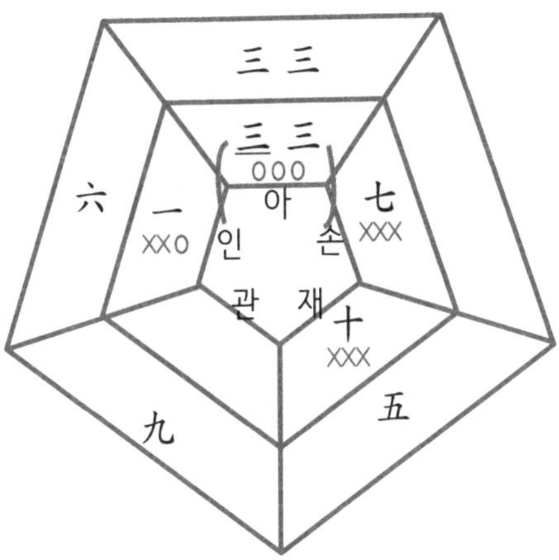
三 三
三 三
ooo
아
六
一
XXo
인
손
七
XXX
관
재
十
XXX
九
五

5. 학운 : 13~18살 정인 6수를 만나, 크게 학교생활을 벗어나는 행동을 할 수 없다. 하지만 순수학문보다는 실용학문으로의 선택을 하게 될 것이다. 빨리 배워서 빨리 취업하거나 돈

을 벌기 쉬운 학과를 선택하게 된다.

특히 관효의 부재라면 자격에 쉬운 쪽을 선택하게 될 것이다. 컴퓨터 교육학과에 진학하였고, 경영학을 복수전공 하고 있는데 잘 맞는 선택이다. 식신(7)과 재효(10)가 약하므로 개발자가 되어 좋은 상품을 만들거나 기획하기보다는 강사로 활약하는 프리랜서가 더 좋을 것으로 보인다.

2. 곤명 / 음력 2001년 3월 28일 戌시 / 토월령

원국 분석

1	1	9	8		1	一
갑	갑	임	신	1+1+9+8=19	나머지수	→ 중궁수
술	인	진	사			
11	3	5	6	11+3+5+6=25	7	七

년지 七 월지 OXX 財 一 31~31 XXX	二 OXX 財 六 6~11 XXX	九 OOO 孫 九 20~28 OOO
八 OXX 兄 十 29~30 XXO	一 충국 XXX 父 七 32~38 XXX	四 OOO 孫 四 42~45 OOO
三 OXX 일지 五 1~5 世 XXO	十 XXO 官 八 12~19 OXX	시지 五 XXO 鬼 三 39~41 OXX

1. 국 : 수화충의 명국.

2. 일지 : 5토, 일지상수가 관효인 3목이다.

3. 중궁 : 인수 7화.

4. 특징 : 중궁 인수와 일지상수 관의 합세를 예측할 수 있다. 일지신약으로 용신을 인수에서 찾아야 하고 앞으로 관인

상생이 잘 되는지를 보면 되는데, 년지가 재효로 성국은 되지 않는다. 1순위상 통기도에서 관효는 시지 3목이 되는데 술해방에서 3목의 크기는 OXX로 크고 목생화 화생토로 잘 올라가고 있다.

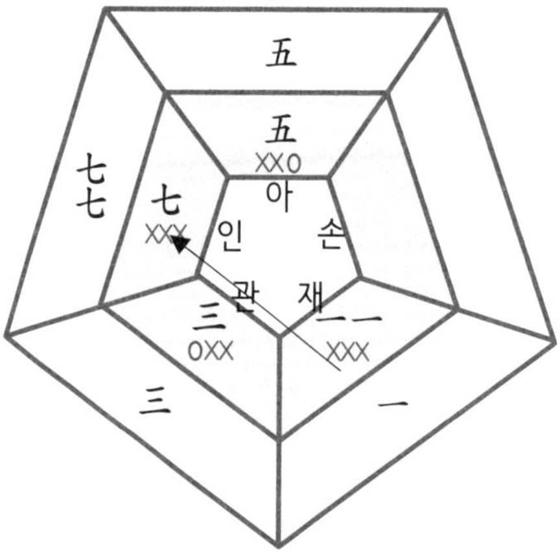
五
五
XXO
아
七七
七
XXX
인
손
관
재
三
OXX
一一
XXX
三
一

5. 학운 : 12~19세까지 정관운으로 정관에 편인으로 학운은 잘 만들어져 있다. 정관이 재방에서 재생관 받아 관의 크기는 일정 이상 커진다. 용신 화가 화생토로 언어, 컴퓨터, IT, 디자인, 색채와 빛 그리고 속도에 강점을 가질 수 있고 전기, 전자, 화학과 화공, 언론정보 등에 잘 맞는다. 이 시기에 컴퓨터공학과에 들어갔는데, 적성이 잘 맞는 쪽으로 진학한 것이다.

6. 대운 해설 : 앞으로는 개인사업 보다는 취업으로 직장에 들어가서 직장생활을 하는 것이 유리할 것이다. 20~28세 다

양한 알바나 경험으로 정식 취업 시험을 통하여 입사가 가능할 것으로 보인다. 다만 이 명은 수화충을 하는데 있어, 재효가 인수를 충하여 관인으로 커질 수 있는 인수를 깨트리게 된다. 이 뜻은 작은 이익 때문에 직장을 옮기면 좋지 않다는 말이다. 월급을 더 준다거나 좋은 조건으로 옮겨가는 것이 당장은 좋은 듯하나, 명국이 관인상생으로 올라가므로 직장을 옮기지 말고 한 곳에서 오래 버티면 승진도 빠르고 조건도 좋아질 것이다.

3. 건명 / 음력 2001년 1월 20일 酉시 / 목월령

원국 분석

4	3	7	8			
정	병	경	신	4+3+7+8=22	4	四
유	오	인	사	10+7+3+6=26	나머지수	→ 중궁수
10	7	3	6		8	七

년지 十 OOX 兄 二 OXO 21~22	五 OOX 일지 世 七 OXO 1~7	二 XXO 孫 十 XOX 17~19
一 XOX 鬼 一 XOX 20~20	四 OXX 충국 父 八 XXO 23~30	시지 七 XXO 孫 五 XOX 35~39
월지 六 XOX 官 六 XOX 40~45	三 OXO 財 九 XXX 8~16	八 OXO 財 四 XXX 31~34

1. 국 : 금목충의 재극인 충국

2. 일지 : 7화는 암비겁방에서 힘을 받았고 월령 목으로 신왕하다. 일지상수에 5토 식신을 얻었고 밝고 적극적인 성격으로 외향적이다.

3. 중궁 : 8목 인수

4. 특징 : 8~16살 까지 7·5·9삼살로 재극인이 되었고 머리가 좋고 암기력도 좋아서 굉장히 공부를 잘 했을 것이다. 관효인 정관 6수가 삼살을 해살(解殺)하여 모든 것을 잘 할 수 있다. 운동이면 운동 공부면 공부 등으로 재주가 커지는 시기가 된다. 정관 6수는 쌍관으로 XOX 양은 작지만 해살의 역할을 하고 재생관으로 올려줄 수 있게 된다.

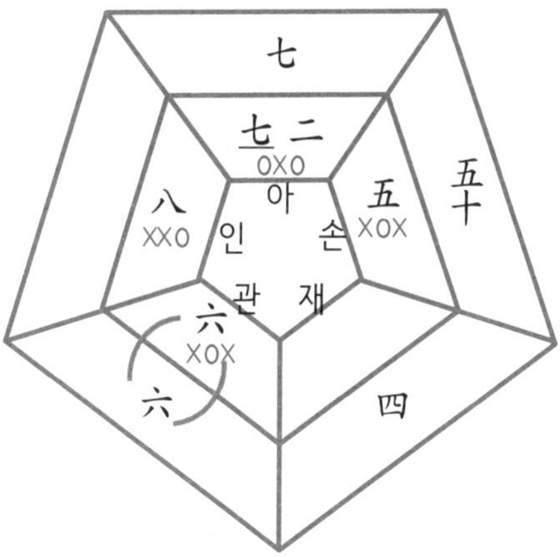
七
七 二
OXO
아
五
十
八
XXO
인
손
五
XOX
관
재
六
XOX
六
四

일지가 신왕하므로 용신은 손이다. 화토로 내려가므로 생산직, 기술직, 개발직 등이 좋다. 전기, 전자, 컴퓨터, IT, 화학, 화공, 산업공학, 소프트웨어 개발, 자동차학 등이 잘 맞고, 좋은 기술을 가질 수 있게 되고 새로운 기술의 개발과 상품개발이 가능하다.

5. 학운 : 17~19세 학업이 잘 될 수는 없지만 17~19세의

未申방에 암재로 伏삼살로 성적을 유지하는 것이 가능하다.

대학 진학은 수월하게 보며, 전자공학과에 입학하였다. 학과 선택을 잘 하였고 앞으로 이 분야에서 파생하는 모든 일을 할 수 있게 될 것이고, 일지, 일간에 천마가 있으므로 외국계 기업 혹은 외국으로의 유학이나 직장에서의 주재원 등으로 외국생활을 할 수 있다.

4. 건명 / 음력 1991년 8월 30일 申시 / 금월령

원국 분석

1	7	4	8		2	二
갑	경	정	신	1+7+4+8=20	나머지수	→ 중궁수
신	술	유	미	9+11+10+8=38		
9	11	10	8		2	二

八 XOX 父 六 38~43 XXO	三 XOX 父 一 25~25 XXO	년지 十 시지 XXX 鬼 四 29~32 OOO
九 XOO 財 五 33~37 XXX	二 화국 XOX 孫 二 44~45 XOX	월지 五 XXX 官 九 9~17 OOO
四 XOO 財 十 18~24 XXX	一 OXO 兄 三 26~28 OOX	六 OXO 일지 八 1~8 世 OOX

1. 국 : 화국

2. 일지 : 신왕한 8목, 일지상수는 6수로 편인을 얻고 있다.

3. 중궁 : 손효 2화 겸왕되어 있다.

4. 특징 : 목화의 식신생재로 내려가는 명국이므로 기술직이나 개발직으로 적합한 명국이다. 신왕하면 공부를 하는 데에

불리하지만 정·편관이 다 있어 신왕하므로 관의 자극으로 공부하기에 적당하다.

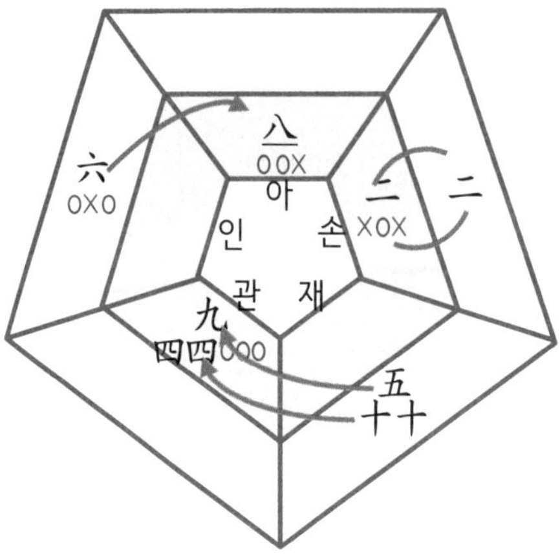
八
OOX
아
六
OXO
二
XOX
二
인
손
관
재
九
四四OOO
五
十十

5. 학운 : 9~17세에 정관운으로 공부하기는 괜찮았을 것이고, 18세부터 재운이므로 공부에만 매진하기 어려워 다소 성적이 떨어질 수밖에 없다. 용신은 목화의 화용신으로 컴퓨터, 전산학, 정보통신, 화학. 전기, 전자, IT 등을 선택하기 쉬워지고 어학분야도 좋다. 정보통신학과를 졸업하고 현재 IT업체인 카카오에서 일하고 있다.

관효가 OOO으로 강하고 일지상수 인수로 취업이 잘 될 수 있다. 하지만 정·편관의 혼재로 이직을 할 확률은 다소 있다.

4장. 자동차 관련 업종 근무

아래 4개의 명국은 같은 회사 국내 굴지의 H자동차의 생산 라인의 현장직 세 분과 사무실 근무 관리직 세 분의 명국이다. 찬찬히 살펴보면 현장직과 관리직을 비교할 수 있을 것이다.

1. 건명 / 음력 1967년 5월 15일 午시 / 화월령

자동차 생산직 원국 분석

3	4	3	4			
병	정	병	정	3+4+3+4=14	5	五
오	사	오	미	7+6+7+8=28	나머지수	→ 중궁수
7	6	7	8		1	一

一 XXX 일지 世 五 OXO 1~5	월지시지 六 XXX 兄 十 OXO 31~36	년지 三 XOX 鬼 三 XOX 39~41
二 OXO 孫 四 XXX 42~45	五 OXO 전국 財 一 XXX 6~6	八 XOX 官 八 XOX 14~21
七 OXO 孫 九 XXX 22~30	四 XXX 父 二 XXO 37~38	九 XXX 父 七 XXO 7~13

1. 국 : 전국

2. 일지 : 일지 5토 OXO으로 신왕하다. 일지상수는 1수 재효로 얻고 있다. 월지 시지와 더불어 비겁 사주이고, 년지가 쌍관으로 생문을 타고 있다.

3. 중궁 : 1수 재효이다.

4. 특징 : 인성이 없는 사주여서 중궁은 쌍귀를 생하기만 하니 일지는 태어나면서부터 몸도 약했을 것이고, 부모님의 형편이나 여러 가지 사회적으로도 불리한 상황에 놓였을 것이다. 이 경우는 용신이 될 수 있는 인수와 손효가 모두 없으므로 용신을 찾는다 해도 상황이 그리 좋지 못했을 것으로 본다.

일지가 신왕하므로 용살직으로 내려가는 것이 좋다.

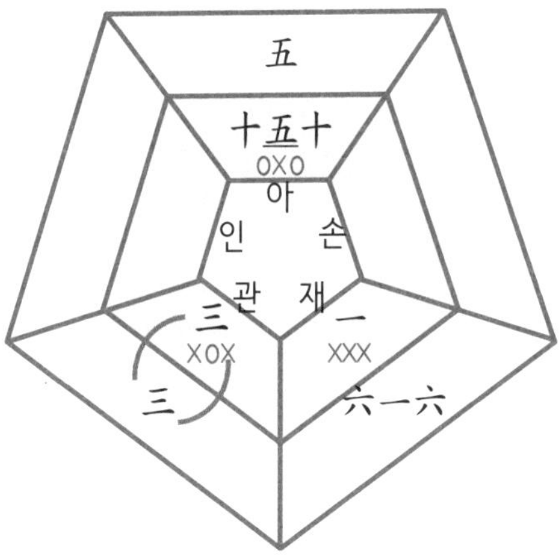
五
十五十
OXO
아
인
손
관
재
三
XOX
一
XXX
三
六一六

5. 학운 : 운로가 7~13세 그리고 14~21세 인수운과 관운을 맞이했지만 공부를 하기에는 부모님의 형편이 좋아지질 않았고 고등학교를 가까스로 마쳤다.

6. 대운 해설 : 22~30세 손운 9운을 맞으면서 변화가 클 것으로 보인다. 이 시기에 자동차 정비기술을 배우기 시작하여 현대자동차에 들어갔다.

31~36세 암인방에 겁재 10토를 만나 기술은 일취월장 했을 것이고, 비견 겁재와 더불어 임금도 오르고 환경도 바뀌기 시작하는 계기를 만들 수 있게 된다. 암인의 역할이 그러하다. 모든 사람들이 나를 도와줄 수 있게 되고 임금이나 복지 형태가 좋아지게 되며, 자동차산업이 호황을 이루는 등 자신 노력이 아니어도 국가적 사회적으로의 좋은 기류를 암시한다고 볼 수 있다.

이후 37~38세 인수 정인운에 결혼을 하였고, 39~41세 쌍귀 편관운에 손극관으로 현대를 그만두고 본인이 직접 자동차 정비공장을 차렸다.

7. 부동산 : 이 명국은 살이 드러나 있지 않은 명국이다. 지반 상황은 7·9로 불규칙삼살을 만들어 볼 수는 있지만, 반전이나 드라마틱한 좋은 변화가 어렵지만 천반은 다르다. 재효에 6수를 가지고 있어 7·9로 불규칙삼살을 만든다면 큰 변화를 줄 수 있을 것으로 예상해 볼 수 있다.

또한 세운 유년운으로도 7·9를 만나는 세운의 한해 한해가 큰 반전이 있을 것이다. 신왕한 5토는 자수성가라는 프레임을 성실히 완성해야 하고, 거기에 7·5·9 삼살이 터져주는 것이 가장 이상적인 그림이다.

5토와 10토를 왕하게 가지고 있으므로 땅과는 깊은 연관이 있을 거라 예상하고 부동산을 권유할 수 있다. 집이나 주택을 먼저 산 것이 아니라 차량정비소 터를 먼저 사 놓았다.

47~48세 인수운인데 신왕한 목방에서 목생화로 관인을 탔을 때 강서구의 좀 외진 곳에 넓은 땅을 샀다. 지금은 시세가 어마어마한 부동산을 소유하게 되었고, 아직도 정비소를 운영 중이다.

이후 부동산에 눈을 뜨게 되면서 56~61세에 집과 상가, 토지 등으로 부동산을 더 늘렸으며, 2020년 시세가 더욱 많이 오른 상태이다.

위의 명국에서 보는 봐와 같이 재효는 사람의 재산을 측정하는 잣대가 아니다. 오히려 재효의 크기는 xxx로 매우 약하다. 이 말은 가장 작은 자본으로 가장 극대화된 재산을 소유한다는 것인데, 지금 대운도 암인이므로 상황이 좋다. 하지만 이분의 주위에 있는 사람들조차 부자인 것을 알지 못한다. 왜일까? 인수가 순위상에 보이지 않기 때문이다. 눈에 띄지 않는 알짜 부자인 셈이다.

앞으로 62~28세 대운으로 가면 7화인 정인을 순위상 올려놓게 되는데 이럴 때 모든 사람들이 알게 될 것이다. 이 대운에서는 빌딩이나 상가 등의 이익으로 인해 일 하지 않아도 될 것으로 예상한다. 3·7·5가 합을 한다. 이것이 연금과 같은 역할을 할 것이다.

2. 건명 / 음력 1963년 11월 7일 亥시 / 수월령

자동차 생산직 원국 분석

2	6	1	10			
을	기	갑	계	2+6+1+10=19	1	一
					나머지수	→ 중궁수
해	해	자	묘	12+12+1+4=29	2	二
12	12	1	4			

七 OXX 父 六 38~43 XXO	二 OXX 父 一 25~25 XXO	九 OOX 鬼 四 29~32 OOX
년지 八 OXO 財 五 33~37 XXX	一 전국 XXO 孫 二 44~45 XXX	四 OOX 官 九 9~17 OOX
三 OXO 財 十 18~24 XXX	월지 十 XXX 兄 三 26~28 OXO	시지 五 XXX 일지 世 八 1~8 OXO

1. 국 : 전국

2. 일지 : 신왕한 8목에 비겁 사주로 3·8목이 3개나 있고 일지 8목 하나만을 보아도 신왕하다.

3. 중궁 : 손효 2화이고 XXX로 태약하다.

4. 특징 : 무관에 무인으로 자수성가의 사주이고, 비겁에 묶

여 있고, 식상생재로 내려가야 한다. 일하지 않으면 조그만 혜택도 받을 수 없으므로 힘과 실력으로 노력해야만 한다. 년지 세간도 모두 재효를 타고 있어 같이 돈쓰는 부모만 있지, 부모덕이나 윗사람 덕이 없다. 신왕한 일지이므로 용살직으로 일하는 팔자라 할 수 있겠다.

중궁 손효가 비겁을 모아 재로 향할 수 있으니까 기회를 만들면 가능해진다. 손효 2화가 태약하므로 일거리 자체 혹은 손재주 자체가 좋다고 말하기는 어렵다. 무관이고 무인으로 시험이나 실력 혹은 정식적인 절차로는 직장을 얻기가 쉽지 않다. 이 명은 비겁운에 소개나 추천으로 직장의 친구나 선후배로 끌어갈 가능성이 높다. 생산직 현장직 가능하고 손효인 2화로 컴퓨터나 반도체, 전기, 전자, 화공 관련, 자동차 부품(고무, 타이어) 등을 할 수 있다.

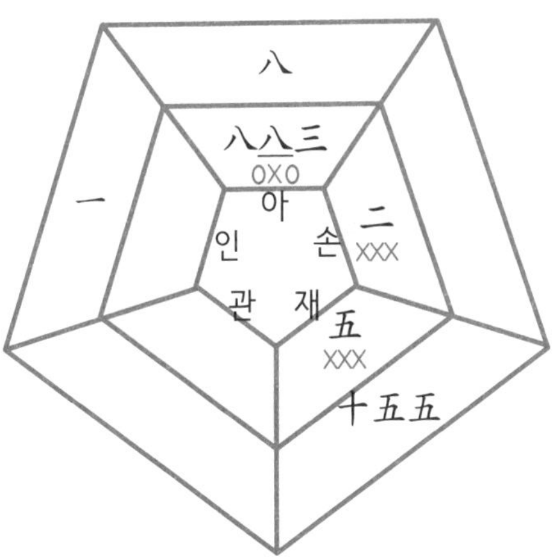
八
八八三
OXO
아
一
二
인
손
XXX
관
재
五
XXX
十五五

3부 자동차

5. 학운 : 9~17세 관효가 들어와 엄청 열심히 공부든 모든 할 수 있지만 인수의 부재로 인정받기 쉽지 않다. 비겁 사주는 이렇게 관효가 들어와도 군겁들의 문제로 학교생활에 문제가 발생하기 쉽고, 얌전히 공부만 하기는 어렵다. 재효의 영향으로 예체능 쪽으로 관심을 돌릴 가능성이 높다. 이런 시기 운동을 한다든지 아니면 그림을 그린다든지 한다. 요즘은 게임이나 등등으로 끼리끼리 어울려 다닐 가능성이 있다. 이로써 공부는 못하게 된다고 봐야 한다.

6. 대운 해설 : 이후 25세 정인 1수 운에 소개로 자동차 정비를 배우기 시작한다. 26~28세 사이 비견과 함께 자동차 정비를 시작했다.

26~28세 암인방에 겁재운이다. 관효가 부재이므로 오히려 이 겁재운은 좋다고 봐야 한다. 다 같이 나의 손운을 도우려 하므로 나는 뜻이 맞는 동료들과 열심히 일하고 재미있을 수 있고 돈을 버는 생산적인 일을 하게 되는 것이다.

29~32세 편관대운에 정관이 암관으로 들어온다. 이때 편관만 보게 된다면 '현대'라는 회사에 몇 번 지원해도 떨어진다. 이 시기의 세운으로 정인이 들어오는 해에 합격하는데, 한 가지 다른 방법으로는 암정관을 쓰는 것이다. 이것은 정관이라는 것이 핵심이 아니라 암관에 있다. 암관이 되어 있으면 정식 지원이 아닌 특별채용, 특별모집, 비정규직이나 계약직으로 가

는 것이 유리하다. 여기에 세운으로 정인이 뜨면 추천으로 입사할 수 있게 되는 것이다.

현대자동차 비정규직으로 들어가서 회사에 동료들과 함께 회사를 위해 일하며 생산직으로 지금껏 다니고 있다. 큰 보직을 맡거나 할 수는 없지만 일한 만큼 이상의 댓가도 있을 것이다. 또한 비겁을 이용해야만 조금 더 빨리 위로 올라 갈수 있다. 보통 비겁 사주에서 잘 나타나는 일은 2인자 혹은 보좌관 같은 역할을 하는데, 이 경우가 그렇다. 이 사주는 전형적인 식상재의 용살직으로 보면 되겠다.

3. 건명 / 음력 1967년 1월 20일 辰시 / 목월령

자동차 생산직 원국 분석

3	10	9	4		8	八
병	계	임	정	3+10+9+4=26	나머지수	→ 중궁수
진	해	인	미	5+12+3+8=28		
5	12	3	8		1	一

시지 四 XOX 孫 五 OXX 40~44	九 XOX 孫 十 OXX 25~30	년지 六 OXX 父 三 XOO 33~35
五 XXX 財 四 XOX 36~39	八 XOO 화국 官 一 XXX 45~45	一 OXX 父 八 XOO 8~15
월지 十 XXX 財 九 XOX 16~24	七 XOO 兄 二 XOO 31~32	二 XOO 일지 世 七 XOO 1~7

1. 국 : 화국

2. 일지 : 7화이고 7·2로 비겁 겸왕이다. 일지가 술해(戌亥)방에 있어 힘이 없으나 겸왕이고 월령을 목으로 타서 XOO으로 왕해졌다.

3. 중궁 : 편관 1수

4. 특징 : 손효 5토가 왕하고 토생금으로 이루어져 있고, 재효 9금 역시 토생금으로 1, 2순위를 타고 있으니 식상재로 내려가기에는 아주 좋은 명이 되어 있다.

일지가 신왕하므로 용신을 손효로 잡아야 하는데, 그것 역시 월지 5토가 휴문(休門)에 정가기(丁加己)에 육합을 타 중사(重詐)가 되었다. 구둔오가 삼사격 중에 길격인 중사를 탔다.

중-세-일 성국으로 편관, 편인으로 올라오고 있으니 자격이나 학벌을 채울 수 있을 것이라 예상한다.

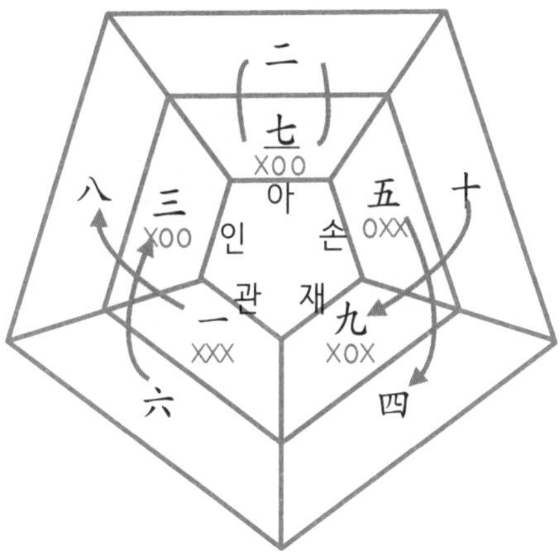

二
七
XOO
아
八
三
XOO
인
五
OXX
손
十
관
재
一
XXX
九
XOX
六
四

5. 학운 : 16~24세 재운을 만나 학마운으로 공부를 잘 할 수는 없을 것이고, 관효가 XXX로 작아서 중궁이긴 하나 학교 자체는 약하다. 만약 여기서 인수가 왕(XOO)하므로 보결이나 기부입학 혹은 특수조건 등으로 들어갈 수 있다. 인수의 영향

으로 관효 자체의 힘보다 좋은 곳으로 가게 된다.

용살직의 경우는 학교명보다는 학과 선택이 중요해진다. 어떤 일을 잘 하느냐가 중요하기 때문이다. 일지가 화오행에 손효가 용신이므로 화생토로 전기, 전자, 화학, 컴퓨터 등으로 이에 맞는 일이라면 아주 잘 할 가능성이 높아진다.

6. 대운 해설 : 25~30세는 손운으로 기술직으로 취업이 가능하고, 이때부터 일이 많고 기술이 날로 발전할 것이고, 돈도 벌 것이고 인정도 받을 수 있을 것이다.

일지가 왕하고 손효도 왕하므로 매우 좋은 기술을 가지고 있다고 봐야 할 것이고, 평생 먹고 사는 것에 지장이 없을 것이다. 또한 편관이 45세 이후 정관으로 변하고 직장을 유지하는 것에도 이상이 없어 보인다. 정관으로 관리직으로의 변형이 가능하기도 하다. 전형적인 상관생재의 유형이 된다.

4. 건명 / 음력 1965년 12월 27일 卯시 / 토월령

자동차 관리직 원국 분석

10	4	6	2			
계	정	기	을	10+4+6+2=22	4 나머지수	四 → 중궁수
묘	축	축	사	4+2+2+6=14	5	五
4	2	2	6			

년지 十 OXO 71~79 鬼 四 XOO 24~27	五 XOX 86~90 官 九 XOO 9~17	二 XOX 81~82 孫 二 XOX 19~20
시지 一 XXX 80~80 兄 三 OOX 21~23	四 OOO 화국 67~70 財 五 OXO 28~32	七 XOX 52~58 孫 七 XOX 39~45
월지 六 XXX 46~51 일지 世 八 OOX 1~8	三 OOX 83~85 父 一 OXX 18~18	八 OOX 59~66 父 六 OXX 33~38

1. 국 : 화국

2. 일지 : 일지가 8목이고, 일지상수 6수로 편인을 얻고 있다.

3. 중궁 : 재효 5토로 왕하다.

4. 특징 : 일지가 OOX로 신왕하므로 용신은 손효로 찾는 것

이 좋다.

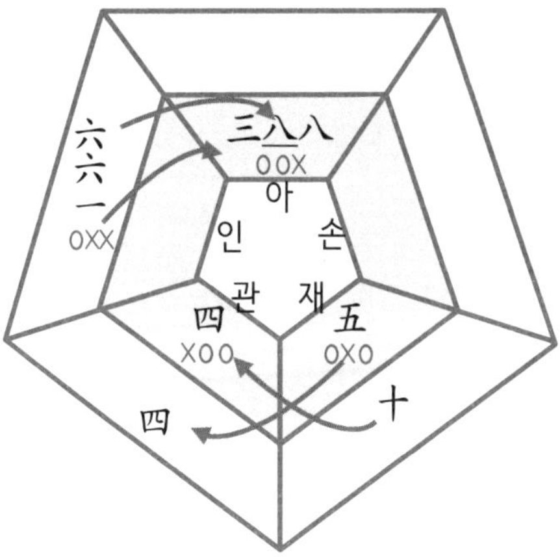
三八八
OOX
六
六
一
OXX
아
인
손
관
재
四
XOO
五
OXO
四
十

5. 학운 : 9~17세 정관 유년으로 학업에 소홀하진 않았을 것이다. 일지가 신왕하므로 일지와 손효가 목화로써 목화를 용살직으로 쓸 수 있는 학과나 직업을 찾는 것이 좋다. 전기, 전자, 정보통신, 컴퓨터공학, 화학, 화공, 산업공학, 전산학, 언어, 토목공학 등을 생각해 볼 수 있다.

식상이 없고 재효가 왕하므로 5토에 해당하는 끼나 재능이 있을 것이다. 요즘 시대라면 광고나 홍보, 미디어학과, 서비스 쪽도 고려할 수 있다. 시대가 미디어 위주로 바뀐 영향을 받았을 것이다.

관효가 년지 XOO로 좋은 학교에 갈 수 있었으나, 19~20세 2화 손효 유년에 申금방에서 伏삼형이 되어, 기대하기 어려운 상황이 되어 버렸다. SKY를 목표로 하였지만 그렇게 진학 하지 못하였고, 서울의 중간 정도 대학에 들어갔다.

6. 대운 해설 : 전자공학과를 졸업하고, 28세 현대 자동차에 입사 하였다. 33~38세에는 결혼과 승진 등으로 좋은 시기를 보낼 수 있을 것이고, 39~45세 사이 많은 성과를 내어 유능한 직원으로 남을 수 있었다. 45세 이후는 편관에 정인이 있으므로 관인상생이 된다. 생산 관리직으로 출발하여 이 시기를 기점으로 완벽하게 관리직으로 옮겼다.

52~58세 사이 2020년 유년의 소운으로 삼살이 되고, 정인과 편인이 모두 천반의 동처로 버티고 있으니 중앙 관리직으로 자리 잡을 수 있다. 신왕하다 해도 손효의 부재로 용살직만으로 살 수 있는 것이 아니라, 일지상수가 인수효이고 관효의 크기가 상당하므로 살인상생으로 관리직의 직함을 달 수 있는 것이다.

5. 건명 / 음력 1969년 1월 22일 戊시 / 목월령

지동차 관리직 원국 분석

1	1	4	6			
갑	갑	정	기	1+1+4+6=12	3	三
술	신	묘	유	11+9+4+10=34	나머지수	→ 중궁수
11	9	4	10		7	七

九 XXX 孫 一 XOX 12~12	四 XXX 孫 六 XOX 32~37	一 OOX 46~46 일지 世 九 OXX 1~9
월지 十 XOX 父 十 XOX 10~11	三 XXO 화국 官 七 XOO 13~19	년지 六 OOX 58~63 兄 四 OXX 23~36
五 XOX 53~57 父 五 XOX 27~31	二 XOO 47~48 財 八 OXO 38~45	시지 七 XOO 財 三 OXO 20~22

1. 국 : 화국

2. 일지 : 신왕한 9금으로 일지상수 손효 1수이다.

3. 중궁 : 중궁 7화가 편관이다.

4. 특징 : 10토 인수를 받은 일지 9금이 재효인 3목을 충하기 때문에 일단 가장 좋은 전공은 경영, 경제학, 회계, 통계학

등을 전공하고, 은행권 혹은 증권사의 펀드매니저 등으로의 직업을 첫 번째로 고려해 볼 수 있다.

두 번째로는 관인상생은 이미 되어 있으므로 이름있는 직장에 취업한 뒤 성과급을 많이 받을 수 있는 컨설팅의 영업직을 생각해 볼 수 있다.

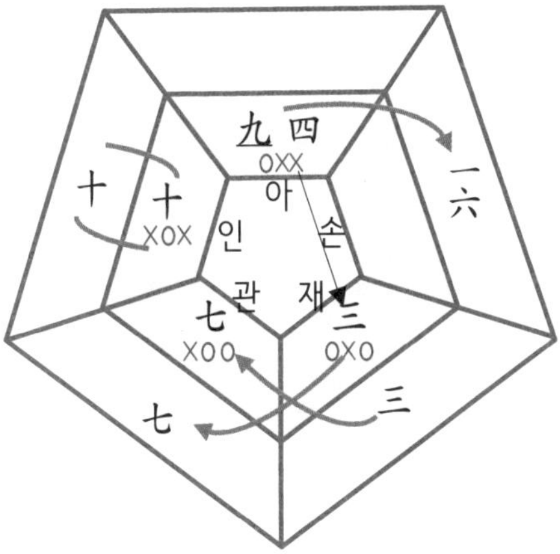
九 四
OXX
一
六
十
十
XOX
아
인
손
관
재
七
三
XOO
OXO
七
三

5. 학운 : 13~19세 편관 대운으로 학업의 부담을 느낄 수 있고, 좋은 대학에 가고 싶은 열망이 있을 수 있으니 공부하기에는 좋은 운이었다. 정인인 10토가 있어 무사히 지날 수 있었으리라 생각된다. 다만 신왕하므로 손과 재효에 관심이 갈 수 밖에 없어서, 놀 것 다 놀면서 공부했을 가능성이 있다.

6. 대운 해설 : 경영학을 전공하였고, 27~31세 편인유년에

여러 곳의 취업 실패 끝에 H자동차에 자동차 딜러 영업직을 시작하였다. 영업 관리직과 영업 컨설팅의 기본 모형이다. 관인상생이나 살인상생으로 든든한 직장을 두고 인수로 허가를 받고, 아극재 혹은 군겁쟁재로 재를 충하거나 극하는 모형을 두고 하는 말이다.

이 시기는 편인을 만났지만, 나의 명국상 4효 겁재가 동처에 있기 때문에 일단은 겁재들이 취업이 더 빠르게 된다. 일지는 유년의 소운으로 정인이 들어올 때 혹은 겁재 즉 친구와 함께 입사를 하거나 하면 유리해진다.

요즘 군대를 갈 때 동반 입대를 유리하게 받아주는 경우를 생각해 볼 수 있는데, 이런 현상은 비겁 사주에 많이 적용되고 주위에서도 흔히 볼 수 있는 케이스가 된다.

32~37세는 손운으로 열심히 일하면 될 것이고, 자식에게 신경 쓰고, 돈을 모을 수 있는 시기이다.

38~45세 왕한 정재운으로 재생관하여 승진도 하고 영업 컨설팅도 잘 할 수 있다. 겁재 4효에게는 편재이므로 이때에는 채권채무 관계를 맺으면 돈을 못 받을 가능성이 좀 있다. 다른 한 가지는 자신의 돈으로 재테크 한다면 이익이 많지 않다. 이 시기 때에 펀드나 주식 혹은 이런 분야에 돈을 투기 하는 경향이 생기는데, 이것도 남의 말 듣고 시작할 수 있는 가능성이 높다. 이때부터 주식을 하게 되었다고 한다.

47~48세 삼형을 맞아 주식실패로 빚이 많아지고 신용상의 어려움이 많았다. 그래도 직장을 꾸준히 다니고 있었고, 이 삼형이 다행히 2년으로 짧았으므로 그 정도로 마무리 되었다.

53~57세 5토 편인 대운이 되면 아주 크게 일어날 수 있는 운으로 바뀐다. 7·5·9 삼살로 지반의 5토운과는 다르게 일지가 편인을 독식하게 되고, 6水가 삼살을 진생으로 解殺(해살)시켜줄 수 있으므로, 재앙이 복이 되는 일이 있게 될 것이다. 2020년 펜데믹 상황에 주식투자로 큰 돈을 벌었고, 승진도 가능하고, 영업이익도 클 것으로 예상한다.

6. 건명 / 음력 1958년 12월 15일 午시 / 토월령

원국 분석

9	2	2	5		9	九
임	을	을	무	9+2+2+5=18	나머지수	→ 중궁수
오	사	축	술	7+6+2+11=26		
7	6	2	11		8	八

五 OOO 46~50 일지 世 二 OXX 1~2	시지 十 OOO 兄 七 OXX 26~32	七 XXX 57~63 孫 十 XOO 42~44
六 XOX 官 一 XOX 45~45	九 XOX 원진국 父 八 XXX 3~10	二 XXX 孫 五 XOO 15~19
월지 一 XOX 鬼 六 XOX 20~25	八 OXX 財 九 XXO 33~41	년지 三 OXX 財 四 XXO 11~14

1. 국 : 원진국

2. 일지 : 일지가 2화이고 일지상수 5토로 된 상관을 얻고 있다.

3. 중궁 : 8목으로 편인이다.

4. 특징 : 극원진은 재극인으로 재효가 인수를 극하는 상황

이다. 일지 2화는 OXX로 신왕하고 관효가 편관으로 월지 겸왕을 타고 있다.

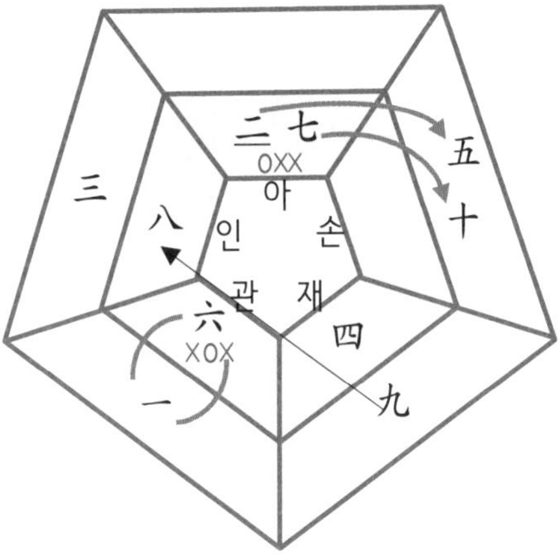

二 七
OXX
아
三
五
十
八
인
손
관
재
六
XOX
四
一
九

5. 학운 : 11~14세, 15~19세 유년이 손과 재로 공부하기에 유리하지 않으며, 2화는 이해력과 암기력이 빠르나 원리 공부에 약하고 성질이 급하므로 놓치면서 공부 하는 스타일이다. 게다가 재극인의 경우는 저학년시기에는 공부를 잘하는데 고학년으로 갈수록 공부가 어려워진다. 서울의 야간대학의 기계과를 진학 하였다.

6. 대운해설 : 20~25세 편관운으로 아마도 대학을 가서야 제대로 공부가 되었을 것이다.

27~32세 겁재운은 한 번에 취업이 어려운 상황이 되는데

취업 실패로 재수에 삼수를 거듭하여 H자동차에 관리 생산직으로 입사하였다.

33~41세는 재운으로 가장 많은 일을 하였고 실력도 인정받았다.

42~44세, 46~50세는 손운이 된다. 일지가 신왕한 경우 손효는 좋은 결과를 낳을 수 있다. 식신이든 상관이든 일지가 비겁으로 구성되어 있어 일의 평가나 혹은 아이디어 등등으로 승진이나 인센티브의 성과급을 받는 등의 보상이 따른다. 그런 면에서 이 명국은 겁재가 있으나 모두 손효를 생하므로 유리하고 재효도 있어 손생재도 가능하니 더 유리하다.

51~56세 관운에 유년 소운 삼살이 되는 56세 최초로 이사직을 달았다.

57~63는 비겁운이며, 58세는 재운으로 재극인을 통하여 상무를 달았다. 63세 전무이사로 퇴임 하였다.

5장. 유아교육과 특수교육 전공자들

1. 곤명 / 음력 1980년 6월 25일 亥시 / 토월령

원국 분석

4	7	10	7		1		一
정	경	계	경	4+7+10+7=28	나머지수	→	중궁수
해	술	미	신	12+11+8+9=40			
12	11	8	9		4		四

七 OOX 鬼 八 XXX 34~41	二 OOX 官 三 XXX 13~15	년지 九 월지 OXO 財 六 OOX 21~26
八 OXX 父 七 OOX 27~33	一 XOX 형파해국 孫 四 OXO 42~45	四 OXO 財 七 OOX 10~10
三 OXX 父 二 OOX 11~12	十 XOO 兄 五 XOO 16~20	시지 五 XOO 일지 世 十 XOO 1~9

1. 국 : 형파해국10이

2. 일지 : 10토이고 일지상수는 5토로 비겁사주이며 XOO으

로 왕하다.

3. 중궁 : 4금으로 손효가 OXO으로 왕하다.

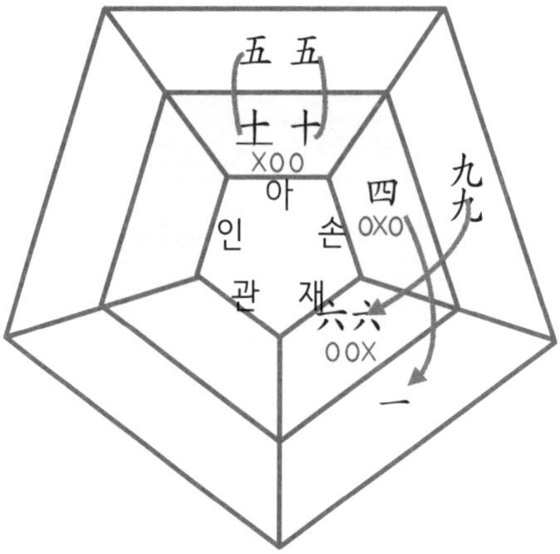
五 五
土 十
XOO
아
四
OXO
九
九
인
손
관
재
六 六
OOX
一

4. 특징 : 일지가 왕하므로 손효를 용신으로 사용하기에 적합하다. 손효 용신의 기본적 틀은 '기르다, 자라게 하다, 만들다, 자신이 직접 몸을 써서 하고 있다'라는 개념을 가지고 있다. 움직일수록 돈이 생겨나는 것으로, 손효를 재효의 原神이

10] 기문 81국 중에서 형파해은 총 9개이다. 중궁 천반수와 중궁 지반수를 합한 끝자리 수가 5가 된다.

四금酉 一수子 파	三목寅 二화巳 형	二화巳 三목寅 형	一수子 四금酉 파	五토辰 五토辰 형
九금申 六수亥 해	八목卯 七화午 파	七화午 八목卯 파	六수亥 九금申 해	

라 하는 이유가 여기에 있다. 계속하여 일을 한다면 당연히 돈이 생겨날 것이다. 물론 많이 번다는 개념은 아니고 일단 돈을 벌 수 있다는 개념으로 이해해야 한다. 그렇기 때문에 일지가 신왕하고 손효가 왕하면 빨리 일하고 싶어하고 빨리 돈을 벌려고 한다.

그렇기에 공부를 오래도록 하는 순수학문이나 단계를 오래 밟는 공부는 기피하게 되므로, 전문대학의 자격을 빨리 취득하는 실용 학문이 잘 맞는다고 보겠다.

이 명국은 일지가 손생재로만 내려가고 있고, 관과 인수효가 부재이다. 그러므로 공부하기가 쉽지 않은 편이며, 일지 토오행이 금의 손효를 쓰는 것에는 무리가 없다. 재효인 수오행의 영향으로 금오행의 살기는 다소 누그러져서 사회복지나 임상병리나 유아교육, 동물관련, 음식관련, 강사 등으로 생각해 볼 수 있다. 재효의 운크기도 ㅇㅇx로 크므로 피아노나 음악 쪽의 소질도 많아 보인다.

5. 대운 해설 : 이 사람은 유아교육전공으로 유치원 교사로 활동했고, 21~26세는 재운으로 열심히 일하고 재능도 올라가고 잘 했을 것이고 돈도 벌고 모을 수 있다.

27~33세 정인운이며 암관을 만나 정말 좋은 때가 되었다. 관인상생이 되므로 여기서 결혼, 승진, 문서 임명 등등을 할 수 있는 시기로 많은 변화가 있을 것이다. 이 운에 창업을 하

고 유치원 원장이 되었다.

다음 대운인 34~41세는 편관운이다. 관효가 암관이 아닌 관으로 나왔기에 38세 결혼을 했고, 유치원은 그만두고 자식을 낳고 지금 아이를 기르고 있다.

6. 임용고사를 볼까? : 현재 궁금한 것은 유아교육 보육교사 임용고사를 볼까 하는 것이었다. 현재는 42~45세 손운이다. 손운은 생각에 생각이 앞서 걱정으로 변하는 경우가 많고 잠이 잘 오지 않는 운이다.

2021년부터 중궁 4금운으로 접어들어 활동을 하고 싶고 돈도 벌고 싶다. 하지만 무엇보다 걱정이 앞서 있다. 21년도는 유년소운으로 겁재가 들어왔고 22년도 3목인 관효를 만났지만 0순위 인사형으로 이루어져 있고, 23년도 역시 인수를 만나지만 0순위 인사형으로 대운의 4금이지만 은복수 9금이 나와 22년~23년 삼형으로 임용고사라는 시험에는 도전하고 싶지만 결과는 합격이 되기 어렵다는 결론이다. 합격은 인수가 있어야 하기 때문이다.

이 대운은 비겁을 이용하여 사업적 도모를 하여 돈을 버는 것이 훨씬 쉬워질 수 있으므로, 조금 다른 방향으로 쓰는 것이 좋을 것이다.

2. 곤명 / 음력 1991년 4월 3일 巳시 / 화월령

원국 분석

10	3	10	8		4	四
계	병	계	신	10+3+10+8=31	나머지수	→ 중궁수
사	술	사	미	6+11+6+8=31		
6	11	6	8		4	四

월지 시지 十 OXO 鬼 八 XXX 34~41	五 OXO 官 三 XXX 13~15	년지 二 XXO 財 六 OXX 21~26
一 XXX 父 七 XOX 27~33	四 OOX 충국 孫 四 OOX 42~45	七 XXO 財 一 OXX 10~10
六 XXX 父 二 OXO 11~12	三 OXX 兄 五 XXO 16~20	八 OXX 일지 世 十 XXO 1~9

1. 국 : 수화충국의 재극인

2. 일지 : 일지 10토

3. 중궁 : 쌍금으로 4금이 겸왕 OOX

4. 특징 : 중궁 4금은 왕한데 일지가 10토가 XXO으로 일지상수 8목인 편관을 얹고 있어서 부담이 많지만, 공부에 대한 직

업에 대한 열망은 있어 보인다. 실기 쪽이 아닌 학벌과 자격이나 허가를 만들어야 하는 인수용신을 쓰는 것이 맞는데 이 명국은 수화충의 재극인으로 인수의 혜택이 잘 오질 않는다.

부모덕이 별로 없어 보이고 고생을 하겠다 싶은 명국이다. 일지의 무게에 비해 너무 큰 손효를 가지고 어쩔 수 없이 돈부터 벌어야 하는 것인데, 이 명국은 중궁 4금이 아무리 세도 일지가 약하므로 화오행이 용신이 된다. 그러므로 유아교육 쪽이 잘 맞고 임상병리도 좋을 수 있다. 이런 분야를 전공하려면 오래 공부해야 하는데 인수의 도식으로 형편이 좋아 보이지 않는다. 그리고 돈을 빨리 벌어야 하므로 유치원 교사로 일하고 있었고, 몸도 마음도 지칠대로 지쳐 있을 것이다.

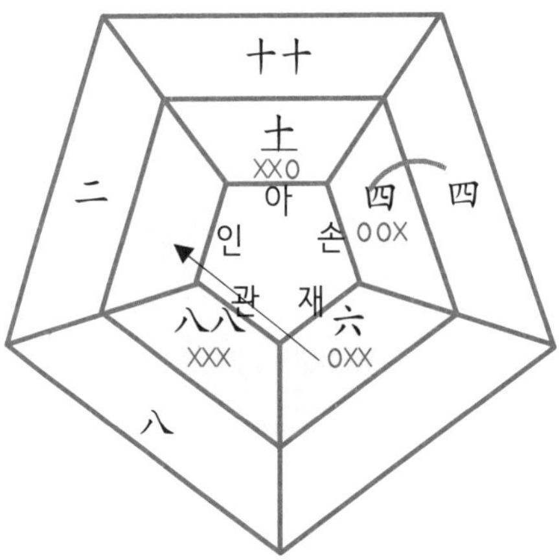

十十
土
XXO
二
아
四
四
인
손
OOX
관
재
八八
六
XXX
OXX
八

5. 대운 해설 : 이 분도 유아교육 보육교사 임용고사를 계획하고 있다고 한다. 그것의 결과가 궁금하다고 했다.

27~33세 인수운으로 암관이 버텨주고 있으므로 이 운로 안에서 소운까지 만나는 해에 좋은 결과를 볼 것으로 생각이 된다. 21년도 소운은 재운으로 안 될 것이고, 22년도 7화 정인으로 관인이 되고, 23년도 소운도 편관으로 암인으로 관인이 된다.

이 분은 공공성을 띄는 조직으로 들어가서 관인으로 올라가는 것이 좋다. 신약한 일지 입장에서는 인수용신을 써는 것이 유리하고, 중궁의 쌍금도 실력을 발휘하게 되는 것이다.

다만 현재의 7운 정인운에서도 1·7로 0순위 수화충을 하고 있어 아무래도 7정인의 효과가 늦게 나타날 수 있다.

34~41세는 편관 8운으로, 암인방에 있어 관인으로 흘러주고 있으니 관인상생을 기대해 볼 수 있다. 관인상생을 타고 가는 것이 이 사람에게는 잘 할 수 있는 일을 하는 것이다.

3. 곤명 / 음력 1969년 6월 10일 巳시 / 토월령[11]

원국 분석

6	6	8	6			
기	기	신	기	6+6+8+6=26	8	八
사	해	미	유	6+12+8+10=36	9	八
6	12	8	10		나머지수	→ 중궁수

시지 四 XXO 鬼 三 XXX 34~36	九 XXO 官 八 XXX 19~26	월지 六 OOX 財 一 OOX 31~31
五 XOO 父 二 OXX 32~33	八 XXX 원진국 48~55 孫 九 OXO 37~45	년지 一 OOX 財 六 OOX 6~11
十 XOO 父 七 OXX 12~18	七 XXX 兄 十 XOO 27~30	二 XXX 46~47 일지 世 五 XOO 1~5

1. 국 : 원진국

2. 일지 : 생원진의 5토. 인수 2화를 얻은 상태에서 화월령의 영향으로 XOO으로 신왕한 상태이다.

3. 중궁 : 극원진의 손효인 9금

11] 양력으로 7월 23일이므로 토월령으로 보았다. 월령은 75쪽 참조.

4. 특징 : 손극관을 이루고 있고, 일지는 신왕이고, 중궁 9금 손효로 내려간다. 용신은 손효인 9금으로 토금 라인의 용살직을 생각해 볼 수 있다.

또한 손효가 중궁에서 자리 잡고 있어 공익이 가미된 일에 신념을 가질 수 있으며, 동시에 보람도 느낄 수 있고 손효의 원초적인 기능인 재를 생성하는 것에 집중하기도 한다.

그렇다면 보통 4·9금이 손효로 자리잡은 명국의 경우 일지가 신왕하다면 토금라인의 용살직은 경우가 똑같을 수 있는데 4·9금의 오행의 특성상 공익, 명분, 봉사, 헌신을 동반한 일이 많을 수 있고, 기르거나 돌보는 쪽이다. 4·9금의 특성상 죽고 사는 문제 혹은 이념이나 개혁의 문제 계몽의 문제 등으로 볼 수 있고 위험을 동반하는 일이다. 직접 즉 자신의 손으로 몸으로 직접 시행하는 일로 보는 것으로 의사라면 수술을 시행하는 외과분야 의사로 명성을 얻을 수 있을 것이다. 교사나 강사

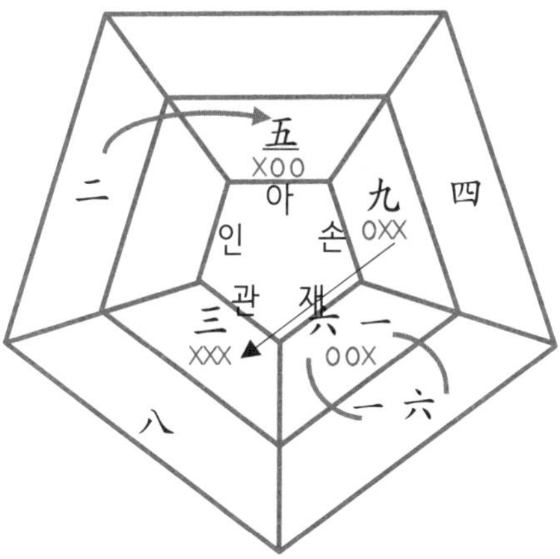

五
XOO
아
二
九
四
OXX
인
손
관
재
三
六
一
XXX
OOX
一 六
八

라면 자신의 열의와 계몽이나 지식의 전달을 할 것이고 재배하거나 기르는 축산 혹은 수의학 농업 임업도 가능해진다.

곤명의 토금라인이고 일지 위에 인수가 있다. 중궁 9금으로 내려간다면 지식이나 자격을 갖춘 용살직으로 힘만 가지거나 경험으로만 익힌 기술이 아닌 전문가적 자격을 갖추게 될 수 있다.

간호학, 사회복지학, 수의학, 특수교육학, 경찰학, 소방, 군인, 유아교육, 교육학, 생명과학 분야, 식품학, 보건학, 건축학, 건설학 등으로 유추해 볼 수 있다. 이중 무엇을 선택할 것인지는 행동방식의 영향과 매치해야 한다.

즉 손극관을 한다면 사회정의나 사회적 영향에 신경을 쓰는 사람이고, 손생재로만 내려간다면 돈이 많이 되는 일을 선택할 가능성이 높아지게 되는 것이다.

이때 어느 쪽으로 치우치게 되는가를 보면 된다. 위의 설명은 용살직의 토금이 중궁 손효가 4·9금이라고 가정한 것이다. 이 때에도 인수가 있을 수도 없을 수도 있고, 또 양이 많을 수도 적을 수도 있다. 이것에 따라 변화가 있다. 화오행인 인수가 전혀 영향을 주지 못한다면 '유아교육'보다는 간호나 간병으로 갈 확률이 높게 되는 것이다.

또한 금오행이 4금이나 9금이라도 양이 작다면 특수교육이라는 장애아동이나 몸이 불편한 사람을 돕는 물리치료 같은 것은 힘에 부칠 수 있다. 상대가 유아나 아동 혹은 장애 정도가 적은 물리치료나 방사선 혹은 임상병리 쪽을 선호하게 될 것이므로 이 모든 조건을 잘 매치하고 운로를 잘 따라가 봐야 할 것이다.

곤명의 경우는 손효가 4·9금이라면 다시 한번 점검해야 한다. 4·9금은 '변한다'는 속성이 있는데, 내 자식이 아닌 외방의 자식을 본다는 의미도 들어 있다. 고전에는 '외방의 자식'을 남편의 자식으로 단정했지만, 현대는 남의 아이들을 돌보거나 기르거나 교육하는 것으로 대신하기도 한다. 실제로 이 분은 친오빠의 사정으로 조카를 키웠다.

5. 학운 : 12~18세 7화인 편인을 만났고, 19~26세까지 관효의 운로를 만나 특수교육을 전공하고, 바로 일할 수 있는 환경이 펼쳐져 있었다.

편인의 영향으로 자격증이나 바로 일할 수 있는 실용적인 학문으로의 접근성이 쉽고, 일지가 신왕하므로 순수학문이나 연구나 학위 등에는 별 관심이 없는 게 맞고, 활동적인 근무형태를 좋아하게 되고 업무능력이 뛰어나게 된다.

6. 대운해설 : 위 명국자는 특수아동들을 교육하는 것으로 인지도가 높은 사람이 되었고, 그 활동을 쉬지 않고 지속적으로 해 왔다. 현재는 48~55세 중궁 편관 대운으로, 일을 줄이고

있는 중이다. 지금은 건강에 신경 써야 할 것으로 보인다.

4. 곤명 / 음력 1985년 12월 9일 寅시 / 토월령12]

원국 분석

9	9	6	2			
임	임	기	을	9+9+6+2=26	8	八
					나머지수	→ 중궁수
인	술	축	축	3+11+2+2=18	9	九
3	11	2	2			

시지 四 XXO 鬼 三 XXX 34~36	九 XXO 官 八 XXX 19~26	월지 六 OOX 財 一 OOX 31~31
五 XOO 父 二 OXX 32~33	八 XXX 원잔국 孫 九 OXO 37~45	년지 一 OOX 財 六 OOX 6~11
十 XOO 父 七 OXX 12~18	七 XXX 兄 十 XOO 27~30	二 XXX 일지 世 五 XOO 1~5

1. 국 : 원진국
2. 일지 : 5토로 인수 2화를 얻은 생원진이다.
3. 중궁 : 0순위 9·8로 극원진 손극관으로 원진 명이다.
4. 특징 : 1순위상 7·5·9로 삼살을 만들고 있어 삼살의 극관

12] 양력으로 86년 1월 18일로 토왕절에 해당한다.

명이다. 년월시로 3개의 인수가 있는 것으로 7·10으로 생원진으로 편인과 정인을 모두 다 있어 누구보다 일지는 유리하다. 이 정도라면 나라도 구할 수 있을 만큼 큰 명국을 이루고 있지만 인수가 너무 과하다. 인수가 용신이므로 자격이나 허가가 있는 분야로 가면 되고, 중궁 손효 9금도 강하므로 의사라면 좋을 것이고 간호사, 사회복지 등으로 殺을 쓰는 직업이 좋다.

1순위에 관효가 빠진 것이 흠으로 그렇게 까지 공부를 잘하지 못한다. 머리가 나빠서가 아니라 형편이 절실하지 않으므로 공부를 소홀히 하는 것이다. 젊을 때 고생은 사서라도 하는 게 좋다는 말이 이런 경우를 뜻할 수도 있다.

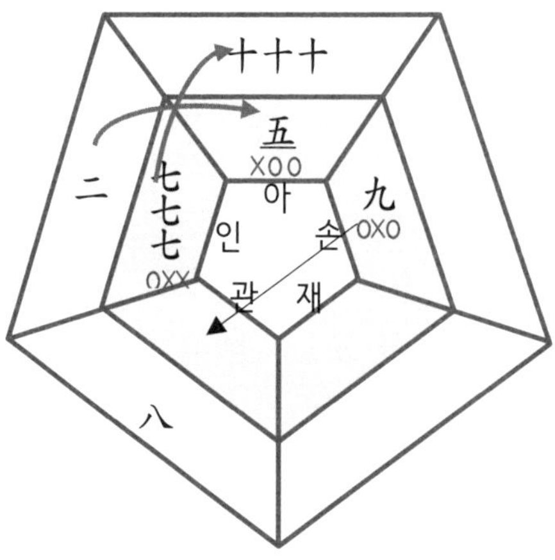
十十十
五
XOO
아
二
七
七
七
OXX
인
九
OXO
손
관
재
八

5. 학운 : 19~26세는 정관운으로 특수교육전공을 하였고, 대학은 지방의 작은 대학을 나오고 특수학교에 교사로 나갔

다.

6. 대운 해설 : 2018년 결혼하고 올해까지 아이를 3명 낳았다. 중궁 9금 손효로 아이 욕심이 많다.

한 가지 걱정은 원진국의 형태가 손극관이라 손효를 너무 많이 늘리는 것은 하고자 하는 일에 좋지 않다. 또한 자식에게 큰 기대를 가지게 되는데, 이런 의욕이 과해서 마찰을 불러올 수 있다. 이런 경우 종교를 가지는 것이 좋다. 결혼과 동시에 가톨릭으로 종교생활을 하게 되었는데 해살(解殺)에 도움이 되었다. 또한 봉사나 종교의 일을 많이 하는 것이 도움이 될 것이다.

5. 곤명 / 음력 1967년 2월 9일 辰시 / 목월령

교사 원국 분석

1	9	10	4		6	六
갑	임	계	정	1+9+10+4=24	나머지수	→ 중궁수
진	오	묘	미	5+7+4+8=24		
5	7	4	8		6	六

시지 二 OXO 兄 十 OOX 30~30	七 OXO 일지 世 五 OOX 1~5	년지 四 OXX 官 八 XXO 13~20
월지 三 OXO 孫 九 XXX 21~29	六 XOX 충국 財 六 XOX 31~36	九 OXX 鬼 三 XXO 39~41
八 OXO 孫 四 XXX 42~45	五 XOX 父 七 XXO 6~12	十 XOX 父 二 XXO 37~38

1. 국 : 금목충국

2. 일지 : 5토가 인수를 얹고 있다.

3. 중궁 : 쌍재 6수

4. 특징 : 이 명은 상관으로 관을 극하고 관인으로 올라간다. 극관명이라고 하는 것이다. 말하자면 고시패스나 큰 시험을

통하여 올라가는 큰일을 하고 싶어 하고, 나라를 바로잡고 무식을 바로잡고, 병균을 바로잡고, 적군을 바로잡고, 범죄를 바로잡는 등의 일을 한다.

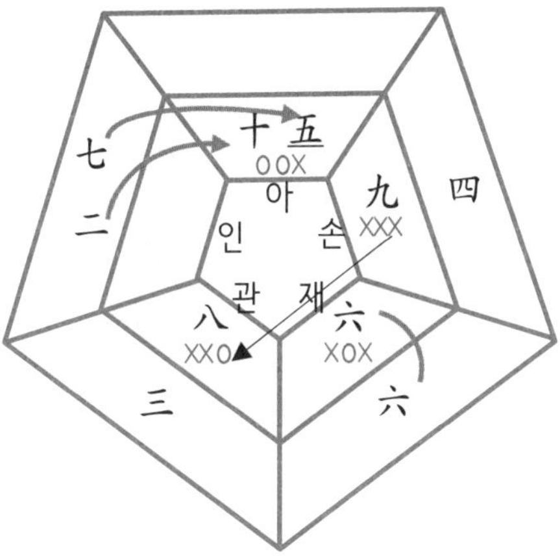
七
十 五
OOX
아
九
四
二
인
손
XXX
관
재
八
六
XXO
XOX
三
六

5. 학운 : 13~20세 관효가 있었고, 무엇보다 큰 직업이나 일을 하고 싶을 것이고 노력도 많이 했을 것이다. 그러나 인수의 부재로 좋은 학교나 좋은 학과를 선택하기 어려웠을 것이다. 법대 실패 후 S대 철학과로 들어갔다. k대 대학원에서 서양철학사 전공 강사로 다니면서 전임 교수가 되지 못하고 있었다가 46세에 정교수가 되었다.

6장. 한의사 명국

1. 건명 / 음력 1979년 10월 2일 申시 / 수월령

원국 분석

5	9	2	6		4	四
무	임	을	기	5+9+2+6=22	나머지수	→ 중궁수
신	진	해	미	9+5+12+8=32		
9	5	12	8		5	五

十 OXX 일지 世 一 XXO 1~1	五 OXX 兄 六 XXO 21~26	년지 시지 二 XXX 父 九 OXX 35~42
一 XXO 官 十 XXX 44~45	四 OXX 전국 財 七 XXX 2~8	七 XXX 父 四 OXX 12~15
六 XXO 鬼 五 XXX 16~20	三 OOO 孫 八 OOO 27~34	월지 八 OOO 孫 三 OOO 9~11

1. 국 : 전국

2. 일지 : 1수로 태약하며, 일지 상수에 관효인 토를 얻은 명이다.

3. 중궁 : 재효이며, 관효가 없다.

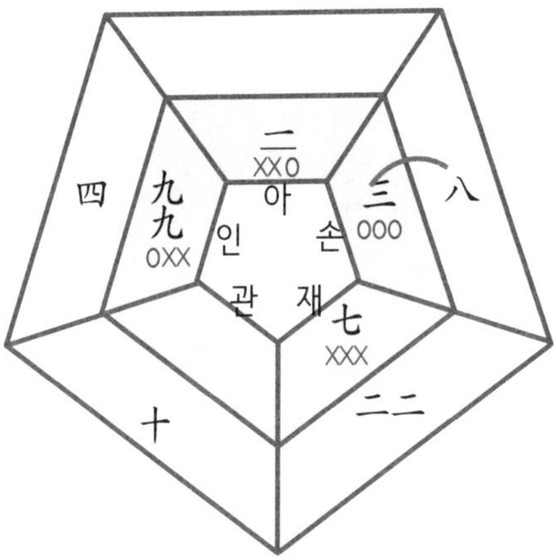

二
XXO
아
四
九
九
OXX
인
손
三
OOO
八
관
재
七
XXX
十
二二

4. 특징 : 일지가 신약한 명으로 인수를 용신으로 잡는 것이 원칙이다. 인수가 9금으로 편인이 왕하고 년지와 시지를 탄 쌍인이다. 의사 명국은 무엇보다 殺의 역할이 크다고 할 수 있는데, 공부만 잘 한다고 혹은 사람을 살리고 싶다고 해서 의사가 되는 것이 아니다. 의사라는 직업은 이 두 가지 학운과 殺이 잘 맞아야 할 수 있게 된다.

의사 중 의사라는 직업을 그만 두는 경우를 종종 보게 되는데, 이것이 바로 殺이 적은 경우이다. 의사는 분명 殺을 쓰는 직업에 속하며, 殺이 생과 사를 주관 한다면 그중 살리는 쪽의 살(殺)일 것이다. 그렇다면 9금이 인수, 일지, 손효 중에 있는 것이 가장 잘 맞는 쪽이다. 이 명국은 왕한 9금이 쌍인으로 작용하니, 살을 쓰는 학문이나 자격에 잘 맞다고 하겠으며, 생문에 복덕으로 인수효의 격국이 높고 좋다고 할 수 있다.

일지 1수의 감성과 박애 정신, 금의 정의감이 함께 의사로서 면모를 갖추게 되는데, 이 중 한의학라는 키워드에는 오행 중 '토'가 꼭 필요하다. 토오행은 전통과 땅에서 나는 모든 것으로 한의학의 보생과 보혈 같은 체질에 부족한 것을 채워나가는 특성을 가지고 있다. 중화하는 것과 기다리는 것, 땅에서 나는 모든 것이 약초가 되고 한약이 된다.

5. 양의사가 맞는 경우 : 토가 부족한 금수오행은 양의가 더 맞다고 보는 이유는 금오행이 과학적, 이성적, 물리학적 원리를 더 선호하기 때문이다. 용신의 자리에 금오행이 있다면 양의가 더 맞을 수 있는데, 인수 쪽의 금오행은 연구소나 학계에 남는 쪽을 선호하게 되고, 손자리의 금오행은 치료, 치유라는 개념의 수술이 더 맞는다고 보는 것이다.

2. 건명 / 음력 1994년 1월 17일 卯시 / 목월령

한의사 원국 분석

2	10	3	1			
을	계	병	갑	2+10+3+1=16	7	七
					나머지수	→ 중궁수
묘	미	인	술	4+8+3+11=26	8	八
4	8	3	11			

三 XXO 父 二 OOO 5~6	八 XXO 父 七 OOO 30~36	五 XOX 일지 世 十 XOX 1~3
시지 四 XXX 財 一 XOX 4~4	七 XOO 형파해국 鬼 八 XXO 7~14	十 XOX 兄 五 XOX 19~23
월지 九 XXX 財 六 XOX 24~29	六 OOX 孫 九 XXX 37~45	년지 一 OOX 孫 四 XXX 15~18

1. 국 : 형파해국

2. 일지 : 일지가 10토이고 일지상수 5토를 얻고 있어 겸왕이 된 사주다.

3. 중궁 : 관효가 인수와 0순위로 이어져 있다.

4. 특징 : 형파해국은 대부분 삼형사주이기 쉬운데 이 명국

은 인사형(3·2)이 비동처로 완전 삼형사주는 아니다.

일지 10토가 신약으로 용신은 역시나 인수이다. 년지는 4금으로 중궁 8효인 관을 극관으로 손극관을 하고 있다. 의사라는 직업 자체가 치귀명(治鬼命)[13]으로 분류되는데, 손효가 발달할수록 의사로서의 실기 즉 기술력이 뛰어나며, 수술을 잘 할 수 있다고 본다. 환자를 치유하는 능력이 뛰어난데, 수술이 필요한 외과의사 명으로 적당 하다. 한의에서는 탕약과 침술을 쓴다면, 지금 이명국의 손효로 기술력을 발휘하고 인수인 화오행으로 침술에 더 잘 맞을 수 있고, 화토를 받은 일지가 손효인 금을 쓰는 것으로 한의에 적당해진다.

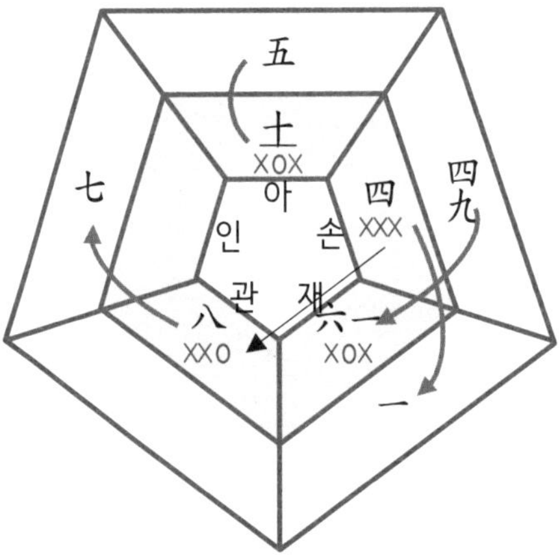
五
十
XOX
아
七
四
XXX
四
九
인
손
관
재
八
XXO
六
XOX
一

13] 치귀명은 편법적인 해로운 요소들을 제거하거나 올바르게 바로잡아 공익을 추구하는 것을 말한다. 직종으로 보면 병균을 파괴하는 의사, 약사, 신약개발, 적군을 파괴하는 군인, 소방사, 범법을 잡는 경찰, 형사, 검사, 무식을 깨우치는 교사, 학원강사, 인권 변호사, 캠페인, 홍보자, 악법이나 위법의 파괴하는 시민단체, 야당, 노조 등에 해당한다.

5. 대운 해설 : 아직은 28세로 치유능력이 뛰어나다고 느끼지 못할 수도 있다. 4금의 손효가 xxx로 약하고 살(殺)이 음금으로 약하지만 천반으로 갈수록 7·5·9삼살로 커지고, 30~36세에 정인 7운이 들어오면서 부터는 기술도 좋아지고 殺을 쓰는 직업의 만족도도 커질 것이다.

7장. 재를 쓰는 명국

1. 곤명 / 음력 1995년 8월 29일 午시 / 금월령

메이크업, 미용, 네일아트 원국 분석

3	4	2	2		2	二
병	정	을	을	3+4+2+2=11	나머지수	→ 중궁수
오	사	유	해	7+6+10+12=35		
7	6	10	12		8	八

八 XXX 일지 世 二 OOX 1~2	시지 三 XXX 兄 七 OOX 26~32	十 XOX 孫 十 XOX 42~44
九 XXO 官 一 XOO 45~45	二 XOX 화국 父 八 XXX 3~10	월지 五 XOX 孫 五 XOX 15~19
四 XXO 鬼 六 XOO 20~25	一 OOO 財 九 XXO 33~41	년지 六 OOO 財 四 XXO 11~14

1. 국 : 화국

2. 일지 : 2화이며 일지상수는 8목으로 편인으로 일지는 OOX

로 신왕하다.

3. 중궁 : 8목으로 편인.

4. 특징 : 일지가 신왕하므로 용살직으로 가는 것이 바람직하다. 중궁지수와 일지상수 모두 편인으로 전문기술을 취득하거나 허가를 가질 수 있다면 전문 기술직으로 가는 것이 좋겠다.

11~14세에 재효운에 일찍 재능 쪽으로 갈 수 있었고, 목인수를 받은 왕한 화오행이 화토로 내려간다면, 문과 쪽의 성향이 크므로, 어학과 인문사회계열, 문학이 잘 맞고, 예체능 쪽으로 보면 컴퓨터, 디자인분야, 미술, 조각, 건축 등을 생각해 볼 수 있다.

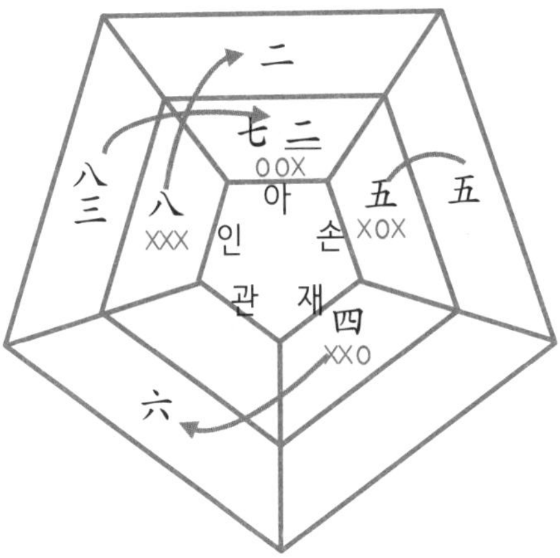
二
七 二
OOX
八
三
八
XXX
아
五
五
XOX
인
손
관
재
四
XXO
六

5. 학운 : 15~19세까지의 운이 손운이므로 순수학문보다는 실기가 포함된 학문이 유리해진다. 년지를 탄 재효가 4금으로

재능의 질이 좋다고 본다. 이 분은 관효가 천반으로 빠진 상태이므로 학교운이 좋다고만 볼 수는 없다. 응용미술학과에 들어가고 졸업하고, 현재는 국내의 외국계 화장품회사의 메이크업 아티스트로 활동하고 있다.

6. 대운 해설 : 26세부터 개인 유튜버 활동을 해 보고 싶다고 하는데 가능하다고 본다. 직장생활보다 개인 사업이나 개인 유튜버로 물건을 파는 형식이 잘 맞는다. 물건을 파는 형식으로 SNS나 카톡 채널로 물건을 소개 하고, 경험을 말하고 제품의 성능을 말하는 무점포 형태가 가능하다.

손생재로 재효까지는 무난히 가고, 일지가 신왕하므로 돈을 버는 것은 가능하고 재효에 잘 쌓아두면 된다. 이후 좋은 기회가 오면 재극인이나 재관인으로 더 큰 돈을 벌 수 있는 기회가 올 것이다.

2. 곤명 / 음력 2002년 9월 11일 戌시 / 금월령

미술전공(조소과) 원국 분석

7	4	7	9		9	九
경	정	경	임	7+4+7+9=27	나머지수	→ 중궁수
술	사	술	오	11+6+11+7=35		
11	6	11	7		8	八

五 OOX 일지 二 1~2 世 OXX	년지 十 OOX 兄 七 26~32 OXX	七 XXX 孫 十 42~44 XOX
六 XOO 官 一 45~45 XOO	九 원진국 OXO 父 八 3~10 XXX	二 XXX 孫 五 15~19 XOX
一 XOO 鬼 六 20~25 XOO	八 OXX 財 九 33~41 XXO	월지 三 시지 OXX 財 四 11~14 XXO

1. 국 : 원진국, 재극인

2. 일지 : 2화로 일지상수 5토를 얻은 생원진이다. 일지 2화에 2·5 상생자로 특이하거나 특별한 일을 할 수 있는 소양을 가지게 된다.

3. 중궁 : 8목 인수로 목생화를 받았고 재극인으로 된 원진국이다. 재효가 월시지를 타고 천을을 타고 있다.

4. 특징 : 일지는 천반 완전 불규칙 삼살이고 지반은 불완전 불규칙 삼살이다. 일지가 0XX로 신왕하고 일지상수 5토로 용살직을 생각해 볼 수 있다.

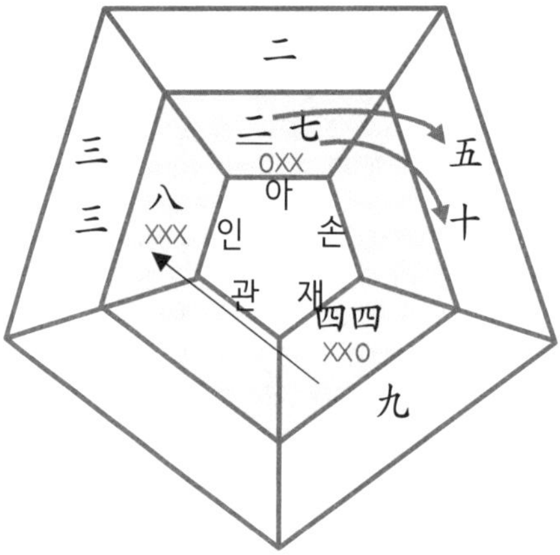

二
二 七
0XX
아
三
三
八
XXX
인
손
五
十
관
재
四四
XX0
九

5. 학운 : 15~19세는 5토 손운이다. 5토 손운이 와서 지반 불완전 삼살로 재효를 향해 내려가고 있으므로, 재효가 커질 것이다. 재효가 천을을 타고 있으므로 질적 상황도 좋다. 천을을 탄 재효라면 재능 자체에 귀함과 품격을 더할 수 있다. 미술을 전공했고 2019년 소운 9금이 들어와 완전 삼살이 되었다. 아마도 실기 실력이 절정에 달했을 것으로 보인다.

20살~25세까지는 6수 관운이 들어와서 절묘하게 학교운이 받쳐 주었다. 서울대 조소과에 합격했다.

예체능 쪽으로 가려면 이렇듯 재효가 힘을 발휘 할 수 있어야 하고, 학운이 들어오는 나이의 운로가 맞아야 한다. 원진의 2·5 상생자는 와인 감별사, 조향사, 컬러리스트 등으로 아주 미세한 맛이나 향기, 색감, 혹은 조명 등의 특별한 능력을 가질 수 있다.

3. 곤명 / 음력 2002년 7월 16일 巳시 / 금월령

미술전공(조소과) 원국 분석

6	1	5	9		3	三
기	갑	무	임	6+1+5+9=21	나머지수	→ 중궁수
사	자	신	오	6+1+9+7=23		
6	1	9	7		5	五

시지 九 XOO 父 四 XOO 7~10	년지 四 XOO 父 九 XOO 37~45	월지 一 OXO 財 二 XXX 2~3
十 XXX 孫 三 OXX 4~6	三 XXX 전국 官 五 OXX 11~15	六 OXO 財 七 XXX 22~28
五 XXX 孫 八 OXX 29~36	二 XXX 일지 世 一 OXO 1~1	七 XXX 兄 六 OXO 16~21

1. 국 : 전국

2. 일지 : 1수로 OXO으로 신왕하고 일지상수 2화로 수극화되어 있다.

3. 중궁 : 5토로 OXX 편관이 왕하다.

4. 특징 : 이 명국은 인수가 쌍인으로 정인과 편인을 모두 가

지고 있다. 편관으로 정인을 받아 살인상생으로 올라가고 있고 중-세-일로 가생성국이다. 관인상생과 살인상생이 모두 다 이루어져 있지만 신왕한 일지는 용살직으로 가는 것이 이롭다고 볼 수밖에 없다. 그런데 용신으로 써야 할 손효가 부재이다. 손효가 없으므로 실기를 월등히 잘 할 수 없다. 재효가 태약하고 질적으로 볼품이 없다. 실기보다는 성적이 잘 유지될 것이고 논리적인 타입이 된다.

이론을 바탕으로 하는 것으로 재능으로 승부하는 예술가가 아니어서 토목, 건축, 설계, 도시공학, 환경공학 등을 가능한데 그렇다면 그 시기에 운로를 타는 게 가장 유리할 것이다.

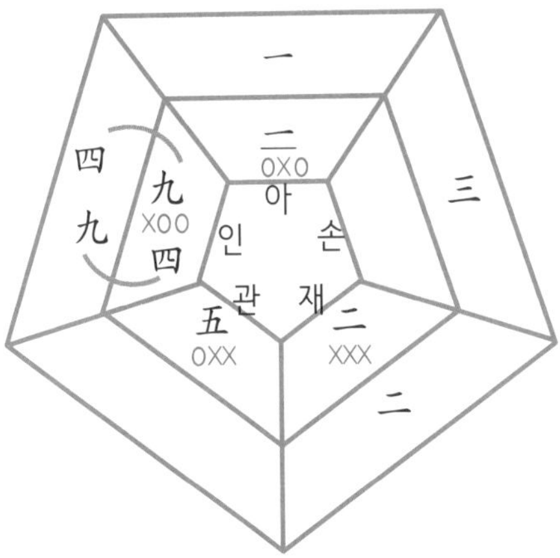

一
二
OXO
아
三
四
九
九
XOO
四
인
손
관
재
五
OXX
二
XXX
二

5. 학운 : 16~21세까지는 6수 겁재운이면서 암겁방에 있다. 공부를 하기에는 매우 불리하다. 비겁운은 기본적으로 군겁이 몰려 다니며 놀아야 한다. 재성이 있으므로 공부를 잘 했다고

하더라도 점점 성적이 떨어지므로 중궁의 왕한 5토의 학교 크기를 공부로는 맞출 수 없다. 그러므로 예체능을 선택하여 명성 있는 학교를 맞추는 것이 최선의 방법이 될 것이다. 인수가 쌍인으로 부모의 레슨이나 지원은 강력해 보이고, 관인으로 인하여 내신 성적이 높을 것으로 예상된다. 이 경우는 정시보다 수시로 가는 것이 이롭게 보인다. 서울대 조소과에 2021년 입학 하였다.

앞으로의 진로를 예상 한다면 건축분야나 설계 쪽을 첨가하여 나아간다면 좋을 것이다.

4. 곤명 / 음력 1998년 8월 16일 未시 / 금월령

간호사 원국 분석

2	3	8	5		8	
을	병	신	무	2+3+8+5=18	나머지수	→ 중궁수
미	술	유	인	8+11+10+3=32		
8	11	10	3		5	

五 OXX 父 四 XOO 37~40	十 OXX 父 九 XOO 22~30	시지 七 XOX 財 二 XOX 32~33
六 XXO 孫 三 OOX 34~36	九 OOO 화국 官 五 OXX 41~45	월지 二 XOX 財 七 XOX 7~13
년지 一 XXO 孫 八 OOX 14~21	八 OOX 兄 一 OXO 31~31	三 OOX 일지 世 六 OXO 1~6

1. 국 : 화국

2. 일지 : 6수에 식상 3목을 얻었고 OXO으로 신왕하다.

3. 중궁 : 5토로 왕한 정관

4. 특징 : 5·9로 불완전 불규칙삼살로 이루어져 있다. 신왕하므로 용신은 손효를 쓰는 용살직으로 생각해 볼 수 있다.

통기도를 보게 되면 인수가 없다. 하지만 중궁 5토가 5·9로 토생금으로 0순위상 생으로 이어져 있어 관의 힘을 저축하고 있는 것으로 보인다. 재효가 정재와 편재로 7화와 2화를 모두 갖고 있다. 이로써 지반은 7·5·9 완전 불규칙 삼살이 되었다. 지반은 불완전 불규칙 삼형과 천반은 완전 규칙 삼형, 완전 불규칙 삼살로 살이 많은 명국이다.

손효를 쓰고 살을 쓰는 용살직이 가장 이상적이라 하겠다. 금오행의 영향을 받는 일지 6수는 천을을 타고 있고 팔문 중 死문을 타고 있고 경과 신을 가지고 있다. 死문과 生문은 둘 다 모두 생과 사의 일과 관련되어 있다고 본다. 금수로 내려가는 전문직이 된다면 가장 이상적이다. 금수의 殺을 쓰는 직업으로는 의학, 간호, 범죄심리학, 경찰행정, 세무공무, 사회복지 등이 있다.

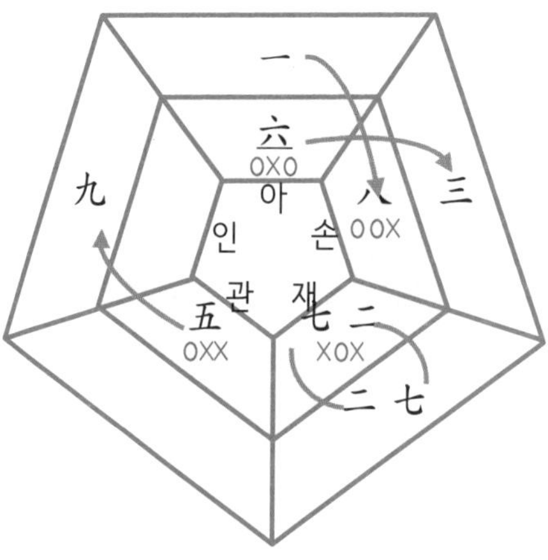

一
六
OXO
아
九
八
三
인
손
OOX
관
재
五
七
二
OXX
XOX
二
七

5. 학운 : 14~21세 손운으로 공부에 집중이 되지 않는 운이어서 성적이 아주 좋을 것 같지는 않다. 자격이나 허가가 있는 과목을 선택하기가 쉬울 것이고, 중궁의 정관 5토가 버티고 있으므로 대학은 갈 것이다. 지방의 간호대에 진학했다.

6. 대운 해설 : 22~30세에 인수 9금이 유년으로 들어와 완전규칙삼살을 만들었다. 암재방에 인수로 성적도 잘 나올 것이고, 윗사람의 이쁨도 받을 것이고, 성적도 좋아질 것이고, 취업이나 자격 등 모두 다 이루어 질 것으로 예상했다.

2020년 취업을 한다면 개인병원보다는 큰 대학병원의 정규직으로 계속 시도하는 것이 유리하다. 제자리에 있는 중궁 정관 5토는 제왕을 상징하고 그만큼의 크기를 가지고 있기에 인수만 받아 준다면 공공기관, 중앙조직, 대기업, 공무집행 등으로 보기 때문이다. 개인병원의 지원보다 유리하게 작용하므로 지원규정이나 채용조건이 다소 모자란 듯해도 가능성을 높게 본다. 이유 중 하나는 면접에서 높은 점수를 받게 될 것으로 예상하므로 자신의 능력보다 조금 상향지원을 권할 수 있게 된다.

2020년 좋은 대학병원에 정규직으로 입사했다. 실무에 소질있고 능력있는 최고의 간호사가 될 것으로 기대된다. 꾸준히 이 직업을 발전시켜 경험을 쌓으면 더 좋아질 것이다.

5. 건명 / 음력 1973년 5월 8일 未시 / 화월령

항공사(스튜어드) 원국 분석

10	2	5	10		9	九
계	을	무	계	10+2+5+10=27	나머지수	→ 중궁수
미	해	오	축	8+12+7+2=29		
8	12	7	2		2	二

五 OXO 父 六 XXX 38~43	월지 十 OXO 父 一 XXX 25~25	시지 七 XXO 官 四 OXX 29~32
六 XXX 財 五 XXO 33~37	九 OXX 전국 孫 二 XXO 44~45	二 XXO 官 九 OXX 9~17
년지 一 XXX 財 十 XXO 18~24	八 OOX 兄 三 OOX 26~28	三 OOX 일지 世 八 OOX 1~8

1. 국 : 전국

2. 일지 : 8목으로 일지상수에 3목을 겸왕으로 얻어 OOX로 신왕하다.

3. 중궁 : 2화로 손효다.

4. 특징 : 시지 4금이 편관으로 자리잡고 있고, 일-중-세로

가생성국이다. 신왕한 일지는 용살직으로 내려갈 수 있고 목화로 내려가는 것으로 문과가 유리하며 언어, 인문사회계열, 전산이나 화학, 전기로 내려 갈 수 있다.

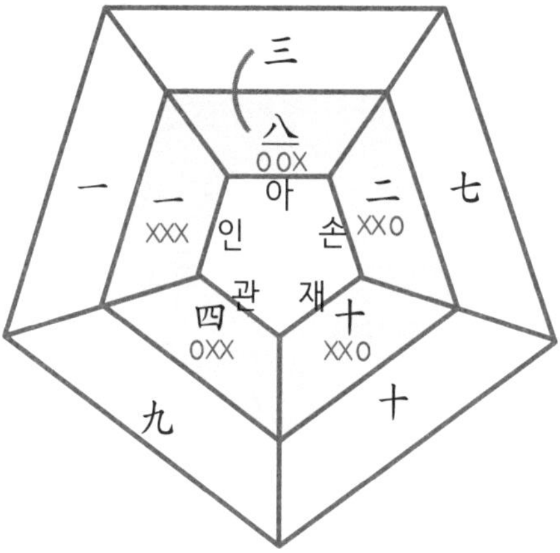
三
八
OOX
아
一
一
XXX
인
손
二
XXO
七
四
관
재
十
OXX
XXO
九
十

5. 학운 : 9~17세에 천을을 타고 있는 정관이 들어와서 신왕한 8목에게 압박을 준다. 조금 더 열심히 공부하는 착실한 모습이며 대학의 목표가 높아질 수 있다.

18~24세 재운을 만나 집중이 어렵다. 암겁방이면서 학마운이라 목표를 세운 것보다 성적유지가 어려울 수 있다. 이때 신왕한 일지이므로 순수학문보다는 바로 쓸 수 있는 실용적인 학과나 학문이 유리하다. 앞으로의 직업도 용살직으로 향하게 된다면 바람직 할 것이다.

6. 대운 해설 : 외국어대 영어과를 졸업하고 아시아나 항공사에 스튜어드로 현재는 꽤 높은 보직을 가지고 있다. 목화로 인문계열의 언어능력이 좋고, 서비스직에도 잘 맞는다. 또한 일지 8목은 술해방의 수생목으로 인물이 뛰어 날 것으로 보인다. 일지에 일록(日祿)이고 용신인 화오행 손효 역시 이동수단에 용이한데, 잘 맞는 직업을 선택하였다.

부록. 직업 찾아보기

800여개의 직업을 오행으로 분류하여 가장 관계가 깊은 것을 뽑은 것이다. 물론 여기에 나열한 직업이 세월이 흐르면서 없어질 수도 있고, 새로운 직업이 생겨날 것이다. 각자 응용해서 보도록 하기 바란다. 이 책에서 직업에 관해 나열한 부분이 3곳이 있는데, 1부 7장에서 일지의 신약과 신왕으로 나눈 직업군, 2부 1장의 일지와 용신으로 직업을 찾는 법, 2부 2장에서는 더 구체적인 설명을 두었다.

아래의 찾아보기를 활용하는 방법은 크게 2가지이다. 구체적인 직업명을 가지고 찾아 볼 수도 있고, 자신의 일지를 가지고 미래에 어떤 일을 맞는지 찾아 볼 수도 있다.

ㅅ

ㅇ

부록 직업찾기

부록 직업찾기

부록 직업찾기

ㅋ

ㅌ

ㅍ

ㅎ

감사의 글

『이것이 홍국기문이다 1』라는 책을 쓴 지도 3년이 되어간다. 내 딴에는 쉽게 쓰려고 노력했지만, 여전히 홍국기문은 어렵고 알듯알듯 모르겠다는 독자들의 말씀을 들으며 마음 한편이 무거웠다.

내 스스로에게 많은 질문을 던지면서, '실용서를 쓰자' '눈으로 보고 알 수 있는 책을 쓰자'는 각오를 했다. 시행착오를 거치면서 직업을 모으고 분류하는 작업을 했다. 그 과정에서 원광대학교 동양학 대학원 석사 32기 학생들이 많은 도움을 주었다. 지면을 통해 우리 학생들에게 감사의 마음을 전하고 싶다.

이 외에도 감사의 마음을 전하고 싶은 사람이 많다. 함성희 선생님께서 엑셀 정리를 해주셨고, 원광대 정완수 교수님께서는 나의 독서량 부족을 놀리시면서도 서론을 잡아 주셨다. 교정을 3번이나 봐주신 임현진 선생님, 윤순식 선생님 그리고 우리 문화센터 학생들 모두에게 무한한 감사를 표한다.

그리고 이 책을 아버지께 바치고 싶다. 2년 전 5월 어느 날, 아버지는 피부육종암이라는 진단을 받았다. 나에게 아버지는 태어나서 한 번도 헤어지지 않았던 분이다. 시련이 올 때 나는 마음속으로 아버지를 믿고 의지하며 살았다. 내 근거없는 자신감의 원천 같은 분이라 할 수 있겠다. 그래서 더 최선을 다해 살려내야 한다고 생각했다. 어느 집 어느 자식이라도 그랬겠지만 나 역시 비장했었다. 그로 인해 책을 내는 것이 미뤄졌는지도 모르겠다.

항암 치료와 방사선 치료가 시작되면서 일주일에 한 번, 약 5시간 정도를 병원에 머무르게 됐다. 아버지가 주사를 맞으시는 동안 나는 옆에 앉아 책을 쓰기 시작했다. 아버지께 이 시간들이 헛되지 않음을 보여 드리고 싶었다. 이 시간들을 모아 아버지가 미안해하지 않으시길 바랬고, 쾌차하여 다시 건강한 모습으로 돌아오길 기원했다. 하지만 인명은 재천이라 했던가? 그럼에도 불구하고 아버지는 암이 아닌, 목뼈 골절상으로 신축년 11월에 세상을 달리 하셨다.

누구에게나 그렇겠지만 나는 아버지가 너무나 그립다. 무슨 말로도 표현할 수 없어 아직도 눈물이 흐른다. 내가 받은 사랑을 다 돌려 드리지 못했고 늘 부족한 자식으로 남아 있던 거 같아 후회를 한다.

이 책으로나마 딸 걱정 마시라고, 열심히 씩씩하게 살겠다고 다짐을 하며 이 책을 마무리한다.

2권을 내라고 권유해 주셨던 대유학당의 윤상철 대표님께도 감사드린다. 부족한 나를 기다려 주시고 1권을 낼 수 있게 모든 과정을 지원해 주신 은혜에 다시 한번 감사드린다. 또 제 수업을 지지해 주시는 우리 이연실 중전님께 마음 깊은 감사를 드린다. 실질적인 모든 편집을 맡아 주시고, 늘 생각할 화두를 던져 주셨다. 앞으로 더 좋은 학업과 연구로 보답할 것이며, 건강하게 긴 시간을 함께 하길 소망한다.

이 책을 읽어가는 독자들에게 감사의 마음을 전한다. 더 쉽고 삶에 도움이 되는 책을 쓸 것을 약속하며, 세월이 갈수록 발전하는 홍국기문을 만들겠노라고 다짐한다.

생생 후기와 축하의 글

❄ 기문은 병법의 하나로, 변신술이나 귀신을 보고자 하는 술수로 여겨졌다. 실생활의 命學으로 자리잡은 것은 홍국기문을 개창하신 서경덕 선생님 이후로, 근대에 이기목, 강영석 두 선생님의 지난한 노력의 결과일 것이다.
이번에 정혜승 선생이 대학의 제도권에서 홍국기문을 강의하느라 애쓰는 가운데서도, 시간을 내서 두 번째 역작 『이것이 홍국기문이다 2』를 출간했다. 일상생활에서 응용할 수 있도록 자세하게 풀이한 노력의 땀이 대단하다. 물이 아래로 흘러 큰물이 되듯이, 정혜승 선생에 의해 결실을 보는 것 같아 큰 기쁨을 느낀다. (원광대 동양학 교수/ 정완수)

❄ 홍국기문이라는 학문을 접하고 현장에서 상담을 해오면서 어떻게 풀어나가야 할지 항상 물음표를 던지고 있었다. 그러던 중 『이것이 홍국기문이다1』을 읽고는 그 물음표가 하나씩 풀려 나가기 시작했다. 홍국기문은 개인의 인생을 알고, 어떻게 풀어 나가야 할지 명확하게 알려주는 학문인 것 같다. 새로운 책 집필을 축하드린다. (타로상담가/ 현진)

❄ 정혜승 박사님을 통하여 명리학에 입문했다. 특히 '이것이 홍국기문이다 1'을 보고 지나온 삶을 돌아보며, 앞으로의 삶을 계획하며, 내 자신이 어떤 사람인지를 스스로 성찰하게 되었다. 이번에 후속편이 나온다 하니 벌써부터 많은 기대가 된다. 많은 분들이 읽고 자신을 성찰하는 소중한 경험을 할 수 있게 되기를 바란다. (동국대 대학원생/ 임선희)

❄ 2017년 나에게 기적같은 일을 만들어 주신 정혜승 선생님께 감사드린다. 運을 믿으라고 하셨고, 그 믿음은 자기 자신이 만드는 것이라고 하셨기에 도전했다. 그 결과 대통령상을 받게 되었다. 신기하기도 했고 자신감도 생겼다. 좋은 길을 선택할 수 있게 해주신 정혜승 선생님이 진로와 직업에 관한 책을 출판하신다니 진심으로 축하드린다. 더 많은 학생들에게 저와 같은 행운이 있길 빈다. (New York University Stern school of Business/ Eric Chung)

❄ 진로와 직업에 관한 실용적인 책이 나온다니 정말 기쁘다. 홍국기문 덕분에 멋진 대학 생활을 하고 있다. 재수를 걱정했는데 상황이 반전되었다. 학과 학교 모두 만족한다. 정혜승 교수님께 감사드린다. (이화여자대학교/ 정연주)

❄ 정보의 바다 속에서 방향을 잃어 헤매던 중에 나침반과도 같은 책을 만났다. 미로에서 나오게 해주신 선생님께 감사드린다. (언어재활사/ 강라경)

❄ 홍국기문은 일반인들에게는 낯선 학문이라 접근이 어렵다. 이 책은 홍국기문을 '직업'이라는 필수적인 주제로 접근하여, 적성과 직업을 찾을 수 있도록 연결해주고 있다. 상담시 고민이 되었던 직업 유추가 정말 쉬워졌다. (자미연구가/ 하늘)

❄『이것이 홍국기문이다1』를 읽고 후속편을 오랫동안 기다렸다. 역시 기대를 저버리지 않는 현장형 실습서이다. 주부들도 아이들에게 직업이나 학과를 적용해보면 많은 도움이 될 것이다. (네이버 엑스퍼트 강사/ 최수지)

❄ 다양한 시대변화를 직업이 따라가기가 어려운 현실인데, 많은 직업과 학과, 적성을 도표화해서 한 눈에 볼 수 있다는게 놀라웠다. 어려운 명리 용어도 아주 쉽게 정리되어 있다. 읽는 동안 내 것부터 맞춰 보았는데, 신기하게도 적성과 직업이 일치하는 것을 알 수 있었다. (주부/ 이지수)

❄『이것이 홍국기문이다』를 접하면서 박사님과 마주 앉아서 설명을 듣는 듯한 착각이 들었다. 어려운 용어도 쉽게 풀이해 주셔서 배우는 즐거움에 빠지게 되었다. (독자/ 최우영)

대유학당 출판물 안내

- 자세한 사항은 대유학당으로 문의해 주십시오.
- 전화 : 02-2249-5630 / 팩스 : 02-2249-5631
- 입금계좌 : 국민은행 807-21-0290-497 예금주-윤상철
- 블로그 https://blog.naver.com/daeyoudang
- 서적구입 : www.daeyou.or.kr

분류	서명	저자	가격
주역	주역입문(2019)	윤상철 지음	16,000원
	대산주역강해(전3권)	김석진 지음	60,000원
	대산주역강의(전3권)	김석진 지음	90,000원
	주역전의대전역해(상/하)	김석진 번역	70,000원
	주역인해	김수길·윤상철 번역	20,000원
주역 시사	시의적절 주역이야기	윤상철 지음	15,000원
	대산석과(대산의 주역인생 60년)	김석진 지음	20,000원
	우리의 미래(대산선생이 바라본)	김석진 지음	10,000원
	후천을 연 대한민국	윤상철 지음	16,400원
주역점 운세	황극경세(전5권) 2020년 개정	윤상철 번역	200,000원
	초씨역림(상/하) 2017년	윤상철 번역	180,000원
	하락리수(전3권) 2009개정	김수길·윤상철 번역	90,000원
	하락리수 전문가용 CD	윤상철 총괄	550,000원
	대산주역점해	김석진 지음	30,000원
	매화역수(2020년)	김수길·윤상철 번역	25,000원
	주역점비결 2019 신간	윤상철 지음	25,000원
	육효 증산복역(전2권)	김선호 지음	40,000원
음양 오행학	오행대의(전2권)	김수길·윤상철 번역	35,000원
	연해자평(번역본)	오청식 번역	50,000원
	작명연의	최인영 편저	25,000원

	2020~2022 택일민력	최인영 지음	12,000원
	풍수유람(전2권)	박영진 지음	43,000원
	자연풍수입문	정완수 지음	20,000원
	어디 역학공부 좀 해 볼까?	이연실 지음	20,000원
	팔자의 시크릿	윤상철 지음	16,000원
	운명 사실은 나도 그게 궁금했어	윤여진 지음	18,000원
기문육임	기문둔갑신수결	류래웅 지음	16,000원
	이것이 홍국기문이다(전2권)	정혜승 지음	53,000원
	육임입문123(전3권)	이우산 지음	70,000원
	육임실전(전2권)	이우산 지음	54,000원
	육임필법부	이우산 평주	35,000원
	대육임직지(전3권)	이수동 주해	90,000원
	전문가용 육임 CD	이우산 감수	150,000원
	육임을 알면 미래가 보인다	이우산 지음	25,000원
자미두수	별자리로 운명 읽기 1 2	이연실 지음	45,000원
	자미두수 입문	김선호 지음	20,000원
	중급 자미두수(전3권)	김선호 지음	60,000원
	실전 자미두수(전2권)	김선호 지음	50,000원
	자미두수 전서(상/하)	김선호 번역	100,000원
	심곡비결	김선호 번역	50,000원
	자미심전 1 2	박상준 지음	55,000원
	자미두수 전문가용 CD	김선호/김재윤	500,000원
천문	천문류초(전정판)	윤상철 지음	20,000원
	태을천문도 9종(개정판)	윤상철 총괄	100,000원
	세종대왕이 만난 우리별자리	윤상철 지음	36,000원
	천상열차분야지도, 그 비밀을 밝히다	윤상철 지음	25,000원

이것이
홍국기문이다
2. 직업찾기 도표모음

【1】 오행, 10간 12지 및 생수 성수

오행	목		화		토		금		수	
수	3	8	7	2	5	10	9	4	1	6
천간	갑	을	병	정	무	기	경	신	임	계
12지	인	묘	오	사	진술	축미	신	유	자	해

【2】 10간, 12지의 수리

수	1	2	3	4	5	6	7	8	9	10	11	12
천간	갑	을	병	정	무	기	경	신	임	계		
지지	자	축	인	묘	진	사	오	미	신	유	술	해

【3】 홍국수 지반과 천반의 순서 배치

4	9	2
3	5	7
8	1	6

구궁 기본

⑤	⑨	③
④	①(6) ↓	⑦
⑧	②	⑥

지반(구궁 순행)

⑥	②	⑧
⑦	↑ ①(6)	④
③	⑨	⑤

천반(구궁 역행)